도시 속 작은 대안학교 맑은샘 아이들 이야기

일과 놀이로 자란다

자연 속에서 일하고 놀며 아이들과 함께
자란다

전정일 지음

아이들이 스승이요, 삶이 교육이다!
맛있는 학교, 신 나는 학교

미안하고 고맙습니다.

2007년 대안학교 선생으로 새로운 삶을 시작한 뒤, 2012년 안식년을 얻어 아이들과 학교를 떠나 살다 2013년 2월 1일 다시 출근했습니다. 그때부터 아이들과 함께 지낸 생활을 날마다 일기로 썼습니다.

한참이 지난 지금, 2013년에 날마다 쓴 일기와 2007년부터 지금까지 쓴 일기를 모아 봤습니다. 그냥 어찌 살았나, 무슨 생각을 하며 살았을까, 아이들과 함께한 추억을 한 장씩 꺼내는 재미가 나름 있더군요.

그러다 문득 우리 아이들과 함께한 이야기들을 많은 어린이들과 어른들이 안다면, 대안학교에 다니는 아이들에 대한 오해와 편견을 바로잡지는 못하더라도, 적어도 행복하게 살아가는 학교의 단면을 이해하는 데 작게나마 도움이 되지 않을까 싶었어요. 또한, 제도권 학교 교사들이 쓴 일기를 묶은 책은 많이 나왔지만, 대안학교 교사가 쓴 일기는 찾기 어려운 까닭도 있습니다. 물론 많은 아이들이 다니지 않는 대안학교 이야기이고, 그 가운데에서도 아주 작은 학교의 일상일 뿐이라 찾는 사람들이 얼마나 될까, 철마다 날마다 다르지만 비슷한 일상처럼 보여 지루하지 않을까 생각 안 한 건 아닙니다. 또 글재주가 부족해 읽어볼수록 부족함을 느낍니다. 나무 한 그루 베어낼 만한 책이 되겠는지 생각하면 고개를 들고 말할 만한 뻔뻔함은 없습니다.

그래도 형편없는 글이지만 아이들과 함께한 삶이 아주 소중하고 행복했기에 부끄럽지는 않습니다. 딱 그만큼의 선생인 줄 알고 있기에 그만큼 성찰하고 반성할 뿐입니다. 어린이들처럼 선생도 날마다 일기를 쓰며 자랐다고 말이죠.

요즘은 교육부에서도 대안교육 활성화를 제도권에서 실천하겠다고 말하고 있습니다. 대안교육이 우리 사회 교육에 미친 영향이 그만큼 크다는 것이겠지요. 또 한편으로 핀란드, 덴마크 교육에 대한 높은 관심, 진보 교육감의 당선과 혁신 학교 운동은 교육 불가능의 시대, 인류 생존을 걱정하는 시대에 아이들을 희망으로 다시 교육의 바탕이 무엇인지 물으며 마주한 교육 현실을 극복하고자 교육 제도의 개혁, 교육 체제의 개편, 새로운 교육 철학과 교육 방법들을 모색하는 흐름입니다. 교육이란 무엇입니까? 교육은 만남이요, 삶입니다. 교육은 삶 속에서 스스로 또는 서로 깨닫고 함께 배우며 자라는 것입니다. 훌륭하신 분들의 여러 표현이 있지만, 모두 우리 아이들이 행복하게 현재를 살고 꿈을 꾸며 앞날을 열어가도록 가르치고 배우며 함께 자라자는 것입니다. 우리는 우리 아이들의 손과 머리, 가슴이 조화롭게 발달하도록 돕고 있나요?

우리나라에서는 1958년 풀무학교가 있었고 야학과 공부방들이 있었지만, 근대 제도권 교육 체제를 벗어나 학교 밖 교육의 상상력을 펼친 건 1997년 간디학교를 시작으로 하는 대안학교 설립과 운동이지요. 세계 대안교육의 역사는 멀게는 1848년 야스나야폴랴나(톨스토이), 1919년 발도르프(슈타이너), 1921년 영국의 서머힐(닐) 실험학교까지 거슬러 올라갈 수 있겠습니다. 사실 모두 근대 교육 체제에서 드러난 사회와 교육 문제들을 극복하려는 운동과 실험이었고, 주류 교육에 큰 영향과 자극을 주고 사회 운동으로 펼쳐지기도 했었습니다. 우리나라에서는 아주 빠른 기간에 경제 성장을 이룬 탓인지 대안교육의 확산과 성과도 엄청 빠르다 말합니다만, 사실 그만큼 현재의 교육 체제가 안고 있는 병이 심각하다는 것을 말해줄 뿐입니다.

국가가 주도하는 교육 체제를 벗어난 교육을 부르는 말로 대안교육이란 말이 널리 쓰이고 있습니다만, 본디 공공성을 갖는 '교육'이란 말이 모두를 아우르는 말이지요. 지금 제도권 교육 현장과 대안교육 현장 어느 곳에서 공공성을 담보하는 교육을 하고 있는지 생각해 봅니다. 그런데 녹색과 환경이란 말을 자본의 언어로 낚아채 가듯이 자율성, 창의성을 갖는 대안교육과 대안학교란 말도 대안 사회를 위한 대안의 가치가 중심이 아닌, 자본 시장의 새로운 영역에서 또 하나의 교육 상품으로 만들어가는 일부의 모습이 있어 걱정입니다. 따라서 주체가 누구냐, 어떤 사람들이 있느냐, 형태가 뭐냐, 내용이 뭐냐에 따라 교육 목표, 교육 과정, 교사, 교육 평가들이 모두 들어 있지만, 요즘은 말만 갖고는 잘 모르는 세상이니 꼼꼼히 살펴봐야 교육의 정체를 알 수 있습니다.

어느 곳이나 아이들이 놀고 일하며 공부하는 곳에는 생명의 기운이 살아있습니다. 대안학교는 자연에서 놀고 일하며 배우는 활동, 여행과 체험이 많고, 자유와 개성, 자연과 이웃과 더불어 살아가는 작은 학교들입니다. 맑은샘, 민들레, 무지개, 자유, 재미난, 성미산, 꿈틀, 벼리, 볍씨, 간디, 산돌, 참꽃, 푸른숲, 산어린이, 온뜻, 두드림, 꿈, 작은 학교… 이처럼 학교 이름도 참 다양해요. 학교마다 교육 과정도 조금씩 다릅니다. 다양성이 살아있지요. 정확하진 않지만, 대안학교라는 이름을 두고 있는 곳까지 모두 합치면 나라 곳곳에 30개가 넘는 어린이 학교들이 있고, 중고등학교까지 300개가 넘는다 해요. 물론 줄곧 늘어나고 있어요. 대안교육연대에는 50개 넘는 학교가 속해 있는데, 주로 시험과 성적, 따돌림과 싸움, 경쟁보다는 배려와 협동·협력해서 공부하는 학교들입니다. 학원에 다니지 않는 것이 규칙인 학교가 많고, 학교의 작고 큰일과 규칙들도 교육의 세 주체인 학생, 부모, 교사들이 함께 만들어 가지요. 또 선생님과 학생들이 함께 놀고 배우는 놀이와 생활을 중요하게 여깁니다. 많이 놀고 많이 여행 다닙니다. 즐겁고 신 나고 모험이 있고 행복합니다. 또한, 어린이 삶을 가꾸려면 부모의 삶이, 마을과 세상이 바뀌어야 함을 알고 있기에 행복한 공동체를 가꾸는 부모와 교사들이 많은 곳입니다.

그런데 대안학교와 대안교육에는 어려움이 많습니다. 조금씩 극복되고 있지만, 사회의 오해와 편견(제도 교육에 적응하지 못하고 어려움을 겪는 "부적응아들", "문제아들"을 대상으로 하는 교육이라는 생각, 뭔가 자기 자식에게 특별한 교육을 하고 싶은 일부 중산층이 선택하는 엘리트 교육 또는 귀족 학교라는 생각, 아이들의 사회성에 문제가 있다는 생각들)이 아직도 작동하고 있어요. 또한, 공공성을 띄는 교육 현장이지만, 비인가이기 때문에 국민의 세금으로 교육 예산을 편성하는 정부로부터 충분한 지원이 없기에 교육 재정, 교육 시설과 교육 환경이 많이 부족합니다. 일반 초등학교에서는 모두 무상 급식을 하지만, 대안학교와 홈스쿨링 같은 제도 밖 어린이들에게는 먼일이지요. 교육의 사각지대, 복지의 사각지대에 놓여 있어요. "제도와 법 테두리 밖으로 너희가 스스로 나간 것이니 너희가 알아서 해라.", "다수가 다니는 공교육이 먼저다.", "제도권으로 들어오면 지원해주겠다."는 말이 할 소리인지 모르겠습니다.

솔직하게 말하면 누구나 원하는 것을 원하는 방식으로 배울 수 있는 권리를 실천하는 행복한 사람들인 대안학교 부모에게는 학교 운영과 학교 재정 부담, 소수가 걷는 길에 대한 불안과 두려움이 있습니다. 물론 교사에게는 생계의 어려움과 교육 내용과 교육 방법, 교육 과정에 대한 치열한 실천을 요구합니다. 그런데도 대안교육 운동의 성과는 아주 놀라울 정도로 우리나라 교육에 영향을 주어 대안학교 교육 과정을 혁신학교 프로그램으로 쓰고 있습니다. 또한, 국가 주도가 아닌 교육이 가능하다는 것, 교육의 다양성, 학교 운영의 민주화, 교육 공동체 가꾸기, 생태, 생명, 평화, 자기 주도 학습, 삶의 교육, 노작, 체험, 통합 교육, 작은 학교의 가치를 실천하며 새로운 교육의 본보기를 열고 있습니다.

맑은샘학교는 공교육의 뛰어난 교육 성과로 꼽는 이오덕 선생님 교육 실천과 한국글쓰기교육연구회 교육 정신을 중요한 교육 과정의 하나로 여기고 있는 곳으로, 아이들은 많이 놀고 일하며 배워야 한다는 교육 정신을 실천하고 있습니다. 이 세상 모든 아이들이 행복한 학교에서 즐겁고 신 나게 살면 좋겠습니다. 대안학교라는 말이 없어지고 우리나라 모든 아이들이 맑은샘학교 아이들처럼 살면 좋겠다는 생각을 해 봅니다.

2013년, 1학년 아이들과 일 년 동안 지내며 날마다 쓴 일기를 모두 넣자니 너무 두꺼워 많이 빼고 줄여서 골라 엮으며 용기를 냅니다. 뛰어난 교육 철학과 올바른 교육 담론과 방향에 관한 책은 참 많지만, 대안교육 현장에서 아이들과 지지고 볶으며 살아가는 하루하루가 행복한 학교의 일상을 사랑하기에 알리고 싶은 마음이 더 많았는지 모르겠습니다. 부족한 일기가 책으로 나올 수 있도록 격려하고 후원한 맑은샘학교 부모님들, 동료 선생님들, 도서출판 맑은샘, 시작부터 도움말을 주시고 추천 글을 써 주신 이주영 선생님이 큰 도움을 주셨습니다. 추천하는 글을 보내 주신 안건모 선생님, 유장현 선생님 고맙습니다. 사랑하는 아내 김경미, 호진이와 우진이, 병상에 계신 부모님을 생각하면 그저 미안하고 고마울 뿐입니다. 무엇보다 우리 맑은샘 어린이들에게 정말 고맙습니다.

되돌아보니 어찌 그리 미안하고 고마운 일만 가득한지요. 다시 떠오르는 그 말.

"미안하고 고맙습니다."

"사랑합니다."

2014. 3. 10.

전정일

아이들과 교사가 함께 자라는 교육 일기

'교육 일기'라는 말을 들으면 곧바로 '이오덕'이 떠오릅니다. 1989년 《이오덕 교육 일기》 1, 2권이 출판되었을 때의 충격 때문입니다. 교육 현장에서 일어난 일과 그 현장을 보면서 느끼고 생각한 것을 솔직하게 보여 주었지요. 나아가 2013년에 출판된 이오덕 일기 다섯 권을 읽으면서 한국 교육의 속살을 그대로 보는 느낌이 들었기 때문입니다. 이오덕 교육 일기가 공교육 현장에 대한 이야기라면 전정일 교사가 쓴 이 교육 일기는 한반도 한편에 만든 미인가 대안학교에서 아이들과 교사가 함께 자라는 삶을 진솔하게 드러내 보여 주는 일기입니다.

미인가 맑은샘 학교는 10여 년 동안 이오덕 교육 정신을 바탕으로 '어린이가 제 삶의 주인으로 자라고, 자연과 이웃과 더불어 살아가며, 앞날을 열어 가도록 돕고 실천'해 온 작은 배움터입니다. 전정일 선생은 이 학교에서 8년째 아이들한테 배우는 삶이 교육임을 날마다 깨달으면서 살고 있다고 했습니다. 아이들과 교사가 함께 행복한 교육 터전을 일궈 오고 있는 것이지요. 그 8년 가운데서 2013년 한 해 동안 1학년 아이들과 함께 배우고 가르치며 살아온 이야기를 400여 장에 담아냈습니다. 그 정성이 참 대단합니다.

오후 공부로 있는 텃밭 농사는 낮은샘, 높은샘으로 나눠 높은샘은 옥상 텃밭을 맡고, 낮은샘은 학교 옆 산 밑에서 놀면서 자루 텃밭을 만들었다. 아이마다 호미로 만들어 가는 밭 모양도 크기도, 서로 힘을 합하는 모습도 참 다르다. 3학년 유찬이와 성범이는 가져간 삽으로 자루에 흙을 모두 채웠다. 유찬이가 '노동자가 된 것 같아요.' 한다. "와, 그렇지. 노동, 일은 세상에서 가장 아름다운 말이지. 일하는 사람이 있어서 집도, 다리도, 옷도, 음식도 있는 거지. 우리는 모두 일하는 사람, 노동자로 사는 게 자랑스러운 거야. 정말 멋지다. 야, 3학년 정말 삽질도 잘하고 열심히 일하는 모습이 대단해." 아이들이 일하고 놀고 배우는 가운데 몸과 마음이 열려 가는 봄이다.

-3월 15일-

이처럼 일기 곳곳에서 일과 놀이와 배움이 하나로 어우러지는 모습이 보입니다. 이렇게 자연 속에서 일하고 놀며 아이들과 교사들이 함께 자라고 있는 모습을 볼 수 있어 행복합니다. 우리 겨레 아이들과 교사들과 부모들이 이렇게 삶의 주체가 되어 살아가는 배움터가 숲 속 옹달샘에서 솟아나는 맑은 물처럼 한반도 곳곳에서 솟아난다면 얼마나 좋을까 싶습니다. 이 교육 일기가 그런 물꼬 트기에 도움이 되기를 기대합니다.

2014년 4월 12일
어린이문화연대 대표 이주영

살아 있는 일기

1960년대 말, 초등학교에 다니던 나는 학교 가기가 죽기보다 싫었다. 몸이 허약했기 때문이었다. 게다가 저녁 무렵부터는 앞이 안 보이는 야맹증이 있었고, 오줌이 자주 마려운 오줌소태가 있었다. 그래서 학교에 빠지거나 지각을 자주 했다. 게다가 공부도 잘하지 못했다. 구구단을 5학년 때 겨우 깨쳐 두 자리 수 곱셈을 잘하지 못했고 외우는 건 젬병이었다. 교사의 폭력은 가장 학교 가기 싫었던 까닭 가운데 하나였다. 숙제를 못 했거나 지각한다고 손바닥과 종아리를 무지막지하게 맞았다. 게다가 집안이 가난해 교사에서 촌지를 '바치지' 못해 더 미움을 받았다.(공부를 못해도 그런 건 눈치가 빨랐다.) 그러니 학교 가는 건 지옥으로 가는 거였다.

2014년 현재, 요즘 일반 초등학교는 어떨까. 몸이 아프면 양호실에 가면 되고, 조퇴도 할 수 있고, 교사에게 바치던 촌지도 없어졌고, 숙제 안 해 간다고 몽둥이로 때리는 것도 없어졌다. 그렇다고 아이들이 학교 생활이 재미있기만 할까. 몽둥이를 무서워하는 건 없어졌을지라도 공부 압력은 옛날보다 더 심해졌다. 초등학교를 들어가기도 전 유치원 때부터 영재 교육이니 조기 교육이니 시달림을 받고 있다. 초등학교 때부터 대학 입시를 생각하는 요즘 교육의 압박감이 내가 옛날에 학교에 가기 싫었던 그때 마음보다 덜하지는 않을 것으로 생각한다. 게다가 아이들이 공부에 지쳐 마음도 심하게 삐뚤어져 있어 친구들을 괴롭히는 왕따 문화까지 생겼다.

이런 시대에 아이들에게 숨통을 틔워 주는 학교가 있다. 전국 곳곳에 있는 대안학교. 물론 이 대안학교가 아이들 교육에 최선은 아니겠지만, 현재 왜곡되고 삐뚤어진 우리나라 교육의 대안으로써 한 줄기 희망이다. 과천 남태령 고개 중턱에 있는 과천 맑은샘학교도 그런 학교 가운데 하나이다. 이 학교는 이오덕 정신을 되살려 어린이를 중심으로 어린이, 부모, 교사가 삶을 가꾸는 학교다. "일놀이 교육, 우리말·글 교육, 전통 예술 문화 교육, 지식 교육에서 우리 것을 소중히 여기고 스스로 주인이 되어 실천 – 실현할 수 있도록" 만든 학교다.

이 학교에서 중요하게 생각하는 것은 무엇보다 우리말을 살리는 글쓰기이다. 우리말·글 교육이 곧 삶을 가꾸는 교육으로 나아간다고 보는 것이다. 삶을 배우고 깨우쳐 가는 어린이와 청소년 때의 정직한 글쓰기는 삶의 가치관을 형성한다고 보고 이오덕 정신을 가르치고 있다.

그 학교에서 대표 교사를 맡고 있는 전정일 선생은 아이들과 함께하면서 늘 일기를 썼다. 교실에서, 텃밭에서, 논에서, 지리산에서 아이들과 함께한 일들을 깨끗하고 살아 있는 우리말로 썼다. 사실 아이들에게 글을 쓰라고 가르치지만, 정작 교사들은 그 아이들을 돌보느라 글 쓸 시간을 내지 못하고 있는 형편이다. 그런데 그렇게 바쁜 가운데에도 전정일 선생은 어떻게 이렇게 꼼꼼히 아이들과 함께한 과정을 기록해 놓았을까. 문득 전정일 선생의 그런 모습에 이오덕 선생이 겹쳐 떠오른다.

이 책은 그 일기를 엮은 책이다. 어느 하루도 허투루 넘길 수 없는 정말 소중한 이야기들이다. 아이를 키우는 부모님들, 또 대안학교 교사들은 물론 일반 학교 교사들까지 꼭 한번 읽어 볼 책이다.

안건모(작은책 발행인, 《거꾸로 가는 시내버스》 저자)

| 차 례 |

겨울 _ 선생의 길은 아이들이 가르쳐 준다

자연은 가장 큰 스승이자 학교다
_ 자연속학교 이야기

봄 _ 자연속학교

자주 나오는 말

- **순돌이** : 학교에서 기르는 개 이름입니다.
- **자연속학교** : 맑은샘학교에서 철마다 가는 학교입니다. 한 번 갈 때 짧게는 닷새, 길게는 열흘 넘게 갑니다. 여행이 아니라 학교라 하는 까닭은 학교에서 배우는 공부를 그곳에서도 그대로 하기 때문입니다. 또 들살림, 갯살림, 산살림을 배우고 그 고장 사람들이 하는 일을 느끼고 배우기에 학교라 이름 붙였습니다.
- **배움잔치** : 한 해 공부를 내보이는 마무리 잔치입니다.
- **아침열기** : 학교에 와서 하루 공부 내용을 살펴보고, 궁금한 것 물어보고 공부 시작을 알리는 일입니다.
- **마침회** : 하루 공부를 마치는 자리. 하루를 지내며 하고 싶은 말, 궁금한 것, 내일 지낼 일과 준비할 일들을 살펴보는 자리입니다.
- **푸른샘, 옹달샘, 알찬샘, 뿌리샘, 누리샘, 깊은샘** : 학교 모둠 이름입니다. 1학년은 푸른샘, 2학년은 옹달샘, 3학년은 알찬샘, 4학년은 뿌리샘, 5학년은 누리샘, 6학년은 깊은샘이라는 이름으로 2013년 한 해를 지냈습니다.

- **과천맑은샘학교**

누리집 http://cafe.daum.net/freeschool2005

전자편지 sam504@hanmail.net

주소: 경기도 과천시 양지마을3로 3-1 (과천동), 전화번호 02) 504-6465

개학

다시 처음 마음처럼

2013. 2. 13. 물날.
땅 위에 쌓인 눈이 슬슬 녹는다.
관악산 용마골 골짜기 얼음 밑 물소리가 참 좋다.

개학

빙 둘러앉은 아이들 눈망울과 몸짓을 보니 빙그레 웃음이 절로 나온다. 정말 개학이구나. 녀석들 많이도 자랐다. 아침열기 앞서 오랜만에 만났다고 올라타고 안아 주고 잡아끌고 긴 방학을 마치고 돌아온 못난 선생을 보듬어 주고 챙겨 준다. 이런 맛에 선생 노릇 하겠다고 덤비는 건지 모른다는 생각이 갑자기 들었다.

아주 옛날에는 아이들을 좋아한다고 생각해 본 적이 없는데 맑은샘 오면서 사람이 바뀌었다. 그렇게 길들어 가는 건지 녀석들 웃음과 시끌벅적 왁자지껄 우당탕탕이 참 좋다. 모두가 모인 자리, 오랜만에 보는 반가운 얼굴이라고 세영이와 나에게 인사말을 할 기회를 준다. 하고 싶은 말이 참 많았는데, 개학 날 전날 밤이라고 잠이 오지 않아 이 생각 저 생각하면서 우리 아이들에게 무슨 재미있는 이야기를 들려줄까 생각했는데, 막상 이야기를 꺼내려 하니 생각과 달리 입에서는 다른 말들이 나간다. 어제 잠이 안 왔다고, 아침 일찍 목욕하고 새로운 기분으로 나섰다고, 학교에 걸어오는 데 얼마나 걸린 지 맞혀 보라고, 선생님 방학이 얼마나 오래됐는지 맞혀 보라는 둥, 길게 이야기하면 반가워하지 않는 아이들 보며 "반갑습니다. 즐겁게 살아요."로 끝을 맺었다.

수빈이와 윤영이는 아파서, 경현이는 시골에서 아직 올라오지 않아 학교에 못 왔고, 소연이는 중학교 예비 학교 가서 못 왔다. 성범, 성준이는 다음 주에나 오려나. 보고픈 녀석들, 어서 빨리 보고 싶다. 교실마다 돌아다니며 아이들과 눈을 맞추고 이야기를 건네다. 함께 놀다, 마당으로 나가 눈 던지기 하다, 졸업 때 보여 줄 영상 만들려고 카메라를 챙겼다. 졸업하는 형들에게 한마디 하라니 모두 자기 색깔대로 한마디한다. 아이들이 모둠마다 공부하러 들어가고 나서야 학교가 조용하다. 거실에 있는 게시판을 정리하다 아이들이 만든 신문을 보았다. 참 좋은 공부로 글 쓰는 즐거움과 힘이 고스란히 들어있다. 알찬샘과 깊은샘 아이들이 모두 기자가 되어 만든 신문 읽는 재미가 개학 날 덤으로 받은 선물인가 보다. 다경이가 눈을 반짝이며 자신이 쓴 신문 기사를 읽어 준다. 신문들을 잘 정리해야겠다는 생각과 귀한 작품들인 어린이 신문을 잘 볼 수 있도록 신문 정리함을 만들어야지 생각하니 마음이 바쁘다. 밥 먹기 전에 게시판에 붙여 두니 뿌듯하다. 작더라도 뭔가를 만드는 생산의 즐거움이란. 아침나절이 훌쩍 넘어간다.

1학년 아이들과 같은 밥상에서 즐겁게 밥을 먹는데 녀석들 못 본 사이에 많이 자랐다 싶을 만큼 말을 건넨다. 점심 먹고 마당에 나가 좀 놀다가 보니 벌써 청소 시간, 오랜만에 동엽이와 진서랑 순돌이 산책을 시키고 함께 순돌이 똥을 치웠다. 오후엔 용마골에서 얼음 타는 놀이에 실컷 빠졌다. 규태는 망치와 드라이버를 갖고 와서 얼음을 깨고 논다. 나도 빌려서 얼음을 깨면서 한반도 모형을 만들었다. 이곳저곳에서 넘어지고 까르르 웃음이 터지고 물에 빠지고 구르고 눈싸움에 다들 신이 났다. 개학 날 몸놀이에 푹 빠져 있다가 새참으로 먹은 따듯한 어묵과 어묵 국물이 얼마나 맛있는지. 어묵 꿰고 한참 새참을 준비한 선생들이 있어 몸을 녹이고 입이 호강한다. 방학이 아쉬운 아이들이지만 날마다 신 나는 놀이가 있는 학교가 참 좋단다.

모든 교육 활동과 학교 행사의 중심에 어린이 편에서 어린이 처지와 생각을 중심으로 움직이는 선생이 되어야 함을 다시 생각하는 날이다.

늘 어린이 몸과 마음을 기준으로 새롭게 교육 활동을 살피고 해석하는 훈련은 날마다 선생들을 성찰하게 한다. 아이들과 눈 맞추며 아이들 표정 하나하나 살피며 부지런히 몸을 놀리는 우리 선생들에게 많은 것을 배운 하루다.

2013. 2. 28. 나무날.
부지런히 움직이니 안에서도 밖에서도 덥다.
새순을 품고 있는 나뭇가지가 봄을 알린다.

모두 제자리

이번 주 줄곧 노래를 부른다. 모두 제자리 모두 제자리 모두 모두 제자리… 유치원 때 아이들이 불렀다는 그 노래를 자꾸 부르니 입에 붙는다. 물건도 제자리, 마음과 몸도 제자리, 새로운 마음과 바른 몸가짐으로 높은 학년 되려면 자신과 둘레를 잘 알아야 한다. 그 수준에 머물러 나아가지 못하고 고인 물이 되라는 게 아니다. 있어야 할 곳, 없어야 할 곳, 참과 거짓을 나누려면 모두 제자리를 알아야 한다. 시간과 공간속에 자기 자리를 잡고 할 몫, 노릇을 잊지 않으려면 더욱 그렇다. 함께 사는 곳에서 자기 위치를 찾지 못하면 제자리를 찾도록 기다려 주고 챙겨 주며 늘 배려하는 소중한 이들이 애써야 함을 알기에. 나는 제자리를 잘 찾아가고 있는가.

모두 제자리를 입에 붙이고 사는 또 다른 까닭도 있다. 개학하고 학교 이곳저곳을 둘러보며 익히는데, 굴러다니는 물건도 많고 제자리에 없는 것들이 참 많다. 아이들이 그렇지 뭐 하고 넘기기에는 살필 게 많다. 우리 아이들은 풍족한 세상에 산다. 소박하게 살고 [아껴 쓰고 나눠 쓰고 바꿔 쓰고 다시 쓰기를 실천하려고 애를 써도 참 어렵다. 연필, 지우개, 종이, 구슬, 장난감, 뭐든지 넘치는 것이라 굴러다니고 버리는 것도 많다. 어찌할 것인가. 더욱이 물건을 잘 흘리고 놀다가 챙기지를 못하는 경우가 더하면 살피기가 어려울 수밖에.

물론 아주 옛날과 견주어 옛날처럼 살라고 말해서는 아이들에게 공감을 받지 못한다. 그렇게 말해서도 안 된다. 바뀐 세상에서 자라난 세대에게는 닥친 현실과 앞날, 지금에 맞는 방식과 내용으로 이야기해야 한다.

종이, 연필, 지우개, 책 뭐든지 귀하고 부족해서 아껴 쓰고 다시 쓰는 게 삶이었던 때가 아주 옛날은 아니다. 대체로 부모들은 그런 세상을 살아왔기에 자식들에게 가난을 물려주지 않고 풍요로운 삶을 살게 하고 싶은 마음이 누구나 있다. 그러면서 문득 깜짝 놀란다. 물건 귀한 줄 모르고 반찬 가리는 자식들을 보면 허 참 혀를 차지만 달리 방법이 없다. 우리가 먹고 쓰고 입는 것이 얼마나 귀하고 자연이 주는 선물인지, 인류 생존을 걱정하는 시대의 앞날을 생각하면 욕심과 편함을 다스릴 줄 아는 자연과 닮은 감성이 아이에게 스며있길 간절하게 바란다. 그렇지만 그런 마음과 달리 뭐든지 부족함이 없도록 뒷받침해 주고 싶은 마음도 있다. 그래도 우리가 먹고 쓰는 것이 어디에서 온 줄 알고 누군가의 힘과 애씀이 있기에 우리의 편함이 있을 수 있다는 것을 알려 주고 소박함과 정직함으로 아이들 삶을 가꾸고 싶다. 그러려면 아이에게 보여 주고 가르치고 싶은 삶을 내가 우리가 살아야 한다. 그래서 참 어렵다.

삶이 담긴 귀한 선물

맑은샘 어린이 여러분, 고맙습니다. 선생님은 어린이들이 쓴 글모음이 나올 때마다 얼마나 눈물이 나고 미안하고 고마운지 몰라요. 더욱이 2012년 글모음 〈맑은샘 아이들〉은 선생님에게는 아주 특별한 선물입니다. 어린이들도 기억하듯이 지난해 선생님은 일 년짜리 방학을 하고 학교에 돌아와서 그래요. 지난해 자연속학교도 함께 가지 못하고 함께 살지 못해서 어린이들이 어찌 살았는지 정말 궁금했는데 〈맑은샘 아이들〉을 펴내는 일을 하면서 읽고 또 읽으면서 참 좋았어요. "아 이런 재미있는 일이 가득했구나, 아 이런 슬픔이 있었구나, 야~ 정말 속상했겠다. 아이고 이런 일이…" 혼자서 키득키득, 선생님들과 호호 하하 신 나는 나날들이었어요. 선생님은 우리 어린이들이 삶이 가득 담긴 글모음이야말로 정말 우리들이 함께 만들어가는 역사이고 우리를 많이 자라게 하는 공부라고 생각합니다. 올해도 우리 하고 싶은 말 마음껏 하고, 놀고 놀고 놀면서 함께 일하고 배워요. 정말 들려주고 싶은 이야기, 꼭 하고 싶은 말, 속상하거나 기쁜 일 모두 일기(하루생활글)에 담아요. 그러면 우리는 늘 행복할 거예요. 참, 선생님도 지난해 어찌 살았는지 쓴 일기 한 편을 덧붙일게요.

다시 글모음으로 맑은샘을 살찌운 우리 선생님들께 많이 미안하고 정말 고맙습니다. 지난해 정말 애 많이 쓰셨어요. 지난해 학교에 돌아올 준비를 하며 스스로에게 자꾸 물으며 정리한 글을 다시 꺼내 보며 마음을 다잡습니다. 맑은샘 식구들과 늘 행복하고 싶습니다.

다시 처음 마음처럼

시간은 사람을 기다려주지 않는다. 네 번 철이 바뀌는 순간 학교에 돌아갈 때가 됐다. 2학기 줄곧 안식년을 되돌아보고 학교로 되돌아갈 준비를 했다. 가끔씩 썼던 못난 일기를 누리집에 올리며 삶의 단편들을 되새겨 돌아갈 준비가 됐는지 자신에게 묻고, 식구들에게 물었다. 돌아갈 준비가 됐는가. 그렇다. 모두의 품이 그립다. 아이들과 동지들과 함께 나누고, 함께 일을 벌이고 웃고 떠들고 싶은 마음이 가득하다. 하고 싶은 것도 많고, 배우고 싶은 열정도 살아 있다. 안식이 주는 힘이 고스란히 나올 수 있을지는 언제나 두렵고 설렌다.

사실 어느덧 갑자기 찾아온 안식처럼 그렇게 학교를 나선 뒤 뭘 해야 하는지 막막하고 두려웠다. 그러나 쉬고 자고 편한 육신이 주는 달콤함, 아이들과 동지들을 향한 그리움도 닥친 현실 앞에서는 오래가지 못했다. 두 달에 걸쳐 사람을 만나고 할 일을 찾아 살림을 꾸릴 방도를 찾고, 안식 동안 할 일을 가늠해 보았다. 쉼과 여유를 즐기며 그동안 살피지 못한 곳을 찾아 애쓸 것은 무엇이고 안식을 살찌울 계획을 그려 보려는 먹물 근성이 제 할 일을 다 한 셈이다. 가족이 보이고 일이 보였다.

아내 덕에 텃밭 농사에 참여해 일 년 살이에서 가장 중요한 몫을 꿰차고, 평소에 읽지 못한 책 읽기 욕심을 부렸다. 알바로 불리는 잠깐 일을 찾고, 좋은 곳에서 여는 강의를 찾아다니고, 텃밭에서, 가족들 품에서 하나씩 무의식 속에 숨어 있는 5년의 긴장과 집중이 쌓아둔 독을 빼냈다. 선생으로 살아온 삶은 반성투성이라더니 어찌 그리 미안하고 고맙고 부족한지, 나를 어루만지고 다스리며 다시 어찌 살아갈지 삶의 방향을 물었다. 아이들에게 돌아갈 것인가, 돌아갈 수 있을 것인가, 돌아가면 공동체와 아이들에게 도움이 될까…

우리 식구들의 삶과 내 꿈을 위해 어느 곳에 있는 게 더 나은 건지 날마다 책에서 묻고, 텃밭 식물들에게 물었다. 그리고 저 멀리서 스멀스멀 다가오는 녀석을 보았다. 용기였다. 이 미친 세상에서 꿈까지 포기하는 것은 더 미친 짓이라는 버스 광고 글이 그렇게 고마울 수가 없었다. 그렇게 간절함과 절실함이 피어오를 때에야 교육과 아이들 책을 펼칠 수 있었다. 과학 공부에 재미를 붙이고 또 다른 세계의 지성과 위대함에 날 새는 줄 모르는 흥분을 맛보고 우주와 생명, 역사가 가르쳐 준 '겸손'이란 말을 새겼다.

더 나아가 맑은샘은 나에게 무엇인지, 자본 소비 사회의 한복판, 도시에서 살아갈 힘으로 삼은 우리 공동체를 들여다보았다. 얼마나 고맙고 미안하던지. 참 행복한 세월이었다. 그 속에 나와 맑은샘 공동체 식구들이 있었다. 학교만 벗어나면 멀어질 사람들이 아니라 어느 곳에서든 이 시대를 함께 살아가는 든든한 이웃이요, 동지들이었다. 어찌 살지 애 끓이던 순간에도 늘 찾아줘 술과 삶을 나누는 곁들이 있어 힘을 내고 꿈을 꾸었다.

소중한 사람들과 꿈을 꾸며 삶을 가꾸는 재미를 놓치지 말고 살아야지 하는 마음이 공동체에 대한 고마움으로 켜켜이 쌓였다. 그렇게 술을 마시다 학교 일도 생각하고 교육을 이야기하며 아이들 앞으로 성큼성큼 다가간 셈이다. 그런데도 나는 두렵다. 늘 그 자리에서 나를 안아 줄 동지들과 아이들이 있어도 현실이 두렵다. 그러나 지난 6년, 세월이 가르쳐 준 귀한 교훈들을 잊지 말고 '용기'와 '겸손'이 가르치는 삶의 자세를 바로 세우고 싶다. 혼자 헉헉거리지 말고 사랑하는 사람들을 믿고 내 할 일을 알맞게 찾아 부지런히 몸을 놀려 살아가는 힘을 만들어야 한다. 그 속에 자립과 꿈이 있다. 아내와 가족의 행복을 위해, 못난 가장이 되지 않기 위해 온몸을 다해 정직한 삶을 가꿔야 한다. 그래야 부끄럽지 않고 서로를 힘들게 하는 결정이 아님을 확인하리라.

한 해를 떨어져 보냈지만, 어쩌다 갈 때마다 '선생님 방학이 길다'는 맑은샘 아이들이 뿜어내는 기운에 정신을 바짝 차릴 때, 아이들이 흐트러진 몸과 세상에 찌든 영혼을 씻어 주리란 믿음이 다시 움텄다. 그렇게 아이들은 나를 안아 주리라. 함께 이야기할 일 년의 추억은 비어 있지만, 늘 선생의 삶을 바로 세우게 하는 동지들을 생각하면 역시 두렵다. 일 년간 쌓아 온 호흡과 흐름에 누가 되지 않을지, 어떻게 섞여 갈지, 함께한 오랜 세월이 있다고 아이들 삶을 가꾸는 교육 정신으로 삶을 가꾸면서 나온 믿음과 사랑만을 믿고 부족한 상태로 돌아가는 거 아닌지 밤을 뒤척인다. 평가회를 앞두고 가슴이 두근거린다. 동지들이 쏟아낼 열정과 깊은 성찰에 자세를 바로잡게 되리라. 넘치지 않게 묵묵히 아이들 속에서 자신을 살찌워 온 내공을 전수받을 생각에 받아 안을 내 그릇을 살핀다. 처음 선생 노릇을 하겠다고 달려들었을 때 마음을 다시 새길 때다. 처음 마음처럼.

(2012. 12. 25.)

봄

일과 놀이로
자란다

아이들은 온몸으로 봄을 맞이한다

오랜만에 용마골 골짜기에 갔다. 2월에 얼음판에서 한참을 놀았는데 꽃피는 춘삼월에 들어선 탓인지 얼음이 거의 다 녹았다. 하기야 내일이 경칩이니 정말 봄이다. 아침에 푸른샘 아이들과는 날마다 하던 대로 우면산 길을 걸었는데 눈과 얼음을 찾지 못했다. 용마골에는 그래도 얼음은 군데군데 남아 있다. 용마골 가면 물에 신발이 젖고 빠질 아이들이 눈에 보이건만, 여벌옷과 양말을 챙겨가지 못했다. 역시나 졸졸 흐르는 물속에서 깨어나는 도롱뇽과 개구리 알, 도롱뇽 알 보느라 아이들 마음은 들뜨고 발과 손은 물속으로 자꾸 들어간다. 지빈이 신발이 물에 다 젖었다. 아주 벗고 물에 발을 넣고 시원하다는 아이 눈에서 봄을 즐기는 모습을 본다.

골짜기를 타고 올라가는 아이들 몸에 균형과 순발력이 쌓이고, 조금 험한 돌과 나무들, 골짜기 물을 넘으며 헤쳐 가는 슬기를 늘린다. 역시 자연은 위대한 스승이다. 동무들, 동생들을 챙기며 길을 만들고, 개구리 알과 도롱뇽 알이 얼마나 귀한 생명인지를 가르쳐 주는 형들이 선생 노릇을 톡톡히 한다. 도롱뇽이 사람 손에 델까 봐 잠깐 보여 주고 차가운 물 속에 바로 넣는 우리 아이들은 숲 속 골짜기 규칙을 잘 안다. 조용한 골짜기에 놀러 온 우리들이기에 자연의 숱한 목숨들에게 미안함을 갖고 놀아야 한다는 것을, 아이들은 철마다 느껴간다.

규태는 낚싯대를 들고 골짜기 물에 담그며 나뭇가지를 건져 올리는 연습을 한다. 정말 함께 낚시 한번 가야겠다. 곤충과 숲 속 생물에 관심 많은 민철이 눈에서 빛이 나온다. 오랫동안 다닌 덕에 알고 있는 그 자리에 누운 소나무는 오늘도 아이들 태우느라 고생을 한다. 형들과 언니들 따라 골짜기 바위를 넘고 물을 건너는 푸른샘 아이들 발놀림과 손놀림, 눈길은 한참 다닌 맑은샘 형들과 같다. 모두 자연 속에서 실컷 놀고 온 아이들이라 아주 익숙하게 자신이 본 것, 한 것들을 들려주며 야무지게 이야기한다. 예전에 자주 왔다고, 개구리 알과 도롱뇽, 가재와 도롱뇽 겪은 느낌을 입으로 쓴 시에 담았다. 학교로 돌아가 개구리와 도롱뇽, 숲 속 골짜기 생물책을 보고 이야기를 나누면 자연 공부야 절로 된다. 그리고 다시 도감을 들고 와 살피고, 그림을 그리고, 시를 쓰며 놀고 관찰하는 힘 속에 상상력과 창의력은 길러지리라.

이 세상 모든 아이들은 자연 속에서 놀고 자연 속에서 배우며 자라야 함을 다시 생각한다. 40분, 45분 수업 뒤 10분, 15분 쉬는 시간을 갖고 주로 머리를 쓰며 교실에 앉아 하는 교육 활동도 필요에 따라 준비해야겠지만, 되도록 숲으로 골짜기로, 들로, 밭으로, 바다로, 운동장에 가서 마음껏 실컷 놀고 일하며 온몸으로 배움을 찾도록 교육 환경을 만들어 줄 수 있는 작은 학교야말로 아이들의 기운과 결을 살리는 길이다.

저마다 알맞은 바위에 걸터앉아 눈을 감고 봄이 오는 소리를 찾는다. 졸졸졸 흐르는 골짜기 물소리, 바람이 뺨을 스치는 느낌, 나무 냄새 이야기가 아이들 입에서 술술 나온다. 따듯한 햇살을 받으며 바위에 앉아 명상하는 맛이란 해 본 사람만이 안다. 이렇게 아이들은 온몸으로 봄을 맞이한다.

날을 따뜻한데 겨울 겉옷을 입지 않으면 추울 때가 있다.
감기 조심하자.

날마다 뒷산

아이들과 날마다 우면산에 오른다. 학교 뒷산이라 일 년 줄곧 다닐 생각이다. 아이들도 좋아하고 그리 힘들지도 않아서 좋은 버릇으로 삼을 만하다. 날마다 숲 속 공기를 마시고 나무와 흙과 동무가 되는 건 도시에서 쉽지 않은 일이고, 자라나는 아이들에게 얼마나 좋은 일인지 알기에 그렇기도 하다. 들숨과 날숨으로 아이들 기운을 키워가고 삶의 흐름을 잡아가는 데 산길 걷고 숲에서 노는 시간은 아주 중요하다.

학교에서 하는 놀이 가운데 마당놀이와 규칙 있는 놀이도 필요하지만, 자연 속에서 놀고 일하도록 교육 환경을 만드는 것이야말로 아주 바탕이고 뿌리다. 아이들이 보고 듣고 할 게 많은 게 산이다. 뒷산에는 태풍 뒤 죽은 나뭇가지들이 참 많다. 아이들과 집도 짓고 땅도 파고 놀고 생각할 시간을 많이 주는 뒷산이 고맙고 고맙다. 기지개학교 때도 줄곧 가고 개학하고 이어 가니 아이들도 자연스럽다. 뛰어가다 걸어가다 함께 만들어 놓은 나무집 쪽으로 가서 날마다 조금씩 손과 발을 움직이며 논다. 어제는 큰 나무로 외나무다리를 만들어 건너고 놀고, 오늘은 햇빛이 드는 쪽 빈터에 푸른샘 텃밭을 조그마하게 만들었다. 나뭇가지로 땅을 고르고 돌도 파내고 한쪽에 나무를 쌓고 웅덩이를 만들며 아이들은 자연에서 필요한 도구를 만들어낸다. 지빈이는 도토리 찾기에 재미를 붙여서 한 손 가득 주워 선생 주머니에 넣는다.

강산이는 곡괭이 같은 나무를 주워 땅을 판다. 승민이는 나무 위에 올라가서 아래를 내려다본다. 정우와 민주는 나무를 모아 푸른샘 텃밭 오는 길에 쌓아 쉽게 들어올 수 없도록 부지런히 몸을 놀린다.

한참 아이들과 땅을 고르다 보니 땀이 난다. 푸른샘보다 먼저 올라온 뿌리샘 4학년들이 함정을 만든다고 웅덩이를 파고 나뭇가지와 나뭇잎으로 덮어 놓은 모습이 정말 진지하다. 앗, 우리 승민이가 그 함정에 빠졌다. 5학년 형들을 노리고 만든 건데 동생이 빠졌으니 4학년 아이들 얼굴에 당황스러움이 스친다. 그래도 승민이에게 뭐라 하지 않고 이해해 주는 아이들이 참 예쁘다. 마음 한쪽에 아쉬움이 있을 걸 생각하니 더 고맙다. 다음 주에 씨앗을 뿌리고 물병을 가져다 놓기로 하고 내려오는데, 6학년들이 다음 주 공부에 쓸 나뭇가지 주우러 올라오고 연재는 호미로 땅을 파며 놀고 있다. 내일은 아이들에게 땅에 묻어 놓은 것을 찾아서 줘야겠다. 선생이 숨겨 놓은 걸 찾으려고 이곳저곳 나뭇잎을 들어보고 땅을 파 본 아이들에게 깜짝 즐거움을 줘야겠다. 맑은샘 아이들이 뒷산을 놀이터로 만들고 있다.

마음껏 노는 만큼 귀한 나무와 산을 사랑하는 마음으로 뒷산을 돌보도록 활동을 생각해야겠다. 3학년 부모님들에게 선물 받은 나무도감이 요긴하게 쓰일 때다.

수학 - 푸른샘 이름판

승민이가 어머니 없이 학교생활을 연습하는 첫날이다. 챙길 것 미리 살피고 우면산에 가서 땅을 한참 팠더니 땀이 흐른다. 뒷산에서 주워 온 나뭇가지로 수학 공부를 했다. 뒷산 가기 전에 푸른샘 이름판 만드는 데 필요한 나뭇가지 개수를 세어 보았다. 모두 23개가 필요하다. 100도 넘게 수를 셀 수 있다는 아이들도 있다. 푸른샘 글자를 칠판에 쓰고 나뭇가지가 모두 몇 개 필요한지 함께 세어 보고 뒷산에서 주워 올 개수를 나눠 보았다. 주워 온 나뭇가지를 놓고 준비해 둔 나무판에 푸른샘 이름판을 만든다. 강산이와 내가 '푸'를 맡고, 지빈이와 민주가 '른'을, 정우랑 승민이는 '샘'을 맡았다. 하, 정말 손놀림이 야무지다. 선생이 부러뜨려 놓은 나뭇가지로 푸른샘 글자를 저마다 나무판에 아름답게 붙인다. 목공풀 쓰는 것도 금세 익숙하고 멋진 이름판을 만들어간다. 스스로 맡은 글자와 붙이는 데 정성 들이는 모습을 보니 역시 푸른샘답다.

서로 두런두런 이야기하며 하나둘씩 맞춰 가는 지빈이와 민주, 이리 맞추고 저리 맞추어 보며 아름다움을 찾는 강산, 공간 배치가 뛰어날 만큼 익숙하게 꾸며 가는 정우, 정우가 넘겨준 받침 ㅁ을 선생과 함께 붙이는 승민이가 푸른샘 이름판을 만들었다. 기지개학교 때 모아 놓은 푸른 빛깔 나뭇잎도 오후에 붙이고 나니 뿌듯한 작품이 됐다. 더하기 빼기는 한참 뒤에 해도 저절로 될 만큼 녀석들 손놀림이 야무지다. 수학은 오감으로, 손과 발로 하는 것이라고 말하지 않더라도 우리 아이

32

들이 양감을 느껴가며 규칙과 기준을 찾아가리라 생각하니 참 기분이 좋다. 대칭과 균형, 수와 셈이 별건가. 이름판을 만들어 가며 수를 알고 글자를 맞추며 대칭을 익혀 가는 아이들에게 수학은 재미있는 놀이이고 만드는 기쁨을 주는 시간일 뿐이다.

아이들 작은 활동도 귀하게 여기고 일부러 넣는 게 아닌 스며들도록 선생이 준비해야 할 게 많다. 선생이 하고 싶은 것도 있지만 아이들이 온몸으로 자신을 드러내고 생각을 쌓아 가도록 놀고 겪고 생산해야 한다. 이름판을 다 만들고 쳐다보는 아이들 얼굴에 자랑스러움과 뿌듯함이 담겨 있다. 뭐를 해도 아이들은 자신의 기운대로 아름다움을 뿜어낸다.

하늘이여, 이 맑은 영혼을 아름답게 지켜 가도록 도와주소서. 오늘도 부족한 선생은 아이들이 스승임을 깨닫는다.

2013. 3. 11. 달날.
봄바람이 불어도 아주 춥지는 않다.
두꺼운 겨울옷을 벗어야겠다.

해, 바람, 물

후쿠시마 핵 발전소가 2년이 넘게 방사능 쓰레기를 뿜어내고 있다. 아직도 방사능은 줄곧 바다로 하늘로 새어 나오고 수습하는 데 어느 정도 시간이 걸릴지 아무도 장담할 수 없다. 우리는 또 잊어 가고 바쁜 세상살이는 생각할 틈을 주지 않는다. 위험과 재앙만 이야기해서는 우리 아이들에게 두려움밖에 줄 수 없다. 그래서 핵 발전소를 포함해 우리 문명의 기반이 되는 에너지 공부를 하는 날로 정해 불편한 하루를 살아보고 우리가 할 수 있는 것들부터 찾기로 했다. 아이들과 나눌 것들을 챙길 게 많은 선생들은 아침부터 부지런히 몸을 놀린다.

해, 바람, 물 모둠으로 나눠 태양열 조리기를 만들어 햇빛 힘으로 새참을 준비하고, 바람과 불을 써서 가마솥에 밥을 짓고 숯에 청어를 굽고 바람개비도 만든다. 돋보기를 써서 햇빛을 모아 종이에 불을 붙였다. 우리가 쓰는 전기, 물, 가스가 한 달에 얼마나 되는지 고지서를 보고 표를 만들고 별을 지키는 나무에 저마다 에너지를 아껴 쓰려는 실천을 담아 별을 붙인다. 10시부터 학교 마칠 때까지 전기를 쓰지 않고 지내고 쓸 물을 대야에 받아 설거지하고 손을 씻으며 지냈다. 전기와 물이 얼마나 소중한지, 없거나 부족하면 얼마나 불편한지 겪어 보는 공부를 아이들은 참 즐겁게 해낸다. 학교 층계에 새해 꿈과 약속을 담은 나무가 자라고, 1층 푸른샘 교실 바깥벽에는 에너지를 아껴 쓰려는 실천 약속이 들어 있는 별들이 빛난다. 저마다 물통을 준비해 먹는 물도 담아 두고, 마당 한편에는 거름을 만들기도 하고 우리가 쓰는 화장실을 다시 생각하자는 뜻으로 남자들이 쓸 수 있는 하루 바깥 화장실을 만들기도 했다.

가마솥 밥과 청어 굽는 냄새가 밥을 부르고, 비빔밥을 꼭꼭 씹어서 먹은 다음 가마솥 숭늉을 부어 그릇을 깨끗이 비워 맛있게 먹고 설거지하는 데 쓸 물을 아꼈다. 불편하지만 우리가 아무 생각 없이 익숙하게 쓰는 전기와 물, 가스가 얼마나 우리를 편하게 하는지 글로 쓰고 발표하니, 아이들에게 좋은 배움이 가득한 하루다. 뭐든지 넘치고 편안한 환경에서 자라는 도시 아이들에게는 핵 발전소 방사능 쓰레기 위험성을 아는 공부도 중요하지만, 이렇게 아껴 쓰고 나눠 쓰고 바꿔 쓰고 다시 쓰려는 버릇과 인간도 자연의 일부임을 아는 생태 감수성이 아주 중요한 교육이자 앞날을 위한 힘이다. 집에서 학교에서 아이들이 애쓰는 만큼 어른들이 함께할 때다. 비판과 대안은 늘 같이 가지는 않지만, 에너지 문제와 쓰레기는 인류의 삶의 방식이 바뀌지 않고서는 어려운 일이다. 아주 옛날로 돌아가자 할 수 없는 사회에서 우리가 할 수 있는 방법은 불편함을 겪으며 우리 편함에 고마워할 수 있는 마음, 하나라도 아껴 쓰려는 버릇, 삶의 방식을 조금씩 바꿔 보려는 노력들이 아닐까. 우리 아이들과 후손들에게 조금이라도 떳떳한 삶을 이야기하고 싶다면 말이다. 물론 화석 에너지, 핵에너지를 쓰지 않고도 살아갈 수 있는 방법을 당장 실현하지는 못한다. 하지만 우리가 먹고 자고 씻고 살아가면서 인류와 지구에 이로운 삶의 방식을 생각해 보도록 어렸을 때부터 겪어 보고 실천하게 하는 교육이야말로 앞날을 위한 길이다. 인류 생존에 위협이 되는 핵 발전소 짓는 일을 그만두고, 있는 것도 줄여 나가 나중에는 아주 없애고, 대안 에너지와 인류와 자연을 살리는 삶의 방식으로 살자는 어른들의 외침이 절실할 때 아이들의 꿈도 피어나리라.

가마솥 밥과 숭늉의 구수함과 청어의 고소함을 기억하고, 불편함 속에 고마움이 조금이라도 스며 있다면, 인류 생존을 걱정하는 시대에 살아가는 아이들과 선생들이 함께 우리를 되돌아볼 수 있는 소중한 하루로 아깝지 않은 날이다. 많이 걷고 아껴 쓰는 버릇이 참 귀한 실천임을 생각한다. 양재천 따라 집에 걸어가는 아이들이 참 고맙고 예쁘다.

닭의 죽음

본디 불날에 하는 공부로 잡은 몸놀이가 비 때문에 미뤄지고 맑은 샘 회의가 열렸다. 슬프게도 어제 닭이 죽었다. 닭이 죽은 까닭을 정확하게 알 수는 없다. 다만, 바깥 환경에 적응하지 못했거나 아팠을 걸로 가늠할 뿐이다. 어제는 아이들과 선생들 모두 놀라고 안타까워 어찌할 줄 모르다 학교 공부 하느라 바빠 하루를 넘기고 오늘에야 죽은 닭을 어찌할지, 우리가 더 나눌 이야기는 없는지를 생각해 보는 회의를 한다.

내 어릴 적 닭과 오리, 토끼를 기르는 건 아이들 몫이었다. 토끼풀을 뜯고, 개울에 풀어 놓은 오리들을 집으로 몰아 우리에 넣고, 닭 모이를 챙기고 닭 알과 오리 알을 꺼내 오던 것이 싫지 않았던 기억이 난다. 그 달걀이 반찬이 되어 나오고, 기른 토끼를 팔면 집에 보탬이 되고, 가끔씩 닭고기와 오리고기를 먹을 수 있는 기쁨이 있었다. 때로는 닭과 오리에게 못된 장난도 치면서 놀다가 어머니께 혼나고, 여름에 큰비가 와 돼지가 떠내려가 돼지 찾으러 다닌 것도 기억난다. 아이들과 소 꼴 베러 다니다 놀기에 정신 팔려 아주 늦게 집에 들어간 적도 있다. 그런데 그때는 집에서 기르는 짐승은 우리 집 거란 소유 개념과 살림에 보탬이 되는 소득 개념이었다. 그러니 모든 집에서 당연히 길렀어도 짐승들에게 깊은 동정이나 연민을 가졌던 기억은 많이 떠오르지 않는다. 물론 아이들이 하는 일이 짐승 돌보는 것이 대부분인지라 남다른 애정을 가

36

졌을 때도 있었으리라. 놀다가 좋은 풀을 보면 짐승들이 생각나거나 다른 집 짐승들과 싸움을 붙이는 못된 장난을 하면서 한 식구라는 일체감을 느끼기도 하고, 돼지 새끼를 잘 길러 다른 돼지와 접을 붙여 새끼를 늘려가던 꿈도 기억난다. 생각할수록 조금씩 옛날 일이 새록새록 떠오르는 걸 보니 역시 어린 시절 추억과 경험은 잊혀지지 않는가 보다.

아이들에게 내가 어린 시절 겪은 짐승 이야기, 도시에서 학교에서 동물을 기르거나 함께 살아가는 것이 우리들에게 얼마나 많은 즐거움과 사랑을 주는지, 그러려면 무엇을 책임져야 하고 어떤 마음을 가져야 하는지 할 말은 많지만, 나중에 차근차근 풀어갈 일로 미루고 아이들이 죽은 닭을 어찌할지 나누는 이야기에 귀를 기울였다. 불로 태워 묻어 주자는 생각, 관을 만들어 묻어 주자는 생각, 천으로 싸서 묻어주자는 의견까지 여러 이야기가 나온다. 손을 들어 발언권을 얻고, 화장하려면 높은 온도로 불을 때야 하는데 쉽지 않은 일이고, 냄새가 온 마을에 퍼져 사람들이 항의할지도 모른다고 하자 묻어 주자는 쪽으로 이야기가 흘렀다. 마침내 학교에서 가까운 뒷산에 닭을 묻어 주기로 결론이 난다. 높은 학년들이 삽을 들고 뒷산으로 가서 구덩이를 깊게 파고, 닭을 꺼내 짚으로 감싸 묻어 주었다. 부화기에서 태어날 때부터 아이들 사랑을 참 많이 받았던 닭이라 잠깐 잘 가란 묵념도 하고 한 삽씩 흙을 떠 넣고 단단히 밟아 뒷산 짐승들이 냄새 맡고 파헤치지 않도록 마무리했다.

십자가와 사람 무덤 같은 봉분을 만들어 표시해 놓자는 아이들도 있고, 학교 안에서 놀다 깜박 잊고 있다가 닭 묻는 걸 못 본 아이들의 안타까움과 섭섭함도 있었다. 따로 표시하지 않더라도 학교 옆 산에 닭이 묻혀 있다는 걸 아이들은 가끔씩 생각해낼 것이다. 어째 마음이 이상하다. 삶과 죽음, 곤충과 동물 기르기를 두고 한참 아이들과 할 이야기가 많을 것도 같고, 우리 순돌이가 방학 때마다 겪는 외로움도 다시 고민되고 그렇다. 목숨은 다 같을진대… 개미 한 마리, 풀 한 포기도 이 세상에 온 까닭이 있고, 우리 인간도 그 가운데 하나일 뿐일 텐데… 봄비가 사람을 더 가라앉게 만드네.

내일 아버지들이 애써 만든 닭장이 횡하겠지.

2013. 3. 15. 쇠날.
찬 기운은 있지만 봄 햇살 따스함이 참 좋다.

일과 놀이로 자란다

씨앗 책을 읽어 주는데 재미가 없다고 한다. 씨앗을 뿌릴 때라 읽어 주는데 이야기가 단순해서인지 모두 읽은 적이 있어 큰 흥미를 주지는 못하는가 보다. 옷을 챙겨 입고 뒷산에 가는데 정우가 삽도 들고 가서 밭 만들다 나온 바윗돌도 캐자고 해서 삽을 주었더니 남태령 망루 앞까지 잘 들고 간다. 1.5리터 물통 두 개와 호미 다섯 개도 나눠 들고 가다가 힘들다며 모두 선생에게 맡기고 먼저 가버리네. 반쯤 왔으니 아이들이 줄곧 들고 가기에는 무겁기도 해서 삽, 호미, 물 두 통 모두 안고 가는데 팔심이 빠진다. 부실한지고. 근육 운동이 필요하다 했는데 아이들과 다니니 유산소 운동만 그럭저럭 되고 있어 벌써부터 힘이 달리는 조짐이다. 아이들은 벌써 놀이터가 되어버린 뒷산 나무집 둘레에서 도토리를 찾고 나뭇가지를 들고 저마다 놀이에 빠진다. 아이들이 잠깐 자기들끼리 놀 동안 지난번 왔을 때 아이들과 만들어 놓은 조그만 밭, 고랑을 만들고 삽질을 하는데 땀이 흐른다.

물 한 모금 마시고 아이들을 불러 나뭇잎이 썩어 흙이 된 것, 부엽토를 긁는 방법을 가르쳐 주니 새로운 것에 눈을 반짝이던 녀석들은 푸른샘 1학년답게 아주 열심히 부엽토를 뿌리고 흙과 뒤집어 마무리를 짓는다. 모두 마친 뒤 준비해 간 씨앗을 나눠 주고 함께 씨를 뿌리고 물까지 조금 주고 나니 모두 뿌듯한 표정으로 밭을 바라본다. 물도 떠서 우리만 아는 곳에 숨겨 놓기로 해서 남은 물통을 가랑잎 밑에 숨겨 두니 모두 가랑잎을 정성스럽게 덮는다. 남은 한 통은 아이들에게 숨겨 보라고 하니 저 안쪽으로 들어가서 땅속에 파묻는다. 아까 거기에 함께 넣을 줄 알았는데 저쪽까지 갈 줄이야! 녀석들 참 뭐든지 진지하다. 날마다 뒷산을 다니며 산을 놀이터로 만들고 일을 찾고 비밀과 추억을 만들어간다. 내려갈 때는 이제 지름길을 찾는다. 어찌나 날랜지 아마도 '천천히 천천히', '느리게 느리게'를 공부로 삼아 줄곧 노래를 부르게 될 것 같다.

오후 공부로 있는 텃밭 농사는 낮은샘, 높은샘으로 나눠 높은샘은 옥상 텃밭을 맡고, 낮은샘은 학교 옆 산 밑에서 놀면서 자루 텃밭을 만들었다. 아이마다 호미로 만들어 가는 밭 모양도 크기도, 서로 힘을 합하는 것도 참 다르다. 3학년 유찬이와 성범이는 가져간 삽으로 자루에 흙을 모두 채웠다. 유찬이가 '노동자가 된 것 같아요.' 한다. "와, 그렇지. 노동, 일은 세상에서 가장 아름다운 말이지. 일하는 사람이 있어서 집도, 다리도, 옷도, 음식도 있는 거지. 우리는 모두 일하는 사람, 노동자로 사는 게 자랑스러운 거야. 정말 멋지다. 야, 3학년 정말 삽질도 잘하고 열심히 일하는 모습이 대단해." 이어지는 선생들 칭찬에 아이들 삽질에 힘이 실린다. 아이들이 일하고 놀고 배우는 가운데 몸과 마음이 열려가는 봄이다.

나무망치

아이들이 택견 품밟기가 재미가 없다고 한다. 다음 주 놀이랑 같이 가면 괜찮겠지. 택견이 있는 날엔 아침에 바로 뒷산으로 가지 않고 마당에서 놀다 수학을 한다. 선 그리기가 자리를 잡아 간다. 아이들이 지난주부터 어머니, 아버지와 누나, 언니에게 물어서 일기장에 써 놓은 식구들이 좋아하는 수와 까닭을 나누는 활동을 했다. 활동지에 식구들이 좋아하는 수만큼 종이딱지를 붙이며 까닭도 써 보고 이야기를 나눈다.

자연스레 수를 익히는 활동 가운데 하나이기도 하지만, 식구들과 이야기하는 시간도 필요한 것이라 아이들과 식구들이 마주 이야기할 수 있기도 하다. 강산이는 17, 41, 101 모두 좋아하는 농구 선수 앞번호고 농구 점수가 많아서 좋아한다. 민주는 1, 2, 3, 4이다. 1이 좋은 까닭은 1등을 하는 게 좋고, 2는 1등 대신 2등을 하는 게 좋아서, 3은 생일이어서, 4는 식구 수가 넷이라 좋다 한다. 승민이는 27, 지빈이는 4, 7이다. 4는 식구 수라 좋고, 7은 행운을 주는 숫자라서 좋단다. 정우는 자기 나이라서 8을 좋아한다. 어머니 아버지가 왜 그 '숫자'를 좋아하는지도 모두 재미있다. 아이들은 좋아하는 숫자가 많기도 하고 까닭도 뚜렷하다. 선생님이 좋아하는 숫자도 함께 넣어서 이야기를 하는데 모두 자기 활동지 꾸미느라 바쁘다.

아이들과 도구를 쓰는 공부로 잡아 놓은 나무망치를 만들기 위해 뒷산에 올랐다. 함께 걸어가다 길옆에 버린 좋은 나무를 찾았는데, 앗! 톱

40

을 챙기지 못했다. 잠깐 톱 가지러 학교 가는 동안 아이들과 승민 어머니와 승민이 활동 보조로 도움을 주시는 박균덕 선생님이 아이들과 먼저 뒷산 놀이터로 올라가 푸른샘 텃밭을 보고 놀고 있기로 했다. 부지런히 톱을 챙겨 들고 뒷산에 올라가니 아이들은 역시 나뭇가지 들고 도토리 찾으며 놀고 있다. 싹이 났는지 물어보니 역시 안 났다고 한다. 그렇지, 벌써 나올 리가 없지만 자꾸 들여다보고 기다림을 배운다.

떨어진 나뭇가지들을 찾아 학교 마당으로 돌아와서 나무망치를 만들었다. 단단한 나무를 잘라 망치 머리로 쓰고 홀쭉한 나무는 망치손잡이로 쓰려고 톱질을 하는데, 서로 톱질을 하려고 한다. 차례대로 선생이 톱질을 해 놓은 자리에 톱을 대고 톱질을 하는데 쉽지 않지만, 뭐든지 열심히 하는 푸른샘답게 톱질하는 자세를 바로 한다. 아이마다 톱질하는 기운은 다르지만, 바른 자세를 잡고 망치 머리를 많이 잘랐다. 여러 개 망치 머리를 자르고 저마다 좋은 망치 머리를 고르는데 역시 좋아 보이는 놈을 고르려는 아이들 눈이 빛난다. 망치 머리 여러 개 잘라 놓고 망치 머리와 손잡이가 바로 붙어 있는 나무들을 골라 잘라 놓으니 바로 쓸 수 있는 나무망치가 만들어졌다. 톱날을 톱 손잡이에 빼고 넣고 하는 것을 보여 주었다. 안전하게 하는 법을 말하고 난 뒤인데 톱을 빼다 장갑 위쪽이 톱날에 스쳐서 벗어 보니 에고, 피가 났다. 칠칠치 못하게 조금 긁힌 거다.

"선생님 괜찮아요?"를 몇 번이나 물어보며 선생 걱정하는 아이들에게 괜찮다고 말하는데 에고, 부끄러워라. 피를 본 아이들에게 톱날의 무서움을 제대로 보여 준 셈이다. 승민 어머니가 번개같이 약을 발라 주고 밴드를 붙여 주자 아이들이 안심하고 놀이를 한다.

긴 망치, 짧은 망치 다섯 개를 들고 땅바닥에 나무망치를 내리친다. 나무못을 만들어 주니 바로 땅에 대고 망치질을 시작하는데 쿵쿵 잘 맞춘다. 민주와 지빈이는 땅에 나무못을 뽑을 수 없을 정도로 깊이 박아 놓았다. 손을 써서 도구를 만들고 도구를 써서 놀이와 도구를 만들어내는 시작을 아이들은 즐거운 놀이로 한다. 마당으로 놀러 온 동엽이와 성범이가 나무망치 놀이가 재미있어 보이는지 아주 신이 나서 나무망치를 찾길래 나무망치 머리로 잘라 놓은 걸 주고 망치 손잡이를 묶거나 망치 머리에 뚫은 구멍에 넣을 생각이라니 금세 나무 손잡이를 구해 와서 도와달라고 한다. 지금은 푸른샘 공부 중이니 나중에 도와준다 하니 3학년답게 약속을 받고 물러난다.

교실에서 망치 쓰임새를 말하고 아버지들이 만들어 놓은 책상은 물론이고 나중에 집까지 만들 수 있다는 말, 돌망치, 쇠망치도 할 수 있는 것들을 잠깐 말해 준 것보다는 그냥 땅에 나무못을 깊이 넣을 수 있다는 놀이만으로도 아이들 몸놀림은 부지런하다. 하기야 아이 기운과 결에 따라 느리거나 조심스럽게 노는 아이들도 있지만, 아이들은 거의 다 온몸을 써서 놀고, 달리고, 뛰고, 쉬지 않고 움직이며 살아간다. 아이들은 놀아야 하고 그러한 환경을 갖춰 주는 것이 어른들이 할 일이다. 필요하지만 가만히 교실에서 주로 하는 활동만 해서는 아이들 기운과 결, 들숨과 날숨에 따라 삶을 오롯이 가꾸기에 부족함이 많을 수밖에 없다.

집에 가져가고 싶다는 걸 모두 함께 모아 놔야 마당에서 수학 놀이도 하고 마당놀이도 할 수 있다 하니 도구 상자에 모두 넣어 놓는다. 나무망치로 나무못을 박으며 여러 놀이를 하고, 한참 연습을 많이 한 뒤 쇠못과 쇠망치로 놀잇감을 만들 생각을 하니 재미있는 놀이와 찾을 수 있는 공부가 줄곧 떠올라 괜히 선생이 들뜬다.

주사위 놀이

아침열기 때 가자가자 감나무 춤 동작도 맞춰 가며 말놀이를 하는데, 아이들이 정말 잘해. 나무날마다 2학년들과 함께 민요를 부르는데 몇몇 어린이는 재미가 없다고 말하네. 몇몇 2학년 아이들이 민요 부르는데 크게 재미를 못 느껴 보여. '싫어요.'란 말을 하는 아이도 있어. 지난해 민요 부를 때 크게 재미없이 놀았다고 하더니 그 기운이 줄곧 가나 봐. 어찌 됐든 아이들에게 재미난 시간이 되도록 일부러 '개타령'에 이어 '미운 누렁이'를 골랐는데 아주 재미있어 보이지는 않아. 왜 민요를 부르느냐고 묻는 아이들에게 자세히 풀어 주고 이야기를 나눠야 하는데 충분하지는 못했어. 우리가 많이 부르는 동요랑 민요랑 모두 좋은 노랫말과 박자를 갖고 있어서 공부로 하는 것이니 부지런히 익히자 했는데 더 많이 이야기를 나누고 재미있게 불러야겠어. 푸른샘 1학년보다는 옹달샘 2학년 아이들이 먼저 재미있게 불러야 동생들이 따라 하니, 2학년 어린이들에게 먼저 공을 들여야겠지. 오후열기 때 형들이 잘 부르는 걸 들으면 배워 둔 게 쓸모가 많다는 걸 느낄 거야. 그래도 다음 주 더 재미있고 즐겁게 할 수 있도록 재미있는 목소리와 동작을 해야겠어.

뒷산에 가서는 큰 나무집과 푸른샘 작은 나무집까지 몇 걸음으로 갈 수 있는지 저마다 걸어 봤는데 27걸음부터 110하고 27걸음이라고 말하는 아이까지 저마다 기준이 달라. 다음에는 줄자나 나무막대기로 거리를 재 보기로 했는데 그것도 재미있겠어. 기준을 세우고 규칙을 찾아가는 수학도 놀이로 많이 할 수 있는 뒷산이 참 좋아. 아, 큰 나무집에서 작은 나무집까지 크게 소리를 지르지 않고 신호를 주고받을 수 있는 소리통을 만들기로 했지. 아마 소리와 음파 이야기를 쉽게 할 수 있을 거야. 어릴 때 많이 한 실과 종이잔을 써서 전화기라고 했던 놀이도 좋고, 소리 때문에 일어나는 울림과 진동도 징이나 북으로 먼저 보여 주고, 아무튼 재미있는 과학 놀이지 뭐.

학교로 돌아와서 아이들이 꺼내 든 《도서관에 간 사자》를 읽어주는데 읽었다는 아이들까지 모두들 재미있나 숨소리밖에 안 들려. 조금 쉬다가 쌓기 나무로 저마다 쌓고 싶은 대로 놀다가 주사위를 만들었어. 정육면체란 말이 우리 푸른샘 1학년에게는 아주 어려워. 6학년 형들이 정육면체 부피와 겉넓이를 배우는데 정육면체를 만들고 그리면서 공부해. 우리는 푸른샘이라 위와 아래, 옆을 말하고 면이란 말도 써 봐서 윗면, 아랫면, 옆면 개수를 세는 정도지 뭐. 그리고 주사위를 만드는데 아이마다 만드는 게 다 달라. 큰 점을 찍어 1부터 6까지 표시하는 아이도 있고, 일은 큰 점으로, 이는 사각형으로, 삼은 별로 그리는 아이도 있어.

모두 만든 다음에는 주사위 놀이를 해. 자기가 생각한 수를 주사위로 던져서 맞히는 건데 돌아가며 하다가 맞히면 '와'란 함성이 나와. 가장 큰 수, 가장 작은 수 나오도록 주사위를 던지기도 하고, 각자 주사위를 굴려서 나온 수를 모두 합하면 얼마나 되는지도 해 봤어. 홀짝 놀이처럼 주사위 놀이도 참 재미있어.

맑은샘회의 시간이야. 낮은샘과 높은샘이 나눠서 하는 날인데 낮은샘은 3학년이 이끎이야. 종민이가 사회를 보고, 성범이가 칠판에 쓰고, 태인이가 회의 기록을 맡았어. 푸른샘 아이들은 맑은샘회의에 늦게 들어가자고 선생이 의견을 냈는데 아이들 의견이 갈렸어. 줄곧 형들처럼 같은 시간만큼 하고 싶어 하는 아이들이 많고, 자기도 의견 내고 싶다는 정우가 있어 처음부터 끝까지 함께하기로 했지.

오늘 회의는 놀림 말, 거친 말 쓰지 않기와 어떤 형에게 하지 말라는 거 하지 않고 학교 규칙 잘 지키라는 결론으로 끝이 났어. 어린이들은 맑은샘회의를 아주 좋아하지는 않지만, 중요한 시간으로는 기억해. 길게 회의를 하는 게 어린이들에게 쉽지 않은 시간이기도 하지만, 어린이들에게 아주 중요한 일일 때는 수많은 말이 쏟아져 나와 어떤 때는 한 시간을 훌쩍 넘기기도 해. 물론 짧을 때가 훨씬 더 많지. 그런데 오늘처럼 높은샘 낮은샘 나눠서 할 때 낮은샘은 재미있게 할 때가 많아. 서로 하고 싶은 이야기를 하는데 주로 누구누구가 고쳤으면 좋겠다는 이야기를 많이 해. 선생님들도 손을 들고 있다가 사회자가 발언권을 주면 말을 할 수 있고, 찬성·반대를 정할 때 어린이들과 똑같이 한 표야.

맑은샘회의는 "누구는 뭐를 좀 고쳤으면 좋겠다, 누구는 나쁜 말을 쓴다, 누구가 몸을 쓰는데 그러지 않으면 좋겠다, 그네가 필요하다, 마당에서 축구를 할 수 있도록 축구대 있으면 좋겠다."처럼 함께 살면서 서로가 느낀 마음을 마음껏 이야기하는 시간이기도 하지. 자꾸 말해도 안 고쳐질 때는 어린이들이 벌도 주자고 해. 그래서 맑은샘회의에서 정한 벌이나 규칙은 아주 중요한데 자기 이름이 많이 나오면 무척 창피하지. 서로 하는 말에 귀 기울이고 부드럽게 말하는 게 민주주의 시작이라는 걸 아이들은 알고 있어. 우리 맑은샘 아이들에게 민주주의는 날마다 살면서 실천하는 아주 중요한 말이야.

가마솥 밥

가자가자 감나무 말놀이는 아주 익혔나 보다. 뒷산에서 비석치기를 하다 전에 만든 종이잔 전화기로 놀고 내려왔다. 두 편으로 나눠 선생과 같이 비석치기를 하는데 강산이는 돌을 정말 큰 걸 골라서 한다.

"에구, 힘들 텐데. 너무 큰 돌을 쓰면 목이나 옆구리에 넣고 할 때 하기 힘들지도 모르는데. 옛날에는 아주 큰 돌은 규칙으로 정해서 안 했는데."

"괜찮아요."

선생 말도 소용없다. 엄청 큰 돌로 가랑이까지 간다. 그렇지, 자기 뜻대로 마음껏 해 보다 규칙을 찾아가야지 하고 만다.

산에서 내려와 내일 있을 수학 놀이마당에서 푸른샘이 할 칠교놀이를 같이 준비했다. 선생이 미리 준비한 칠교 그림판에 색칠을 하면서 도형을 알아간다. 삼각형 다섯 개, 평행사변형 한 개, 정사각형 한 개에 저마다 좋아하는 색깔로 진한 색을 입혔다. 색종이로 접어서 가위로 일곱 개를 자르고 흩트린 다음 정사각형을 맞추어 보라니 금세 맞춘다. 우리 아이들이 하는 공부의 바탕은 일과 놀이라 수학도 꼭 만들고 그리고 쓰면서 한다. 그래서 우리 아이들은 공부와 놀이가 따로 있지 않다.

"얘들아 수학이 뭐지?"

"음, 저는요, 수학은 놀이에요."

민주 대답에 선생도 맞장구치며 "그렇지."

모두 얼굴이 환하다. 글쓰기는 내일 할 거라 따로 하지 않았다.

이번 주는 다경이와 지빈이가 밥 짓는 당번인데 달날과 불날, 푸른샘은 뒷산 가고 따로 공부하느라 다경이가 혼자 밥을 지었다. 그래서 오늘은 미리 다경이에게 전기밥솥 두 개만 하라고 하고, 나머지 한 솥은 지빈이랑 푸른샘이 가마솥 밥을 하겠다고 알려 주었다. 지난주부터 물날에는 모둠마다 돌아가며 가마솥 밥을 짓자 했는데 푸른샘이 하기로 한 지난주에는 바람이 많이 불고 날씨가 좋지 않아 하지 못했다. 그래서 이번 주에는 해야 하는데 처음이니 다 하지 말고 한 솥만 맡자고 한 셈이다. 처음이니 선생이 쌀을 씻고 가마솥에 밥을 안쳤다. 불 때는 걸 아이들과 함께 하는데 푸른샘 아이들이 신이 났다.

돋보기로 햇빛을 모아 불을 피우자 했는데 시간이 없어 라이터로 불을 켜고 다음에는 꼭 돋보기를 쓰자고 했다. 민주가 많이 아쉬워한다. 마당에 있던 지푸라기로 불을 붙이고 아이들과 뒷산에서 주운 나뭇가지를 분질러 쇠아궁이에 넣는데 처음에는 연기가 많이 나서 눈이 맵다. 여러 번 지푸라기를 넣고서야 불이 나뭇가지에 붙었다.

"선생님, 저도 해 볼래요."

지빈이는 나뭇가지랑 지푸라기를 부지런히 나른다. 불 앞으로 밀치며 나오던 강산이와 정우가 막대기에 불을 붙이려 한다. 불을 보면 아이들은 좋아한다. 나뭇가지를 넣어 불이 붙으면 아궁이 밖으로 빼내 횃불처럼 돌리려고 한다. 바람이 불어서 위험하니 오늘은 참자고 하고 불붙일 때 꼭 있어야 하는 산소 이야기를 해 주었다. 한참 나뭇가지와 지푸라기를 넣은 다음 이제 다 됐다고 하니 아이들은 마당에서 비석치기 하느라 바쁘다.

어릴 적 시골집 부엌과 아궁이가 떠올랐다. 검은 재가 벽에 붙어 있던 부엌에서 불을 때던 어머니, 아랫방 솥에 물을 가득 넣고 불을 때던 아버지랑 우리 아이들이랑 똑같이 막대기를 불 속에 넣어 불을 붙인 뒤 꺼내어 휘두르던 내가 있었다. 지금도 시골집 아랫방에는 아궁이가 있지만 창고가 되어 버려 불을 넣지 않는다.

이윽고 가마솥에서 흘러나오는 밥물과 밥 익어 가는 냄새가 참 정겹다. 됐다 싶어 솥뚜껑을 열어 보니, 아차, 현미가 섞여 있던 쌀이라 미리 불려 놓지 않은 현미가 생쌀로 씹힌다. 현미 불리는 걸 깜박했다는 말에 곁에 있던 활동 보조 선생님이 웃고 만다. 조금 더 약한 불로 한참 뜸을 들였더니 다행히 먹을 만하다. 밖에서 한참 불도 피우고 재미있게 놀고 있는데 교실에 들어가 밥 먹을 준비하라는 선생 말에 승민이는 마당에서 더 놀다가 마당에서 밥을 먹고 싶어 한다.

그래도 규칙 있는 학교생활을 익히려면 연습을 할 수밖에 없다. 마당에서도 교실에서도 한참 울고 옷을 잡고 나서야 밥을 먹었다. 누룽지는 조금 탔지만, 그래도 알맞게 긁어 푸른샘 아이들에게 주니 정말 맛있다며 잘 먹는다. 맑은샘 아이들 모두에게 한 입씩 주려고 했는데 타 버려서 실패다. 누룽지를 긁고 물을 부어서 다시 불을 때서 가마솥 숭늉을 만들었다. 구수한 맛이 일품이다. 마당에 나온 다경이랑 성준이에게 한 숟가락씩 떠 주니 맛이 좋단다. 고구마 세 개를 숯에 넣어 놓았더니 청소 시간쯤에 모두 익었다. 한 개를 꺼내 한 입 베어 물고 껍질은 순돌이를 주는데 순돌이가 신이 났다. 마당에 있던 지은이한테도 한 입 주는데 참 맛있다고 좋아한다.

도시에서 살면서 가마솥에 밥을 지어 먹는 아이들이 있다. 뒷산에서 나뭇가지를 주워 불 피우는 방법을 배우고, 쌀 씻고 밥 안치는 걸 익히고, 누룽지와 숭늉 먹는 맛을 안다. 인스턴트와 빠름, 돈만 주면 필요한 장난감을 살 수 있는 세상에서 돌 하나가 귀한 장난감이 되고, 아궁이에 불 때는 것을 책에서만 보고 어쩌다 한 번 하는 것이 아니라 자주 하면서 살아가는 것이 아이들에게 주는 감성과 배움은 무엇일까? 가마솥 밥, 돌 하나에도 모두 뜻은 있다. 크게 뜻을 잡지는 않더라도 새길 만하고 생각해 볼 만한 이야기는 많이 나올 수 있다. 온몸으로 살아가는 아이들을 위해 부모와 선생은 늘 생각하고 나눌 게 많다.

수학의 날, 수학 놀이 한마당

하루 종일 수학으로 노는 날이다. 모둠마다 재미있는 수학 놀이를 준비해서 맑은샘 아이들이 모두 할 수 있도록 준비했다. 아래층 마루에서는 푸른샘 1학년이 칠교놀이를 펼치고, 마당 옆 평상에서는 옹달샘 2학년이 몸에 수학 그림을 그려 준다. 알찬샘 3학년은 알찬샘 교실에서 곧은 선으로 굽은 선 만들기로 예술을 한다. 위층에서는 뿌리샘 4학년이 색종이로 쪽매맞춤으로 규칙과 대칭을 찾게 하고, 누리샘 5학년은 입체 카드를 만들며 프랙털을 배우고, 6학년은 안과 밖을 바꿀 수 있는 마술통을 만들도록 돕는다. 모둠마다 미리 준비해서 아이들이 놀이를 이끌고 원리를 풀도록 했다. 그래서 모둠마다 아이들이 놀이 이끄는 시간을 나눠 자기가 맡지 않은 시간에는 곳곳을 다니며 수학을 즐긴다. 푸른샘도 강산과 정우, 지빈와 민주, 승민과 선생이 20분씩 맡기로 했다.

마당 옆 평상이 가장 시끌벅적하다. 옹달샘 2학년들이 얼굴과 손, 팔, 몸의 어느 곳이나 원하는 곳에 수학 그림과 수학 공식을 천연물감으로 그려 준다. 영어로는 페이스 페인팅인데, 아이들이 줄을 서서 기다리고 있었고, 아무래도 옹달샘 선생이 그려 주는 곳에 더 많이 서 있다.

줄이 길어서 알찬샘 교실로 갔더니 곧은 선으로 굽은 선 만드는 예술(영어로 스트링 아트)을 하는 곳이라 시간이 많이 필요한 건지 아직은 아이들이 많지 않다. 하는 데 시간이 많이 걸릴 것 같아 위층으로 갔더니 2층 마루에서 4학년 아이들이 미리 만들어 놓은 쪽매맞춤이 눈에 확 들어온다. 쪽매맞춤, 테셀레이션이라는 영어보다 더 정감 있고 예

49

쁘다. 자리에 앉았더니 다경이와 호연이랑 유하가 하나씩 설명해 주는데 진짜 차근차근 잘 알려 준다. 이 아이들에게 이렇게 배우면 못하는 이가 없을 것이다. 덕분에 '나만의 쪽매맞춤'을 갖게 되었다.

누리샘 5학년 교실에는 아이들이 가득하다. 입체 카드를 만들며 프랙털을 익히는데, 재미있나 웃음소리가 크다. 깊은샘 6학년 교실로 갔더니 책상 둘레에 아이들이 빙 둘러앉아 마술통을 만들고 있다. 6학년 아이들이 준비해 놓은 두꺼운 색지 네 개를 펼쳐 놓고 테이프를 붙여서 만드는 건데, 만들기가 쉽고 재미있어서 아이들이 많다.

열심히 마술통을 만들고 있는데 푸른샘 아이들이 올라와 칠교놀이 이끌 사람이 없다고 선생님이 할 차례라고 한다. 서둘러 아래층으로 내려가 보니 정말 아무도 없다. 다들 자기 맡은 시간을 채우고 수학을 즐기러 사라진 것이다. 칠교를 다 맞춘 사람은 아침에 민주랑 같이 잘라 놓은 색종이 칠교로 자기가 만들고 싶거나 보기에 나와 있는 그림을 붙여 보는 활동을 하게 하고 푸른샘이 만든 나무망치를 선물로 내걸었다. 2초 만에 지우와 유찬이가 칠교를 맞추었다고 상황판에 쓰여 있어서 설마 하는데, 아이들이 다시 왔다. 이건 절대로 나올 수 없는 숫자라고 다시 해 보라고 했더니 5초 만에 맞춘다. 푸른샘 아이들이 숫자를 아주 빨리 센 셈이다. 칠교 도형으로 멋있는 그림을 붙여야 선물을 받을 수 있다고 하니 나무망치를 갖고 싶은 유찬이, 동엽이, 종민이, 성범이, 규태가 아주 열심이다. 우리 유찬이 나무망치 언제 주느냐며 자꾸 물어본다.

"푸른샘 어린이들이 칠교놀이 참여한 어린이들 가운데 주사위로 굴려서 선물 줄 사람을 정할 거야."

"몇 명이요?"

"글쎄. 푸른샘 어린이들이 정하겠지."

오후에는 수학 놀이마당을 주제로 겪은 일 쓰기를 하는데, 아이들이 쓸 게 많은가 한참 글쓰기 공책을 잡고 있다.

"강산아, 선생님이 도와줄게요. 이쪽으로 와요."

아무 대답도 하지 않고 강산이가 줄곧 자리에 앉아서 뭔가를 쓴다. 필요하면 부르겠지 하고 기다리는데, 지빈이랑 민주가 줄곧 물어본다.

"선생님, '에'는 어떻게 써요?"

"선생님, 갔다 할 때 '갔'은 어떻게 써요?"

칠판에 써 주고 앉고 그러고 있는데 강산이가 자꾸 묻는다.

"선생님, 2층 누리샘 프랙털 어떻게 써요? 만들었다 어떻게 써요?"

칠판에 써 주고 강산이 옆으로 가 보니 칠판과 공책을 번갈아 보며 열심히 쓴다. 모두 다 쓰고 난 뒤 조금 있으니, 강산이가,

"선생님, 다 썼어요." 한다.

"그래. 어디 보자."

곁으로 다가가 보니 쓰고 싶은 말을 모두 다 썼다.

대여섯 줄이지만, 선생에게 불러 주어 선생이 쓰게 하지 않고 온 힘을 다해 혼자 힘으로 처음으로 글을 쓴 것이다.

"와 유강산! 혼자 힘으로 글을 다 써 버렸네. 와 대단해. 와 유강산!"

흥분한 선생이 강산이 얼굴을 부여잡고 신이 나서 외치자 강산이 얼굴이 웃음으로 환하다.

우리 학교에서 수학은 놀이이자 삶을 가꾸는 시간이다. 전체를 보는 눈을 갖도록 대칭과 규칙을 찾아내고, 기준을 세워 문제 해결 능력을 기르도록 한다. 수와 셈 익히기도 아주 중요하지만, 계산과 문제 풀이로 수학을 느끼게 하지 않고 삶의 줏대와 잣대를 길러 삶을 가꾸는 게 먼저라고 본다. 학년마다 덧셈, 뺄셈, 곱셈, 나눗셈과 자연수와 분수·소수의 사칙연산, 도형, 측정 영역을 알맞게 나누어 하고 있고, '생명을 살리는 머릿셈'으로 사칙연산을 익히기도 하고, 모둠마다 선생들이 활동지를 만들고 문제 풀이 수학이 아닌 창의력과 문제 해결 능력을 기르려 애를 쓴다. 수학이 수와 셈만 있는 것이 아니라 우리 삶과 자연에 가득

하다는 걸 보여 주려 애를 쓰는 것이다. 그래서 수학 시간은 놀이와 신기함이 있는 활동들이 많다.

음식을 만들 때도, 자신이 쓸 책상을 만들 때도, 몸자람표를 만들 때도, 메주를 만들면서, 텃밭과 뒷산과 길 위에서도, 종이접기로, 구슬로, 딱지로, 콩으로, 선 그리기로 재고 만들고 그리고 쓰며 온몸으로 수학을 한다. 그렇기에 낮은샘 아이들에게는 놀이와 수학은 늘 붙어 있다. 물론 높은 학년에게는 차분히 앉아 셈을 하는 시간과 집에서 풀어와야 할 숙제도 갈수록 늘어난다. 입체 도형을 만들어 보며 겉넓이를 구하는 아이들이고 배우는 속도와 저마다 느끼는 수학은 다 다르지만, 누구에게나 어려운 부분은 있다. 또한, 아이들 모두 수학을 좋아하는 건 아니다. 그래도 모둠마다 재미있는 수학 활동을 하고, 오늘처럼 모두가 수학을 즐기는 날을 자주 하니 앉아서 셈만 하는 것만으로는 줄 수 없는 삶의 줏대와 잣대를 기를 수 있음을 날마다 확인한다. 선생들이 더 애를 써서 많은 활동지를 정리하는 걸 올해 목표로 하기로 했으니 우리 학교 수학 교육이 더 알차고 풍부해지리라.

오늘 수학 놀이를 다시 생각해 본다. 칠교놀이는 아이들의 창의력을 키우는 데 매우 큰 도움이 된다. 일곱 개의 도형으로 정말 많은 모양을 만들고 도형에 대한 이해를 높일 수 있으며, 눈과 손을 동시에 써서 즐기는 놀이이다. 몸에 수학 그림 그리기는 수학을 재미있고 신 나는 미술 활동으로 익히며 수학과 친하게 할 수 있다. 곧은 선을 굽은 선으로 만들어내는 수학 활동은 도형 안에 규칙 있게 점을 찍거나 모든 점들을 직선으로 연결시켜 곡선을 만들어낸다. 잘 보면 원이나 사각형 같은 도형이 다 점으로 이루어져 있는데, 그 점들을 일정한 규칙에 따라 선으로 연결하면 선들이 모여서 곡선이 되는 것이다. 색연필로 그리는 것도 예쁘지만, 여러 가지 색깔 실을 바늘에 꿰어 하면 아주 길게 해야 완성되는 예술이다. 쪽매맞춤은 평면 도형을 겹치지 않으면서 빈틈이 없게 모으는 것으로 테셀레이션(tessellation)이라고도 한다. 정다각형 중 쪽 맞추기가 가능한 정다각형은 정삼각형, 정사각형, 정육각형이 있다. 프랙털이란 작은 구조가 전체 구조와 비슷한 형태로 끝없이 되풀이되는 구조를 말한다. 자기 유사성을 갖는 기하학 구조를 프랙털 구조라고도 한다. 프랙털 카드의 핵심은 같은 과정을 원하는 만큼 계속 반복하는 것이며 여러 가지 프랙털 카드 만드는 방법이 제주도 중등학교 수학 교사인 김영관 선생 누리집에 아주 잘 나와 있다. 마술통도 마찬가지다.

김영관 선생 누리집을 보니 이 통을 만드는 과정을 거치며 학생들은 입체 도형과 공간에 대한 직관력과 통찰력을 발달시킬 수 있고, 단순하면서도 아주 재미있다고 써 놓았다. 해 보니 정말 그렇다. 선생이 조금만 더 준비를 하면 수학 교육이 풍성함을 느낀다. 김영관 선생 누리집을 보니 절로 욕심이 난다. 그 열정과 선생의 준비가 아이들 삶을 가꾸고 있더라.

2013. 4. 1. 달날.
아주 햇살이 내리쬐지는 않고
약간 흐린 듯한 하늘이지만 포근한 봄날이다.

비석치기

민주가 아파서 학교에 오지 못했다. 승민이는 활동 보조 선생님 없이 모둠 선생과 오롯이 함께 사는 날이다. 민주 빈자리가 휑하다. 승민이가 아주 편안해 보인다. 뒷산에 올라 비석치기를 했다. 푸른샘 아이들이 아주 요즘 푹 빠져 있는 놀이라 뒷산 가도 비석치기를 하자고 한다.

산 한가운데서 비석치기를 하는 아이들과 어른 하나를 보면 사람들도 참 신기할 것이다. 실력들이 아주 좋아 금세 한 판이 모두 끝난다. 선생이 모처럼 힘을 내어 한 판을 이겼지만 아주 큰 돌을 갖고도 어찌 그리 잘하는지 아이들이 참 대단하다.

학교로 돌아와서도 틈만 나면 비석치기다. 옛날 비석치기에 빠져 멀리 식구들과 여행을 가더라도 좋은 돌을 주워 오고, 양재천 따라 학교 걸어올 때 가방에 잔뜩 좋은 돌을 골라 담던 형들처럼, 푸른샘 아이들도 좋은 돌을 찾는다. 많은 학교 아이들이 자기 돌을 곳곳에 숨겨 놓고 있다. 비석치기는 전래 마당놀이다. 발, 무릎, 가랑이, 배, 손, 어깨, 겨드랑이, 턱, 머리까지 몸 일부를 써서 균형과 힘을 찾아야 한다. 몸을 알맞게 쓰고, 힘을 조절해야 하며, 집중해야 잘할 수 있다. 돌이 있는 곳이면 어느 곳에서나 할 수 있지만, 바지와 온몸에 흙과 먼지가 묻는다. 한동안 줄곧 하고 싶은데, 아이들 노는 걸 보니 옛날 형들처럼 놀다가 어느 누군가가 다칠 것 같기도 하고 비석치기 규칙 갖고 말싸움과 억울함이 슬슬 나올 듯싶어 보인다. 안전이야 미리 챙겨야 하겠지만, 놀다가 터지는 일이야 때마다 아이들이 풀어 가야 할 것들이다. 조만간 맑은 샘회의에서 나오지 않겠나 싶다.

아이들 놀이와 주고받는 말 속에서 선생들은 아이들 삶을 들여다보며 선생과 부모의 삶을 살핀다. 아이들 말과 놀이에는 많은 이야기가 담겨 있다. 아이들 관계가 보이고 아이들 기운이 드러나기에 함께 애쓸 것을 찾을 수 있다. 누구나 자기를 중심으로 놀이와 관계를 바라보기에 다툼이 생기고 큰 소리도 나겠지만, 억울하거나 슬픈 것도 모두 아이들이 풀어 갈 일이다. 아이들에게 양보와 배려는 쉽지 않은 일이지만, 날마다 놀며 배우고 서로를 보며 익혀 간다.

선생과 부모는 아이들이 풀어 갈 수 있도록 들어주고 공감하고 행여나 맺힌 마음이 있을 때 안아 주고 격려하며 오롯이 아이들 힘을 믿고 기다리는 게 좋을 때가 많다. 때로 마음이 아프지만, 아이들 세상에서 아이들과 줄곧 놀고 말할 수 없는 처지라면 더 그럴 수밖에 없다. 그래도 마음이 쓰이는 건 어찌할 수 없는 어른의 몫이다. 그러다 힘들면 서로 의지하고 서로 슬기를 모아 가는 좋은 사람들과 공동체가 있기에 두렵지는 않다.

우리 학교처럼 아이들과 선생이 함께 노는 곳에서는 선생이 참 많은 일을 할 수 있다. 그러나 그것도 알맞게 살펴 아이들 기운이 잘 섞여 가도록 믿고 맡겨야 할 때가 더 많다. 도움을 요청하는 아이들 손을 꼭 잡고 안아 주며 마음으로 함께하지만, 놀이와 관계에서 스스로 힘을 내고 풀도록, 다른 아이들이 서로 뜻을 존중하며 서로 억울하지 않고 맺힌 것이 없이 다툼을 해결하도록 말이다. 참 어렵지만 날마다 선생들이 겪는 일들이고 보면 자꾸 생각해야 한다. 어설프게 아이들 삶에 들어서는 순간에라도 아이들 처지와 마음으로 하나하나 살필 일이다.

햇빛을 좇아 자기 자리를 잡아 가는 나무와 나뭇잎들 모두 사연과 처지가 다르듯. 사실 날마다 아이들은 선생들에게 달려온다. 말을 하는데도 상대가 들어주지 않으니 속상해서 그렇다. 관계있는 아이들을 불러 놓고 하는 말을 들어 보면 서로에게 억울하고 서로 마음을 모르고 자기 처지와 자기 마음만을 더 강하게 이야기하는 게 거의 다다. 꼭 누군가 더 억울한 게 있는 법이고 보면, 어설프게 둘 다 사과하라고 해서는 안 되는 일이 참 많다. 그러나 자꾸 자기 마음과 생각을 뚜렷하게 이야기하고 다른 사람 말을 귀 기울여 듣고 부드럽게 말하는 가운데 문제를 해결해 간다. 스스로가 어찌할 수 없을 때는 모든 아이들이, 선생들이 함께 나서서 여러 가지 방법으로 도와준다. 집에서 학교에서 우리 아이들이 건강한 놀이와 말 속에서 살아가는지 세상 어른들이 자꾸 보고 반성할 일이 참 많다. 때로는 바람도 불고 비도 오고 추울 때도 있지만, 아이들이 건강하고 지금 이 순간 행복하기를 바라는 것 말고 크게 바

라는 게 없으니 더 그렇다. 오늘도 아이들에게 미안하고 고마운 마음이
가득하다.

2013. 4. 3. 물날.
걷기에 좋은 봄날이다.

통합 교육

통합 교육 부모 모임 부모님들과 선생들이 모여서 통합 교육 이야기
를 나누었다. 저절로 학교 통합 교육을 되돌아볼 수 있는 기회가 된 셈
이다. 통합 교육은 여러 갈래가 있다. 학년, 나이, 성, 교과, 장애들처럼
저마다 통합 교육의 목표와 방향이 있다. 우리는 장애 통합 교육을 중
심으로 교육의 삼 주체인 아이, 교사, 부모가 살펴야 할 이야기를 나누
었다. 함께 사는 데 필요한 마음과 몸가짐은 누구에게나 어느 곳에서나
이야기해야 할 주제이자 연습이다. 통합 교육을 위해서는 아이, 교사,
부모의 준비가 먼저 필요하고, 그에 걸맞은 교육 환경이 필요하다. 교육
시설, 교육 재정까지 준비해야 할 게 많다. 장애 통합 교육 부모 모임에
서 준비해 온 이야기들이 많지만, 시간이 많지는 않아 장애 통합 교육
을 하는 데 필요한 이야기들 가운데 장애 통합 교육의 관점과 목표, 방
향을 나누고, 학교 삼 주체의 교육, 학교 현실과 통합 교사 준비를 두고
뜻을 모았다.

부모님들은 학교에서 아이들이 충분한 돌봄과 교육을 받고 있는지,
놀이와 관계에서 혹시나 아이들이 외로운 상황이 있거나, 우리 아이들

이 저마다 불편함을 어찌 받아들이는지, 아이들이 하는 말과 몸짓은 어떤지 선생들 생각을 듣고 싶어 했다.

선생들은 부모님들이 선생들이나 학교에게 하고 싶은 말을 충분히 하고 있는지, 아이들에게 들은 말을 바탕으로 학교생활을 이해하는 것 중에 서로 오해하는 것이나 힘들어하시는 것은 없는지, 학교와 선생들에게 이야기하면서 뭔가 부족하다거나 부모 처지나 마음이 오롯이 이해받지 못하고 있다는 느낌이 있다면 구체로 무엇인지 듣고자 했다.

모든 이야기들이 다 그렇지만 통합 교사를 위한 재원을 부모님들이 따로 뜻을 모아 마련하겠다는 제안에 이르러서는 미안하고 죄송하고 고맙고 부족한 우리 현실이 매우 안타까웠다. 아이 평생의 삶을 생각하며 늘 아이가 행복할 수 있는 환경을 마련하고 자립과 지원을 생각하는 데 밤낮이 없이 가슴으로 생각하는 부모님들 마음을 알기에 더 그랬다.

이야기를 나누며 살펴볼수록 우리가 가진 뛰어난 통합 교육의 장점도 드러나고, 부족한 우리 교육 여건과 더 애써야 하는 과제들을 찾게 된다. 오늘도 학교에서 아이들과 교사들은 행복하게 살았다. 모든 선생들과 부모들의 사랑 속에서 자라나는 아이들에게 대안학교인 우리 학교는 그야말로 소중한 터전이며 함께 살아가며 저절로 통합을 실현하고 있는 곳이다. 그러나 언제나 틈은 있고 우리가 할 일은 날마다 생긴다. 학교 통합 교육이 아이들 졸업 너머까지 생각하는 큰 밑그림도 준비해야 하고, 당장 필요하다 판단되는 통합 교사와 교육 활동 지원을 위한 계획을 찾아야 한다.

우리는 통합 교육을 하겠다 말하고 실천하고 있다. 교과 통합과 학년, 성, 장애 모든 통합 교육이 성과를 남기고 자리를 잡아가는 중에 우리 과제 또한 뚜렷해지고 있다. 장애 통합 교육은 더욱 그러하다. 학교와 교육 주체들의 삶을 되돌아보건대 늘 행복하다가도 때로는 가슴이 아프고 더 소통하고 싶은 마음이 많이 들 때도 아주 많다. 그래서 통합 교육 부모 모임이 나서고 교사회가 머리를 맞대는 자리를 함께한 것으로 생각한다.

교육의 삼 주체가 어떻게 통합 교육으로 자라고 있는지 들여다본다. 장애 통합 교육은 인권 교육이요, 함께 살아가는 마음가짐이기에 교육의 주체들이 서로 이야기를 많이 나눠야 한다. 사실 아이들은 잘 살고 있다 생각한다. 불편함과 어려움은 누구에게나 있을 뿐이다. 다만 그 무게와 자존감이 아이 발달 과정에서 더 두드러지거나 강할 때도 있고, 저마다 갖는 빛깔과 결을 살피고 필요한 것을 익히도록 도움이 많이 필요한 경우도 있다. 그러나 끝내는 아이와 함께 살아가는 선생과 부모 몫이 중요하다. 선생과 부모들이 지금도 그렇게 하고 있지만, 한 발 더 우리 아이들을 깊이 이해하려면 더 공부하고 아이들이 맺어가는 관계와 울타리를 살뜰히 살펴야 하겠다. 몸이나 마음이 불편한 아이들이 학교와 집에서 어찌 사는지, 일관된 교육 방향을 잡기 위해서 힘들지만 지금처럼 일지도 쓰고 선생과 교사가 때마다 자주 만나기도 해야 한다. 그러면서 초등 6년, 중등학교, 학교 너머까지 길고 큰 그림을 함께 생각하며 아이 성장과 앞날을 위해 도울 수 있는 방법도 나오지 않겠는가. 우리에게 지금 필요한 것은 서로를 믿고 서로 행복하도록 열심히 돕는 것뿐이다. 그 과정에서 서로 뚜렷하게 이야기를 해야 함은 두말할 필요가 없겠다. 선생이 할 노릇과 일, 부모가 할 노릇과 일이 무엇인지, 학교 전체와 두 주체가 일관되게 애써야 할 게 무엇인지 서로 부족함이 보이면 서로에게 배우고 서로를 의지하면 좋겠다.

아이들은 날마다 놀이와 공부를 함께 하며 관계 맺기와 배려, 저마다 함께 사는 데 필요한 몸과 마음가짐을 배운다. 몸이든 마음이든 어떤 것이든지, 누구든 저마다 자기 빛깔과 자기 속도로 살아가는 아이들에게 통합 교육이란 그냥 어우러져 살아가는 삶일 뿐이다. 내 동무가, 형이, 누나가, 언니가 불편한 것이 먼저 눈에 들어오는 게 아니라 내가 이 세상에서 가장 귀하고 소중한 존재임을 알리며 자기가 불편한 것을 먼저 쏟아낸다. 장애가 있든 없든 아이들은 그런 점에서는 같다. 우리 아이들은 날마다 내가 소중한 만큼 다른 사람도 소중하다는 걸 놀고 공부하며 때로는 서로 다투며 속상해하고 억울해하며 배워 간다. 아이들은 똑같이 서로를 대하고 살펴주기를 몹시도 바라며 차별받는 것이나 견주는 것을 가장 싫어한다. 먹는 것부터 노는 것까지 누가 누구를 더 챙겨 주거나 도와주는 것을 보면 자신도 똑같이 해 달라고 한다.

그렇다 하더라도 불편한 아이가 도움받는 것을 자연스레 이해하고 받아들인다. 나와는 다르지만 함께 살아가는 똑같은 사람으로 생각하지 않고 그 아이는 늘 도움을 받아야 되는 것처럼 낙인을 찍어 오롯이 도움을 줄 대상으로만 여기지는 않는다. 어린이는 계산하지 않고 사람을 대한다. 냉정할 때는 냉정하지만 도움이 필요할 때는 언제든 온몸과 마음을 다해 도와준다. 어른들은 이러한 아이들의 선함을 믿어야 하며 어린이 마음을 소중하게 가꿔야 한다. 억울하거나 맺힌 게 있으면 반드시 말과 글로 풀도록 돕고 곁에 사랑하는 부모와 형제, 선생과 맑은샘 아이들이 언제나 도와주리라는 것을 믿도록 해야 한다. 그렇게 오롯이 공감받고 지지받고 격려를 받아 자존감에 상처를 받지 않도록 말이다.

물론 아이들은 지나치게 냉정하거나 지나치게 공정할 것을 요구하고 누구에게나 똑같이 자기 기운대로 자신을 내보이고 말하고 몸을 쓴다. 그 가운데 어린이회의에서 가장 많이 나오는 것이 말과 몸짓인데 놀림 말, 거친 말, 거친 몸짓, 누구를 무시하는 말과 태도가 그 보기이다. 형들은 동생들이 까분다고, 형들에게 함부로 한다고 하고, 동생들은 형들이 하는 거친 몸짓과 힘 조절에 관해 이야기할 때도 있다. 모두 사람 사는 곳에서 함께 살다가 쏟아져 나오는 것들이다. 날마다 아이들과 선생들은 그렇게 살면서 서로 함께 사는 법을 배워 가며 인권, 차이와 차별, 같음과 다름을 익혀 간다. 대안학교 선생들이 가장 애를 쓰며 정성을 쏟는 일이니, 실로 얼마나 많이 관찰하고 되돌아보는지 날마다 저마다 교육 일지에 가득하다.

2013. 4. 5. 쇠날.
내일 비가 온다던데 오늘 날씨는 참 좋다.
조금 움직이면 겉옷은 저절로 벗게 된다.

맛있는 봄

노래를 신 나게 불러 목을 푼 다음 한글 뒤풀이 말놀이로 아침을 열고 뒷산에 간다. 올라가는 길에 여기저기 피어나는 봄꽃들이 정말 예쁘다. 꽃다지, 민들레, 제비꽃, 개불알꽃, 별꽃, 개나리, 진달래가 따스한 봄기운을 준다. 정말 봄이다. 아이들은 올라가다 대나무도 흔들어 보더니 '어, 대대 소리가 아니네?' 한다. 아침열기 때 말놀이로 하는 '대밭에 댓닢이 대대'가 생각나서다. 건너편에 있는 귀룽나무로 가서 얼마나 이파리가 올라왔는지 날마다 살펴보는 아이들이 참 보기 좋다.

"어? 조개나물이다!"

"어? 꽃다지다!"

"제비꽃 보세요!"

아이들과 선생이 보는 것마다 이름을 말하며 여기저기 올라오는 봄나물을 찾는다. 모둠 선생이 하루 쉬는 날 송순옥 선생과 나물 캐러 갔던 뒤부터는 여기저기 풀들을 찾아 그냥 먹으려고 하는 아이들에게 "씻어서 먹어야 해요." 말하면서도 산마늘을 아이들과 함께 먹어 본다. 올라가는 길에 지난주보다 더 많이 자란 쑥과 돌나물이 눈에 띈다.

"애들아, 돌나물 많이 뜯어서 돌나물 무침 해 먹자."

한참 뜯고 뒷산으로 가서 비석치기를 했다. 푸른샘 텃밭에 새싹이 올라왔는지 아이들 관심이 정말 크다.

"선생님 아직도 안 올라왔어요."

내려올 때 지난번에 봐 둔 나무망치로 쓸 만한 나무를 주워서 학교로 가지고 내려오는데 나무망치 함께 만들자고 약속한 성범이, 경현이, 호연이가 좋아할 생각에 흐뭇하다. 내려오다 다시 돌나물과 쑥을 뜯는다. 산 아래 길 쪽 곳곳에서 아이들이 그림을 그리고 봄을 느끼고 있다. 알찬샘 3학년들이 개나리를 그리는 모습이 정말 진지하다. 누리샘 5학년들도 그림 공책 들고 풀들을 찾고 있다. 한참 돌나물과 쑥을 뜯는데, 손에서 나는 풀냄새가 참 좋다. 뜯어 놓은 쑥과 돌나물을 두 손에 가득 올려놓고 코를 들이박고 냄새를 맡는데 아이들이 모두 따라 한다.

"애들아, 우리 돌나물 무쳐서 형들과 나눠 먹자."

"안 돼요. 우리끼리 먹어야 해요. 우리가 뜯은 거니까."

"지난번에 옹달샘 형들이 뜯어서 모두에게 나눠 준 적도 있는데… 우리끼리만 먹으면 흉보지 않을까? 뭐든지 나눠 먹는 게 맑은샘학교 어린이들인데."

"그래도 안 돼요."

"그럼 우리가 많이 먹고 형들에게는 조금 주자, 그건 어때? 괜찮지?"

"그래요."

학교로 돌아와 그림 공책을 펴고 뜯어 온 돌나물과 쑥을 그린다. 아이들 그림 솜씨가 아주 좋은 줄 알기에 이번에는 이십 배나 열 배 크게 그리자고 하고, 돋보기를 가져다주었더니 돋보기로 한참을 들여다본다.

"선생님, 그냥 볼 때보다 줄이 더 크게 보여요."

"그렇지. 자세히 보면 뭐든지 더 보이지."

아이들과 뜯은 돌나물과 쑥을 다듬으며 아이들과 주고받는 이야기가 참 좋다.

"얘들아, 쑥 냄새 맡아 봐. 그림은 눈과 손으로 그리기도 하지만, 코와 입으로 함께할 수 있어. 어때, 냄새 좋지? 맛은 조금 뒤에 보고."

"쑥 냄새가 더 좋아요. 돌나물은 풀냄새가 더 나요."

그림 다 그리고 돌나물이랑 쑥 다듬는 거 돕는 아이들이 다시 묻는다.

"선생님, 정말 돌나물 형들 줄 거예요?"

"응, 나눠 먹기로 했잖아."

"알았어요. 그런데 우리 먼저 줘야 해요. 알았죠?"

같이 다듬다 하나둘 마당으로 비석치기 하러 사라지고, 밖에서 봤던 알찬샘 성범이가 푸른샘 교실로 들어온다.

"선생님, 뭐 해요? 아, 쑥이랑 돌나물 다듬는 거예요? 저도 해도 돼요?"

"그럼. 도와주면 좋지."

"저는 일하는 게 재밌어요. 일하는 거랑 노는 거랑 똑같아요. 이렇게 하면 돼요?"

성범이랑 다듬고 있는데 동엽이가 교실로 들어왔다.

"동엽아, 너도 같이 다듬자."

"저는 별로… 돋보기 줘 보세요. 돋보기로 불을 붙였는데…"

"그렇지. 돋보기로 햇빛을 모아서 불을 붙일 수 있지. 지난번에 가마솥 밥 할 때 했잖아."

리코더를 들고 있길래 잠깐 빌려서 요즘 선생들과 아침마다 연습하고 있는 '고향의 봄'을 들려줬더니 동엽이가 잘한다고 칭찬한다.

"야~ 동엽아, 이 리코더 정말 좋다. 선생님 거보다 소리가 훨씬 더 고운데."

동엽이 얼굴에 빙그레 웃음이 번진다. 어느새 성범이도 리코더를 들고 오더니,

"제 거도 좋아요. 이거 이마트에서 샀어요." 그런다.

"줘 봐, 성범아. 야~ 소리 좋다. 정말 좋은 거네."

아이들 웃는 소리가 참 좋다.

점심 먹을 때라 서둘러 정리하고 다듬은 돌나물을 여러 번 씻고 초고추장에 무치는데, 밥 받던 아이들이 "저도 돌나물 주세요." 그런다. 밥을 받은 푸른샘 아이들, 잊지 않고 돌나물을 찾는다. 나눠 주는데 많이 달라는 아이들, 푸른샘과 성범이에게 나눠 주고 남은 건 반찬 나눠 주는 곳에 놔두고 돌나물 먹을 사람 가져다 먹으라고 했다. 돌나물 잘 먹는 아이들 보니 기분이 좋다.

"우리가 뜯어서 더 맛있는 거야? 선생님이 잘 무쳐서 그런 거야?"

다른 말 하지 않고 "맛있어요." 하고 먹는 데 열심이다. 돌나물 달라던 우진이가 돌나물 없다고 뭐라 한다. 양이 적어서 벌써 아이들이 다 가져갔나 보다. 서둘러 쑥을 씻어 끓는 물에 된장을 풀고 함께 넣어 끓이는데 냄새가 좋다. 된장 색깔이 어두워 아주 맛있어 보이지는 않지만 펄펄 끓는 물에 넣은 쑥 색깔이 예쁘다. 큰 그릇에 담아 두 그릇은 푸른샘 교실에 주고, 어제 함께 술 한 잔 한 최명희 선생에게 가져다주었다.

"얘들아, 맛있지? 쑥 된장국 괜찮지?"

아이들도 잘 먹고 선생도 잘 먹는다. 정말 맛있는 봄이다. 참 날도 좋고 눈과 입도 즐겁고 손과 발도 바쁜 하루다. 이렇게 아까운 봄날이 간다.

감자 심기

높은샘, 낮은샘 나눠서 감자를 심었다. 높은샘 4, 5, 6학년은 옛날 안골 건너편 양재천 옆쪽에 있는 밭에다 심고, 낮은샘 1, 2, 3학년은 학교 뒤 텃밭에 넣었다. 올해도 고마운 분이 씨감자를 보내 주셨다. 우리 학교 김장할 때 삼 년간 절임배추를 보내주신 이우성 생산자가 아이들 교육에 쓰라고 10㎏을 보내주신 거다. 식생활 네트워크에서 심고 남은 씨감자를 챙겨온 민주 어머니, 이우성 생산자에게 연락해 준 우진 어머니 덕분에 아이들과 감자를 잘 심었다.

높은샘은 이우성 생산자가 보내준 잘린 씨감자를 들고 차를 타고 갔다. 낮은샘은 학교 마당 평상에서 민주 어머니가 가져다준 씨감자를 저마다 차례로 칼로 잘라서 재를 묻힌 다음 텃밭으로 갔다. 먼저 앉은뱅이밀과 보리, 마늘이 심어 있는 고랑 빼놓고, 보리나 밀이 나지 않은 고랑에 거름 조금 넣고 뒤집는 일부터 했다. 아이들은 호미로 뒤집고 삽은 선생들이 썼는데 하나 남은 삽을 들고 유찬이가 땅을 뒤집는다. 땅을 모두 고르기 전에 잠깐 아이들에게 노는 시간을 10분 넘게 주었더니, 텃밭 옆 산으로 올라가 노느라 떠들썩하다. 역시 산에서 잘 노는 우리 아이들답다. 한참 뒤 권진숙 선생을 부르더니 이번에는 나를 부르러 현서가 왔다.

"선생님, 저쪽으로 잠깐만 와 주세요."

"왜?"

"잠깐 가면 돼요."

따라가 산 쪽으로 들어서는데 눈을 감으라고 한다. 몇 발자국 지나니 눈을 떠도 된다고 해서 떠 보니 큰 나무집 앞에 나뭇잎이 가득하다.

"선생님, 우리가 나뭇잎으로 카펫을 만들었어요. 이쪽으로 걸어가 보세요. 푹신할 거예요."

"윽~"

아이들이 함정에 선생을 빠뜨리고 신이 났다. 아이들 얼굴에 웃음꽃이 폈다.

"선생님, 누구한테도 말하면 안 돼요."

허허 웃으며 텃밭에 가는데 아이들 웃음소리가 정말 크다. 땅 고르는데 이번에는 아이들이 송순옥 선생을 부른다. 또 한바탕 웃음소리가 산에 울려 퍼진다. 세 선생 모두 함정에 빠진 탓에 아이들이 신이 났다.

한바탕 재미있게 놀고 난 뒤 고랑에 한 줄로 모여 앉아 선생 말을 듣고 감자를 심는다. 감자 심을 고랑이 많지 않아 저마다 네 개에서 다섯 개쯤 심으니 모두 다 심을 수 있었다.

"어린이 16명이 4개씩 심으면 몇 개를 심게 되나요?"

"16 곱하기 4를 하면 되는데 16 더하기 16 더하기 16 더하기 16을 해도 좋아요."

역시 3학년답게 동엽이가 64개를 맞힌다. 씨감자 눈이 아래로 가도록 심는데 아이들이 야무지게 잘 심었다. 학교로 돌아와 아이들이 쓴 텃밭 일지에 감자 심는 방법이 잘 나와 있다. 6월 하지가 빨리 오면 좋겠다. 열 배에서 스무 배 넘게 감자 캘 날을 기다린다.

2013. 4. 9. 불날.
바람이 조금 불지만 따뜻한 봄날이다.

선생님, 저도 던져 주세요

낮은샘 1, 2, 3학년이 함께 하루 종일 공부한 날이다. 택견 품 밟기가 푸른샘들에게 어렵나 보다. 조금 하다 쉬다 조금 하다 놀고, 쉬는 틈에 쑥이랑 돌나물을 뜯었다. 택견을 마치고 학교로 돌아와 모판 만들기를 했다. 알찬샘 어린이들과 최명희 선생이 줄곧 소금과 물 농도를 맞추어 볍씨를 소독하고 볍씨 싹을 틔우는 일과 수학, 과학 공부를 한 덕에 동생들이 잘 배운다. 우리가 먹는 쌀과 현미, 볍씨를 모두 눈으로 보고 만져 보고 맛보도록 하나하나 아이들 눈높이로 공부 흐름을 이끌어 가는 최명희 선생 이야기에 아이들이 쏙 빠져든다. 마루에서 이야기를 마치고 모두 마당으로 나가 알찬샘 어린이들이 미리 체로 쳐서 준비해 놓은 고운 흙을 콩나물 기르는 통에 넣고 물을 뿌린 다음, 푸른샘, 옹달샘, 알찬샘 모둠마다 나눠서 볍씨를 넣는데, 아이들 눈이 빛난다. 뭐든지 일과 놀이로 정성을 다하는 우리 아이들이 참 좋다.

볍씨를 넣고 고운 흙과 모래를 섞어 다시 넣고 물통에 구멍을 뚫어 압력으로 물을 뿌리는 방법으로 물을 준 다음 옆 산으로 올라간다. 이번에는 비닐집을 만들 차례다. 모판을 놓고 대나무 두 개를 대각선으로 땅에 박은 다음 비닐을 덮고 흙으로 둘레를 단단히 고정했다. 모두 마친 다음 최명희 선생이 아이들에게 다시 묻는다.

"얘들아, 이렇게 놔두면 비닐집 안에 물방울이 생기는데 왜 그럴까요?"

"안과 밖 온도가 달라서요."

아이들이 대답을 잘한다.

남은 볍씨는 밭벼처럼 한쪽 땅에 모두 뿌려 놓았다.

낮 공부도 1, 2, 3학년이 함께 하는 헤엄이다. 우리 학교는 낮은 학년은 꼭 헤엄을 배워야 한다. 높은 학년이 되어서도 헤엄이 안 되면 방학 때 따로 배워야 한다. 강과 바다에서 물놀이를 참 많이 하기 때문이기도 하고, 아이들이 몸놀이로 헤엄을 좋아하고 몸의 발달에 좋은 까닭도 있다. 과천시민회관 수영장에서 바깥 선생님에게 배우는데 1, 2, 3학년 선생들도 모두 함께 한다. 둥근 몸매가 아이들에게 부끄럽기도 하지만 아무도 신경 쓰지 않는다는 걸 알기에 선생들 모두 아주 즐겁게 헤엄 놀이를 하다 온다. 옷 보관함에 옷을 모두 넣고 헤엄 옷으로 갈아입고 몸을 씻은 뒤 헤엄터로 가면 헤엄 선생님이 우리를 기다리고 있다. 늘 큰 헤엄터에서는 할머니들이 헤엄을 배우고 있다.

지난해처럼 남자 선생님이 아니라 새로 오신 여자 선생님이 아이들 헤엄을 가르친다. 아이들도 좋아한다.

헤엄하기 전에 몸풀기 체조를 하는데 택견 몸풀기랑 많이 비슷해서 승민이랑 아이들이 익숙하게 따라한다. 몸풀기가 끝나면 헤엄터로 가서 2, 3학년은 따로 헤엄 도구를 차고 헤엄 자세를 바로 하고 헤엄 연습을 하고, 1학년과 헤엄을 새로 배우는 2학년은 발차기와 숨을 쉬는 연습을 한다. 1학년 아이들은 음파를 하면서 걸어가는데, 지난번에 했다고 벌써 잠수하는 것에 더 관심이 많다. 민주는 헤엄을 하게 되어 정말 좋다고 한다. 여기서도 아이들은 마음껏 놀 수 있는 자유 시간을 가장 좋아한다. 뭐든지 놀고 놀아도 아이들은 자기들 마음대로 하는 시간과 마음대로 하는 놀이를 가장 좋아한다. 학교에서 날마다 재미있게 놀면서도 학교 마치고 집에 가는 걸, 방학을 더 좋아한다.

물론 어른들도 똑같다. 우리 모두에게 똑같이 자유는 가장 좋은 것이며 귀한 것이다. 자유 시간에는 물장난을 실컷 치는데, 오늘은 아이들과 물속에 오래 있기를 하다 몰려오는 아이들을 들어서 물에 던져 줬다. 아이들이 가장 좋아하는 놀이다. 1학년들은 가벼워서 쑥 들어서 던져 주는데, 아이쿠, 2, 3학년 아이들이 몰려온다.

"선생님, 저도 던져 주세요!"

"선생님, 저도요!"

"선생님, 한 번 더요~"

오는 대로 들어서 던져주는데, 한 번에 그칠 녀석들이 아니다. 성범이, 종민이, 규태, 현서, 지안이, 유정이, 한주가 막 달려든다. 푸른샘 아이들도 재미가 들려서 형들처럼 막 달려든다. 던지면 달려들고 던지면 달려들고 아이고 안 되겠다 싶어 도망을 치는데 뒤에서 떼거리로 쫓아온다. 아악 소리를 지르며 달아나다 다시 들어서 던져 주고 도망가다 물을 뿌리는데도 소용없다. 헤엄 선생님이 살려 주신다.

"애들아, 위로 올라가세요."

와, 살았다. 아이들과 함께 씻고 아이들 머리 말려 주고 나오는데 몸이 개운하다.

2013. 4. 10. 물날.
바람이 솔솔 불지만 따듯하다.

쑥지짐

봄 음식 만드는 날이라 학년으로 공부하지 않고 여섯 모둠으로 섞여 하루를 보낸 날이다. 철마다 제철에 나는 나물과 과일, 절기에 맞는 음식을 만들어 자연을 느끼고 오감을 자극하는 활동은 우리 모두에게 꼭 필요한 일과 놀이로, 자라는 배움의 과정이다. 음식을 만들며 계절을 느끼고 음식에 담긴 정성과 땀이 얼마나 소중한가를 배우기도 하지만, 하면서 먹는 재미, 나눠 먹는 재미가 참 즐겁다. 아이들처럼 제철을 알고 진달래 따고 쑥을 뜯어 식구들과 쑥지짐, 꽃지짐을 해 먹을 마음과 시간을 내는 게 일관성 있는 교육일 텐데, 맛집을 찾아다니는 데 그치고 마는 게 자본 시대 생존 경쟁에서 살아가는 우리네 삶이다 싶다.

승민이는 쑥설기와 쑥국, 정우랑 지빈이는 쑥개떡, 민주는 쑥지짐, 강산이는 꽃지짐 모둠을 골라서 살았다. 6학년들이 이끎이를 맡고 선생들도 한 모둠씩 들어간다. 아래층에서 쑥설기와 쑥국, 쑥개떡을 하고, 위층에서 쑥지짐과 꽃지짐, 마당에서는 가마솥에 밥을 지어 나물 비빔밥을 한다. 지난주부터 줄곧 아이들과 선생들이 쑥과 나물을 뜯고, 아이마다 집에서 가져온 쌀을 불려 4, 5학년들이 방앗간에 가서 쌀가루를 찧었다. 나는 쑥지짐이다. 세영, 희주, 유하, 태인, 규태, 민주랑 쑥을 다듬고 반죽을 하는데 아이들과 수다 떠는 재미가 좋다. 쑥을 미리 다듬어 놓으면 더 좋겠다는 것부터 말들이 막 쏟아져 나온다. 반죽을 다 하고 기름을 두르고 세영이랑 규태, 나랑 한 편, 희주와 유하, 태인과 민주가 한 편으로 나눠 쑥지짐을 하는데 아이들 모두 요리사다. 희주는 진짜 요리사처럼 기름 두르고 뒤집고 척척 잘한다. 규태는 뒤집기를 많이 하고 싶어 하고, 세영이도 그렇다. 숟가락으로 꾹꾹 눌러 노르스름하게 지지는데 다들 익숙하게 잘한다. 세영이가 어렸을 때 지짐 뒤집기 할 때 높이 뒤집어서 천정까지 올라갔다고 하니, 규태도 그런 적 있다고 한다. 지짐판을 들고 한 손으로 휙 뒤집는 게 재미있어 보이기도 하고 진짜 멋있어 보인다. 첫 쑥지짐은 간을 봐야 하니 모두 둘러앉아 먹는데 하나는 심심하고 하나는 괜찮다. 역시 먹는 재미가 좋아 웃음이 끊이질 않는다. 아이들은 처음부터 끝까지 오롯이 자기 힘으로 하는 걸 좋아한다.

아이들이 거의 다 했다. 다 마치고 마지막 한 판을 또 먹는데 따듯할 때 먹으니 좋고, 열심히 일한 뒤 또 먹으니 정말 좋다. 쑥지짐을 마치고 꽃지짐 일을 돕는데 꽃지짐 빛깔이 곱다. 날마다 봄을 맛본다. 형들은 큰 그릇들을 설거지하고 동생들은 뒷정리를 하는데 태인이랑 민주 손길이 야무지다. 많은 어머니들이 오신 덕에 아이들이 뒷정리하는 시간이 줄어 예상보다 일찍 밥을 먹을 수 있었다. 학교에 오면 언제나 도울 일이 많아 몸을 아끼지 않고 학교 안팎 청소와 정리, 아이들 활동과 선생들 일손을 돕는 우리 부모님들께 늘 고맙다.

마침회 때 푸른샘 아이들을 보니 밥 먹는 시간 빼고 하루 종일 떨어져 있었던 탓에 더 반갑다. 새참으로 쑥개떡, 쑥지짐, 꽃지짐이 나왔는데 아이들 손이 바쁘다. 그런데 더 먹으려는 손이 있어 옛날이야기를 하나 해 주었다. 동무들과 똑같이 나누는 아이, 동무들보다 욕심부리고 더 먹는 아이, 양보해서 동무들을 더 챙기는 아이 이야기인데, 다 들려주고 아이들에게 물어보니 아이들은 똑같이 나누는 아이가 되겠다고 한다. 내가 먹고 싶은 것을 양보하는 건 아이들에게 힘든 일이다.

똑같이 나눠서 평등하게 먹는 것을 더 좋아한다. 그런데 세상은 내가 더 먹겠다고 하는 사람들이 참 많다. 어린이들은 혼자 많이 먹는 욕심쟁이를 싫어한다. 식구끼리 누가 더 먹으면 어때 하는 건 아이들 세상을 모르고 하는 소리다. 나누는 연습 많이 하다 보면 저절로 나눗셈의 철학이 스며든다. 더 마음을 내어 양보와 배려를 하는 것은 살다 저절로 이루어질 몫이다. 아이들은 아이들 마음이 커 가는 대로 할 수 있는 만큼 받아들인다. 학교에서 함께 살다 보면 함께 가꾼 어린이 문화 속에 아름다운 삶이 들어 있다. 날마다 몸과 마음이 자란다.

2013. 4. 11. 나무날.
하늘엔 조각구름이 뭉게뭉게 떠 있다.
봄바람이 솔솔 불어 겉옷은 필요하다.

숫자 세기

만다라 색칠하기는 아이들이 고르는 색깔과 조화를 볼 수 있어 좋다. 가만히 앉아서 아무 말 하지 않고 뭔가를 하는 것은 아이들 놀이 세상에 그다지 없다. 책을 읽거나 높은 학년이 되어 자기 일에 빠질 때 빼고는 아이들은 늘 말을 한다. 만다라 색칠하며 어젯밤에 있었던 일,

70

갑자기 생각난 일, 나중에 할 일들을 모두 뒤섞으며 재미나게 이야기를 한다. 선생은 그저 가만히 색연필을 깎아 줄 뿐이다. 만다라 색칠하며 아침열기를 잘 열었다.

2학년들과 함께 남누리 북누리 민요를 부르고 뒷산으로 올라가는데, 아이들이 처음으로 뒷산 가기 싫다 한다. 마당에서 비석치기를 더 많이 하고 싶어서다. 형들과 어울려 노는 재미를 안 것이고, 민주가 다리 아파서 뒷산에 안 올라간다니 또 그렇다. 민주는 만다라 색칠하는 거 마무리 짓고 책 읽고 어느새 마당에서 비석치기 하는 아이들을 불러 뒷산으로 간다. 늘 뒷산 가는 활동을 익숙하게 여기는 승민이에게도 좋고, 줄곧 살펴야 하고 익숙하게 연습해야 할 푸른샘만의 놀이도 중요하기에 오늘도 올라간다. '싫어요.' 소리는 이미 잊고 아이들은 즐겁게 산을 오른다.

오르는 길옆 작은 골짜기 물소리가 크다. 갑자기 아이들과 골짜기를 건널 다리를 놓으면 여러 가지로 공부가 되고 재미있는 놀이가 되겠다 싶어 아이들에게 물어보니 시큰둥하니 별 반응이 없다. 쉽게 포기할 수는 없어 한강에 있는 많은 다리들처럼 여러 개를 놓자는 말에야 대꾸가 있다. 다음 주 놓는 위치랑 길이를 재는 것부터 해야 한다. 나무망치로 나무못 박는 놀이를 한참 하고 드디어 쇠못을 쓸 때가 다가온다. 한참 나무집과 산속 푸른샘 텃밭 만들고 놀았는데, 이제 새로운 한 달짜리 놀이와 공부감이 생겨 좋다. 나중에 큰비가 오면 우리가 놓은 다리가 어찌 되는지도 공부하고 할 게 정말 많다. 밑그림에는 들어 있지 않지만, 뭐 그게 별일인가, 조금 바꾸면 될 뿐이다. 그렇다고 밑그림을 빼먹는 건 없다. 날짜나 계획을 조금 바꾸고 수준을 때에 맞게 하면 된다. 수학하는 날이라 개나리와 진달래 꽃잎 수랑 진달래 꽃술 수를 세는데 꽃잎마다 다르다. 개나리는 보지도 않고 4개요, 진달래는 보면서 세어 보는데 아이들이 예상한 4개 아니라 5개다. 진달래 꽃술은 11개씩 들어 있는데 수술이 10개, 암술이 1개다.

학교로 돌아와 수학 놀이를 하는데 카프라(긴 막대)가 모두 몇 개나 있는지 세어 보는 공부를 한다. 바닥에 쏟아 놓고 세는데 어림으로 이백 개는 넘겠지 했는데 훨씬 더 많다. 아이마다 1-20, 21-40, 41-80, 81-120, 121-160, 161-200 식으로 막대에 숫자를 써넣어 세기로 한다. 저마다 맡은 대로 세어 가는데 아이마다 숫자 세는 것이 다름을 알 수 있다. 십 단위 넘어가며 헷갈리는 아이, 백 단위를 한 번 가르쳐 줬더니 금세 세는 아이… 다 다르다. 푸른샘 1학년은 100까지 셀 수 있으면 엄청 잘하는 거다 했더니 몇백까지 셀 수 있다며 큰 소리로 말하는 아이들도 있다. 오늘은 맡은 대로 써 가며, 모르는 숫자는 선생에게 물어보며, 카프라 개수가 모두 합쳐 몇 개인지 알아보는 게 목표이니 시간과 정성이 중요할 뿐이다. 150개 쓰는 게 넘어가니 두 아이가 그만하고 싶어 하는데 모르는 체하고 선생이 격려하고 넘어가니 다들 집중한다. 점심 먹을 때까지 모두 하는데 이제는 아이들이 더 정성이다. 얼마 안 남았다며 선생을 격려한다.

숫자를 막대에 쓸 때마다 대칭을 찾았다며 앞뒤 숫자가 같은 걸 쓸 때마다 알려 준다. 끝내 473번까지 쓰니 모두 다 셌다. 만세 하고 써 놓은 숫자를 차례대로 정리해 놓은 교실 바닥을 내려다보고 사진도 찍고 뿌듯해 했다. 쌓기 나무, 구슬, 자연물로 양감 익히기를 더하고 슬슬 셈을 해도 되겠다. 쌓고 세고 만들고 세는 재미가 좋다.

하늘이 파랗다.
바람은 조금 불고 햇볕이 좋아 걷고 놀기에 괜찮다.

번개 쳐

9시 40분 맑은샘 아이들과 선생들이 모두 마루에 모였다. 비석치기 안전이 큰 이야기다. 요즘 아이들이 흠뻑 빠져 있는 놀이가 비석치기다. 그런데 맑은샘회의에서도 안전과 규칙을 서로 이야기했지만 슬슬 다치는 아이들도 나오고, 선생들 보기에 지나치게 큰 돌을 쓰고 서로 놀이에 빠져 다칠 수 있겠다 판단이 들어 갑작스런 회의를 하자 한 것이다.

아이들이 비석치기 하는 놀이 수준은 때마다 바뀌고 진화한다. 비석치기는 발등, 무릎, 가랑이, 손, 어깨, 턱, 머리들에 돌을 올려 3m쯤 걸어가서 떨어뜨려 다른 편 돌을 쓰러뜨리는 놀이인데, 몸을 균형 있게 쓰고 돌을 쓰러뜨릴 때 재미가 정말 좋다. 세 발, 두 발, 한 발 뛰어 맞추기와 마지막에 그냥 던져서 맞추기까지 하면 이긴다. 옛날 형들은 배와 이마도 들어갔는데 요즘 우리 아이들은 안 넣고 한다. 그런데 새로 뒤로 서서 안 보고 뒤로 돌을 던지는 것도 나왔다. 뭐 안전 규칙만 잘 지키면 모든 감각을 써서 집중할 수 있는 놀이 차례이기도 한데, 아이들이 놀이에 빠져 둘레에 서 있는 아이들이 보이지 않고, 안전거리가 충분하지도 않아 다치기 쉬워 보이고, 아이들이 쓰는 큰 돌을 보니 아주 위험하다. 보통 비석치기는 크기가 알맞고 쉽게 쓰러지지 않고 몸에 올려 떨어뜨리기에 좋고, 던져서 잘 깨지지 않는 돌이 좋은데, 지금 아이들이 쓰는 돌은 잘 쓰러지지 않는 큰 사각돌이나 벽돌까지 나와 있다. 좋은 비석치기 돌 하나 줍는 것이 얼마나 신이 나고 애쓰는 일인지 알기에 그 마음이 이해는 가지만, 놀이 규칙을 새로 정하지 않는 한 줄곧 큰 돌만 고집할 분위기라 비석치기 안전을 큰 이야기로 하는 회의가 꼭 알맞다. 아이들 놀이 문화를 가꾸고 아이들 속에서 함께 사는 선생들이 때맞게 방향을 잡고 있어 할 수 있는 일이다 싶어 기분이 좋다.

갑작스런 회의가 올해 두 번째로 열려서 이 회의도 맑은샘회의와는 다른 회의 이름을 정하자고 제안해서 비석치기 이야기에 앞서 회의 이름을 정하는 말들이 오갔다. 빠른 회의, 번개회의, 번개 쳐, 급한 회의, 안전 회의, 도움 회의들을 이름으로 하자는 의견들이 나와 맑은샘회의처럼 저마다 그 이름을 쓰자 하는 까닭을 듣고 투표에 들어갔다. '빠른 회의', '번개회의', '번개 쳐'가 많은 표가 나왔는데 모두 절반을 넘지 못해 다시 결선 투표를 한다. 좋아하는 형이 내놓은 빠른 회의에 아이들 표가 몰린다. 번개회의와 번개 쳐를 한데 모아 번개회의(번개 쳐)가 또 다른 이름이 되어 표가 다시 갈린다. 마지막 좋아하는 형이나 동무 따라가지 말고 비밀 투표로 눈감고 손들기를 하는데, 다시 마음을 바꾼 아이가 둘이 나와 마침내 번개회의(번개 쳐)로 하기로 했다. 민주주의는 시간이 걸리지만, 참 재미있고 즐거운 과정이다.

진짜로 큰˚이야기인 비석치기 놀이할 때 자세한 안전 이야기는 다음 맑은샘회의에서 하나하나 더 이야기하기로 하고 아이들과 선생들이 내놓은 뜻을 모아 세 가지 안전 규칙과 돌 크기를 정했다.

이 시간 뒤부터 바로 지킬 안전 규칙으로,

1. 돌 크기는 손바닥 크기로 하는데 손바닥이 작은 아이들은 불리하다는 어린이 의견이 있어 6학년 형들 손바닥 크기로 정하기로 한다.
2. 공격하는 편은 수비 하는 편이 돌을 놓고 안전하게 있을 때까지 기다린다.
3. 수비하는 편은 돌을 세워 놓고 공격하는 편 뒤로 가거나 돌이 서 있는 곳에서 2m 떨어져 있는다.
4. 이 규칙을 지키지 않는 어린이는 바로 그날부터 비석치기를 하루 동안 못 한다.

가 결정됐다.

이제 큰 벽돌이나 큰 돌은 쓸 수가 없게 되어서 아이들은 새로 돌을 찾아야 한다. 뭐 워낙 여러 가지 돌을 모아 놓은 아이들이라 비석치기 놀이 흐름은 줄곧 이어질 것이다. 역시 점심때나 모둠살이 할 때도 아이들은 비석치기를 한다. 규칙을 지켜가는 아이들이 만드는 놀이 문화가 믿음직하다.

푸른샘

승민이가 감기가 걸려서 아침에 늦는다고 연락이 왔다. 콩나물 콩을 세면서 아침열기를 시작했다. 내일 콩나물 콩을 기르기 시작하는데 미리 준비도 하고 줄곧 수학 시간에 놀이로 하는 숫자 세기를 이어가려는 활동이다. 우리가 물 먹을 때 쓰는 물잔에 콩을 가득 담아 몇 개쯤 될까 어림해 보라니 아이마다 몇십 개, 몇백 개 다 다르다. 그럼 세어 보자고 하며 큰 그릇에 쏟아 놓고 세어 보는데, 저마다 집중해서 숫자를 센다. 10분쯤 걸려 다 셌는데 저마다 센 숫자를 칠판에 적어 놓고 더하기를 했다. '세 자리 수 더하기는 높은 학년들이 하는 더하기니 선생님이 하지만 어린이들이 도와주면 좋겠다' 하니 한 자리 수 더하기를 열심히 한다. 선생이 500, 어린이들이 200, 140⋯ 칠판에 적은 수를 모두 더하니 1,440개가 나왔다.

"와, 정말 큰 수가 나왔어. 이 작은 물잔에서 1,440개 콩이 나오다니⋯!"

이렇게 높은 수를 세다니 서로 뿌듯한 얼굴이다. 우리 지빈이와 민주는 "무한대"를 말하며 아주 큰 수도 알고 있다고 거든다. 다시 반 잔에 콩을 담고 아이들에게

"물잔 가득히 담았을 때 1,440개니까 반 잔이면 반쯤 되는 개수가 나오겠지요." 말하고, 얼마쯤 될까 물으니 여러 답이 쏟아진다.

"다시 하나씩 세 보는 방법도 있지만, 물잔 가득히 담았을 때 1,440 개가 나왔으니 반잔에는 반쯤 들어갔다고 생각하고, 1,440을 반으로 나눠 720개로 어림잡으면 좋을 것 같아요. 그래서 우리가 오늘 물에 불릴 콩의 개수는 2,160개에요. 이렇게 많은 콩이 콩나물이 되겠지요. 알찬샘 형들은 벌써 두 번째로 콩나물을 뽑았대요. 우리도 오늘 불려서 내일 콩나물 통에 넣어 기르면 다음 주에는 콩나물을 먹을 수 있을 거예요."

그리고 큰 그릇에 콩을 담아 물을 넣어 아이들에게 보여 주면서 다시 물어봤다.

"얘들아, 어떤 콩들은 가라앉고 어떤 콩들이 떠 있는데 왜 그렇지?"

"가벼워서요."

"무거워서요."

"어, 선생님이 뜬 콩에 물을 묻히니 이번에는 가라앉아."

"무거워져서 그래요."

"맞아. 중력과 부력이라는 어려운 말이 있는데 너희들이 말한 가볍고 무거워서도 뭐 다른 말은 아니야. 나중에 더 공부해 보자."

내일 콩나물 통에 콩을 깔면서 들려줄 이야기도 모두 생활 과학이다.

번개회의 마치고 노는 시간에 유찬이가 아침열기 때 건네준 맑은샘신문 1호를 보고 있는데 아이들이 선생 둘레로 모여든다.

"야~ 이 제목 글씨 누가 썼어? 정말 멋있다. 야~ 김다경 기자, 엄지우 기자, 남희주 기자… 정말 기자들 많다. 글도 정말 좋다. 정말 애쓴 것 같아. 와, 여기 남민주 기자야. 와 만화가가 그린 것 같아."

선생이 쏟아내는 말마다 아이들도 거기를 찾는다.

"와, 강유하 기자가 쓴 이 오싹한 이야기 정말 무서운데~"

달려드는 아이들이 읽어 달라고 해서 오싹한 이야기처럼 으스스하게 읽는다.

"으아, 다시 읽어도 무서워."

아이들이 또 읽어 달라고 하여 잇달아 읽으니 네 번이다. 강산이랑 민주가 자꾸 "선생님, 한 번만 더 읽어 주세요." 그런다. 또 읽고 또 읽고 에고 열 번 됐나? 쉬는 시간이 다 가 버렸다.

아침 공부로 자루 텃밭에 구멍을 뚫고 씨앗을 넣고 글쓰기를 하는데 한 줄만 쓰는 아이, 네 줄을 쓰는 아이 모두 다 다르다. 아직도 쓰고 싶은 대로 쓰고 싶은 만큼 오롯이 하고 싶은 뜻대로 해야 푸른샘답다. 특별하게 가르치지 않고 놀면서 우리 아이들은 하나둘 배워 간다. 그 힘을 믿고 천천히 욕심부리지 않고 가야 함을 잊지 말아야 한다. 그래서 벌써 아이들이 함께할 수학책이랑 공책, 놀잇감들이 자꾸 선생 사물함에 쌓여 간다. 쌓지만 말고 하나둘 아이들과 펼쳐 줄곧 아이들과 재미있게 놀고 일하면서 배워가고 싶다.

2013. 4. 18. 나무날.
아침에는 흐려서 비가 올 듯싶더니 낮에는 해가 쨍쨍 나더라.

푸른샘 학교살이 1

드디어 푸른샘 학교살이다. 본디 4월 첫째 주나 3월 마지막 주에 하는 건데, 뒤로 미루다 끝내 오늘 하는 거라 다들 설레고 기분이 좋다. 학교 마치고 선생 없이 자유놀이로 시작하는데 역시 모두 마당에서 비석치기를 한다. 그 빈 시간에 얼른 병원에 가서 침을 맞고 왔다. 다경·

태인 어머니가 정말 고맙다. 학교에 와서 선생들과 마침회를 잠깐 하고 푸른샘 학교살이 둘째 마당으로 함께 노는 놀이를 했다.

나무망치로 나무못을 땅에 박고 고무줄을 걸어서 활을 만들었다. 못을 박는 아이들 실력이 많이 늘었다. 땅에 나무못을 꽝꽝 박는 모습에서 집중하는 힘을 느낀다. 60㎝ 뒤에 점수 과녁판을 만들어 놓으니 쏠때마다 재미가 있다. 저녁밥을 지을 시간이라 당번을 정하는데, 저녁은 민주와 지빈이가 하기로 하고 내일 아침은 정우, 강산, 승민이가 하기로 한다.

아이들이 쌀을 씻은 뒤 물 맞추는 걸 돕고 다시 마당에서 나무망치 놀이를 하다 내일 아침에 공부로 할 나무를 톱으로 잘랐다. 젠가 놀이 한다던 민주랑 지빈이가 오더니 톱질해 보고 싶다며 조른다. 내일 함께 만들 때 하자니 더 조르지 않고 그러자고 해서 좋다.

드디어 저녁 먹을 시간이다. 6시 30분에 먹으려던 저녁을 노느라 8시에 먹게 됐다. 손발 씻고 잠옷으로 갈아입은 다음 어머니들 정성이 담긴 반찬을 먹고 싶은 만큼 골라서 잘 먹는다. 아까 숨바꼭질과 무궁화 꽃이 피었습니다를 해서 밥 먹고 나서는 아이들이 하고 싶다던 이름표 떼기를 한다. 런닝맨이라는 프로그램에서 하는 놀이인데 아이들이 재미있어 한다. 아버지 회의에 따라온 4학년 희주가 작은 선생 노릇을 야무지게 한다. 이름표 만들어 주고 테이프로 붙여 주고 동생들 살피는 마음이 참 예쁘다. 희주랑 승민이랑 내가 한 편을 먹고 정우, 강산, 지빈, 민주가 한 편이다.

드디어 놀이를 하는데 나는 키가 크다고 엉덩이에 이름표를 붙여 준다. 웃음과 긴장이 오가며 벌인 몸싸움 가운데 내 엉덩이 이름표를 민주가 떼 버렸다. 아이들 눈이 빛난다. 마지막 살아남은 강산이와 희주가 끝내 한판을 벌이는데 강산이가 팔이 아프다고 운다. 얼른 달려가 보니 이름표 떼는 가운데 강산이 팔이 세게 잡혔나 보다. 희주, 강산이 둘 다 이름표를 뜯겼는데 강산이 등에 이름표 종이가 더 많이 남아 있어서 강산이가 이긴 걸로 판정이 났다. 팔을 누나와 부딪혀 우는 아픔도 잠깐, 이겼다는 기쁨이 더 크다.

다시 새참을 먹는데 정말 잘 먹는다. 과일도 과자도 한판 놀고 나니 금세 뱃속으로 사라진다. 본디 계획은 9시에 자는 것인데 학교살이 처음이고 늦게 밥을 먹어서 10시에 자자고 하니 아이들 좋아하는 소리가 우렁차다.

이 닦고 잠주머니(침낭) 깔고 눕는데 역시 시끌벅적하다. 어머니 없이 자는 게 익숙하지 않은 푸른샘 아이들이지만, 다들 부모를 떠나 자 본 적이 있다고 큰소리치는 아이들답게 척척 잘한다. 승민이도 저녁 준비를 함께 해 주고 승민이에게 '내일 아침에 만나요.' 소리를 듣고 간 어머니를 찾지 않고 이 닦고 자리에 누웠다.

알찬샘 교실에서 자리를 펴고 촛불을 켜고 선생이 들려주는 옛날이야기를 듣는데 승민이가 가장 먼저 곯아떨어졌다. 네 아이들은 20분쯤 들려주는 재미있는 된장찌개 옛날이야기를 다 듣고도 무서운 이야기 하겠다고 나선다. 옛날이야기를 뒤섞어 길게 이야기해 줬는데도 녀석도 참. 밤에 아이들에게 무서운 이야기를 들려줘서는 안 되는 줄 알기에 말린다.

"안 돼요. 선생님이 무서워서 안 돼요. 그리고 무서운 이야기를 밤에 하면 꿈에 나타나서 잠을 못 잘 수도 있어서 반대해요."

이제 촛불도 끄고 자야 되는 시간이라니 다들 선생 말을 들어준다. 아이들이 차례로 눕고 아이들 머리맡에 선생이 길게 누워 자는데 아이들이 갑자기 촛불 없어 무섭다고 선생에게 달려든다. 지빈이는 선생 팔을 자기 잠주머니 끈에 집어넣고 손을 꼭 잡는다.

"선생님, 손 놓으면 안 돼요. 꼭 잡고 있어요. 저 무섭단 말이에요."

그러자 강산이가 내 옆으로 눕고, 정우랑 민주가 내 무릎을 베고 눕는다.

"무서워할 필요 없어요. 벌써 선생님이 어제 무서운 것들은 모두 쫓아버렸어요."

잠깐 선생 몸에 손 대고 발 대고 잡고 그러더니 하나씩 잠자는 숨소리가 커져 간다.

아이들 재우다 함께 잠드는 것처럼 잠깐 잠이 들었다 깨 보니 12시다. 방이 덥다고 해서 열어 놓은 방문도 닫고 아이들 이부자리 살피다 이불 밖으로 나와 자는 승민이 곁으로 갔다. 몸을 조금 움직여 이불 위로 옮겨 주는데 앗, 승민이 잠을 깼다. 벌떡 일어나더니 선생 얼굴을 만진다. 자다 깨면 어머니 얼굴을 만지고 다시 잠을 잔다고 승민 어머니가 이야기해 줬기에 가만히 있는데, 아무래도 어머니 얼굴이 아니니 일어나서 어머니를 찾는다. 울면서 어머니를 찾는 승민이를 얼른 마루로 데리고 나가 안아 주다가 화장실도 가고 다시 자자고 들어와서 눕는데 승민이가 다시 일어나 앉는다. 하품을 하는 모습을 보니 잠이 올 것도 같은데. 앉아 있더니 토닥토닥 등을 만져 주며 옛날이야기를 조용히 들려주는데 조금씩 숨소리가 안정되어 간다. 다행히 승민이가 잠이 들어서 일어나 보니 1시가 다 됐다.

갑자기 저쪽에서 강산이가 일어나더니,

"선생님, 어디 있어요?" 그런다.

"응, 선생님 여기 있어. 승민이가 잠을 깨서 이쪽으로 왔어."

그러자 잠깐 있다 정우 옆으로 들어가 잠을 잔다. 아이들 숨소리가 좋다.

아이들이 모두 잠든 것을 확인하고 바깥문도 둘러보고 마당 평상에 잠깐 앉아 하늘을 올려다보는데 아무 소리도 빛도 없다. 세상이 모두 고요하다.

'이렇게 하루가 가는구나. 푸른샘 아이들은 행복했을까? 학교에서 처음 자는 거라 많이 설렜는데 아주 즐거운 꿈을 꾸기를. 내일 아침나절에는 함께 나무 목걸이를 만드는 공부를 해서 모두 선물로 줘야지. 끝내 이번 주면 글모음이 마무리되겠구나. 집에서, 학교에서 식구들은 잘 자고 있을까. 다음 주 지나면 자연속학교를 가는데 준비해야 몸과 마음은 어떤지, 학교와 공동체는 행복한 기운으로 가득한지, 나는 부끄럽지 않게 잘 살고 있는지, 퇴촌 마을은 어찌해야 되는지…'

많은 생각들이 자꾸 떠오르는 걸 누르며 잠이 들었다.

2013. 4. 19. 쇠날.
따듯한 봄날이다.

푸른샘 학교살이 2

아침 6시가 되니 아이들이 깨는 소리에 잠이 깼다. 어제 아침에 일찍 깨더라도 7시 30분까지는 누워 있는 게 자연속학교 규칙이라며 들려준 이야기가 있어서인지 아이들이 누워서 이야기를 하고 있다.

"선생님, 밖에 가도 돼요?"

아이들 잠이 벌써 깨서 누워 있기가 힘들 것 같아 그러라니 조용히 푸른샘 교실로 가서 옷을 입는다. 승민이도 깼는데 이불 속으로 다시 들어간다. 더 잘 거냐는 물음에 더 잘 거라고 말한다. 마당에서는 벌써 비석치기가 한판 벌어졌다. 아침 햇살을 받으며 비석치기 하는 아이들이 보기에 좋아 사진을 찍었다. 마루에 모두 모여 7시 30분에 아침밥을 먹고 놀고 있는데 아이들과 선생들이 하나둘 들어온다. 아침열기 한

81

뒤 학교 텃밭 옆 산놀이터에서 그네도 타고 놀다가 교실로 들어와 아침 나절 공부로 어제 준비해 놓은 나무목걸이를 만들었다. 저마다 두 개씩 갖고 모래종이로 문질러 부드럽게 만드는데, 아주 정성을 다하는 모습이 역시 푸른샘답다. 내 것을 생각하는 마음이 정말 강할 때라 더 손놀림들이 야무지다. 자기가 뚫고 싶은 곳에 구멍 뚫는 도구로 구멍을 뚫는데 선생과 함께 전동 드릴 잡는 솜씨가 좋다.

"꽉 누르면 돼. 괜찮아. 잘했어."
아이들이 뚫은 구멍에 아이들이 고른 예쁜 줄을 달아 목걸이를 만들어 걸어주는데, 나도 기분이 좋다.
"이 목걸이는 선생님이 준비한 푸른샘 첫 학교살이 선물이에요. 하나는 자기가 갖고 하나는 주고 싶은 사람에게 주면 돼요. 그림 그리는 시간에는 그림도 그리지만 이렇게 만들기도 많이 해요. 집에 가서 목걸이를 더 예쁘게 만드세요. 색도 칠하고 글씨도 쓰고 어떻게 해도 좋아요. 꼭 부모님과 식구들이랑 같이 하세요. 그리고 다음 주 달날에 선생님도 한 번 보여 주면 좋겠어요."

아이들과 어제 못 쓴 하루생활글을 모두 쓰는데 다들 후딱 쓰지만 선생도 후딱이다. 그래도 함께 글 쓸 시간이 있어 좋다.
                        - 푸른샘 학교살이를 마치고 : 쓴 시간 아침 11시 30분

낮 공부는 텃밭이다. 열리는 어린이집에서 빌려 준 두 고랑에 모종을 심는다. 모두 가서 땅도 다시 고르고 모종을 심는데 날이 좋다. 고추, 토마토, 오이를 모종으로 심고, 콩도 밭둑에 심고 올라오는데 2년째 마음을 내어 텃밭 두 고랑을 내주는 열리는 어린이집 식구들이 참 고맙다. 학교로 돌아와 옥상 텃밭 모둠마다 모종을 심는데 푸른샘 아이들은 상추와 쑥갓만 골라 왔다. 다음 주 아이들이 더 가져오는 모종을

82

심으면 푸른샘 텃밭이 모두 완성되는 셈이다. 뒷산 텃밭, 학교 텃밭, 열리는 어린이집 텃밭, 옥상 텃밭까지, 푸른샘 아이들이 가꿀 텃밭도 많고 배울 것도 참 많아서 좋다. 농사는 철과 제때를 놓치지 않는 것도 아주 중요하고, 더 중요한 것은 정성을 들여 가꾸는 것이요, 갈무리를 잘하는 것이니 부지런히 몸을 놀리며 일과 놀이로 삶을 가꿔야겠지. 올라오는 새싹들과 모종의 푸르름으로 마음을 채우니 행복함이 밀려온다.

아침나절 아이들과 만들기를 하면서 우리 학교 미술 교육의 바탕이 무엇인지 생각해 봤다. 교육 정신을 다시 살펴본다. 우리학교 미술 교육은 자연과 생활에서 아름다움을 발견하고 표현하며 창조하도록 돕는 교육이다. 미술 활동으로 자연과 생활을 배우며 올바른 버릇을 기르도록 한다. 미술 교육의 첫걸음은 자연과 일놀이를 바탕에 두고 '잘 보는 것'이다. 무엇을 표현하고 창조하기에 앞서 많은 것을 보고, 느끼고, 해보고, 되돌아보는 일이다. 잘 보는 일은 눈으로만 보는 것이 아니라 오감으로, 손수 경험으로, 몸으로 보고 느끼는 것이다. 어린이가 제대로 보도록 돕는 것이 우리 학교 미술 교육 첫걸음이다. '미술은 생활'이니 모든 미술 교육이 생활에서, 자연과 일놀이에서 이루어진다. 생활에서 이루어지려면 미술 교육은 통합 교육이 되어야 한다.

수학 시간에, 민요 부르기 때, 글쓰기에서, 바깥 활동에서, 만들기에서 미술 활동은 늘 붙어 다닌다. 미술은 말 그대로 아름다움을 나타내는 것이니 미술은 생활이다. 미술 교육을 그림 그리기로 생각하기 쉬운데 그림 그리기는 미술 교육의 한 부분이다. 그림 그리기를 비롯하여 여러 가지 만들기, 사진을 찍는 일, 영화를 보는 일, 글을 쓰는 일, 자연을 보는 일, 모든 일이 미술이다. 미술은 말 그대로 아름다움을 나타내는 것이니 미술은 생활이다. 그 가운데서 따로 시간을 내어 꼭 하는 것이 있다면 살아 있는 그림 그리기다. 살아 있는 그림 그리기가 다른 미술 활동의 밑바탕이 되고, 다른 미술 활동이 살아 있는 그림 그리기에 살아나게끔 이끈다.

이것이 우리 학교 미술 교육의 기본 줄기다.

2013. 4. 24. 물날.
어제 비 온 뒤라 그런지 하늘도
더 맑아 보이고 햇살도 좋아 놀기 좋다.
봄 겉옷 벗고 다녀도 따뜻하다.

어린이 장터

뒷산에서 아침열기를 하고 돌아와 학교 마당에 가서 푸른샘 아이들과 빗자루로 마당에 고여 있는 물을 모두 쓸어내어 장터 열 준비를 했다.

"선생님, 제 지갑에 들어 있는 동전이 2,500원인지 봐 주세요."

"저도요."

아이마다 가져올 수 있는 돈이 2,500원이라 동전을 지갑이나 비닐봉지에 담아 온 아이들이 많다.

9시 50분 모두 마루에 모여 어린이 장터를 여는 뜻과 까닭을 이야기하고 장터 규칙도 다시 확인한다. 장터 규칙을 미리 준비하고 장터 계획을 세운 6학년들은 제천 간디학교로 길 찾기를 떠나 학교에 없다. 6학년들이 없으니 없는 티가 확실하게 난다. 아이들이 마련한 규칙은,

1. 어린이 마음을 해치는 물건들은 가져오지 않는다.

2. 가장 비싼 값은 500원이다.

3. 점심값은 100원을 기준으로 더 내면 좋다.

4. 기부금은 모두 맑은샘회의에서 뜻을 모아 정한다.

5. 아이들에게 산 물건을 다시 다른 아이에게 비싸게 팔아서는 안 된다.

6. 형들이 자꾸 동생들에게 자기 물건 사라고 하지 않는다.

따위다.

장터를 열 곳에 자리를 펴자 아이들이 기다리던 장터가 열린다. 장난감, 옷, 연필, 지우개, 비누, 장명루, 머리띠, 종합장, 그림책, 저금통… 없는 게 없고 있을 건 다 있는 장터답다. 3학년 민주는 집에서 어머니가 만든 매실차를 팔고, 4학년들은 어제 미리 만들어 놓은 달고나를 판다. 푸른샘 아이들이 마당에 있는 평상에 물건 펼치는 걸 도와주고 슬슬 장터 이곳저곳을 돌아다니는데, 아이들이 물건을 팔고 사는 모습이 진짜 장터다. 아껴 쓰고 나눠 쓰고 바꿔 쓰고 다시 쓰는 뜻이 가장 크고, 돈을 알맞게 쓰고, 물건을 사고파는 데 필요한 셈과 경제, 좋은 곳에 돈을 모으는 기부까지, 해마다 여는 어린이 장터는 좋은 교육 활동이다. 기부함에 동전 넣기 놀이, '점심 사 먹은 돈 모아서 좋은 곳에 기부하기'도 아이들이 좋아한다. 마당 한가운데 통을 넣고 멀리서 동전을 넣으면 먹는 선물을 주니 꽤 호응이 있다. 점심값은 100원 이상은 내야 하는데 갖고 싶은 물건을 사느라 돈을 다 써린 아이들도 있다. 그러면 누군가 "내가 사 줄게." 한다.

강산이에게 미리 예약한 책도 사고, 3학년 민주가 파는 매실차도 사 마시고, 달고나도 사 먹고, 아이들이 펼쳐 놓은 물건들을 살펴본다. 연재는 아이들에게 탑을 그려 주는 재능을 기부하기로 하고 아이들이 주문한 그림을 집중해서 열심히 그리는 모습이 진짜 대학로 화가 같다. 잘 안 팔리는 아이들 곁으로 가니 모두 그럴만한 까닭이 있기는 하다. 그런데 태인이가 그린 엽서가 눈에 들어왔다. 돈을 주고 산 물건을 다시 내놓은 게 아니라 스스로 만들어서 뭔가를 판다는 게 좋아서 한 장에 50원 하는 태인이가 그린 그림엽서를 모두 샀다. 아이들에게 보내는 엽서로 쓰기에 좋을 것 같다. 채연이도 스스로 만든 나무목걸이를 내놓았다. 예쁘기도 하고 만들 때 정성을 알기에 얼른 샀다. 호연이가 내놓은 손톱깎이가 달린 열쇠고리를 사는 흥정을 하는데, 가장 비싼 값인 500원을 부르기에 깎아 달라니 200원을 깎아 준다.

그런데 푸른샘 1학년 아이들은 팔 생각보다 사러 다니느라 더 바쁘다. 푸른샘 장터 쪽으로 가서 떨이요 떨이를 외치며 파는데, 호응해 주는 아이들이 고맙다. 장터가 한창 열릴 때 선생들도 가져온 물건을 경매에 부쳤다. 최명희 선생이 가져온 물건 두 개는 인기가 좋아 금세 다 팔렸다. 내가 내놓은 열쇠걸이와 작은 수첩도 순식간에 아이들이 샀다. 가장 비싼 물건값을 500원으로 정한 어린이 장터에서는 가장 큰돈이 오간 셈이다. 선생들은 다시 그 돈으로 기부함에 동전 넣기 놀이를 하며 분위기도 띄우고, 아이들 물건을 사 준다. 선생들 모두 잘 안 팔리는 아이들 물건도 한 번 더 보고 팔도록 도와주다 보니 금세 장터를 닫을 시간이다. 많이 팔아서 유명한 민철이에게 밥을 사 달라니 민철이가 선생 두 사람 밥을 사줬다. 팔고 남은 물건은 모두 갖고 가는데 몇몇 아이들은 학교에 모두 기부를 한다. 어린이들이 하는 장터에 담긴 뜻을 자세히 살펴 더 훌륭한 교육 활동이 되도록 애써야겠다.

벼룩처럼 통통

드디어 우리 아이들이 쓴 시가 책으로 나왔다. 지난주 자연속학교 때 나와서 볼 수 없다가 오늘에야 책을 만났다. 단비출판사 김준연 대표님과 최유정 편집장님이 책을 갖고 오셔서 더 반갑다. 자연속학교에서 생각날 때마다 빨리 보고 싶었고, 어제 최유정 편집장님이 통화하고 바로 보여 주겠다는 걸 편집장님 번거로울까 봐 오늘로 미루었는데 속으로는 어서 빨리 보고 싶었다. 그래도 참고 참았다 선생들과 함께 보니 더 신 난다. 글모음만 열심히 만들다 우리 아이들이 쓴 시가 출판사 책으로 나오니 그 기분이 남다르다. 지난해 여러 출판사 문을 두드린 것도 생각나고, 아이들 시를 고르고 골라 편집하던 때도 기억나 마음이 뭉클하다. 본디 생각한 제목과 우리 아이들 그림을 모두 넣은 첫 편집대로 책이 나오지는 못했지만, 우리 아이들에게 아주 뜻있는 선물이고 책 펴내는 데 전문가인 출판사 분들 의견도 아주 중요하기에, 또한 서로 많은 이야기를 나누었기에 고마움으로 아쉬움을 달랜다.

그렇게 많이 읽은 아이들 시들이지만, 책을 살며시 넘기며 다시 읽는 재미가 새롭다. 제도권 학교 아이들이 쓴 시를 모은 책은 한국글쓰기교육연구회 선생님들 덕으로 아주 많은데, 대안학교에서는 처음 나오는 어린이 시집이니 모두에게 자랑도 되고 우리말·글 시간에 많이 들려줄 좋은 어린이시가 되리란 설렘도 있다. 어느 곳이나 아이들이 뿜어내는 기운은 비슷하지만, 우리나라 모든 어린이들이 대안학교 어린이들처럼 행복한 삶을 살기를 간절히 바라기에, 대안학교를 알기를 바라는 분들에게 조금이나마 도움이 되는 데 부족하지만 우리 시집이 마중물 노릇을 하면 좋겠다는 생각도 해 본다. 삶을 쓰는 시처럼.

내일 아이들에게 보여 주고 읽어 줄 생각에 기분이 좋다. 출판 기념 행사도 떠오르고 널리 알릴 생각도 가득하다. 카카오톡과 인터넷에 올리니 부모님들이 함께 축하하고 기뻐해서 더 기분이 좋다. 벌써 알라딘에 책 주문을 넣는 우리 부모님들이 정말 고맙다. 오늘 다른 학교 선생님들에게도 연락은 했지만, 내일 다시 사진이랑 부탁 말도 해야겠다.

2013. 5. 8. 물날.
더워서 여름 같다.

이 세상에 온 까닭

오늘부터 사흘 동안 3학년 두 어린이와 1학년 한 어린이가 학교생활 겪어보기를 한다. 우리 학교에 전학 오고 싶어 하지만 다니고 싶어 하는 어린이가 다녀서 행복할 수 있는 곳인지, 어린이들과 선생들 모두가 먼저 함께 살아 보는 것이 학교생활 겪어보기다. 겪어보기를 마치고 맑은 샘학교 어린이로 살기에 알맞은지 서로 충분한 이야기를 나누고, 행복한 길을 찾는다. 옛날 겪어보기를 마치고 난 어린이들 가운데 높은 학년이라 그런지 학교 규칙을 지키기 힘들다며 스스로 전학하지 않겠다 한 아이도 있다. 반대로 선생들과 아이들이 살핀 뒤 우리 학교에서 행복하기에 힘든 조건이나 어려움이 있어 전학을 받지 않은 적도 있기도 하다. 세 어린이 모두 행복한 길을 찾으면 좋겠다.

1, 2학년 모두 모여 민요를 부른 뒤에 아침나절 공부로 잡힌 기후학교가 다른 날로 바뀌어서 마당으로 나가 글쓰기를 했다. 따뜻한 날씨에 나뭇잎이 숲을 푸르게 하고 개꽃이 가득 피어 있는 마당을 내려다보며 평상 그늘에 앉아 《벼룩처럼 통통》에 실린 형, 누나, 언니, 오빠들 시를 들려주었다. 주로 1학년 때 쓴 시를 읽어 주고, 나중에는 아이들도 소리 내어 읽어 보고, 글모음에 있는 글도 찾아봤다. 나중에 우리 푸른샘이 쓴 글도 글모음이나 시집으로 나올 수 있다고 말하니 글쓰기 공부에 집중하는 힘이 더 좋게 느껴지는 건 선생 기분일까.

조금 놀다 다시 모여 자연과 이야기를 나누는 시간을 보낸 뒤 글을 쓰기로 했다. 저마다 돌, 풀, 나뭇잎, 벌레, 나무, 꽃 어떤 것이든 가서 말을 걸고 이야기를 나눠 보라고 했더니 옆 산으로, 마당 한쪽으로 가서 한참 앉아 있다 보고, 만져 보고 냄새 맡는 모습이 참 보기 좋다. 옆 산에 올라간 강산, 정우, 유한이는 벌레를 찾았는지 소리가 들린다. 평상으로 먼저 온 지빈이와 민주가 먼저 글을 쓰는데 모두 시다. 만져 보고 냄새 맡고 맛도 보고 말도 걸고 그때 한 것들을 그대로 쓰라니 푸른샘답게 잘한다. 강산이가 개미 두 마리를 들고 내려오더니 싸움 붙인다고 한다.

"형들이 그러면 선생님한테 엄청 혼나는데 푸른샘이라 잘 몰라서 그런 것이니 얼른 놔 주세요. 어떤 경우라도 생명을 장난감처럼 함부로 하면 안 돼요. 모든 게 다 이 세상에 온 까닭이 있으니까요."

곁에 있던 아이들이 모두 선생 말에 맞장구를 치니 자연스레 개미를 놓아 주고 시를 쓰는 강산이가 참 고맙다.

아침나절 날이 좋다. 낮부터 비가 조금 내려 일하기 불편하다.
밤에는 봄비가 많이 내린다.

고구마 순 심기

아침열기 하고 뒷산 올라가는데 흐드러지게 핀 철쭉이 눈이 부시다.
푸른 산을 배경으로 하얗고 붉은 꽃들이 아이들과 잘 어울린다. 뒷산
에서 일찍 내려와 1, 2학년이 함께 민요를 부르는데, 2학년 아이들 부르
는 모습 보니 이제야 민요 부르는 시간이 자리를 잡아 가는 듯 보여 안
심이다. 지난해 재미가 없었다며 3월에는 푸른샘과 달리 민요 부르는
걸 그다지 좋아하지 않는 것 같더니 이제는 목소리도 좋고 잘 부른다.

잠깐 쉬다 짧게 10의 보수 놀이를 했다. 나무목걸이로 문제를 내고
맞히다 그림 공책에 활동지를 그리는데 어느새 고구마 순을 함께 심으
러 갈 시간이다. 본디 내일이 텃밭 공부가 있는 날인데, 내일 비가 온다
고 해서 오늘 하기로 한 것이다. 할 일은 고구마 순을 심고 모를 논에
옮겨 놓는 거다. 낮은샘이 고구마 순을 심고 높은샘은 논일을 맡기로
했다. 고구마 순 심는 일은 자연속학교 때 남원에서 한 일이라 높은샘
도 아쉬움은 없다. 농사는 철과 날씨를 살펴야 지을 수 있는 것이라 때
마다 시간을 놓치면 안 된다. 낮은샘은 형들 대신 양재천 쪽 텃밭에 고
구마 순을 심고, 열리는 텃밭에도 고구마 순을 심어야 한다.

양재천 텃밭에 가니 높은샘 4, 5, 6학년 아이들이 심어 놓은 감자가
많이 자랐다. 풀도 올라오기 시작해서 밭이 푸르다. 최명희 선생이 아이
들에게 문제를 내며 텃밭 공부를 시작한다.

"얘들아, 밭에 있는 풀이름이 뭔지 아는 사람 있어요? 한 번 맞혀 보

세요. 먹을 수 있는 풀이고 세 글자입니다."

"저요! 저요!"

모두 답이 아니다.

"도움말을 줄게요. 세 글자 가운데 첫 글자는 '명'으로 시작해요."

"저요! 저요!"

또 답이 없다.

"두 번째 도움말입니다. 끝 글자가 '주'입니다."

그러자 곧 "명아주요!" 그런다. 종민이가 맞혔다.

"네, 종민이에게는 선생님 뽀뽀를 선물을 주겠습니다."

아이들은 어느새 명아주 뽑느라 바쁘다. 나물로 먹을 수 있다 하니 저녁에 반찬 할 거란다. 고구마 순 심는 내내 명아주를 뜯더니 꽤 양이 많다. 정우랑 강산이는 쇠뜨기를 뜯어 왔다.

"어, 쇠뜨기 먹을 때가 지나서 그거는 못 먹는데…"

"차로 먹을 거예요."

녀석들 누구한테 들었는지 아는 것도 많다.

고구마 순 심으려고 호미로 땅을 파던 아이가 "야, 땅강아지다!" 외치니, 어느새 아이들이 모여든다.

"땅강아지가 있는 거 보니 좋은 땅이야."

"벼룩처럼 통통 시집에 성준이가 쓴 땅강아지가 나와. 땅강아지가 수영하는 것처럼 빠르다고 했는데."

"땅강아지 못 본 사람 얼른 보고 놓아 주세요."

감자 심고 남은 밭이 얼마 되지 않아 고구마 순 심기는 빨리 끝났는데, 역시 아이들이 심은 건 다시 선생들이 돌봐야 한다. 해마다 배우지만 일 년에 한 차례 심는 거니 낮은샘 아이들에게는 쉽지 않은 일이다. 높은 학년이 되면 조금 익숙해서 잘 심는 아이들이 많기는 하나 그것도 선생들 손길이 필요하다. 아이들이 할 수 있는 만큼 하고 일하는 과정과 땀을 귀하게 여기도록 이끌고, 보람과 기쁨을 맛보도록 알게 모르게 뒤에서 챙겨야 하는 일은 선생들 몫이다. 농촌에서 농사짓는 어른들 삶을 보며 자란 시골 아이들도 힘든 일인데 도시에서 사는 아이들이 척척 어른처럼 해내는 것은 시간이 걸릴 문제다. 그래도 아이들 힘과 땀이 없으면 또 힘든 일이 학교 텃밭 일이다. 아이들이 나름 훌륭하게 텃밭 일을 할 때쯤은 어느새 6년이 지나 졸업할 때쯤이긴 하지만, 평균으로 보면 우리 아이들은 참 일을 잘한다.

아이마다 다르지만 일을 놀이처럼 즐기는 아이들도 많다. 그렇지 않은 아이들에게도 텃밭과 논은 일과 놀이가 함께하는 배움터이다. 흙과 벌레, 생명과 땀, 정성, 협력, 보람, 과학, 많은 것이 이루어진다.

낮 공부 하러 높은샘은 논으로 가고, 낮은샘은 열리는 어린이집 텃밭에 간다. 비가 한두 방울 떨어지지만 많이 오지 않아 우산 하나씩 들고 밭에 가니, 오이, 고추, 가지, 토마토 심고 남은 밭이 얼마 되지 않아 금세 고구마 순을 다 심었다. 학교로 돌아와 텃밭일지를 쓰는데 자세히 잘 쓴다.

마침회 때 다시 《벼룩처럼 통통》에 있는 아이들 시를 읽어 주었다.

땅강아지

맑은샘학교 2학년 박성준

땅강아지가 수영을 한다.
참 빠르다.
수영 선수 같다.
수영한 땅강아지
힘이 빠졌겠다.

고구마

맑은샘학교 6학년 길현민

고구마를 심지요.
고구마 순 허리를 꺾는 것 같아
불쌍하다.

2013. 5. 10. 쇠날.
아침에 비가 줄곧 오다 낮에 그쳐서 놀기 좋다.

젖은 그림 그리기

1, 2, 3학년이 모두 마루에 모여 젖은 그림 공부를 한다. 마루에 시와 그림 내보이기에 쓰던 받침대를 놓고 아이들이 둘러앉았다. 최명희 선생이 물병 두 개에 물을 담고 노랑과 빨강 색을 떨어뜨려 아이들에게 물과 색이 섞이는 과정을 보여 준다. 물속에서 색이 퍼져 가는 게 곱다. 색과 물이 섞여 가는 걸 보고 든 느낌이나 생각을 말하라 하니 아이마다 재미있는 말을 한다.

"액체 괴물 같아요."

"무지개 같아요."

"피 같아요."

"물이 소용돌이치는 것 같아요."

"색이 용 같아요."

앉아 있는 대로 1, 2, 3학년을 골고루 섞어 네 사람씩 모둠을 짜고 바닥에 깔려 있는 네 개 받침대 둘레에 앉은 다음, 모둠 이끎이가 두 가지 색과 붓을 씻을 물병을 모둠마다 놓았다. 받침대를 저마다 들고 앞으로 나오면 최명희 선생이 두꺼운 도화지(머메이드지)를 물에 담가 적신 다음 받침대를 스펀지로 닦고 그 위에 도화지를 붙여 준다. 그림 주제는 두 색을 써서 봄을 마음껏 표현하는 거다. 봄이 어려우면 자기 마음 가는 대로 하면 된다고 알려 준다. 도화지에 가득 색을 다 입히는데 물을 아주 많이 묻혀 붓을 많이 놀리면 두꺼운 도화지라도 종이가 떼처럼 일어난다는 것도 말해 주지만, 그다지 귀 기울이지는 않는다. 이미 재미있어 보이는 놀이가 있고 그리는 색의 변화와 번짐에 빠져든 아이들이다. 선생들도 아이들과 함께 앉아 그리며 아이들을 보는데 아이들마다 색을 쓰는 것, 붓을 놀리는 게 정말 다 다르다.

우리 동엽이는 붉은색을 정말 진하게 그려 넣고 있다. 우리 원서는 거침없이 붓을 놀리며 색을 맛보고 있다. 내 앞에서 같은 받침대를 쓰는 지은이는 천천히 조심스럽게 한다. 푸른샘 아이들도 기운대로 잘하고 있다. 나는 노랑을 바탕으로 깔고 빨강으로 꽃을 표현하고 싶었는데 만족스럽게 나오지 않는다. 아이들이 붓을 씻지 않고 색을 묻히다 보니 노란색 물병이 주황색이 되어 버렸다. 할 때마다 붓을 잘 씻도록 꼭 챙겨야 할 일이다. 그래도 물 묻은 종이 위에 붓에 묻힌 빨강색을 툭 뿌리거나 칠할 때마다 퍼져 나가는 물과 색의 조화가 예뻐서 자꾸 손이 간다. 물감이 번져 나가면서 경계가 없어지고 따뜻함이 묻어난다. 선이 아닌 면으로 그리는 느낌이 많다. 붓으로 쓱 선을 그리면 번지므로 선은 사라지고 면으로 이루어진 그림이 정말 매력 있다. 발도르프 교육 예술 가운데 참 좋은 활동이다.

모두 마치고 붓도 씻고 바닥 정리를 한 다음 잠깐 쉬다 모두 모여 느낌 말하는 시간을 가졌다. 젖은 그림을 가득한데 모아 놓고 둘러앉아 발표하는 아이들 모습이 그림처럼 예쁘다. 무지개를 그리고 싶었다, 선생님 하는 거 보고 따라 했다, 꽃이 피는 봄을 그리고 싶었다, 해와 꽃을 그리고 싶었다, 그냥 그렸다 등 여러 이야기가 나온다. 모두 발표를 마치고 모둠마다 글쓰기를 하는데 겪은 일 쓰기와 시 쓰기 둘 다 자연스레 된다.

아이들과 젖은 그림 그리기를 줄곧 해 온 최명희 선생이 젖은 그림 그리기를 처음부터 끝까지 잘 이끌어 주어 아이들이 신비한 색의 세계로 빠져들었다. 발도르프 교육 예술 과정에서 배워 지금 우리 교육 과정에 넣어 하는 것 가운데 형태 그리기와 젖은 그림 그리기가 있다. 형태 그리기는 학교 초기부터 선 그리기로 수학 시간마다 하고 있고 낮은 학년부터 높은 학년까지 꾸준히 하고 있는 활동이다. 발도르프 교육을 들여다보면서 살펴본 여러 교육 활동 가운데 오이리트미, 주기 집중 수업도 특색이 있지만 젖은 그림과 선 그리기도 참 좋다. 우리 교육 과정을 잘 살려가며 오랜 역사를 지닌 발도르프의 표현 예술 교육 가운데 배울 것을 찾아 우리 교육 과정을 풍성하게 가꾸면 좋겠다.

젖은 그림은 색과 색의 만남으로 색채에 살아 숨 쉬는 오묘한 생명력을 자연스럽게 느낄 수 있는 예술 교육이다. 선이 주는 날카로움이나 나누는 경계를 넘어 색깔들이 번지고 섞여 아름답게 바뀌고 어울리는 과정을 경험하며 아이들에게 연필이나 색연필들이 주는 선의 느낌과 달리 면과 면을 이어주는 부드러움으로 색의 세계를 경험할 수 있게 한다. 우리가 연필로 살아 있는 그림 그리기를 하는 것과 함께 가면 참 좋은 미술 교육이다 싶다.

루돌프 슈타이너는 인지학에서 "자연은 대우주이고 인간은 소우주다."라고 말하며 색채론을 폈는데, "인간은 색 속에서 살고, 인간 안에 색이 있다."란 말이 기억난다. 마른 종이가 아닌 젖은 종이가 주는 편안한 마음, 바탕이 되는 자주색, 청록색, 노란색으로 여러 가지 자연이 지닌 색을 만들어 가는 과정, 색깔의 기운과 결을 따라 자기를 찾아가는 과정으로 젖은 그림 그리기를 꾸준히 하면 좋겠다. 다음에는 젖은 그림 그리기에서 아주 중요한 재미있는 색 이야기를 들려주고 그 이야기에 어울리는 젖은 그림을 그리며 신비한 색을 찾고 만들도록 준비를 해야겠다.

2013. 5. 14. 불날.
아침에는 비가 올 듯 흐리더니 낮에는 해가 비춘다.

어긋나기

택견 하는데 알찬샘 3학년이 없어 좁은 마당이 넓어 보인다. 알찬샘 3학년은 오늘 아침부터 학교살이를 해서 한강까지 자전거 타고 갔다 헤엄할 때 온다. 자루 텃밭과 대야 논, 화분에 심어 놓은 식물들이 잘 자라고 있다. 마당 곳곳에서 쑥쑥 자란 풀들이 눈에 보여 돌아다니며 뽑는데 풀들 이름이 가물가물하다. 뒷산 가는 길에 만나는 꽃 이름을 아이들이 물어보는데 모르는 꽃도 많고 아는데 이름이 바로 떠오르지 않는 것도 많다. 어제는 야생화책을 한참 들여다보았는데 사진과 진짜 보는 것과 영 다르다.

그래도 날마다 궁금했던 산괴불주머니를 찾았다. 뒷산 올라가는 길에 군락을 이루어 참 예쁘게 생긴 녀석인데, 산에서 흔히 자라는 두해살이풀로 줄기 윗부분에 노란색 꽃이 촘촘하게 모여 핀다. 식물 줄기에 잎이 나 있는 방법인 잎차례에는 어긋나기, 마주나기, 돌려나기가 있는데 산괴불주머니는 어긋나기로 잎이 자란다.

야생화 잎차례는 어긋나기가 가장 많은데 패랭이꽃, 쇠별꽃, 산토끼 풀은 마주나기로 잎이 나고, 쇠뜨기, 꼬리풀은 세 개 이상의 잎이 돌려 난다. 또 대부분 식물의 잎이 줄기를 따라 나선형을 그리며 나오는데, 여섯 번째 잎이 첫 번째 잎의 바로 위에 나온다. 수직으로 곧게 자라는 풀 종류 초본 식물이고 줄기에 잎이 어긋나게 자라는 녀석들은 잎의 각 도가 대체로 144°에 가깝다는 사실을 발견한 다빈치가 떠올랐다. 보리, 벼, 대나무, 옥수수처럼 잎이 가늘고 뾰족한 것은 흔히 잎이 서로 반대 방향으로, 180°에 가깝다. 택견 마치고 마루에서 다시 야생화책을 보 는데 민주가 곁에 오더니 우리가 즐겨 보던 꽃 이름을 찾는다. 날마다 오가며 보는 풀과 꽃, 나무 이름을 하나하나 알아가는 재미가 좋다.

굽은 선으로 형태를 그린 뒤에 뒷산에 올라가서 아침에 지우와 정우 가 푸른샘 새참이라고 어머니가 보내 준 토르티야를 나눠 먹는데, 푸르 른 숲 속 텃밭 앞에서 모두 둘러앉아 맛있는 걸 먹으니 다들 얼굴이 행 복하다. 말놀이 익히기를 산에서 하고 숲탐험 길로 학교 텃밭에 들러 보리와 밀 이삭이 다르게 팬 걸 함께 보고 그네 타고 논다.

학교에 돌아와 아이들이 집에서 예쁘게 색칠해 온 10의 보수 놀이 목걸이로 저마다 10의 보수 놀이를 하며 활동지에 수를 써넣는데 모두 척척 잘한다. 수 쓰고 보수 놀이를 한참 하다 아이들이 빨리 하고 싶어 하는 머릿셈을 하면 되겠다.

점심때 마당에 누리샘 5학년과 김상미 선생이 펼쳐 놓은 권정생 선 생님 추모 사진과 글, 책을 보니 마음이 행복하며 무겁기도 하다. 선생 님이 가신 지 벌써 여섯 해가 되었구나. 추모제를 준비하며 누리샘 아 이들과 김상미 선생이 애를 많이 쓴 티가 많이 난다. 글도, 그림도 모두 좋고 권정생 선생님이 쓴 책을 모두 모아 놓으니 좋다. 늘 그러고 싶었 는데 못한 걸 누군가 해 주니 그저 고맙고 많이 배운다.

아이들이 준 상장

내일부터 봄방학을 하니 아침부터 이것저것 챙길 게 많다. 아침열기 때 방학식 때 부르기로 한 너영나영 노래와 말놀이를 연습하는데 다들 씩씩하고 목소리도 크다. 뒷산에 올라가니 어제 학교살이를 한 알찬샘 3학년 아이들이 나무집을 만들고 있다. 앗, 그런데 푸른샘 1학년 아이들이 짓다 놔 둔 나무집 나무를 옮기고 있다. 푸른샘 아이들이 화가 크게 나서 형들에게 몰려가는데, 형들이 미안하다는 말도 하지 않고 동생들에게 몇 개 안 가져갔다고만 한다. 어찌 하나 지켜보는데 1학년들이라 형들에게 조목조목 따지지는 못하고 주로 듣고 있다 푸른샘 나무집과 텃밭에 모였다. 다들 형들이 잘못했다고 말하며 화를 낸다. 비석치기 할 때도 형들이 우겨서 싫다고, 누구 형은 억지를 쓴다고 아이들 원성이 대단하다.

"그래. 그런 일이 있었군. 선생님들이 공정하게 심판을 보고 비석치기를 해야겠는데, 형들이 우리 나무집 나무를 말도 않고 가져가는 건 분명히 잘못한 거니 같이 가서 이야기를 하자."

아이들과 다시 알찬샘 나무집 짓는 곳으로 가서 묻고 따지니, 나무를 다시 갖다 놓는 아이도 있고 푸른샘 나무집이 모두 부서져서 나무집을 안 만드는 줄 알았다고 하는 아이도 있다. 지난번에 짓다 멈춘 푸른샘 나무집 나무 위에 올라가 무너뜨린 아이도 역시 그런 줄 알았단다. 강산이 나무라고 다시 챙겨 들고 내려온 성범이랑 나무를 다시 옮겨 주는 유찬이와 태인, 민주가 고맙다. 푸른샘 아이들이 성범이 형이랑

98

유찬이 형은 우기지는 않는다며 칭찬한다. 화가 풀릴 때쯤 올라오는 길에 강산이가 주워 온 줄로 나무를 묶어 나무집을 다시 만들며,

"알찬샘 형들 덕분에 우리가 짓다 만 나무집을 다시 짓게 되었으니 형들에게 화난 거 이제 풀어요."

"우리 나무집이 더 멋있어졌어요. 사각형 집이에요."

"와, 정말 더 좋게 됐네. 나중에 방학 끝나고 개학하면 나무들을 주워서 세우면 되겠어."

잠깐 뒷산 갔다 텃밭 들러 내려가려던 계획이 조금 틀어졌지만, 다들 화도 풀고 나무집을 새로 짓게 되어 좋다.

점심 먹고 마당에서 일하다가 아이들이 유찬 어머니랑 뭘 하고 있어 궁금해서 갔더니 선생님은 오면 안 된다고 한다. 눈치로 보니 스승의 날을 맞아 뭔가를 하는 모양이다. 조금 뒤에 아이들이 하나둘 오더니 뺨에 입을 맞추고 고맙다고 한다. 다경이는 쑥스러워 한참을 내 등 뒤에서 '어떻게 하지'를 되뇌다가 부끄러워하며 뺨에 뽀뽀하고 어깨를 주물러준다. 선생마다 아이들이 가서 그러니 선생들 얼굴에 웃음이 그치질 않는다. 청소할 때쯤 갑자기 아이들이 선생님들 모두 마루에 모이라고 한다. 마루에 가니 아이들이 모두 앉아있고 유찬 어머니와 아이들이 뭔가를 준비하고 있다. 유찬 어머니가 스승의 날을 맞아 기자단 어린이들과 우진이와 함께 준비한 해금 공연을 한다. 눈물 많은 송순옥 선생은 감격에 겨워 눈을 훔친다. 유찬 어머니와 어린이기자단에서 상장을 준비했다며 선생들 한 사람 한 사람 불러 상장을 준다.

아, 얼마 만에 받는 상장인가. 선생마다 상장 이름이 다 다르다. 뽀뽀상, 키 큰 상, 설명을 잘해준 상, 사랑해 말을 많이 한 상, 많은 걸 아는 똑똑상, 인사를 잘한 상, 아이들과 잘 논 상… 나는 아이들과 잘 논 상을 받았다. 참 특별하고 행복한 상을 받았다. 아이들이 주는 상이라 더 뜻있고 좋다. 아이들과 함께 준비를 한 유찬 어머니 마음이 참 고맙다.

해마다 스승의 날이면 부모님들과 아이들이 꽃과 맛있는 걸 보내고 함께 밥도 먹는다. 특별한 것보다는 그냥 소중한 마음으로 하는 것들이라 서로 부담이 없다. 대안학교 선생들은 날마다 아이들과 행복하게 살고 식구들 모두 날마다 어린이날, 어버이날, 스승의 날처럼 살고 대하니, 스승의 날이라고 더 특별하게 뭔가를 준비하지 않고 마음이 담긴 편지와 작은 선물에 서로 행복해서 좋다. 우리에게는 자기 아이 더 살펴달라는 부모들의 촌지와 부담이 가득하고 부끄러운 스승의 날은 없다. 늘 서로 고마운 마음으로, 늘 미안한 마음으로, 서로 행복한 교육의 주체들이 있을 뿐이다.

저녁에는 아버지들이 선생들에게 맛있는 저녁을 준비한다고 일찍부터 학교에 오셨다. 성준 아버지랑 종민 아버지가 마당에 불판을 놓고 숯불구이를 한다. 선생들은 봄방학을 앞둔 하루 마침회를 하며 봄 학기를 잠깐 되돌아봤다. 반성과 여름 학기에 대한 준비와 설렘이 가득하다. 늘 아이들에게 부족하고 미안한 선생들의 성찰이 짧은 말에 모두 담겨 있다. 이런 사람들이 있어 아이들이 행복하게 놀고 일하고 배울 수 있다고 생각되어 함께함이 뿌듯하다. 아버지들이 썰고 자르고 구운 고기반찬에 맛있게 밥을 먹었다. 시장 보고 준비하고 얼마나 많이 애썼을까 생각하니 괜히 미안하다. 아버지들이 마당을 가득 채우고 마당에서 평상에서 즐거운 한때를 보낸다. 졸업한 명수 아버지, 정수·강수 아버지, 준영·인지 아버지이자 맑은샘 선생으로 일한 왕규식 선생님도 왔다. 좋은 날, 좋은 자리에서 좋은 사람들과 좋은 이야기를 나누는 기쁨이 넘친다.

스승의 날이라 옛날 선생님들이 떠오른다. 국민학교 1학년과 5학년 두 번 담임을 한 김삼순 선생님과 담임선생님이 아기를 가져 임시 담임을 한 이미옥 선생님, 이름이 기억 안 나는 젊은 선생님, 모두 엎드리게 해 엉덩이를 때려 주던 조영식 선생님, 정종민 선생님, 설경옥 선생님. 중학교 때 국사 선생님, 영어 선생님, 고등학교 때 작문 선생님, 수학 선생님, 국어 선생님… 참 신기하게도 초등학교 선생님들 이름은 모두 떠오르는데 중고등학교 때 선생님들 이름이 안 떠오른다. 어린이로 살던 국민학교 시절 추억이 더 많이 떠오르는 건 내가 아이들과 살고 있어서일까? 선생님 무릎에 나를 앉히고 "째째꼬레 이샤샤망고 오마이 째째…" 노래를 가르쳐 주시던 선생님, 도시락을 함께 먹자는데 선생님 앞이라고 부끄러워 어쩔 줄 모르던 아이를 웃으며 바라보시던 이미옥 선생님, 그 시대에 멀리서 학교까지 오토바이를 타고 다니던 설경옥 선생님… 국민학교 동무들과 술 먹을 때 늘 공부 잘하는 아이들만 편애했다고 술을 들이켜던 친구 녀석 기억과 달리 나는 참 많은 격려와 칭찬을 받았는데… 지금 생각해도 선생님들은 참 잘 생기고 예쁘고 모르는 게 없었다. 고등학교 때 동창회 한다며 찾아뵌 선생님을 보고 옛날에는 정말 커 보이던 선생님 키가 아주 작다는 걸 처음 안 것도 기억난다.

"선생님 키는 본디 작았어. 너희들 키가 많이 큰 거지." 그렇게 말씀하신 것 같다. 참 많이 예뻐해 주셨는데 모두 잘 계시는지, 할머니 할아버지가 되셨을 텐데… 이제는 연락도 안 하고 산 지가 아주 오래되어 이렇게 추억 속에서 떠올릴 뿐이다.

아이들과 자연을 스승으로 삼고 살아도 늘 깨우침과 칭찬과 격려를 주시는 내 선생님이 그립다. 아주 옛날 잠깐 가르친 기억이 있을 뿐 생각도 않고 잊고 사는데 오늘 아침 일찍 '고마운 선생님'이라고 문자를 보내 준 아이 얼굴도 떠오른다. 정말 부끄럽지 않게 살아야겠다.

여름

달팽이는 빠르다

나뭇잎과 벌레 세상

아침열기를 하려는데 남민주가 교실 벽장에서 울고 있다. 아이들은
바닥에 흘린 매실차를 닦고 민주를 달래고 있다.

"무슨 일이야? 매실 먹다 흘려서 그런 거니?"

아이들이 매실차를 물병에 가져오곤 해서 서로 나눠 먹기도 하는데
가끔 서로 주기 싫을 때가 있어서, 그런 일인가 물었더니 정우가,

"그게 아니고요. 우리가 지빈이한테 민주 매실차 주지 말라고 해서
그래요."

"아니, 왜?"

"그냥요. 그래서 미안하다고 사과했어요."

"그럼 모두 사과한 거니?"

"아니요, 저는 사과했는데."

"강산이도 사과했니?"

씩 웃고만 마는 강산이 얼굴에 미안함이 드러난다. 그래도 미안하다
는 말하기가 안 되나 보다. 선생까지 알고 일이 커졌으니 더 그런가 웃기
만 하고 있다.

"정우, 강산, 왜 그랬어?"

"그냥요. 장난으로요."

어떤 일이 있었는지 그려지기에 조금 진정된 민주랑 이야기를 나누
었다.

"민주가 무슨 일인지 이야기해 줄래?"

"정우랑 강산이가 지빈이한테 나 매실차 주지 말라고 해요."

"아니 왜? 민주도 매실차 갖고 와서 늘 나눠 먹고 그러잖아."

"안 줄 때도 있다고 하면서 막 주지 말라고 해요."

다시 감정이 복받쳐 우는 우리 민주 모습에 동무들이 많이 미안한 표정이다. 그냥 사과하고 넘어가기에는 여름 학기에 한 이야기도 있고 해서 진지하게 이야기해 봐야지 생각하고 모두를 일어나게 했다.

"이렇게 동무들끼리 미안한 일이 있을 때는 서로 진심으로 사과하는 게 가장 좋아요. 어떤 장난도 동무를 슬프게 해서 울게 하거나 화나게 하는 건 더 이상 장난이 아닙니다. 나도 좋고 받아 주는 사람도 기분 좋게 넘어갈 수 있는 게 장난이고, 서로 속상하면 그건 장난이 아니죠. 우리 푸른샘도 이젠 장난을 가려서 할 줄 아는 연습이 필요한 것 같아요. 무엇보다 서로 진심으로 사과하는 연습도 아주 중요합니다. 그래서 선생님이 옛날에 배운 건데 서로 절을 하며 마음을 나누는 방법으로 아침열기를 시작할게요."

절한다는 말에 뭐가 웃긴지 키득키득 웃는 아이들에게 이번에는 엄숙한 표정을 짓고 다시 말을 했다.

"웃긴 이야기가 아니고 정말 진지하게 말하는 겁니다. 여러분은 유치원이나 어린이집에 다니는 어린이가 아니잖아요. 맑은샘학교 1학년답게 놀 때 잘 놀고 집중할 때 잘 집중하는 연습을 하면 좋겠어요. 자, 시작할게요. 선생님이 말하는 걸 따라 말하고 함께 절합니다."

"근데 선생님도 해요? 우리끼리 사과하고 절하면 되는데."

"당연히 선생님도 합니다. 푸른샘에서 일어난 일이고 어린이들과 함께 살면서 도와주고 가르쳐 주는 게 있으니 선생님 책임도 있지요. 옛날에 거친 말 하는 선배들이 있어서 선생님이랑 마주 보고 108번도 절한 적이 있어요. 자, 선생님 하는 말 잘 듣고 따라 말해요."

동그랗게 서서 나태주 시도 읊고 절하고, 동무들을 사랑하자고 말하고 절하고, 열 번을 하는데 역시 새롭게 하는 절이 재미있는지 웃으며 즐겁게 하다 보니 마칠 때는 모두 얼굴이 환하다.

"선생님이 아는 학교 선생님들은 아침마다 서로 세 번 절하며 아침열기를 했다고 해요. 서로 존중하는 마음으로 줄곧 하다 보니 더 서로를 사랑하게 됐다고 해요. 열 번 절하는 거 어땠어요."

"재미있어요."

"옛날에 이십 번도 넘게 절한 적도 있어요."

"으잉 그래? 그런데 서로 미안한 마음이나 사랑하는 마음이 조금이라도 생겼나요?"

"음… 그런 것도 같고 아닌 것도 같고…"

모두 풀린 마음으로 함께 한숨도 쉬지 않고 부르는 노래를 부르고 권정생 선생님 동화책을 읽어 주니 선생 둘레에 모여든다. 별로 재미없다는 아이도 있고 재미있다는 아이도 있다.

뒷산에 슬슬 올라가다, 사실은 아무것도 가꾸지 않는 남의 밭이 아까워 지나가다 두 개 심어 놓은 고구마 순이 정말 잘 자라고 있어 아이들이 고구마 순을 대견해한다. 찔레꽃과 토끼풀, 아카시아 꽃이랑 산딸기 꽃을 확인하며 가는데 뱀딸기가 빨갛게 아이들을 유혹한다. 자꾸 먹고 싶다 해서 한 번 먹어 보고 뱉으라니 얼른 따서 입에 넣고 맛보고 뱉는 아이들.

"맛이 어때?"

"달콤하고 맛있어요."

"그런데 왜 뱉었어?"

"선생님이 뱉으라고 했잖아요."

"아, 그랬지. 선생님도 어렸을 때 많이 따 먹고 다녔는데. 맛이 달지도 않고 시지도 않고 밋밋한 맛인데. 먹어도 돼. 어른들이 뱀딸기 먹지 말라고 한 건 뱀이 잘 다니는 곳에서 잘 자라기 때문에 뱀에게 물릴까 봐 독이 있다고 했던 것 같아. 이름도 그래서 뱀딸기야. 우리는 산딸기 많이 먹고 뱀이 뱀딸기 많이 먹으면 되지 뭐."

"얘들아, 여기 봐. 돌나물 꽃이 정말 예쁘다. 돌나물은 돌려나기로 잎이 나 있네."

사진도 찍고 다시 걷다.

"얘들아, 여기 풀잎 좀 봐. 잎이 나오는 차례가 지난번에 말한 것처럼 마주나기로 났어. 지난번처럼 가위바위보 놀이를 하면 좋아."

"어? 이건 어긋나기로 나 있어. 곧게 자라는 녀석들은 거의 다 어긋나기야."

"아, 찾았다. 이건 쇠뜨기처럼 돌려나기야. 봐봐."

"질경이랑 은행나무, 소나무, 민들레는 무리지어나기로 잎이 나와."

"줄기는 곧은줄기, 기는줄기, 감는줄기로 나누는데 우리가 심은 오이는 감는줄기야."

"그런데 잎들이 왜 이렇게 나올까?"

"그렇지. 햇빛 받으려고 그러는 거야."

선생은 열심히 말해도 아이들은 한 번 휙 보고 가거나 자세히 보는 때가 골고루 있는데 오늘이 딱 그렇다. 자세히 보다가도 휙 가버리기도 한다. 그러더니 가위바위보 하자며 아카시아 잎을 따온다.

귀룽나무 맞은편에 있는 대나무 세 그루를 지날 때마다 한 번씩 흔들어 보고 가는데 역시 정우가 대나무를 흔들며 그런다.

"대밭에 댓잎이 대대. 그런데 대대 소리가 안 나."

말놀이로 배웠던 "갈밭에 갈잎이 갈갈, 대밭이 댓잎이 대대…"를 기억해서 꼭 그런다.

그러면 나도 "정말 대대 소리가 안 나네." 그러고 가는데 혹시나 해서 대나무 세 그루 뒤 산 쪽을 자세히 보는데, 앗! 찾던 죽순이 올라와 있다.

"야호! 얘들아, 우리 횡재했어. 죽순 하나 나온 걸 찾아냈어."

아이들이 몰려와서 서로 만져 보려고 손을 내민다.

"만져 봐. 위쪽에서부터 여기까지가 부드럽고 아래쪽은 벌써 단단해져 간다. 조금 일찍 찾았으면 더 좋았을 걸. 그래도 먹을 수 있어. 점심때 선생님이 삶아 줄게. 초장에 찍어 먹자. 먹을 거지?"

"네."

"얘들아, 산딸기 얼마나 자랐는지 보고 가자."

"어, 얘들아! 이 나무 좀 봐. 송충이가 잔뜩 있어."

"정말이네요. 선생님 저기도 있어요. 여기도 있어요."

아이들이 가리키는 곳을 자세히 보니 정말 나무 곳곳에 송충이 딱 붙어 있다.

"송충이 색깔 좀 봐. 털이랑 나무색이랑 비슷한 색깔을 내는 녀석들이야. 비슷한 색깔로 위장하는 거랑 비슷해."

"어, 이건. 얘들아 여기 애벌레가 나뭇잎을 갉아 먹고 있어. 여기 좀 봐."

아이들이 몰려와 다시 보고 간다. 여름이 되어 가니 산속에는 정말 벌레가 많다. 나뭇잎이 그득하니 먹을 것이 천지인지라 녀석들이 나뭇잎마다 달라붙어 있다. 정말 벌레들의 천국이다. 쐐기에 물리지 않도록 긴 옷과 다녀온 뒤 옷을 잘 털고 잘 씻어야 할 때다. 살인 진드기 이야기를 들으며 자연에게서 사람을 격리시키는 세상이 올까 무섭기도 하다.

뒷산 놀이터와 텃밭에 들러 나무집을 더 세우고 우리가 만든 지름길로 내려오는데 비가 부슬부슬 내리려고 한다. 갖고 간 우산을 펼치고 어서 가자 외치는데 아이들은 겉옷에 달린 모자 쓰고 먼저 뛰어가 버린다. 아이들 모두 긴 겉옷을 입고 와서 추워하지 않아 좋다.

교실로 와서 죽순을 놓고 그림을 그린다. 자세히 보고, 그리고, 만지고, 냄새 맡고, 나중에 먹으니 글이 저절로 잘 나오길 바라는 선생 마음을 들어 있다. 그림 잘 그리는 아이들답게 정말 형태를 잘 잡는다. 다 그린 다음 죽순 껍질을 모두 나눠서 벗겨 보라는데 껍질이 멋있다고 서로 가지려고 한다. 뭐든지 호기심을 갖고 놀잇감으로 쓰려는 아이들이라 예쁘다. 한참 쉬고 글쓰기를 하는데 죽순, 뱀딸기, 잎 나기, 송충이 저마다 쓰고 싶은 대로 짧은 글을 쓴다. 모두 시다.

점심때 얼른 죽순을 삶아 찢어서 아이들에게 주니 정말 맛있다며 잘 먹는다. 다른 모둠 아이들도 먹고 싶다고 해서 그 조그만 죽순으로 모두를 먹였다. 죽순 맛을 보니 자꾸 안골 대나무 숲이 생각이 나서 얼른 점심 먹고 손호준 선생이랑 안골에 갔다. 옛날과 많이 달라진 안골이다. 산 쪽으로 걸어가는데 빨간 열매가 주렁주렁 열려 있다. 뭐지 하며 가까이 가서 보니, 아니, 앵두가 아닌가. 아이고, 비닐봉지가 없다는 생각이 번쩍 든다. 늘 주머니에 비닐봉지를 갖고 다녔는데 겉옷을 안 입고 다니니 이럴 때 낭패다 싶다. 옛날 안골 터전에서 살 때는 앵두나무 쪽으로 갈 일이 없어서 몰라봤던 것이 갑자기 얼마나 아쉬운지. 아쉬움을 뒤로 하고 아이들 먹일 생각에 손호준 선생과 내 손 가득 앵두를 따서 대나무밭 쪽으로 갔는데, 어라, 대나무 숲이 사라졌다! 죽순이 많이 자라 버려서 거의 없다. 죽순 따러 갔다 앵두만 따서 왔다. 그래도 빈손이 아니니 얼마나 좋은가. 돌아와 아이들 앵두 먹는 모습에 그냥 배가 부르다.

청소 시간에는 마당 자루 텃밭과 마당 화분에 심어 놓은 채소들을 모두 뜯으니 정말 많은 양이 나온다. 부지런히 따 먹어야 빨리 자라는 쌈채소라 손길이 자주 가야 한다. 승민이 활동 보조를 하시는 김미성 선생과 하루 선생으로 사는 양미연 선생 가져가시라고 신문지에 잘 싸 놓으니 아무것도 아니지만 정성을 들이는 것처럼 마음이 좋다. 옥상에 아이들이 심어 놓은 채소들도 아이들이 집에 가져가도록 슬슬 도울 때다.

손이 뜨거워요

수학 시간에 대나무 자를 만든다. 마당 평상에 모여 지리산초록배움터에서 잘라온 대나무를 톱으로 자른 다음 낫으로 짝 쪼개는데 아이들이 깜짝 놀란다. 낫을 올려놓고 평상에 톡 내려치는데 쩍 하고 대나무 갈라지는 소리가 컸기 때문이다. 톱질하는 것만 어린이들이 하도록 돕고 낫은 선생만 쓴다. 여섯 개로 갈라 저마다 하나씩 나눠 주고 모래종이를 나눠 준 다음 부드럽게 만들도록 사포질하는 방법을 가르쳐 주니 정말 열심히 한다. 내 것을 좋아하는 마음이 강할 때라 더 열심히 하는 것 같다. 거칠한 옆면을 먼저 모래종이로 다듬고 넓은 면도 문질러서 예쁘게 만드는데, 모래종이로 문지르다 보니 손이 뜨거워진다.

"선생님, 손이 뜨거워요."

"맞아. 선생님도 손이 뜨거워. 모래종이로 대나무를 문지르다 보면 마찰이 생겨서 뜨거운 열이 나는 거야."

푸른 대나무 색깔이 엷어지며 속살을 내민다. 맨질맨질 매끈한 게 만져도 좋고 냄새도 좋다. 한참을 사포질하니 저마다 대나무 색깔이 곱게 부드럽게 됐다. 대나무 끝에 구멍을 뚫고 끈을 넣어 마무리를 하니 멋진 대나무 자가 됐다. 나중에 ㎝ 표시만 하면 제법 쓸모가 있겠다.

"대나무 자로 뭐를 재고 싶어?"

"음, 마당 바닥에 있는 거요."

"아, 택견 할 때 쓰려고 깔아 놓은 바닥 깔개. 또?"

"집에 있는 내 장난감 잴 거예요."

"얘들아, 그런데 관악산까지 잴 수 있을까?"

"네. 잴 수 있어요."

"우리 대나무 자가 약 4, 50센티미터쯤 될 거 같은데 너무 힘들지 않을까? 시간도 많이 걸리고. 다른 방법이 없을까?"

"…"

"줄로 시작하는 말."

"줄자요."

"맞아, 줄자가 더 편할 것 같아. 그리고 다른 방법도 있는지 찾아보자."

"참, 오늘 만든 대나무 자를 집에 갖고 가서 사포질도 더해서 멋있게 만들어 오세요."

저마다 만든 대나무 자를 글감으로 글쓰기를 하는데 조금씩 다르다. 시처럼 쓰는 아이도 있고 대나무 만든 과정을 겪은 일처럼 풀어 쓰는 아이도 있다. 아이들에게 쓸 게 많도록, 쓰고 싶도록 선생이 준비해야 할 게 많다. 그냥 머리로 생각해서 쓰는 것보다 되도록 일과 놀이를 하고 쓸 것을 뚜렷하게 만들어 주는 것도 필요하다. 겪은 일을 바탕으로 줄곧 쓰다 보면 저절로 머리로 생각해서 쓸 수 있는 힘도 나오는 법이다.

낮 공부는 텃밭이다. 본디 내일 공부지만 높은샘 4, 5, 6학년 기후학교가 잡혀 있어 바뀌었다. 5, 6학년은 양재천 밭, 3, 4학년은 열리는 텃밭, 1, 2학년은 학교 뒤 텃밭으로 가서 풀을 매는 일을 한다. 1, 2학년 아이들과 보리와 밀이 쑥쑥 자라는 밭에 닿으니 햇볕이 따갑다. 고랑마다 일을 나눠 풀을 매는데 아이들마다 일머리가 다르고 손놀림이 다르다. 부지런히 일하는 아이들, 슬렁슬렁하다 벌레에 더 집중하는 아이들, 모두 텃밭에서 알맞게 일하는 것이다. 아이들과 일하는 공부를 할 때는 지켜야 할 중요한 규칙이 있다.

모든 사람이 다 해야 하고, 학습하는 사람의 힘에 맞게 하며, 결과보다 과정을 무겁게 여겨야 한다. 결코 어떤 결과를 얻기에 바빠서는 안 되고 일하는 시간이 너무 길어서는 안 된다. 예상한 결과를 얻지 못하더라도 아이들이 일에 지쳐 있거나 일하기가 지겨운 상태에 되면 곧 그만두는 것이 좋고, 보람을 느끼도록 해야 한다고 이오덕 선생님은 밝혀 두었다. 우리 학교 일하기는 교육의 목표요 수단이요, 교육 과정의 핵심이 되어야 하기에 아이들은 텃밭에서 놀고 일하며 텃밭 식물과 스스로를 돌본다.

10분쯤 할 때 조금 더 하고 놀자는 말에 더 부지런히 일하는 아이들 호미질이 아주 힘차다. 20분쯤 됐을까 아이들이 쉴 때가 됐다. 쉬는 시간이라는 말에 아이들이 와 하고 산속 놀이터로 달려간다. 그렇게 한참을 아이들이 노는 동안 권진숙 선생과 나는 밭둑에 심어 놓은 옥수수 둘레 풀을 잡고 고랑마다 아이들이 뽑다 만 풀을 맨다. 또 그렇게 한참을 일하니 땀이 주르륵주르륵 흐른다. 이때쯤이 아이들을 불러 마무리할 때다. 그런데 아이들이 달려와,

"선생님,! 남민주가 울어요!" 한다.

"왜? 무슨 일이니?"

"송충이 때문에요."

"송충이가 몸에 떨어졌니?"

"아니요. 그게 아니고요. 송충이가 많이 있다고요."

남민주를 멀리서 부르니 민주가 눈을 훔치며 온다. 울어서 눈 둘레가 빨갛다.

"민주야, 왜 그래? 송충이가 물었어?"

"송충이가 다리 위로 막 올라올 것 같아서 무서워요."

"아이고 그랬구나. 송충이가 정말 많지. 진짜 무서웠겠다."

그러자 우리 민주 참아가던 울음을 다시 터뜨리며 선생 품에 안긴다.

"괜찮아. 송충이가 많기는 해도 조심하면 돼."

토닥토닥 등을 두드려주는데 지난번 뒷산에서도 송충이 보면 아악

하면서 빨리 달려가던 모습이 겹친다. 송충이가 징그럽게 생겨서 싫다고 했었다. 동무들과 언니 오빠들이 빙 둘러서서 민주를 달래주는 모습이 참 예쁘다. 애들을 불러 마지막으로 풀을 한 번 더 뽑고 학교로 돌아가자 하니 금세 마무리를 짓는다. 권진숙 선생이 아이들을 데리고 교실로 가 텃밭 일지를 쓰도록 돕고 나는 고구마와 호박 심을 곳을 마무리하고 내려갔다.

이제부터 밭은 풀과 싸움이다. 우리가 먹고 싶은 식물을 위해 미안하지만 곁에서 자라는 다른 풀들을 모조리 뽑아야 한다. 오뉴월 땡볕에 풀 매는 사람만이 그 심정을 안다. 아이들 시에 그 마음이 잘 드러난다. 더운 날 밭에서 일하기는 어른이나 아이들이나 힘들고 그다지 반갑지 않다. 더운 여름에는 새벽 아침이나 늦은 저녁에 일하는 게 좋기는 한데 학교 시간을 그리 맞추기가 쉽지 않아서 다른 방법을 찾기는 하지만, 낮에 하더라도 잠깐 땀 흘려 일하고 시원하고 맛있는 걸 먹는 것도 좋겠다.

텃밭 마늘과 보리, 밀, 감자, 옥수수가 날마다 우리를 반긴다.

2013. 5. 31. 쇠날.
햇볕이 따갑지만 바람도 조금 불어 놀기에 좋다.

놀잇감

동그랑땡땡을 부르며 아침열기를 시작하는데 승민이 얼굴이 어째 푸석푸석합니다. 어제 아침에 일어나기 힘들어했다는데 오늘은 눈이 부어 있습니다. 신통방통으로 시작하는 말놀이로 한 숨 호흡이 얼마나 길게 갈 수 있는지, 신 나게 큰 소리로 노래처럼 말놀이를 합니다. 오늘은 현덕의 동화나라 책에 있는 노마 이야기를 두 편 준비했습니다. 아주 옛날에 쓴 이야기인데 지금 읽어도 우리 아이들이 좋아하는 이야기들입니다. 참 좋은 책이에요. 뒷산 가는데 오늘도 어김없이 마주나기와 돌려나기, 어긋나기, 무리지어나기를 찾는 아이들이 참 예쁩니다.

학교에 돌아와 젖은 그림 그리기 준비를 하는데 민주가 물병 나르는 것을 도와줍니다. 물도 떠 놓고 물감도 알맞게 물과 섞어 놓고 붓이랑 종이도 모두 챙겨 마루에 둘러앉았습니다.

"자, 오늘은 지난번에 한 젖은 그림 그리기에 이어 두 번째 젖은 그림 그리기 시간이에요. 지난번에는 자유롭게 그리고 싶은 대로 그렸는데 오늘은 선생님과 함께 그릴 겁니다. 선생님이 재미있는 색 이야기를 들려줄 건데 그 이야기에 알맞은 그림을 그려 가는 거예요. 파란이와 노란이 이야기예요."

아이들 눈망울이 초롱초롱합니다.

"아주 깊은 바다에 사는 파란이는 동무가 없어 가끔 외로웠어요. 그래서 동무를 찾아 여행을 떠나요. 여기까지만 그려 볼게요. 파란색으로 파란이를 그려보는 겁니다. 도화지 아래쪽 3분의 1쯤을 파란색으로 그려 보세요."

"선생님, 막 색이 번져 가요."

"선생님, 그리면 물이랑 섞여서 자기 마음대로 가요."

아이들이 붓을 놀리자 아름다운 그림들이 꽃처럼 피어납니다.

"자, 이제 위쪽 하늘에 사는 노란이를 만나 볼게요. 노란이도 동무를 찾아 여행을 떠난답니다. 그런데 노란이는 아주 예민하고 조심스러운 성격을 갖고 있어요. 늘 조심조심 걷고 안과 밖을 살피며 가요. 노란이는 저 멀리서 파란이가 다가오는 걸 보았어요. 그런데 파란이는 아주 힘이 세 보이고 거침이 없어 보여요. 그래서 노란이는 몸을 움츠리며 멈추었어요. 파란이도 노란이를 보았어요. 어찌나 반가운지 거침없이 달

려가려고 해요. 그런데 노란이가 자신을 피하는 것 같습니다. 노란이가
'네가 나를 물들일까 무서워. 좀 천천히 다가오면 좋겠어.' 말합니다. 파
란이는 그리 찾던 동무를 만나서 조금 흥분한 자신을 발견하고 노란이
말대로 조심조심 천천히 다가가기로 마음먹었어요. 노란이도 파란이가
조금씩 천천히 다가오는 걸 보고 용기를 내어 다가갑니다. 서로 어우러
져 놀기 시작해요. 그랬더니 푸른이가 생기네요…"

"자, 이제는 위쪽에 사는 노란이를 그려 봐요. 역시 위쪽 3분의 1을
노란색으로 그려 보세요. 이야기처럼 정말 조심조심해서 가 보세요."

노랑과 파랑이 서로 만나며 푸른색이 만들어지는 과정을 보며 아이
들이 한마디씩 합니다.

"선생님, 초록색이에요."

"선생님, 서로 싸우는 것처럼 퍼져요."

"싸우는 게 아니라 어울려 노는 것처럼 보이는데."

"선생님, 서로 씨름하는 거 같아요."

"파란이가 더 세요."

"물이 엄청 많아서 막 흘러요."

아이들이 그려 놓은 젖은 그림이 아주 보기 좋습니다. 함께 뒷정리
를 하고 쉬는 시간을 갖는데 마당으로 달려가 비석치기를 합니다. 역시
자유롭게 마음이 가는 놀이를 하는 게 가장 신이 납니다.

1층 쪽마루에는 2학년 아이들이 만든 종이가 말라 가고 있습니다.
옹달샘 2학년들이 못 쓰는 종이를 모두 찢어 다시 쓸 수 있는 종이를
만드는 공부를 어제부터 하는데 아이들이 참 재미있어 하고 자랑스러워
합니다.

"선생님~ 우리 종이 만들기 한다요! 진짜 재미있어요!"

많이 만들고 남은 게 많아 푸른샘 1학년 아이들을 불러 우리도 종이
만들기를 하자니 좋아합니다. 형들과 권진숙 선생 덕분에 좋은 공부를

하게 되었습니다. 찢어서 물에 불려 믹서기로 갈아 체에 걸러 종이를 만드는 그 수고로움을 거치며 아이들은 종이 만들기가 얼마나 어려운지도, 종이가 얼마나 귀한지, 생산하는 놀이의 기쁨을 맛보았을 겁니다.

그런데 아이클레이 동아리 이야기가 아이들에게 요즘 큰 이야기입니다. 아이클레이 동아리는 2학년 아이들이 만들었는데 자기들끼리 사탕이랑 껌을 가져와 먹고, 다른 사람들이 궁금해서 들어가면 막 뭐라 한다고 아이들 원성이 자자합니다. 놀이 재료로 쓰는 아이클레이 값, 쓰고 나서 곳곳에 굴러다니는 아이클레이도 아이들 이야기에 담겨 있습니다. 선생들도 큰 이야기로 느끼고 회의를 했는데 아이들 모두가 참여하는 토론 마당을 열어 해결하기로 뜻을 모았습니다. 그동안 아이들이 스스로 만들어 가는 동아리 활동으로 바느질 동아리, 몸놀이 동아리, 신문 동아리, 책 동아리, 축구 동아리처럼 많은 동아리들이 만들어지고 없어지는데, 한결같이 지켜온 소박하고 정직한 어린이 문화와 동아리들이 가꿔야 할 것들에 대해서 많은 이야기가 필요한 것 같습니다. 아이들의 힘을 믿고 선생들과 어른들이 알맞게 도와야겠다는 생각도 듭니다.

아이클레이가 뭔지 다시 찾아보고 누리집 곳곳을 다녀 보니 다시 생각할 게 많습니다. 클레이란 몸에 해롭지 않은 색깔 지점토를 말하며, 이를 써서 쓸모 있는 물건을 만드는 것을 클레이 아트라고 합니다. 찰흙이나 석고와 같이 손에 묻거나 더럽혀지지 않는 성질이 있어 뒷정리가 편하며, 물감을 사용하지 않고도 다양한 색깔을 만들어 낼 수 있는 장점이 있어 오물조물 주무르면서 만들기 때문에 유아들의 지능 및 소근육 발달에 많은 도움을 준다고 합니다. 클레이 아트란 흔히 '점핑클레이'라고 하며 부르는 말도 여러 가지인데 한마디로 고무 수지 재료로 만든 점토를 가지고 여러 가지 인형과 작품들을 만드는 것입니다. 클레이를 파는 곳에 가 보니 정말 종류도 많고 값도 다릅니다. 콜크클레이, 베이

스클레이, 라노클레이, 아이클레이, 쿠키클레이, 파인우드클레이, 폼클레이, 샤이니폼클레이, 솝클레이, 멀티클레이까지 회사에서 붙인 이름들이 무슨 뜻인지도 모르겠습니다. 값을 보니 점핑클레이, 아이클레이, 매직클레이, 파스텔클레이, 칼라클레이 차례입니다. 옛날 어릴 때 끈적거림이 좋은 검은 찰흙이나 고운 찰흙을 구하러 논이나 산으로 가서 파던 기억이 새롭습니다. 거기에 비하면 참 좋은 세상입니다.

그런데 그 재료들이 좀 찜찜합니다. 광고와 제품 설명에는 세상에서 가장 부드럽고 가벼운 요술 점토, 화학 성분이 없고 천연 옥수수 전분 수수깡으로 만들었다고 말하면서 재료는 폴리비닐알코올(PVA)입니다. 폴리비닐알코올은 폴리아세트산 비닐의 가수 분해로 얻는 무색의 가루로, 합성 섬유, 비닐론, 도료, 접착제, 분산제 따위를 만드는 데에 쓰이는 겁니다. 몸에 해롭지 않다고 하니 그런 줄 알고 쓰지만, 중국에서 수입해 오는 것도 아주 많더군요. 차라리 비싸긴 하지만 벌집을 가공해서 만든 밀랍으로 만들기를 하는 게 좋을 듯한데, 여하튼 좋은 점들과 생각해 볼 것들을 모두 모아서 좋은 뜻과 놀이를 살려가야겠습니다.

놀이에 대해 다시 생각해 봅니다. 아이의 자발성과 주도성이 사라지는 순간 놀이의 즐거움은 줄어듭니다. 그렇기에 선생들은 늘 조심스럽습니다. 놀 거리를 꺼내 놓긴 하지만 노는 몫은 오롯이 아이들에게 있기 때문에 그렇지요. 놀이는 놀이 자체로 즐기면 그만이지 목적이 없고, 어른들이 정해 준 규칙 없이 내 마음대로 노는 놀이가 아이들 세상에서는 중요하기도 합니다. 놀고 놀다 보면 저절로 규칙도 만들고 서로 마음도 받아들이고 스스로를 돌아보게 하는 힘이 생기는 걸, 우리 아이들이 날마다 하는 비석치기를 보면서 확인할 때가 많습니다. 알맞게 몸을 쓰고, 놀면서 안전을 찾아가며, 마음껏 빠져 놀며 놀이나 동무들 마음이 자기 마음대로 되지 않음을 배워가고 있습니다.

우리는 아이들이 자유롭게 마음껏 놀고, 끊임없이 상상하며 놀도록 도와야 합니다. 그러려면 무엇보다 아이들에게는 비어 있는 시간이 많아야 합니다. 아무것도 안 하고 뒹굴뒹굴거리다 스스로 뭔가 찾아내도록 기다려 주는 선생과 부모가 되어야 할지 모릅니다. 놀이의 주도권을 아이가 갖도록, 아이가 시작하고 아이가 하고 싶어 하고 아이가 하도록 부모와 선생은 그저 따라가며 도와주는 노릇도 중요하겠지요.

그런데 아무리 살펴봐도 불확실하고 다양함이 살아 있는 자연이야말로 아이들이 진짜 놀이를 할 수 있는 곳입니다. 놀잇감이 많다고 놀이가 풍성한 건 아니며 아이가 잘 노는 건 아닌 줄, 우리는 알고 있습니다. 진짜 놀이에는 흔한 놀잇감이 가장 좋습니다. 새로운 장난감으로 조심스럽게 노는 것보다 익숙하고 편안한 장난감으로 반복해서 놀 때 뇌 발달과 창의성에 더 좋다는 이야기도 있습니다. 일상에서 자주 갖고 노는 흔한 놀잇감이 진짜 놀이를 하게 합니다. 장난감은 놀이의 소품일 뿐입니다.

찰흙(물과 흙), 공, 소꿉, 블록이 아이들이 놀기에 좋은 것으로 꼽는 사람들이 많습니다. 이런 놀이도 놀이지만, 나는 자연과 텃밭과 논에서 노는 것도 아주 좋다는 걸 날마다 교육 활동에서 확인합니다. 일하고 놀고, 놀면서 일하고, 해야 하지만 하는 순간 놀이로 만들고, 어느 때는 푹 빠져서 몰입의 순간을 맛보는 일과 놀이 교육이 주는 힘은 날마다 아이들을 자라게 합니다. 물론 대운동장에 가서 마음껏 공을 차고, 교실에서 블록 놀이와 손끝 활동을 하고, 마당에서 소꿉놀이를 하는 것도 아주 필요합니다. 어느 곳에서나 어떤 자연물로도 놀이를 만들어내는 아이들이기에 우리는 되도록 돈 주고 사는 장난감보다 더 재미있는 놀잇감을 찾아주고 만들어 주려고 애쓸 뿐입니다. 그러나 우리 아이들도 역시 비싼 장난감이 주는 즐거움을 늘 갈망합니다. 얼마나 기가 막히는 장난감들을 만들어내는지 어른이 봐도 혹하는 게 참 많은 세상이고, 이렇게 놀잇감이 넘치는 세상에서 우리 아이들은 부족함 없이 놀이 도구를 얻을 수 있습니다. 그래서 생산하는 놀이, 자연에서 노는 놀이로 어린이 삶을 가꾸는 게 참 어렵습니다. 한두 어린이가 새로운 놀잇감을 사는 순간 수많은 어린이들이 영향을 받아 집마다 사 달라는 조르기가 십상이기 때문입니다. 그래서 어린이 문화는 오롯이 어린이들끼리만 만들어 가기 어려운 때가 생깁니다. 어른들과 선생들이 나서서, 공동체와 마을이 나서서 가꿔야 할 몫이 있는 것이겠지요.

잘 놀 줄 아는 아이가 몸도 마음도 건강하다는 사실은 놀이 예찬을 펴는 수많은 전문가와 교육가들이 말하는 것입니다. 혼자서도 잘 놀고 어울려서도 잘 놀 줄 아는 아이야말로 문제 해결 능력도 창의력, 사회성도 좋다는 것을 부정하는 사람은 없습니다. 프뢰벨은 놀이가 아이의 내적 힘을 발현시키는 완벽한 수단이라고 말합니다. 아이는 놀이로 세상을 배워 나갑니다. 높은 학년이 되어 가면서 아이들 발달 과정에 알맞게 놀이를 찾아가지만, 일과 놀이를 함께하도록 도움을 주는 사람이 있어야 한다고 믿습니다. 아이들이 충분히 빠져 놀고, 몰입하는 순간이 많도록 아이들처럼 사는 사람이 즐겁게 놀 거리를 찾아내며 아이들과 함께 온전히 빠져서 노는 선생이 되어야 함입니다. 놀아 주는 게 아니라 자기가 더 재미있어서 빠져 놀아야 아이들 세상에서 줄곧 살아갈 수 있기 때문이며 행복하기에 그렇습니다.

아이들에게는 잘 놀아 주는 사람처럼 보일 수도 있지만, 그렇게 아이들과 똑같은 마음으로 놀 수 있도록 몸을 잘 챙기는 게 선생이고 보면, 대안학교 선생들은 참 애쓸 게 많은 셈입니다. 아이들 힘을 믿고 아이들 세상에서 아이들 처지와 마음으로 천천히 기다리며 어른과 선생이 할 몫을 찾을 때입니다.

날마다 선생을 자라게 한다

아침열기 시간에 열리는 어린이집에서 빌려준 텃밭에서 자라고 있는 토마토, 고추, 오이 지지대를 세우러 갑니다. 쇠날 텃밭 공부 시간에 하기에는 늦은 감도 있고, 한낮이 아주 더워서 아침 시간에 갔다 오는 걸로 해서 낮은샘이 텃밭 일을 했어요. 학교 아래쪽에 집 짓는 공사들이 있어 동네가 부산스럽고 아이들이 길 다니는 데 거슬립니다. 두 줄로 동생들과 형들이 짝을 지어 가니 열리는 어린이집 아이들이 마당에서 놀고 있는 게 보입니다. 어린이집 텃밭 옆에는 모를 심으려고 조그만 논을 만들어 놨어요. 참 좋은 교육 활동을 벌이는 어린이집입니다.

지난주에 아이들이 풀을 뽑아서 고랑 쪽에만 풀이 있고 고구마랑 채소들이 잘 자라고 있습니다. 그런데 오이가 많이 살아남지 못하고, 가지와 고추는 꽃이 피고, 토마토는 제때 지지대를 세우지 못해 줄기가 구부러진 채 꽃을 피우고 있습니다. 학교 마당과 학교 뒤 텃밭은 가까워 날마다 텃밭을 돌보는데, 열리는 어린이집에서 빌린 텃밭은 조금 떨어져 있으니 아무래도 선생들이 부지런을 떨어야 아이들과 농사를 지을 수 있겠다 싶어요. 최명희 선생과 함께 지지대를 세우고 아이들이 끈으로 줄기를 고정시켜 줍니다. 여름이라 땀이 주루룩 흐릅니다. 선생들이 일을 많이 하긴 해도 어린이들 많은 손이 무섭습니다. 모두 참여해 끈을 지지대에 묶고 풀도 뽑습니다. 금세 일을 마치고 알찬샘 아이들과 최명희 선생은 텃밭 옆에서 풀과 함께 자라는 콩을 돌보고 있어요. 하나라도 더 일하려는 종민이랑 성범이, 태인이 손놀림이 야무집니다.

120

일하는 가운데에서도 아이들은 누가 한 말 때문에 속상하고, 누가 민 몸짓 때문에 슬픕니다. 그때마다 선생들은 들어주고 불러서 그러지 말라고 한마디 해 줍니다. 그러고도 반복되면 차분히 이야기를 나누고 해결책을 찾지만, 그때그때 생긴 일들은 들어주고 불러서 한마디 거들어 주는 편이 아이들에게 낫습니다. 주로 야단치고 혼내는 선생으로 살 수도 없고 그래서도 안 됩니다. 그렇지만 아이들이 힘들 때 늘 달려와 기대는 선생이기에 잘못을 잡아 달라는 눈빛을 모른 체해서도 안 되는 게 일상입니다.

지난주 사포질로 다듬어 놓은 대나무 자에 눈금을 써넣으며 숫자와 길이 단위를 배우는 시간입니다. 선생이 미리 만들어 놓은 대나무 자를 보거나, 학교에서 쓰는 긴 쇠 자와 플라스틱 자를 모두 살펴봅니다. 눈금이 그려져 있는 받침도 도움이 됩니다. 강산이는 눈금이 새겨진 받침 위에 대나무 자를 올려놓고 눈금 표시를 합니다. 민주랑 지빈이는 선생이 만들어 놓은 대나무 자를 기준으로 눈금을 그립니다. 승민이는 김미성 선생 도움을 받아 시원시원하게 표시하고 있습니다. 정우도 처음에는 받침을 보고 하더니 나중에는 보기로 만들어 놓은 대나무 자를 놓고 합니다. 표시를 하고 숫자를 써넣는데 정우랑 강산, 승민이는 0을 기준으로 40까지 한 번에 차례로 쓰는 자를 만들고, 지빈이와 민주는 0을 기준으로 왼쪽, 오른쪽으로 20씩 써넣은 자를 만듭니다. 집중해서 숫자를 세고 표시하는 모습이 정말 보기 좋습니다.

"선생님 다 만들었어요."

"와! 잘 만들었다. 그럼 뭘 잴 거니?"

"저는 마당에 있는 택견 깔개를 잴 거예요."

"저는 책상을 잴래요."

"선생님, 다 같이 나가서 함께 재요."

다 함께 마당에 나가 택견 바닥 깔개를 재는데, 처음에는 저마다 재는 것 같더니 어느새 서로 힘을 합쳐 잽니다. 마당에서는 알찬샘 3학년들이 최명희 선생과 열심히 대나무 자를 만드느라 곳곳에서 장갑을 끼고 사포질을 하고 있네요. 푸른샘 아이들이 서로 대나무 자를 맞대고 재는데, 한 번 잴 때마다 땅에 돌을 놓거나 나무를 놓아 몇 번째인지 횟수를 알아보도록 표시를 하네요. 선생이 가르쳐 주지 않았는데 일머리를 쓴 겁니다. 그 모습이 정말 좋아 선생 입에서 대단하다는 말이 연거푸 나옵니다. 가로가 24, 세로가 10번쯤 나왔으니 택견 바닥 깔개 둘레가 68쯤 되는 겁니다. 40㎝ 대나무 자로 쟀으니 둘레가 2,720㎝쯤 됩니다. 아이들은 40㎝ 대나무 자로 다 합쳐서 몇 번이 나왔느냐가 궁금하나 봅니다. 큰 수를 더해야 하니 그 몫은 선생이 하고 아이들은 68번이나 쟀다는 게 아주 자랑스럽습니다. 세상에 단 하나밖에 없는 자를 만들어 재고 싶은 것을 재는 마음은 해 본 사람만이 아는 법이지요. 뿌듯해하는 표정이 얼마나 예쁜지요. 좀 놀다가 교실로 들어와 글쓰기를 하는데 대나무 자로 잰 것 이야기가 가득합니다. 시도 쓰고 겪은 일처럼 쓰고 저마다 쓰고 싶은 만큼 씁니다.

낮 공부로 풍물을 하는데 6학년 아이들이 중등학교 배움터길 탐방을 가서 4학년들과 설장구를 칩니다. 선생이 자세를 잡고 장구 소리를 살피느라 몇 번 쳤더니 아이들 눈길과 말이 재미있습니다.

"선생님이랑 설장구를 치게 되어 엄청 긴장돼요."

"왜?"

"선생님이 우리보다 무지 잘 치는 것 같아서요."

"너희들 치는 거 봤는데 정말 잘 치던데. 오늘은 손호준 선생님이 없으니 선생님이랑 단오 잔치 때 쓸 길놀이 장단을 연습해야 해. 장구를 메고 쳐야 하는데 주문한 천이 아직 안 와서 그냥 장단만 익힐게."

삼채와 이채, 진오방진 장단을 하나둘 익히고, 선생이 장구를 메고

치는 모습을 보여 주니 어렵겠다는 말을 했지만, 설장구를 잘 익힌 아이들이라 몇 번 장단을 치니 아주 잘 칩니다. 주로 앉아서 치다가 메고 치는 게 쉬운 일은 아니라 단오 잔치 길놀이가 좋은 공부가 되겠습니다. 해금을 마친 5학년도 함께 설장구를 치는데 호흡이 잘 맞습니다. 단오 잔치 길놀이가 기대됩니다.

마침회를 마치고 부림교까지 모두 걸어가는데 동생들과 짝을 지어 두런두런 이야기 나누며 가는 아이들 모습이 더위를 잊게 합니다. 부림교에 일찍 닿아 쉬는데 토끼풀이 잔뜩 올라온 모습이 예뻐 꽃으로 만드는데, 아이들이 예뻐 보이는지 저마다 토끼 꽃을 뜯습니다. 데리러 오는 부모님들 기다리는데 성범이, 한주, 강산이, 종민이, 유정이 모두 어머니를 위해 꽃다발을 만드네요. 꽃다발 묶는 것만 선생에게 부탁하고 줄곧 토끼 꽃을 뜯어 옵니다. 뜯어 올 때마다 다시 합쳐서 꽃다발을 엮습니다. 어머니들이 참 좋아하겠습니다. 놀다 놔두고 가지 말고 꼭 챙겨 가면 좋겠는데 그럴지 모르겠어요.

학교로 돌아오며 아침나절에 큰 소리를 질러 혼을 낸 아이가 마음에 걸려 많이 미안합니다. 위험하다 몇 번 말했는데 위험하게 놀고 있다 모둠 선생도 아닌 선생에게 아주 혼이 나서 괜히 주눅 들었을까, 둘레 아이들도 괜히 놀랐을까 마음이 조마조마합니다. 자주 뭐라 하는 것보다 한 번 혼낼 때 확실하게 기억하라고 큰 소리를 낸 건데, 역시 더 좋은 방법을 찾아야 할 텐데, 하는 미안함과 선생의 부족함이 남습니다. 점심 때 미안한 마음에 매실차를 타서 놀고 있는 아이를 불러 소리쳐서 미안하고 안전에 관한 일은 선생이 양보를 안 한다며 왜 그랬는지 풀어 이야기하는데, 매실차를 잘 마시며 안다고 웃으며 뛰어가는 아이 모습에 조금 마음이 놓이다가도 그냥 부끄러울 뿐입니다. 오후에도 아무 일도 없는 것처럼 다가와 선생과 어울리지만 조금이라도 그 자국이 남아 있을까, 소리 지를 일이 없는 아이들인데 아이들 안전이라고, 한 번은 크게 혼내야지 생각한 마음이 부끄럽습니다. 서로를 알고 서로를 믿기에 하는 말과 행동이지만, 이렇게 아이들은 선생을 안아 주며 날마다 선생을 자라게 합니다. 다음에 아이와 신 나게 놀며 미안한 마음을 또 이야기하고 부족한 선생의 삶을 다잡아야겠습니다.

2013. 6. 17. 달날.
비가 올 듯 구름이 있긴 하지만 비는 내리지 않고 해가 나왔다.
조금 끈적거리고 습한 여름날이다.

보리, 보리수

뒷산 놀이터에 가니 푸른샘 아이들과 만들어 놓은 텃밭에 고구마와 감자가 잘 자라고 열무가 아주 작게 올라와 있다. 감자는 하지쯤에 캐야 하는데 본디 밭이 아닌 땅이라 그런지 감자가 얼마 안 나올 듯싶다. 올라오는 콩 지지대 세워 주고 잠깐 쉬는데, 그 틈에 강산이와 정우는 비석치기를 하고 있다. 봄부터 여름까지 줄곧 비석치기가 유행인데 비가 자주 오는 여름에는 안에서 하는 놀이를 새로 찾도록 아이들과 궁리를 해야겠다. 학교 텃밭으로 내려가는데 강산이와 정우, 지빈이는 조대희 선생과 산속 탐험 길로 가고, 민주랑 승민이는 나랑 지름길로 간다. 아래쪽에서 무전을 치듯이,

"어이, 탐험대! 위험하지 않은가? 잘 가고 있나?" 물으니,

"여기는 괜찮다." 그런다.

다시 "우리가 먼저 텃밭에 가겠다." 하니

"우리가 더 먼저 가겠다." 한다.

텃밭에 가니 보리와 밀이 누렇게 익어가고 감자가 캘 때가 돼서 그런지 누운 녀석들이 많다. 옥수수도 밭둑에서 튼튼하게 자라고 마늘도 괜찮다. 아이들과 사진도 찍고 마늘종도 뽑아 먹고 지난번에 옮겨 심은 호박을 찾아보니 한 놈은 죽고 한 놈은 자리를 잘 잡았다. 늦게 심은 고구마 순 몇 개도 자리를 잘 잡은 놈과 마른 녀석들로 나뉜다. 같은 땅에 심었건만 이렇게 생명은 자기에게 맞은 곳에서 살아남는다. 우리 아이들도 싹을 잘 틔우고 튼튼하게 자라게 도울 곳에서 행복하게 살아야지 싶다. 텃밭 옆 산 속 놀이터에서 큰 나무에 매달아 놓은 줄 그네를 타고 놀다 보리와 밀 이삭을 몇 개 주워서 학교로 들어간다.

가자마자 못 쓰는 종이 몇 장을 불로 태워 그 위에 보리와 밀 이삭들을 넣었다. 매실 자연속학교에서 아이들과 구워 먹으려다 못 해서 꼭 학교에 가서 불에 구워 먹어야지 하고 마음먹은 거라 기분이 좋다. 불 피우는 사이 아이들은 빨갛게 익은 보리수나무 열매를 따서 줄곧 먹는다. 그러더니 불 있는 곳에 보리수 열매를 익혀 먹겠다고 막 넣는다. 자연속학교 돌아온 날부터 빨갛게 익은 보리수나무 열매를 아이들은 줄곧 따 먹는다. 몸에도 좋고 맛도 먹을 만해서 따 먹으라 했더니 마당에 갈 때마다 보리수 열매를 따 먹는다. 보리수 열매 맛은 시고 달고 떫다. 천식에도 좋고 주렁주렁 빨갛게 익은 보리수나무 열매가 예쁘기도 하다. 내일은 아이들과 함께 따서 효소도 담고 약술도 담가야겠다. 보리 거둘 때 익어가는 열매라 보리수나무라고 부르는데, 오늘 보리도 먹고 보리수나무 열매도 실컷 먹는다. 아주 잘 익은 보리도 구수하고 덜 여문 보들보들한 밀알도 맛나다. 검게 그을린 이삭들을 손으로 비벼 종이 위에 떨궈 주니 뭐든지 잘 먹는 푸른샘 아이들답게 집어 먹는 손이 바쁘다.

"맛있지? 선생님 어렸을 때 이렇게 불에 조금씩 구워 손으로 비벼 먹곤 했는데 손하고 입이 까맸어. 보리 추수하고 주운 이삭을 모아 아이들끼리 새참을 만들어 먹었던 거지."

선생 말에 아이들 말이 재미있다.

"맛있어요."

"고소해요."

"선생님 어렸을 때 먹은 것 때문에 우리가 먹을 수 있는 거네요."

"그렇게 되나. 어쨌든 이렇게 보리와 밀 이삭을 주워 불에 구워 먹는 아이들은 많이 없을 걸."

"선생님 보리수 열매도 익혀 먹으니 맛있어요."

정말 맛있게 먹는 아이들을 보니 내일 한 번 더 구워 먹어야겠다. 다 먹고 교실로 들어와서 글쓰기 공책을 꺼내 보리와 밀 구워 먹은 것을 글감으로 글을 쓴다.

"너무 길게 쓰지 말고 짧게 쓰세요."

아이들 모두 선생 말에 아랑곳하지 않고 쓰고 싶은 만큼 알아서 쓴다.

2013. 6. 19. 물날.
끈적끈적한 날이라 선풍기를 찾게 된다.

무거우니까 가라앉고 가벼우니까 떠요

뒷산을 일찍 갔다 와서 어제 따서 씻어 놓은 보리수 열매 효소를 담글 준비 하느라 부지런히 움직이는데 땀이 주르륵 흘러내린다. 저울에 재 보니 3kg이다. 아이들이 2kg을 한 통에 담고 1kg을 다른 통에 담는다. 2kg은 효소로 담고 1kg은 약술로 담는데, 아이들이 설탕을 보고 좋아라 한다. 매실 담그려고 설탕 무게 잴 때 손에 묻은 설탕을 빨아 먹는 재미를 알아버려서 이번에도 흘리는 설탕 손으로 찍어 먹느라 정작 통에 넣을 생각은 간데없다.

"어, 어, 안 되겠네. 설탕 그렇게 먹으면 안 돼."

"몸에 좋은 유기농 설탕이라 괜찮아요."

"그래도 설탕이야. 그렇게 먹으면 안 됩니다요."

선생 말에도 멈추지 않는 우주인들에게 조금 큰 소리로,

"그만! 효소 담글 생각은 안 하고 설탕만 찍어 먹으니 큰일이에요. 얼른 모두 손 씻고 오세요."

그러고 나니 효소 담그는 걸 마무리 짓는다.

"얘들아, 이제 보리수 열매와 설탕을 반반 모두 넣었으니 다 된 건데, 여길 봐봐. 보리수 열매와 설탕이 섞이는 걸 봐. 선생님이 통을 흔들 테니 어떻게 되나 잘 봐."

"설탕이 내려가요."

"설탕이 보리수 열매 사이로 들어가요."

"그렇지? 그러면 설탕을 먼저 넣고 보리수 열매를 넣으면 어떻게 될까?"

"안 섞이죠."

"왜?"

"설탕은 틈이 없잖아요."

"맞아. 설탕 알갱이 틈으로 들어가기에는 보리수 열매가 너무 커. 그런데 보리수 열매를 넣고 설탕을 넣으면 보리수 열매들 틈으로 설탕 알갱이가 들어가서 잘 섞여."

"당연히 그렇죠."

"그래, 역시 아는 게 많은 푸른샘이야."

부피와 들이를 말하는데 어려워서 이번에는 약술을 담그며 말을 건넨다. 보리수 열매가 들어있는 통에 소주를 붓는데 서로 하려고 나선다.

"선생님, 그런데 왜 참이슬을 부어요?"

"응, 소주 이름이 참이슬이야."

"아니 그거 말고요. 이슬이잖아요."

"아, 그 이슬. 그래 그것도 이슬이네. 정말 술 이름이 진짜이슬이라니 재미있네."

"우리가 이슬을 붓는 거야" 자기들끼리 웃으면서 콸콸 이슬을 붓는다.

"아까 한 이야기인데 지금처럼 보리수 열매를 넣고 소주를 붓지 않고 반대로 소주를 부어 놓은 다음 보리수 열매를 넣으면 어떻게 될까?"

"뜰 걸요."

"어떻게 알아?"

"지난번에 콩나물 콩도 떴어요. 어떤 거는 가라앉고."

"정말 어떤 거는 물에 가라앉고 어떤 거는 뜨고 왜 그렇지?"

"무거우니까 가라앉고 가벼우니까 떠요."

"와, 정말 다 알고 있네. 부력이라는 거 옛날에 말한 적 있는데. 배가 뜨는 게 부력 때문이거든. 음, 좀 어려운데 부력이 물체가 받는 중력보다 크면 물체가 물에 뜨고, 아니면 물체가 물에 가라앉게 돼. 어렵지? 음, 이건 쉽겠다. 물 위에 동전을 던지면 동전은 물보다 무거워서 가라앉고 나뭇잎을 던지면 물보다 가벼워서 물에 뜨는 거랑 똑같아. 어쨌든 무거우면 가라앉고 가벼우면 뜨는 거지. 내일 콩나물 콩 불릴 때 또 해 보자."

다 마치고 보리수 열매 효소 통과 보리수 열매 약술 통을 보니 빨갛고 노랗고 예쁘다.

우리 밀

날이 더워 낮 시간에 잡혀 있던 텃밭 공부를 아침나절로 바꾸었다. 모둠마다 아침열기를 마치고 10시에 모두 모여 텃밭에서 할 보리와 밀 베기에 필요한 이야기들을 모두 나누고 텃밭으로 가는데, 참 덥다. 다행히 텃밭 옆이 바로 숲속 놀이터라 그늘이 있어 아이들이 더위에 지치지는 않겠다. 보리와 밀을 심은 지 실로 오랜만에 거두는 기쁨을 맛본다. 해마다 김상미 선생이 늘 씨앗을 챙겼는데, 안골에서 이런저런 까닭으로 줄곧 거두지 못하다 올해는 제대로 가꿔 작은 땅에서 제법 많은 양을 거둔다. 지난해 씨앗을 뿌리고 추운 겨울을 지나 봄에 밟아 주고 웃거름을 주고 여름까지 자라온 과정을 날마다 아이들과 살폈기에 보람과 뿌듯함이 크다. 더욱이 우리 밀, 앉은뱅이 밀이라 더 그렇다.

우리 밀은 겨울 작물이라 농약을 쓸 필요도 없고, 영양도 뛰어나고, 1년생 우리 밀이 45년 된 소나무와 비슷한 공기 정화 능력도 갖고 있다고 한다. 수입 밀보다 더 낫다고 하는 우리 밀 자급률이 0.2%에 그친다니 참 안타깝다. 한국 전쟁 이후 미국이 자기 나라 농업을 살리려고 내놓은 무상 원조 정책과 값싼 수입 밀 수입 정책이 70년대 15%로 자급률을 떨어뜨리고, 1984년 정부 수매가 중단된 뒤 0%가 되었다는 우리 밀. 다시 살리려는 가톨릭농민회와 여러 우리 밀 단체 노력이 있어 다행이긴 하다. 겨울철 농사이니 우리 밀은 많이 심을수록 식량 주권에도 도움이 되고 땅과 공기에도 좋으니 농사짓는 사람들이 많이 지으면 좋겠다. 그러나 많은 논과 밭이 비닐집 농사를 짓는 데 쓰이고 있고, 돈이 되는 농사를 지을 수밖에 없는 농촌 현실에서 참 어려운 일이긴 하다.

농사는 철과 때를 놓치면 안 되고 사람의 땀과 정성이 필요하기에 아이들과 선생들에게 오늘 거두는 보리와 밀, 마늘은 남다르다. 늘 생각하는 거지만, 일 년 농사야 망칠 수도 있지만 아이들 삶은 한 번밖에 없는 날들이니 거기에 견줄 바가 아니다. 다만 농사를 짓는 농부의 땀과 정성에 땅은 정직하게 답해 주는 것처럼 아이들과 함께 살아가는 선생 마음도 농부의 마음과 비슷하리라. 농사와 자연의 순리와 이치대로 아이들과 살아가야지 선생 노릇을 오래 할 수 있겠다 생각하니 오늘 농사가 새롭고 아이들 삶을 어찌 가꿀지 생각이 여러 갈래로 뻗는다.

어릴 적 보리를 베던 기억이 난다. 보리 베다 엄지손가락에 남은 흉터도, 보리 베기가 벼 베기보다 참 힘들었다는 것도, 밤늦게까지 탈곡해서 가마니에 넣어 나르고, 보리 이삭을 줍던 기억, 이삭 하나도 남기지 않고 다 주우시던 어머니가 떠오른다. 아무래도 아이들과 몰려다니며 논에서 줍던 보리 이삭과 밀밭에서 서리한 밀 이삭을 모아 구워 먹던 그때가 더 재미있고, 보리 베고 말려서 탈곡하던 일은 힘들었던 것 같다. 오늘 아이들과 베는 보리와 밀은 양이 조금이고 아이들과 선생들 수도 많아 힘듦은 그다지 없다. 날이 덥지만, 보리와 밀 베는 일은 금세 끝나서 아이들은 숲속 놀이터에서 그네 타고 놀고 그늘에서 놀았다.

1, 2학년과 3, 4학년, 5학년으로 구역을 나누고 선생들이 아이들과 함께 낫을 쓰니 위험한 것도 없었다. 아이들도 해마다 벼 벨 때 낫을 쓴 경험이 있어 모두 잘한다. 그래도 1, 2학년은 혼자서 낫질하기가 쉽지 않다. 혼자서 하라고 하면 순간 낫을 채는 힘이 약해 보리가 뽑히고 만다. 그래서 선생이 뒤에서 함께 손을 잡아 낫을 채는 것을 도와주는데, 한주와 규태, 지안이가 제법 혼자서 베어낸다. 3학년 이상 아이들이야 모두 낫을 들고 제힘으로 잘 베고 있다. 한 10분쯤 되니 1, 2학년 맡은 고랑은 모두 끝나 아이들이 그늘 속으로 들어가고, 나머지 고랑도 높은 학년들이 모두 마무리했다.

드디어 기다리던 보리와 밀 이삭을 구워 먹는 시간이다. 미리 가져간 신문과 보리와 밀대를 넣어 불을 피우고 아이들이 주워온 이삭을 모두 넣는다. 더운 날 불이 타오르니 땀이 비 오듯 쏟아진다. 잘 구워진 이삭들을 꺼내 그늘 평상으로 가서 먹을 사람 모이라니 줄 그네 타던 아이들이 뛰어온다. 차례로 아이마다 먼저 손으로 비벼 보고 나머지는 선생이 손을 비벼서 보리와 밀 알갱이를 주니 모두 맛있다며 더 달라고 다시 줄을 선다. 종민이와 유찬이는 선생 옆에 앉아 슬그머니 손을 내밀어 신문지 위에 떨어진 보리와 밀알은 집어 먹는다. 고소하고 고구마 맛도 나고 옥수수 맛도 난다고 한다. 지난번에 먹어 본 푸른샘 아이들은 그 맛을 알아서인지 줄 서는 몸놀림이 아주 빠르다. 아이들이 비비면 알갱이가 잘 나오지 않아 선생이 줄곧 비벼 주니 손이 아주 까많다. 그동안 다른 선생들은 보리와 밀을 조금씩 묶어 잘 마르도록 줄에 걸어 놓는다. 자연스레 쉬는 시간이 되고 나니 이제 마늘을 뽑는 일을 한다. 마늘 양이 조금이라 아이들이 한두 개씩 뽑으니 금세 다 뽑았다.

보리와 밀 구워 먹은 게 조금이라 아이들도 선생도 아쉽다.

"얘들아, 보리와 밀 이삭 줍자. 주워 온 대로 모두 구워서 많이 먹자."

아이들이 저마다 보리이삭과 밀이삭을 주워 오니 또 한바탕 불을 피운다. 점심시간이 가까워 아이들은 먼저 가서 텃밭 일지를 쓰고 내가 나중에 챙겨 가기로 했다. 최명희 선생과 다 구워진 이삭들을 담아 학교로 가니 밥 먹을 채비하느라 바쁘다. 아이들이 밥 받는 동안 보리와 밀 이삭을 비벼 놓는다. 맑은샘회의를 마친 아이들에게 나눠 주니 모두 잘 먹는다. 학교 마치고 모둠살이 하는 아이들에게 남은 이삭들을 주고 남아 있는 아이들 가운데 가장 높은 학년인 4학년들이 나눠 주라 하니 아이들이 4학년들 둘레로 개떼 축구 하는 것처럼 몰려든다. 참 좋은 공부를 하고 맛있는 새참을 먹은 날이다.

선생들 회의 하는데 모둠살이 하는 아이들과 종민이가 선생들에게 보리수열매를 건넨다. 참 달다. 아주 잘 익어 시거나 쓴맛보다 달콤한 맛이 많아 먹기 좋다. 깨끗이 씻어서 선생들에게 나눠 주는 마음이 참 예쁘다.

2013. 6. 24. 달날.
해가 쨍쨍 나서 그늘을 찾게 되는 날이다.

도구를 쓸 줄 알다니

달날은 모두가 모여 아침열기 하는 날이라 1학년부터 6학년이 서로 얼굴을 보고 주말 이야기와 한 주 공부 흐름을 나눕니다. 주말에 잘 지냈는지 아이들 얼굴이 푸석푸석하지도 않고 모두 환합니다. 이번 주에 비가 올지 몰라 지난주에 베서 말려 놓은 보리와 밀을 타작하기로 한 날이라 홀태와 비닐깔개를 들고 학교 텃밭으로 갔어요. 아주 더워서 텃밭 옆 숲속 놀이터에 비닐깔개를 깔고 그 위에 말려 놓은 보리와 밀을 내려놓습니다. 숲 속이라 나무들이 그늘을 만들어 시원합니다. 모둠마다 모여 앉아 보리와 밀을 타작합니다. 준비해 간 도구는 홀태뿐이고 모두 손으로 비벼서 털어냅니다. 보리와 밀의 양이 얼마 되지 않아 우리 숫자면 충분하다 싶습니다. 네 모퉁이에서 털어대는데 푸른샘 1학년은 보리를 맡았습니다. 아이들끼리 둘러앉아 보리를 터는데 선생은 홀태를 설치하고 아이들을 1학년부터 6학년까지 차례로 불러 손으로 터는 것과 홀태로 타작하는 법을 모두 해 보도록 돕습니다.

홀태는 시골에 있던 것을 가져온 것인데 홀태를 챙겨 가는 아들 보고 웃으시던 어머니가 문득 생각납니다. 도시에서 무슨 농사를 짓느냐고 신기해하셨는데, 시골에서는 이미 필요 없는 도구가 되어버린 것을 갖고 가니 웃으신 거지요. 벼 타작 할 때 원시 시대부터 지금까지 쓰인 도구를 모두 써서 벼 타작을 하던 기억도 납니다. 곳곳에서 손으로 훑고, 개상질을 하고, 홀태질, 탈곡기들을 쓰며 벼를 털었지요. 벼를 심고 베고 타작하고 말려서 빻은 쌀로 밥도 해 먹고 떡도 해서 과천노인복지관에서 나누는 과정까지 참 즐거웠습니다. 보리와 밀은 양이 조금이라 탈곡기가 필요 없어서 손과 홀태로만 합니다. 그늘 속에서 하는 일이지만 더운 여름날이라 아이들은 숲속 놀이터에서 그네 타고 노는 게 더 좋습니다. 1학년과 2학년 어린이들은 일찍 할 만큼 하고 노는데 형들이 참 부러워합니다. 정우와 강산이는 조금 놀다가 또 벼 터는 일을 합니다. 아침나절이면 될 것 같았는데 다 마치지를 못했어요. 역시 일은 해봐야 하는 법입니다.

오후 나절 몸놀이 시간에도 놀지 않고 종일 보리와 밀을 타작했습니다. 워낙 땡볕이라 어디로 놀러 가기도 그렇습니다. 골짜기 물놀이 아니고는 뜨거운 햇빛을 이겨내기 힘들어 보이는 날입니다. 그런데도 아이들은 대운동장 같은 곳에 가서 뛰어놀고 싶어 합니다. 그래도 보리와 밀 타작을 더 미룰 수 없고 얼마 남지 않아 그늘 속에서 하는 일이니 얼른 마치고 놀자고 하니 아이들이 마음을 내줍니다. 남은 양이 얼마 되지 않아 이번에도 낮은샘 동생들은 조금하고 노는데 형들이 동생들은 왜 놀게 하느냐며 묻습니다.

"너희들도 1, 2학년 때 그랬어."

"안 그랬어요."

"그랬다니까."

그러고 있는데 곁에 있던 성범이와 3학년 민주가 "난 일하는 게 좋아요." 그럽니다. 늘 일하는 걸 즐기는 성범이와 민주는 오늘도 자기 몫을 묵묵히 합니다.

보리와 밀을 벨 때 6학년들이 중등학교에 가서 베지 못한 몫이 있어 6학년들은 아침나절에 보리와 밀을 베고 오후에는 아주 열심히 일을 하자는 격려를 받습니다. 그런데 아침나절 6학년들 일하는 모습이 참 재미있었어요. 밀을 가운데 놓고 6학년들이 둘러앉았는데 가운데 놓은 밀의 양이 정말 적은 겁니다. 그 모습이 웃겨 선생 몇이서 큭큭 웃었는데 오후에는 아주 열심히 일을 합니다. 동생들은 옆에서 줄 그네를 타고 신 나게 놀아도 높은샘 형들과 일하는 거 좋아하는 낮은샘 동생들은 아주 재미나게 보리와 밀을 텁니다. 선생들도 재미나는 놀이로 아이들 손놀림과 입놀림을 끌어냅니다.

"얘들아, 이렇게 꽃다발처럼 이삭을 모아서 한 번에 비벼 주면 정말 잘 털려. 14개가 한 번에 돼."

그러자 아이들이 너도나도 한마디 합니다.

"선생님, 저는 스무 개 해요."

"선생님, 저는 열여덟 개까지 했어요."

한참을 그러다 이번에는 도구 이야기를 꺼냅니다. 내리쳐 털어내는 개상질과 홀태, 탈곡기로 벼 타작했던 이야기를 꺼내며,

"와, 여기 봐. 도구를 쓰는 어린이가 있어. 손으로 터는 것도 잘하더니 이제는 도구를 쓰는데!"

정우가 돌 두 개 사이로 밀 이삭을 넣어 훑고 있습니다. 2, 3학년 형들도 노는데 놀지 않고 곁에서 열심히 터는 일을 하는 정우와 강산이가 아주 듬직합니다.

"와, 정우는 돌을 써서 털어. 대단한데!"

그러자 여기저기서 자기도 도구를 쓰는 이야기를 들려주는 아이들 입과 눈이 살아납니다.

"선생님, 저는 이렇게 해요. 보세요. 이렇게 이삭을 땅에 놓고 나무막

대로 굴리면 돼요."

밀가루 반죽 미는 것처럼 밀 이삭을 털어대는 호연이 곁에서, 민철이도 돌을 놓고 이삭을 올려 다시 돌로 보리이삭을 털어댑니다.

"선생님, 여기 보세요. 이렇게 돌을 놓고 돌려 밀면 돼요."

민철이 말을 듣고 호연이가 다시 자기 방법을 이야기합니다. 정말 한참을 열심히 설명합니다.

"선생님, 동엽이랑 저랑 처음으로 한 건데요, 이렇게 이삭들을 돌로 누르고 잡아당겨도 되고 나무막대로 해도 잘 돼요. 우리가 가장 먼저 발명한 건데 다른 애들이 따라 해요."

저쪽에 있던 3학년 민주도 돌과 벼 이삭을 들어 보이며 자기 방법을 설명합니다.

"와, 돌을 쓰다니! 너희들은 석기인들의 후손이 틀림없군. 도구를 쓸 줄 알다니 대단해."

"저도 도구를 쓸 줄 아는 인간이라구요."

선생이 하는 재미 말에도 아이들은 줄곧 자기가 도구를 쓸 줄 알고, 도구를 써서 잘하고 있다는 걸 한참 말합니다. 손놀림도 멈추지 않습니다. 정우도 다시 한 번 자기 방법을 보여주는데, 아까보다 더 나은 방법처럼 보입니다. 돌 위에 이삭을 놓고 돌로 밀어대며 터는데 민철이가 보여준 방법과 비슷합니다. 일하면서 보니 한주 줄 그네가 하늘 높이 올라갑니다. 역시 신 나게 노는 한주 얼굴에서는 빛이 납니다.

얼추 일을 마칠 때쯤 밀대와 보릿대를 묶어 정리하는데 둘레에 있던 칡넝쿨을 쓰다가 씹어 먹기 좋은 칡넝쿨을 찾았습니다. 얼른 껍질을 벗겨 일 잘한 성범이와 서민주를 불러 주는데, 다른 아이들도 모두 몰려옵니다.

"꼭꼭 씹어서 물을 빨아 먹고 뱉으면 돼. 어때? 먹을 만하지?"

모두 줄을 서서 받아 가는데, 종민이 하는 말이 재미있습니다.

"지난번에 한 약속을 이제야 지키네요."

선생은 깜박 잊고 있었는데 칡넝쿨 씹게 해 주겠다는 그때 말을 잊지 않고 있던 게지요.

"그러네. 약속을 늦게 지켰네. 그래도 약속 지켰다. 종민아."

푸른샘 아이들도 모두 칡넝쿨을 받아갑니다. 3학년 민주는 칡넝쿨 찾는 일을 줄곧 돕더니 먼저 주는데도 자기는 나중에 먹겠다며 다른 아이들 먼저 주도록 칡넝쿨을 가져옵니다. 그 마음이 참 예쁩니다. 그러면 내가 껍질을 벗겨 아이들에게 나눠 주니 척척 분업이 되는 셈입니다. 흔한 칡넝쿨이 일한 뒤 잠깐 즐거움을 줘서 좋습니다.

모두 턴 것을 자루에 담으니 밀은 한 자루 반, 보리는 반 자루가 나옵니다. 껍질을 벗기면 훨씬 줄겠지만, 자루를 보니 괜히 배가 부릅니다. 쌀이랑 섞어 먹고 밀가루도 만들고… 작은 양이지만, 할 게 많습니다. 그러려면 제대로 마무리를 해야 합니다. 검불도 불어내고 보리와 밀알만 거두려면 땀을 더 흘려야지요.

하루 종일 보리와 밀 타작을 하고 마침회를 하는데 허리가 아픕니다. 열심히 일한 대가인 셈입니다. 리코더를 모두 꺼내 오늘도 모두 구멍을 막고 하나씩 손을 떼며 소리를 내 봅니다. 다 함께 한 호흡으로 연주하는 기쁨을 아이들이 알아가도록 날마다 불 생각에 기분이 참 좋습니다.

조금만 움직여도 땀이 나고 찬 걸 찾는 여름날, 물을 많이 쓴다.

달팽이는 빠르다

시와 그림 내보이기 준비를 해야 해서 일찍 뒷산에 올라갔다 내려온다. 알찬샘 아이들과 함께 나서는 재미도 좋다. 아이들과 뒷산 곳곳에 봐 둔 산딸기 따 먹는 재미가 쏠쏠하다. 지름길로 뒷산 푸른샘 텃밭을 거쳐 남태령 망루 쪽으로 내려오다 부드러운 칡넝쿨을 스스로 찾아내는 정우 덕분에 선생도 칡넝쿨을 찾아 씹고 아이들에게 나눠 주니 아이들이 참 잘 먹는다. 익숙한 길이라 승민이도 뒤에서 잘 따라오다 달려와 선생 손을 잡거나 혼자 걷는 힘이 좋다.

어제 한 편씩 시를 큰 도화지에 옮겨 써서 오늘은 한 편만 더 쓰면 된다. 역시 줄은 선생이 그려 주고 아이들이 연필로 쓴 다음 유성펜으로 다시 쓰는데, 어제 모습과 비슷하다. 아주 집중해서 먼저 끝낸 정우는 선 그리기를 하고도 시간이 남아 놀고 다른 아이들은 천천히 자기 시를 꾸민다. 어제 한 번 해서 그런지 글씨 쓰는 데 더 정성을 들이지만, 이야기하고 장난치는 재미를 놓칠 순 없는 아이들이다. 마루로 나와서 꾸미니 지나가던 형들과 선생들이 보고 1학년이 어떻게 이렇게 글씨를 잘 쓰느냐며 한마디씩 하고 가니 아이들이 글자 쓰기에 더 정성을 들이는 것 같다. 아이들 곁에서 아이들이 쓴 시를 나무판에 붙이며 한마디씩 건네는데 자세히 봐도 아이들 솜씨가 좋은 편이다. 아이들이 쓰고 그린 시가 두 편, 선생이 더 쓰고 아이들이 꾸민 시가 두 편씩 거의 네 편씩 시를 꾸민 셈이다. 우리 아이들 시를 더 내보이고 싶은 선생 욕심도 있어서 두 편쯤 하려던 것을 네 편씩 했지만, 다시 읽어도 좋다.

아이들은 모두 시인이라는 이오덕 선생님 말씀처럼 우리 아이들은 모두 시인이다. 순간을 잡아 토하듯이 써서 읽는 이에게 얼마나 감동과 느낌을 줄지는 모르지만, 아이들 눈으로 있는 힘껏 쓴 글과 시이니 얼마나 귀하고 소중한가. 자꾸 읽어서 내가 쓴 글이 얼마나 자랑스러운지 느끼도록 돕는 일이 선생 몫이다 싶다.

청소 마치고 6학년과 손호준 선생이 먼저 짐을 싣고 중앙공원으로 떠나 시를 펼치고 동생들은 시와 그림 내보이기 준비를 한다. 많이 해 본 언니들이 동생들이 알아야 할 것들을 이야기해 주고 선생들도 도움말을 건넨 뒤 낮은 학년은 학교 차를 타고 중앙공원으로 가고, 높은 학년은 시내버스를 타고 간다. 듬직한 6학년이 벌써 시를 펼쳐 놓아 도립도서관 옆 중앙공원이 아름다운 어린이 시로 가득 차 보인다. 과천시의회 황순식 의원이 일찍 와서 아이들 시를 보고 간다. 아이들이 초대장을 보냈는데 이렇게 와 주는 어른이 있기에 아이들은 힘이 난다. 마칠 때쯤에는 서형원 시의원도 다녀가니 초대장을 보낸 수빈이가 진짜로 올 줄 몰랐다며 아주 좋아한다.

펼침막도 걸고 시판을 올려놓을 틀도 세우니 중앙공원 길이 아주 운치 있어 보인다. 그늘에 앉아 있는 어른들도 아이들 시를 보고 지나가던 분들도 그냥 지나치지 않는다. 2시 30분, 3시 30분, 4시 30분마다 모두 모여 1, 2학년, 3, 4학년, 5, 6학년 차례로 시를 읽거나 낭송하고 공연을 한다. 아이들이 대체로 작은 목소리로 시를 읽고 발표하지만, 뚜렷하게 잘 읽는 소현이와 호연이 목소리가 크게 들린다. 4학년과 5학년 아이들이 읽는 소리가 큰 편으로 들리는데 학년마다 아이들 모습이 다 다르다. 그렇게 말도 잘하고 야무진 3학년 민주도 사람들 앞에서 발표하는 시간이 되면 늘 부끄럽고 수줍어 목소리가 가늘어진다. 사람들 앞에서 발표하는 거야 어른들도 아주 긴장하는 일인데 아이들도 똑같다 싶다. 푸른샘 아이들도 3월 입학할 때와는 사뭇 다르게 잘 읽고 덜 쑥스러워한다.

그래도 목소리가 작은 편이지만 옛날과 견주면 정말 대단하다.

1학년은 노래, 2학년은 팬플루트, 3학년은 리코더, 5, 6학년은 해금 공연을 열어 작은 우리들의 음악회가 됐다. 시와 노래, 아름다운 아이들 공연이 함께하는 작은 잔칫날이다. 어머니들이 많이 오셨다. 아이들 새참 챙기고 아이들 시와 공연에 아낌없는 칭찬과 격려를 해 주는 어머니들이 있어 아이들은 입이 즐겁고 힘이 난다. 낮은 학년과 높은 학년이 돌아가며 시와 그림을 지키며 노는데 낮은샘 아이들에게 오늘 나온 어린이 시들을 모두 읽고 마음에 드는 시를 두 개씩 골라 놓으면 나중에 선생이 물어보겠다 하니 모두들 시 앞으로 가서 읽는다. 조금 이따 보니 푸른샘 1학년 아이들만 같이 다니며 꼼꼼하게 읽고 형들은 벌써 다 읽었는지 놀러 가고 없다.

문득 옛날 시와 그림 내보이기 하던 때가 떠올랐다. 그때도 중앙공원 분수대 둘레나 도립도서관 둘레에서 시화전을 하곤 했는데 해마다 아주 덥거나 장맛비가 자주 와서 발을 동동 구르던 기억이 난다. 그래도 덥긴 하지만 낮이 긴 여름이 펼치기 좋고 학사 일정을 생각해도 그렇다. 1학기에 쓴 글과 지난해 2학기 글 가운데 아이들이 골라 내보이는 것이니 이때가 얼추 맞는 것 같기도 하다. 가을도 좋긴 한데 2학기는 짧아서 할 게 많아 계획 세우기가 쉽지 않다. 물론 때야 바꿀 수 있다. 아이들 공부 흐름과 교육 밑그림과 교사들의 준비가 모두 고려되어 잡히는 날이니 해마다 달리할 수는 있는 것이긴 하다.

7년째 같은 곳에서 해마다 여는 어린이 시화전 역사가 주는 무게도 있지만 아이들이 해마다 쓰고 그리는 글과 그림은 늘 어른들에게 생각할 거리를 던져 준다. 일과 놀이, 자연, 가정, 학교, 사회에서 온몸으로 겪은 일들을 아이들은 정직하게 시로 글로 쓰고 있다. 늘 느끼는 것이지만, 자연에서 많이 놀고 텃밭과 논에서 일하는 활동이 많으니 자연과 일을 주제로 한 글이 많다. 그래서 자연을 닮고 일하는 순간이 잘 드러나 있다. 온몸으로 겪을 때 나올 수 있는 글이 주는 깨달음과 재치, 즐거움이 가득하다. 또 해가 갈수록 교육 활동이 풍부하고 자연 속에서 일하고 놀며 어린이 삶을 가꾸는 교육의 바탕이 흔들리지 않음을 확인한다. 푸른샘 아이들이 쓴 시를 읽어 볼수록 풍경이 그려져서 참 재미나고 자연, 일과 놀이가 가득해서 읽고 또 읽어 본다.

아이들이 쓴 시를 모두 다시 읽어 보며 다니다가 4학년 유하가 쓴 '달팽이는 빠르다'를 아이들과 읽고 혼자서 자꾸 되뇐다. 참 좋다. 세상 이치가 이런 거 아닌가. 느림과 빠름, 속도와 관점, 생각의 차이, 본질과 현상, 시간과 공간, 사랑… 여러 처지와 눈길로 생각을 잡아 본다.

달팽이는 빠르다

4학년 강유하

줄곧 보고 있으면 느리지만
봤다 안 봤다 하면
여기에서 저 끝에 가 있다.

6시쯤 시와 그림 내보이기를 마치고 짐을 싸는데, 정우와 강산이가 없어져서 남아 있던 부모님들과 아이들이랑 중앙공원 곳곳을 찾아다니며 정우와 강산이 이름을 불렀다. 끝내는 강산이 집에 둘이 갔다 다른 곳에서 잘 놀고 있는 걸 찾았는데, 중앙공원을 다니며 강산이와 정우를 목놓아 부르던 아이들 목소리가 귀에 들리는 듯하다.

더 캐고 싶어요

교실에 들어와 책을 읽어 주고 리코더를 불었다. 아이들이 불콩을 잠깐 배웠는데 금세 불 수 있게 되었다. 낮에 시와 그림 내보이기 할 때 공연을 할 수 있다고 한다. 오전에 감자를 캐기로 한 날이라 4, 5, 6학년은 양재천 텃밭으로 가고 1, 2, 3학년은 학교 뒤 텃밭에 갈 준비를 하느라 선생들이 부지런히 몸을 놀린다. 알찬샘 3학년은 아침 일찍 감자를 캐서 감자로 음식을 만들 계획이라 벌써 텃밭에 갔다가 동생들 캘 것 남겨 두고 한 상자를 캐 왔다. 1, 2학년과 학교 뒤 텃밭에 가니 3학년 아이들이 캐서 놔두고 간 감자가 있어 푸른샘 1학년 아이들이 상자에 숫자를 세어 가며 담기로 했다.

자꾸 숫자를 세는 공부를 많이 하는 푸른샘이라 소리를 내서 숫자를 세고 상자에 담는다. 2학년들이 먼저 호미를 잡고 캐는데 일 잘하는 규태는 감자를 금세 캐낸다. 조심조심 캐는 현서, 지안, 지은, 유정이, 호미질을 재미있게 하는 한주, 옹달샘 아이들이 감자를 많이 캐니 캐 놓은 감자를 상자에 담던 1학년들도 어서 감자를 캐고 싶어 한다. 1학년 차례가 되어 감자를 캐는데 밭이 작아 감자 캐는 양이 적어 많이 아쉬워한다. 아이들이 다 캔 뒤 권진숙 선생과 다시 호미질을 하는데 감자가 자꾸 나온다.

"선생님, 더 캐고 싶어요."

"선생님, 우리는 조금 했어요."

"선생님, 제가 할래요."

"여기까지는 선생님이 할게요."

아이들이 뒤집은 곳을 다시 뒤집고 더 하고 싶어 하는 아이들에게 호미를 넘겨주니 한 번 더 땅을 뒤집는다. 더 나오지는 않아서,

"여기 텃밭에는 감자를 조금 심어서 아쉬워도 어쩔 수 없어요. 이제 나머지 뒤집는 건 선생님들이 할 테니 어린이들은 숲속 놀이터 가서 그네 타고 노세요."

그제서야 감자 더 캐고 싶은 마음을 접고 숲 속 놀이터로 뛰어간다.

학교로 돌아오니 알찬샘 3학년 아이들이 감자를 씻고 깎고 갈고 있다. 봄에 감자를 심고 석 달이 넘게 키워 거두어 바로 먹을거리를 만들어 먹는 재미를 텃밭이 준다. 감자는 생육 주기도 짧고 키우는 데 크게 어려움이 없어 좋고 새참으로 자주 먹을 수 있어 많이 심고 싶은데 텃밭 크기가 늘 아쉽다. 며칠 잘 말려 물 빼서 쪄먹고 볶아 먹고 지지고 한참 동안 물리도록 새참을 만들어 먹고 싶다. 어릴 적 뜨거운 찐 감자를 호호 불어 가며 먹고, 수건에 쌓아서 꼭 누른 다음 껍질 틈으로 쏟아져 나오는 속살을 먹던 기억이 떠오른다. 어머니가 자주 해 준 고등어 감자조림도 참 맛있었다. 그 때문인지 아직도 감자를 잘 먹고 좋아한다. 아이들은 감자를 으깨서 먹는 것, 감자튀김을 좋아한다고 말한다. 알찬샘 아이들 덕분에 맛있는 감자 지짐을 점심때 먹게 됐다. 부지런한 선생들이 있어 아이들 교육 활동이 처음부터 끝까지 일관되게 마무리되어간다.

텃밭 일지를 쓰고 선 그리기를 한다. 오늘은 삼각형을 그리며 도형 이야기를 한다.

"얘들아, 이렇게 세 개 점을 찍고 선을 그으면 삼각형이 되는데 어려운 말로는 세 개의 점을 세 개 꼭짓점이라고 하고, 세 개 선을 세 개 선분이라고 말해. 꼭짓점 세 개와 선분 세 개로 둘러싸인 평면 도형을 우

리는 삼각형이라고 부르지. 좀 어렵지? 그냥 세모라고 생각하면 돼. 그런데 삼각형, 세모로 된 거 뭐가 있지?"

"삼각 김밥이요."

"그러네. 또?"

"네모가 더 많아요. 문도 그렇구요. 책상도 그렇구요. 우리 교실에 있는 거는 사각형이 가장 많아요."

"그러네. 사각형, 네모로 된 거 정말 많다. 그럼 세모로 된 거가 또 뭐가 있을까?"

"선생님, 사각형을 반으로 쪼개면 삼각형이 돼요."

"맞아! 와. 그런데 어떻게 알았어?"

"지난번에 네모 선 그리기 할 때 선생님이 그랬잖아요."

"와, 기억을 잘하고 있네. 또 세모가 뭐가 있을까?"

"지붕도 세모가 있어요."

"맞아. 그리고 트라이앵글도 세모잖아."

"산 모양도 세모예요."

"피자도 그래요."

"그러네. 피라미드도 세모가 있어."

"피라미드가 뭐예요?"

"아, 피라미드는 이집트 사막에 있는 아주 큰 왕 무덤인데 선생님 손 모양처럼 이렇게 되어 있어. 또 생각나는 거 있어?"

"음…"

"우리가 입는 속옷도 삼각팬티가 있잖아."

"아 선생님 팬티는 좀…"

"왜 속옷 이야기가 부끄러운 건가? 어쨌든 그것도 세모잖아."

정우는 어제 삼각형 선 그리기 했다고 책을 보다 놀다 아이들 이야기 할 때 함께하다 시간이 여유롭다. 강산이가 빠르게 선 그리기를 마치고 정우랑 비석치기 하러 나갔고, 지빈이와 민주는 천천히 삼각형 안에 삼각형을, 안으로 선을 그린다. 모두 마칠 때쯤 민주가 갑자기 "선생님, 우리 리코더 불콩 연습해요." 그런다. 아이들과 불콩을 불어 보는데 다들 잘한다. 지빈이도 리코더 잡는 손이 어제보다 훨씬 낫다. 벌써 많이 불어 본 민주와 정우와 달리 정말 처음으로 함께 부는 우리 지빈이 손놀림을 보니 정말 뭐든지 금세 익히는 푸른샘이다.

낮 공부는 오늘도 과천 중앙공원에서 시와 그림 내보이기를 한다. 푸른샘은 아이들이 하자는 대로 리코더를 함께 불기로 했는데 지빈이가 많이 떨리는지 교실에서 잘 잡던 리코더 손잡기를 헷갈려한다. 그래도 아침에 배우자마자 바로 많은 사람들 앞에서 하는 공연을 참 잘했다. 감동은 이렇게 작은 울림으로 오나? 마음이 뭉클하다.

2013. 7. 2. 불날.
장맛비가 시작되는 날이라 빗줄기가 길다.
오후 나절에 비가 잠잠해지고 바람이 세차게 분다.
밤에는 바람이 더 세지고 빗줄기가 날린다.

홀짝

아침부터 비가 몰아쳐서 뒷산에 가지 않고 아침열기 때 나눈 날씨와 빗물 이야기를 이어 빗물 모으는 공부를 하기로 한다. 누리샘 5학년이 했던 공부라 우리 아이들도 모두 알고 있다. 마당에 큰 통을 두고 고장 난 우산을 뒤집어 깔때기를 만들어 통에 올려 두는 방법과 그냥 두는 방법을 견주어 보기로 한다. 지난 금요일에 넣어 둔 콩나물을 꺼내 두

봉지로 나눠 담는데, 콩나물 담을 때마다 아이들은 먹어 보려고 한다. 이번에는 지빈이와 민주가 가져갈 차례다. 집에서 꼭 콩나물로 음식을 만들고 글로 써 오라는 부탁을 하는데 또 잊어버릴 것 같다.

옥상에 가서 토마토를 따고 배수로 막힌 곳 치우고 마당에서 오이와 고추를 따서 그림을 그린다. 그린 뒤 자기가 먹는다는 것도 아이들은 좋아한다. 토마토와 고추는 금세 그리고 오이는 그리고 싶은 사람만 그리는데 거의 다 그리더니 오히려 안 그린 아이에게 다른 아이들이 그리라고 한다. 선생도 방울토마토가 아닌 보통 토마토를 그리는데 크게 확대해서 그리니 꼭 참외나 호박 같기도 하다.

한참 쉬다 머릿셈을 하는데 네 쪽을 하니 좀 많아 보여서 물었더니 대답이 다르다.

"얘들아, 그만하는 게 어때?"

"여기까지만 해요."

"좀 더 하면 안 돼요"

한 쪽은 선생과 함께 풀고 세 쪽은 아이들 혼자서 그림 숫자를 세고 한 자리 수 덧셈식을 만들어 푸는데 모두 백 점이다. 너무 쉽다고 자꾸 말하는 아이들에겐 수학이 쉽다. 낮 공부로 하는 달력 만들기도 재미있는 수학 공부다. 달력을 달마다 줄곧 만들지만 아직도 아이들에겐 혼자서 척척 달력을 만들기는 어렵다. 칸과 줄을 맞추고 요일과 날짜 맞추기도 쉽지 않다. 한 달과 일주일, 요일 개념이 뚜렷하게 잡히면 스스로 아주 재미있는 달력도 만들어내는데, 앞으로 푸른샘은 줄곧 한 달과 일주일, 절기와 무슨 날을 알아가는 연습을 그냥 하면 된다. 대서, 초복, 중복, 제헌절, 자연속학교 기간, 방학을 써넣으며 서로 무슨 날인지 이야기한다. 달력을 다 만들고 꾸민 뒤 달력 만들기 할 때마다 해 주는 이야기를 다시 꺼낸다.

"이제 달력에 숨어 있는 규칙을 찾아봐요. 전에 선생님이 이야기를 다 한 거예요. 달력 가로세로 숫자에서 찾을 수 있는 규칙을 발표할 사람?"

정우가 손을 번쩍 든다.

"홀수, 짝수요."

"와, 기억하네! 대단하다. 같이 읽어볼까? 홀짝, 홀짝… 짝홀, 짝홀, 짝홀…"

아이들이 모두 한마디 한다.

"저도 알고 있었어요."

"선생님, 잘 모르겠어요. 까먹었어요. 홀짝이 뭐예요?"

"응, 짝수는 둘로 나누어 나머지가 없이 떨어지는 수를 말해. 홀수는 2로 나누었을 때 1이 남는 수인데 이렇게 생각하면 쉬워. 반으로 똑같이 나눌 수 있으면 짝수, 반으로 똑같이 나눴는데 꼭 하나가 남으면 홀수지. 2는 짝수, 4도 짝수, 6도 짝수, 8도 짝수, 10도 짝수야. 모두 둘로 똑같이 나눌 수 있잖아. 그런데 3은 홀수, 5도 홀수, 7도 홀수, 9도 홀수야. 지난번에 동전으로 둘, 둘, 둘로 세면서 하던 홀짝 놀이를 생각하면 돼. 모두 둘이 되어 동무처럼 짝이 있으면 짝수, 하나만 남으면 홀수지. 그럼 100은 홀수일까 짝수일까?"

"짝수요."

"와, 그럼 1,000은?

"짝수요."

"어? 이제 아는구나! 이번에는 대각선에 나오는 숫자에서 규칙을 찾으면?"

"저요. 저요. 8씩 늘어나요."

"와, 대단하다. 그럼 이번에는 오른쪽에서 왼쪽으로 가는 대각선 규칙은?"

"6씩 늘어나요."

"와, 어떻게 기억하고 있지? 대단하다. 이렇게 달력에는 많은 규칙이 들어 있어. 그래서 수학 과학이 담겨 있어서 공부하기 좋아. 달력을 만들 수 있다는 건 대단한 거야. 오늘 어린이들이 정말 잘해서 선생님이 선물을 준비했어. 밀랍 조각을 줄게. 밀랍 조각을 주물럭거리면 뭐든지 만들 수 있다는 거 알지? 자, 색깔을 골라 주면 잘라 줄게."

저마다 고른 색깔로 밀랍 막대를 잘라 주니 주물럭거리며 만들기를 한다. 정우는 바로바로 달걀부침, 물고기, 오리를 척척 만들어낸다. 강산이는 공룡을 만드는데 아주 꼼꼼하게 만들어 가는 모습이 한두 번 해 본 솜씨가 아니다. 다 만든 공룡이 진짜처럼 잘 만들어졌다. 지빈이는 한참을 생각하다 꽃모양을 만들고, 민주는 졸라맨과 발을 내어 놓는다. 승민이는 주물럭거리는 감촉이 좋은지 줄곧 만지더니 공처럼 갖고 논다. 아이마다 만든 작품을 사진에 담으니 참 멋있다. 잘 보관해서 때마다 자유롭게 만들기도 하지만, 때로는 같이 도감을 펴 놓고 동물, 식물, 어류, 곤충 여러 가지를 만들어 보며 관찰하는 놀이도 할 계획이다.

비 때문에 교실에서 많이 지낸 날이라 아이들 몸이 근질근질한지 자꾸 씨름을 하자고 하더니 쉬는 시간에 돼지 씨름을 아이들끼리 한다. 아이들과 놀 것도 많고 할 게 참 많다. 마침회 때 리코더로 불콩을 부는데 아이들 솜씨가 나날이 늘어간다.

이제 여름 학기도 여름 자연속학교 다녀오고 나면 바로 방학이라 1학기 푸른샘 교육 밑그림을 다시 천천히 들여다본다. 빠진 것도 있고 다른 교육 활동과 겹쳐서 못한 것도 보인다. 과학관 가기는 어째 줄곧 겹쳐서 시간 내기가 쉽지 않다. 그래도 대체로 밑그림대로 가고 있어 아이들과 놀고 일하고 배우는 과정을 채워 갔다 싶은데, 꼼꼼히 들여다보니 살필 게 많다. 우리 아이들이 날마다 즐겁고 행복하게 살아가는지, 몸과 마음이 튼튼하게 자라도록 도왔는지, 자연 속에서 놀고 일하며 살았는지, 아이들과 선생의 호흡과 기운이 잘 섞여 갔는지, 과목마다 더 챙길 것은 무엇인지, 모자란 부분은 무엇인지, 선생이 생각하고 준비할 것들을 곰곰이 생각해 본다. 자연속학교와 방학하는 한 주를 어떻게 잘 보낼지 아이들을 살피고 교육 활동을 되돌아볼 때다.

2013. 7. 3. 물날.
해가 쨍쨍 나서 따갑다.

나눔

9시 30분 모두 모여 감자 음식을 만든다. 과천시 노인복지관 할머니, 할아버지에게 드릴 음식을 만드는 날이라 아침부터 선생들은 부지런히 몸을 놀린다. 어제저녁 송순옥 선생이 짜 놓은 음식 모둠에 맞춰 선생들이 달라붙어 필요한 감자를 씻어 껍질을 벗겨 놓고 일부 채를 썰어 놓은 덕분에 주어진 시간에 아이들이 감자 음식을 만들 수 있다. 11시 과천시노인복지관에서 차를 보내 주기로 해서 약 1시간 동안 감자 음식 만들기를 마쳐야 한다. 지난주 감자를 캐서 며칠 널어놓아 물기를 뺀 뒤 감자 음식을 만들어 동네 어른들과 나눠 먹는 것까지 생각하면 감자를 텃밭에 심던 3월이 아득하게 느껴진다. 이렇게 처음부터 끝까지 나누는 마무리를 짓는 공부가 아이들에게 주는 힘은 아주 자연스레 몸과 마음에 스며든다.

모둠마다 감자맛탕, 감자채 지짐, 감자 지짐, 감자과일샐러드를 맡아 6학년이 이끌고 선생도 나눠 들어가 부지런히 음식을 만든다. 모둠 이

끓이들이 미리 지짐판과 가스버너를 가져온 덕에 일이 빠르게 되어 간다. 나는 수빈이 모둠에서 감자채 지짐을 하는데 감자채 튀김같이 되어 더 맛나다. 근학이랑 수빈이가 먼저 감자를 채로 썰고 선생이 밀가루와 소금을 넣어 감자채와 섞어 지짐판에 올릴 준비를 한다. 다경이와 서민주가 돌아가며 감자채 지짐을 뒤집는다. 기름이 튈까 조심조심하는데도 자꾸 아이들이 지짐판 앞으로 다가와 줄곧 안전거리를 말하는데, 음식하는 데 빠져서 또 말해야 한다. 자글자글 소리를 내며 노르스름 익어가는 감자가 먹기 좋아 보인다. 역시 음식 만들기를 하면 조금 먹는 재미가 아주 커서 모양이 엉클어진 녀석들을 골라 먹는데, 따듯한 음식이라 서로 맛있다 소리를 한다. 옆에서 감자채 지짐을 같이 하는 모둠이랑 자연스레 모양이 견주어지는데 수빈이 모둠이 더 맛깔스러워 보인다 소리를 듣자 아이들 어깨가 으쓱하다. 물론 옆 모둠에서는 자기 모둠에서 만든 음식 맛이 더 좋다고 자랑한다. 그렇게 부지런히 10시 30분쯤 음식 만들기를 마치고 예쁘게 싸서 노인복지관으로 떠난다.

복지관에 닿으니 할머니, 할아버지들이 긴 사각형 모양으로 놓인 푹신한 의자에 앉아 아이들을 맞는다. 해마다 하는 잔치라 아이들도 익숙하게 들어가 준비해 간 노래와 공연을 한다. 올 때마다 느끼는 거지만, 노래와 팬플루트, 리코더, 해금, 장구 공연까지 아이들과 할아버지, 할머니들이 함께하는 모습이 참 감격스럽다. 3학년 아이들이 리코더로 '고향의 봄'과 '에델바이스' 두 곡을 불고, 2학년 아이들이 팬플루트로 '불콩'을 분다. 5·6학년 아이들이 해금을 켜고 1학년과 2학년이 민요를 부른다. 마지막으로 4학년 아이들이 설장구를 치는데, 할머니 할아버지들이 참 좋아한다. 아는 곡은 모두 함께 부르고 손뼉을 치며 즐거워하는 모습에 아이들도 즐겁다. 몸이 불편하신 분들이 많아 늘 마음이 더 쓰인다.

아이들이 공연하는 동안 규태가 앞에 앉은 할아버지 입에서 흘러내리는 침을 옆에 있던 휴지로 닦아드리는 모습을 보는 순간, 마음이 울컥했다. 마지막으로 모두 앞으로 나와 산도깨비, 너영 나영, 아리랑을 부르는데 함께 부르는 할머니들이 많다. 아리랑을 부를 때는 할머니 몇 분이 나와 춤을 추고 어른들을 돕는 복지관 직원들도 거들며 즐거운 마무리를 지었다. 모두 할머니 할아버지 뒤로 가서 아이들이 어깨를 한참 주물러드리고 인사를 하고 나오는데 가져간 음식은 점심때 맛있게 드신다고 고맙다고 아이들이 예뻐서 안아 주고 손을 잡아 주신다. 문득 시골에 계신 부모님이 떠올라 나도 모르게 마음이 가라앉는다. 우리 아이들이 지은 농작물을 거두어 동네 어른들과 음식으로 나눌 수 있어 참 고맙다. 2학기 김장 농사 잘 지어 다시 올 때도 할머니 할아버지 모두 건강하고 행복한 모습으로 다시 만나기를 기도한다.

2013. 7. 4. 쇠날.
아침나절 구름이 끼고 덥더니 저녁이 되자 비가 주룩주룩 내린다.

하루가 다르게

열리는 어린이집에서 내준 텃밭은 두 고랑이라 푸른샘들이 하기에 충분하다. 잘 익은 방울토마토와 주렁주렁 열린 고추가 아이들 손을 바쁘게 한다. 순식간에 다 땄는데 가져간 통이 넘친다. 애써서 땄으니 많이 먹으라는 말에 방울토마토를 먹는 입들이 바쁘다. 학교로 돌아와 텃밭 간 일로 짧게 시를 쓰고 따 온 고추와 방울토마토 개수를 세서 더하는 걸로 수학 공부를 대신 한다. 방울토마토는 오늘 새참으로 먹을 거니 한 사람마다 몇 개씩 먹을 수 있는지 아는 것도 필요하다. 아이마다 차례로 30개씩 세서 담는데 네 아이가 30개를 담고 승민이가 마지막에 남은 10개를 담았다. 모두 더하면 몇 개인지 알아보는데, 30개 더하기 30개 더하기 30개 더하기 30개, 120개까지 계산이 된다. 그런데 마지막에 남은 10개를 더하는 건 헷갈리는 아이들도 있다. 130개를 약 마흔 사람이 먹으려면 세 개쯤 먹어야 한다는 건 선생이 알려 준다. 고추도 20개씩 세서 148개까지 셌다.

낮 공부 열기 때는 높은샘 4, 5, 6학년이 조사하고 준비한 자연속학교 지역 공부를 같이 나눈다. 강원도의 지리, 특산품, 유적지, 큰 행사, 인물들을 아이들이 발표하는데 4, 5학년은 달력 뒷장에다 조사한 걸 모두 예쁜 글씨로 써 왔다. 덕분에 동생들도 자연스레 강원도를 알고 자연속학교를 간다. 자연속학교를 가기 앞서 모둠마다 가는 곳에 대해 알아보고 발표하고 현장에 가서 보고 일하고 겪어 보는 과정은 자연속학교 공부의 한 줄기다. 철마다 나라 곳곳을 다니며 하는 역사와 지리, 사회 공부는 아주 자연스럽다. 돌아와서 책과 글로 다시 정리하고 줄곧 나누는 활동까지 선생들이 알맞게 챙겨야 한다.

내일은 주문진으로 자연속학교를 간다. 하루 종일 놀고 일하고 자고 먹는 자연속학교에서 아이들은 더 뚜렷하게 자기를 내보인다. 일주일을 같이 살다 보면 저절로 자기 기운이 나온다. 얼마나 신 나게 놀고 즐거운지, 아이들이 서로 어떻게 섞이는지, 불편함과 어려움을 어찌 풀어내는지 모두 알 수 있는 시간이기에 도울 일도 많고 함께 애쓸 것도 많으리라. 아이들 속에 푹 빠져 살면 또 새롭게 아는 사실들이 늘 생긴다. 모둠으로 살지 않고 모두가 같이 사니 또 얼마나 서로를 알아 갈까.

아침나절 비가 오다 낮때부터 비가 그치고 해가 나오다 구름만 낀다.
저녁에 다시 비가 조금 온다.

아, 소처럼 달려드네요

승민이가 내일까지 지방에 내려가 있어 학교에 못 오는 날이다. 아침 열기 때 아이들을 쳐다보는데 아이들이 모두 정말 까맣다. 건강해 보여 좋다. 주문진과 하조대 바닷가 물놀이가 새삼 떠오른다. 파도와 웃는 아이들 얼굴, 생각만 해도 웃음이 나온다. 아침열기 마치고 푸른샘은 우산 챙겨 들고 열리는 어린이집 텃밭에 가서 토마토와 고추를 땄다. 토마토가 물을 많이 먹어 터져버린 게 많고 맛도 역시 별로다. 장마철에는 열매나 과일이 맛없다는 게 맞다. 그래도 푸른샘 아이들답게 먹고 싶어서 손이 자꾸 간다. 어제 종민이와 종민 아버지가 많이 따 놓은 토마토와 푸른샘 아이들이 딴 토마토가 새참 먹기에 충분한 양이다.

비가 오니 밖에서 놀자 소리도 하지 않고 틈만 나면 서로 허리를 잡고 씨름을 한다. 맨바닥에서는 위험하기에 말리고 읽고 싶은 책을 골라 와서 모두 읽고 글쓰기를 하는데 지난번에 한 번 해서인지 모두 잘한다. 짧은 그림책이 많아서 다들 금세 하는데 정우가 골라온 책은 줄글이 아주 많아서 정우가 읽는 데 한참 걸린다. 강산이 책 읽어 주고 쓰는 거 도운 다음 정우에게 가서 책을 빠르게 읽어 주는데, 좀 지나서는 정우가 혼자 읽어 보겠다 한다. 글쓰기까지 마친 아이들은 텃밭에서 따온 가지 그림을 그리는데, 가지 윤곽 잡기가 쉬워서 그런지 색칠하는 것까지 순식간에 끝난다. 정우도 끝내 다 읽고 그림까지 금세 마친다. 본디 글쓰기나 그림 그리는 게 한참 걸리는 공부인데 한 시간 반 안에 모두 마치는 속도를 보니 아이들이 많이 자랐다 싶다. 워낙 날랜 아이들이라 더 천천히 하자란 말을 달고 살지만, 오늘처럼 자기 기운껏 할 때도 그냥 좋다. 여름 방학을 앞두고 그래서인지 아이들이 훌쩍 자란 느낌이 더 든다.

낮 공부로 모둠마다 몸놀이를 하는데 푸른샘 아이들은 아침에도 하더니 요즘 자꾸 하는 씨름을 하자고 한다. 푸른샘 교실에 푹신한 바닥 깔개를 깔고 서로 하는데 정말 좋아한다. 모두 서로 돌아가며 한 판씩 하는데 마치 소처럼 한다고 아이들이 그런다. 정우는 마치 해설가처럼 씨름을 중계한다.

"아, 한지빈 선수 발을 빼네요. 앗, 남민주 선수 다리 거는 기술 들어갑니다."

덥고 습도는 높은데 아이들이 땀을 뻘뻘 흘리며 서로 허리춤을 잡고 씨름을 한다. 이런 날씨엔 아주 땀을 많이 흘리는 게 차라리 끈적거리는 거보다는 낫다. 그런데 지치지도 않고 줄곧 한다. 서로 모두 한 판씩 하고도 더 하잔다. 정우처럼 선생도 해설을 거들다가 아이들과 허리를 잡는다. 아이마다 허리 잡는 힘이 다르지만 모두 힘이 아주 세다. 번쩍 들어서 돌리다 내려놓는데 중심들을 잘 잡는다. 잡채기 기술로 조심스레 넘어뜨리는데 아이들이 아주 신이 났다.

이렇게 온몸을 써서 서로 안고 넘어지고 어울리는 놀이는 서로를 더 정들게 한다. 다만 늘 다치지 않도록 챙길 일이다. 다시 아이들끼리 서로 자유롭게 하는데 서로 망설임이 없다. 조심조심하면서도 힘껏 허리춤을 잡고 한참을 도는 지빈이, 거침없이 강산이와 정우에게 달려드는 민주, 머리를 낮추어 파고들어 아주 세게 밀며 다리 기술을 거는 정우, 아주 빠른 발과 몸놀림으로 안다리 기술을 쓰는 강산이… 아이들 얼굴에 웃음이 끊이지 않고 힘들다면서도 줄곧 서로를 부르며 몸을 쓴다. 역시 아이들이 환하게 웃을 때가 참 좋다. 한 시간이 넘도록 하는데 옹달샘 2학년 규태와 한주가 들어와 보더니 서로 하겠다 달려든다. 규태와 한주가 서로 망설이다 한두 판 하더니 1학년들과 하고 싶다고 한다. 끝내 강산이랑 정우랑도 하더니 아주 신이 나서 흥분한다. 2학년 옹달샘 아이들도 모두 구경을 와 아주 씨름판이 커졌다. 덩치가 크고 힘이 좋아 규태가 동생들을 가볍게 눕히는데 모두 즐겁다.

"아, 소처럼 달려드네요. 코뿔소와 들소가 서로 힘자랑을 하는 것 같습니다. 앗, 코뿔소가 다리 기술을 겁니다. 아, 들소가 잘 피하네요." 코뿔소와 들소 이야기로 해설을 곁들이니 아이들이 더 좋아한다. 강산이랑 한 판씩 주고받으며 두 번째 판에 한주가 넘어졌는데, 아이고, 머리가 아프다며 울려고 한다. 머리가 조금 부딪치기는 했는데 동생들 보기 부끄러워 그런지 더 슬피 우는데 머리 만져 주고 진짜 씨름 잘한다 칭찬하니 좀 진정하는 모습이 멋있는 한주다.

마침회 시간, 방학을 앞두고 사물함 정리도 하고 이번 주는 날마다 글쓰기와 그리기 공부를 많이 한다고 하는데도 자기들 이야기 하느라 바쁜 푸른샘이지만, 안 듣는 것 같은데 모두 다 알아듣는다. 우주인들 능력이 나날이 커져 간다. 방학하는 주라 1학기 공부들도 모두 꺼내어 되돌아보고 학교 안팎으로 살필 것도 찾고 방학 계획도 세우고 할 게 많은 푸른샘이지만, 노는 걸 놓칠 수는 없으니 이번 주도 날마다 재미있게 놀아야겠다. 방학 숙제로 뭐가 좋겠냐고 물으니 봄방학 때처럼 하자고 한다.
"잘 놀기요."
"잘 먹기, 아프지 않기요."
"잘 자기요."
"동무 집에 놀러 가고 초대하기요."
"푸른샘끼리 모여서 노는 거요."

"와, 방학 때 할 게 많네요. 방학 때 가장 중요한 계획이 거의 다 나 왔어요. 여름 방학이 조금 길어서 선생님이 조금 더 할 것을 주고 싶은 데 어때요?"

"뭐요?"

"책 읽기랑 편지 쓰기랑 하루생활글 쓰기랑 식구들이랑 재미있게 할 것이에요."

"좋아요."

"그럼 시작하는 뜻으로 내일 일기를 푸른샘 모두 써 오면 우리 맛있 는 거 먹는 거 어때요?"

"와, 좋아요! 야, 꼭 써 와. 너도. 너도~"

서로 주고받는 말을 들으면 내일 꼭 써 오지 싶은데 그것도 모를 일 이다. 아이들도 설레고 선생도 내일을 기다리게 생겼다. 시골 병상에 계 신 어머니 때문에 어제 밤늦게 올라온 탓인지 몸과 마음이 가라앉은 달 날, 아이들과 몸을 쓰고 어울리다 보니 절로 웃게 된다. 아이들이 선생 을 웃게 한다. 고마운 하루다.

2013. 7. 19. 쇠날.

장마철 기다리던 햇볕에 눅눅한 기가 걷힌다.

와! 방학이다!

방학하는 날이라 이것저것 챙길 것도 많고 아이들과 나눌 것도 많 다. 아침열기하며 방학 숙제장을 나눠 주고 하나하나 살펴보고 이야기 를 나누는데, 역시 푸른샘답게 숙제장이라고 크게 어려워하지도 않는다. 저마다 방학 목표도 적어 넣고 뭘 해야 될지 같이 읽어 가는데, 반 년을 살아온 힘을 느낀다. 이번 주 줄곧 그림 그리고 글쓰기를 마무리 하고 오늘은 요리 공부를 하자니 그림 그리는 것도 좋지만 음식 만드는 게 더 좋다 한다.

아이들에게 감자를 담을 그릇을 주고 감자를 담으라 하니 모두 쪽마루로 나가 감자를 담는다. 그동안 음식 만들기에 필요한 부엌 도구들을 챙기고 쪽마루로 가니, 아이구 감자를 정말 많이 담아 놓았다. 조금 덜어내고 감자를 씻으라 하니 모두 부엌에서 서로 돌아가며 감자를 씻는다. 어떻게 하라고 말하지 않았는데도 서로 돌아가며 할 몫을 안다. 감자 씻고 이제 감자 깎을 차례인데 감자 칼이 네 개만 있다. 감자채 썰을 칼도 챙겨 푸른샘 교실에 가니 어서 감자 칼을 쓰고 싶은 마음에 아이들 마음이 바쁘다. 요리를 만들고 먹는 건 아이들에게 정말 신 나는 활동이라 목소리도 크고 활기찬 기운이 가득하다. 아무래도 칼을 쓰는 시간이라 다시 차분히 가라앉히는 말과 놀이가 필요하다.

많이 해 봤다는 그 자신감을 누를 순 없어 저마다 감자 칼을 나눠 주고 선생은 숟가락을 갖고 껍질을 벗긴다. 무슨 할 이야기가 날마다 많은지 감자 칼로 껍질을 벗기며 이야기꽃을 피운다. 모두 돌아가며 감자 칼도 써 보고 숟가락도 써서 껍질을 모두 벗기고 감자를 다시 씻는다. 척척 잘하는 모습이 꼭 3, 4학년쯤 되는 것 같다. 이번에는 채 써는 시간, 모두 칼을 써야 할 차례다. 다섯 개 도마를 놓고 칼을 들고 있으니 절로 난타 생각이 난다. 그냥 들어가기 아쉬워 그동안 배운 난타 장단을 칼로 두드리며 가락을 치는데 아주 재미있다. 딱다다다 딱다다다 딱다가다가 딱딱딱. 함께 소리를 맞추니 아름다운 소리가 난다. 여러 번 두드리고 드디어 채 써는 시간, 아이마다 어찌 그리 써는 것도 다른지. 정우랑 강산이는 탁탁 내리치며 아주 잘게 자르고 지빈이과 민주는 제 기운껏 알맞게 썬다. 승민이와 함께 칼을 잡고 감자를 써는데 승민이

손이 야무지다. 모두 썬 감자채에 우리 밀과 물을 넣고 알맞게 섞어 감자 지짐 할 준비를 마치고 노는 시간을 갖는다.

지짐판 두 개 놓고 땀을 줄줄 흘리며 아이들이 감자 지짐을 한다. 불때문에 선풍기도 끄고 하느라 힘들 텐데 아주 신이 나서 선생이 지짐판에 올려놓은 감자 지짐 뒤집느라 바쁘다. 요리할 때는 먹는 게 가장 큰 즐거움이라 따듯할 때 마음껏 먹으라 하니 다들 좋아한다. 형들과 나눠 먹을 것까지 모두 요리하는 줄도 알지만 먹는 재미로 신이 났다.

"선생님, 진짜 맛있어요."

"전정일 선생님은 음식의 세계에서는 막 그러잖아요."

"그렇지. 음식의 세계에서는 먹을 사람들을 위해 정성을 다하는 거지. 집에서 어머니가 늘 그렇게 하듯이 우리처럼 땀을 흘리며 정말 정성을 다하듯이 음식의 세계는 정성이라고 할 수 있지. 정성이 없는 음식의 세계는 있을 수 없는 일이지."

"선생님, 음식의 세계에서는 장난치면 안 되죠?"

"그렇지, 음식의 세계에서 장난은 다칠 수 있는 일로 이어지곤 하지. 그래서 음식의 세계에서는 진지하지."

선생이 일부러 하는 진지한 말투와 재미있는 투가 재미있는지 아이들이 줄곧 키득키득 웃으며 음식의 세계를 말한다.

"자연속학교 때도 선생님 밥 당번 때는 음식의 세계라고 막 그래. 선생님 음식의 세계에서는 먼저 먹는 거 없죠?"

"그렇지, 음식의 세계에서는 요리사가 먼저 먹는 게 없지. 먹을 사람을 위해 땀을 흘리며 정성을 다하는 거지."

"그럼, 우리도 먹으면 안 되겠네요?"

"물론 요리사들은 그래야 하지. 그래도 오늘은 우리가 마음껏 먹는 날이니 많이 먹고 정성을 다해 음식을 만들자."

냄새와 푸른샘 아이들 이야기 소리에 낮은샘 아이들이 몰려들고 높은샘 아이들도 쉬는 시간에 들여다본다. 아이들이 먹고 싶어 하자 푸른샘 아이들이 주면 안 되느냐고 묻는다.

"다 만들어서 같이 먹어야지. 지금 누구는 주고 누구는 안 주고 그러면 안 될 것 같은데."

그래도 푸른샘 교실 문 앞에서 서서 맛있어 보이는 감자 지짐을 바라보는 아이들 눈길이 간절해 보이자 푸른샘 아이들이 수를 낸다. 자기들 먹겠다고 조금씩 떼더니 밖으로 얼른 나가 언니들과 형들 입에 넣어주고 온다. 그 모습이 얼마나 예쁜지. '음식의 세계에서는 먼저 먹는 건 있을 수 없는 일이지'를 말하는 선생도 넌지시 아이들 몸놀림을 북돋는다.

"아니, 음식의 세계에서는 있을 수 없는 일이 벌어지고 있다. 그렇게 누구는 주고 그러면 나중에 모자랄 수 있어."

선생 말에도 아이들은 쉴 새 없이 밖에 있는 언니들과 형들에게 감자 지짐을 가져다준다. 즐거운 음식 시간을 제대로 즐기고 있어 좋고 맛있다는 아이들 소리가 참 좋다.

노르스름 지진 감자 지짐이 아주 인기가 많아 많이 먹은 푸른샘 아이들이 점심 반찬으로 받은 자기 감자 지짐을 자꾸 형들에게 안긴다. 삼계탕에 감자 지짐에 방학하는 날 아이들 입이 즐겁다.

방학식은 모둠마다 준비한 모둠 영상을 보여 주고 봄·여름 학기에 한 공부들을 되돌아보는데, 아이들 웃음소리와 선생들 설명에 예정한 시간이 훌쩍 넘어간다. 영상을 보니 모둠마다 참 많은 활동과 애씀이 보여 좋다. 어제 맑은샘회의 때 방학 동안 지켜야 할 규칙도 미리 말한지라 방학식을 일찍 마치고 채연이와 경현이 잘 가, 잘 갔다 와 잔치를 바로 한다. 2학기에 채연이는 중등 길 찾기를 먼저 해 전학을 가고, 경현이는 나라 밖으로 멀리 다녀오는 시간을 갖기로 해서 아이들과 마무리하는 시간을 먼저 갖는다. 아이들이 모두 편지를 쓰고 서로 안아 주고 인사하는 시간을 갖는다. 늘 그렇지만 아이들을 떠나보내는 선생들은 눈을 훔치고 마음이 그렇다. 어느 곳에서든 건강하고 행복하게 살기를 바라지만 날마다 같이 웃고 놀고 싶은 마음을 감출 수는 없다. 헤어짐과 만남을 받아들이는 순간에도 미련이 남는다. 같이 살아온 세월이 주마등처럼 스치고 꼭 안는 팔에 힘을 주는 순간 헤어짐의 시간을 깨닫는다. 그렇게 세월은 흐르고 우리도 살아간다는 것을 되뇌는 순간 아이들이 힘찬 목소리가 울린다.

"잘 가. 잘 갔다 와."

"와! 방학이다!"

2013. 7. 22. 달날.

다시 꿈을 꾸다

2013년 여름, 내가 서 있는 곳은 어디인가. 나와 내 둘레를 되돌아보고 함께 삶을 가꾸는 성찰의 시간이다. 처음 대안학교 교사를 꿈꾸던 때가 다시 떠오른다. 나는 그때의 마음과 열정을 잃지 않고 살아왔는가. 더 멀리 형편없는 지식을 팔며 아이들을 만나온 세월에서 내가 찾은 교훈과 삶의 방향 전환은 무엇이었던가. 세월이 흘러갈수록 내 삶의 방향대로 살아왔는지, 삶의 방식을 바꿔 왔는지 생각이 많은 날들이다.

2013년 지금, 지난해 안식년의 기억도 저 멀리 있을 만큼 아주 행복하고 즐겁게 아이들과 살고 있다. 날마다 뒷산에 오르내리며 아이들과 놀고 일하며 사는 모둠 선생으로서 누리는 여유와 즐거움을 실컷 맛보며 살았다. 2007년 맑은샘학교에 들어와 잠깐 동안 오롯이 모둠 선생으로 사는 즐거움을 누리고 바로 세 해를 줄곧 모둠을 맡으며 대표 교사 노릇을 한 뒤부터였을까. 아주 많은 책임을 안고 부지런히 몸을 놀리며 선생으로 살아갈 몸과 마음을 만들어 왔지만, 늘 오롯이 모둠 선생으로 줄곧 아이들과 비석치기를 하며 살았던 첫해를 떠올리곤 했다. 그래서일까? 올해 푸른샘 모둠 선생으로 아이들과 놀이에 푹 빠져 살고 스스로를 되돌아보는 시간을 누려 이래도 되나 싶을 만큼 미안하고 고마운 게 많다.

특별하게 날마다 일기를 쓴 기억은 아이들에게 떳떳하고 부끄러우면서도 뿌듯함이 섞여 있다. 처음 학교에 되돌아오며 느낀 설렘과 두려움, 제자리를 찾고 학교 안팎을 살피며 위치 잡기에 쏟은 마음, 일 년의 빈 시간 동안 만들고 쌓아 왔을 선생들의 호흡과 내공에 대한 기대감과 살핌, 맑은샘 식구들과 나누고 싶은 이야기들을 담아 날마다 일기를 썼다. 사실 처음 가졌던, 학교에서 아이들과 교사들이 무엇을 가르치고 배우는지 모를 때가 있다는 분들에게 도움이 되려는 뜻에서, 차츰 날마다 교육 활동에서 일어나는 배움과 일들을 살피며 선생이 하고 싶은 말을 하는 장으로, 성찰하며 소통하고 싶은 작은 소망을 담아 재미없고 형편없는 글들을 뻔뻔하게 누리집에 올렸다. 줄곧 쓰니 학교생활을 환히 들여다볼 수 있어 좋다는 부모들 말에 힘을 얻어 포기하지 않고 쓰게 된 것인지도 모르겠다. 다시 읽어 보니 무슨 공부들을 많이 했는지 알 수 있어 좋기는 한데 성찰하는 힘이 부족함이 많이 아쉽다.

지난해 12월 평가회와 올해 2월 학교에 돌아와 가장 마음 써서 살핀 게 동료 선생들과 공동체 식구들이다. 한 해가 비어 있어 나올 틈과 부족함, 호흡을 생각했지만, 역시 개인을 완성하는 어울림이 주는 힘을 확인했다. 안식년 교사가 그동안 했던 몫을 여러 선생들이 어떻게 채우고 교사회 힘을 쌓았는지 알게 되었고, 그 노고와 애씀에 새삼 미안하고 고마웠다. 봄 학기 거치면서 예전 대표 교사를 맡을 때와는 다르게 몸과 마음을 쓰는 나 자신을 보게 되었다. 푸른샘 모둠 교육 활동을 중심으로 생각할 게 더 많고 보이는 게 더 많아졌기 때문이기도 하고, 워낙 동료들이 이전에 내가 했던 노릇을 척척 해 가고 있었기 때문이다. 연차가 쌓여 갈수록 교육의 중심으로 우뚝 서고, 아이들과 학교에서 없어서는 안 될 존재가 되어 가는 그들이 자랑스럽고 함께함이 고마웠다. 때론 혼자 생각으로 어찌 보면 오래된 선생이란 존재가 선생들에게 혹시 또 다른 부담이 되는 게 아닌지 싶어 학교 안팎을 둘러보며 내 할 일을 만들어 가기도 했다. 끝내 토론하고 뜻을 모으면 되는 문제를 툭 던지듯 꺼내, 온몸과 마음을 다해 살아가는 동지를 어리석게도 아프게 한 적도 있다. 그렇게 이해받고 도움받으며 일 년의 빈 시간을 채워 넣는 때로 봄과 여름을 쓰며 함께 살아갈 자세와 태도를 배운 셈이다.

집에서도 역시 아내와 아들들의 도움으로 아버지 자리를 유지하고 살았다. 달리 미안하고 고맙다는 말과 사랑한다는 말밖에는 할 말이 없다. 더 표현하고 몸으로 애쓸 일만 남았는데 늘 그게 안 되니 큰일이다. 봄과 여름, 어머니와 아버지가 줄곧 편찮으셔서 시골 병원에 자주 오가다 보니 마음이 많이 무거운 때가 많았는데 아이들이 선생 마음을 참 많이도 달래 주고 웃게 해 주었다. 그래서일까. 부모님이 모두 병원에 계시고 더 심각한 상황에서도 웃음을 잃지 않고 학교에서 살아갈 수 있었다. 아직도 어머니 아버지를 생각하면 죄송할 뿐이다. 멀리 사는 자식 처지를 먼저 생각하는 부모님을 보며 삶의 자세를 다시 가다듬는다.

자꾸 생각해도 봄·여름 학기 참 좋았다. 기운찬 학교 식구들과 새 터전에서 같이 집 짓고 사는 꿈을 꾼 시간이 고맙고, 날마다 아이들과 놀고 일하며 웃었던 시간이 자꾸 떠오른다. 그래서 부족한 몸과 마음을 다잡고 선생 노릇하겠다고 고집 부리는지도 모르겠다. 사실 이제야 아이들이 주는 사랑과 아이들이 얼마나 예쁜지 깨달아 가는 것일지도! 앞날을 생각하면 무거운 주제가 꼬리를 물고 이어지지만, 근거 없는 낙관의 힘과 함께 꿈을 꾸는 든든한 사람들이 있어 지금 행복한 길을 걸어가련다. 유하가 쓴 시처럼 달팽이는 빠르다.

2013. 8. 23. 쇠날.

지리산 종주 졸업 여행 1

서울남부터미널에서 일찍 버스를 타고 구례터미널에 닿아 성삼재 가는 버스를 타려고 하니 지리산에 비가 많이 온다고 버스가 가지 않는다. 먼저 터미널 식당에서 김밥과 라면으로 밥을 든든히 먹고 기다리다 화엄사 가는 버스를 탔다. 화엄사 아래 지리산 탐방 안내소에서 기다리며 안내소 직원에게 입산 금지가 풀렸는지 자꾸 물어본다.

다행히 입산 금지가 다시 풀려 성삼재 가는 버스를 용케 타고 노고단에 오르니 땀이 난다. 윤영이 아버지 어머니는 바로 내려가야 해서 같이 사진 찍고 성삼재에서 헤어졌다. 세영이가 사진에 없어 많이 허전한데, 아이들이 세영이가 보내 준 응원 목소리 듣고 정말 좋아한다. 성삼재에서 한 시간 반쯤 걸려 노고단대피소에 닿으니 비가 그쳐 아이들은 뛰어다니며 놀고, 아버지들과 삼겹살을 굽고 열세 사람이 먹을 밥을 코펠에 해서 맛있게 저녁 먹고 노고단 대피소에서 잠을 잘 때까지 날씨가 좋다. 밥 짓는 아버지들 호흡이 척척 맞아간다. 첫날 지리산 못 오를까 봐 걱정하며 지리산 아래에서 묵을 민박집 찾을 생각까지 했는데 운이 좋게 지리산에 들어왔다. 산 아래와 산 위가 이렇게 다르다. 하늘이 우리를 돕는다.

새벽

잠이 깨버렸다. 비는 타닥타닥, 숨소리는 크르르푸후. 한 번 깨버린 잠은 다시 오지 않고 벌써 연하천까지 걷는 모습이 떠오른다. 모두 건강하게 아무 탈 없이 지리산을 안고 가기를 빈다. 날씨 때문에 가슴 졸이며 지리산 입산을 기다린 보람이 모두에게 가득하기를.

네 시부터 밥 하려는데 두 시간이나 남았다. 아이들은 잘 잔다. 비옷 입고 걷는 게 쉽지 않은데 걱정이다. 왼쪽 무릎이 시큰거린다. 입술 왼쪽과 오른쪽 엉덩이 염증도 신경을 긁는다. 지리산 땀이 치유하기를 바란다. 유찬이가 2층 침대에서 부스럭거리더니 화장실 간다고 내려왔다. 전등을 들려 줬는데 금세 다시 들어온다. 비가 많이 와서 그냥 들어왔단다. 볼일도 못 보고 침대로 올라가는 걸 잡아 우산 꺼내 주니 잘 다녀온다. 갑자기 유찬 아버지가 깨더니 다음 차례로 화장실에 간다. 세 시도 안 돼 잠이 깨어 큰일 났다. 빗속을 뚫고 아이들이 잘 걸어야 할 텐데.

2013. 8. 24. 흙날.

지리산 종주 졸업 여행 ❷

새벽부터 비가 내리더니 하루 종일 비가 내린다. 챙겨간 우산 하나로 부지런히 대피소에서 밥 짓는 곳까지 오가며 점심 주먹밥을 싸고, 아침밥을 하는데 새벽에 빗속을 뚫고 성삼재에서 올라오는 사람들로 취사장이 가득 찼다. 아이들 모두 깨워 밥을 먹고 비옷을 입고 노고단 대피소를 나선다. 하룻밤을 같이 보낸 근학 아버지는 성삼재로 내려가고, 노고단을 넘어 임걸령, 노루목을 지나 삼도봉, 화개재를 거쳐 토끼봉을 넘기 앞서 비를 맞으며 주먹밥을 먹고 토끼봉, 명선봉을 넘는다. 가랑비가 내리다 장대비처럼 쏟아지고, 신발은 물로 가득 차고, 얼굴에는 땀과 비가 섞여 내리고, 쉬다 보면 추워서 바로 떠나야 하니 아이들과 함께하는 종주에서 가장 힘든 날씨다. 밤이 되어서야 빗소리가 잦아들더니 별과 구름, 달이 모습을 보이기를 잠깐, 다시 줄곧 비가 온다. 아주 힘든 날 아이들과 어른들 모두 잘 이겨내고 잘 먹고 잘 잔다.

장대비를 뚫고

연하천에 닿아 새참으로 라면 먹고 쉬는데 갑자기 연하천 대피소 방송이 나온다. 모두 하산하란다. 호우주의보로 입산이 통제되어 대피소 예약이 모두 취소됐다고, 대피소 운영을 안 한다고 내려가라는 말이다. 이 무슨 황당하고 지랄 같은 일이란 말인가. 이 빗속에 아이들과 하산하라니 미친 소리다. 더 위험하고 내려갈 힘도 없고 지칠 대로 지쳐서 걸을 수가 없다. 우리가 노고단에서 어떤 장대비를 뚫고 여기까지 왔는데, 빗속에서 밥을 먹고 추워서 충분히 쉬지도 못하고 연하천을 부르며 달려왔는데, 진짜로 문을 안 열어 주면 문을 부숴야지 마음먹고 절대 내려갈 수 없다는 결의를 다진다. 잠시 뒤에 대피소 직원이 내려와 예약자는 재운다고 한다. 더욱이 우리 아이들 때문에 본디 계획과 다르게 3시 40분에 대피소를 개방하겠다고 한다. 순간 마음을 곱게 먹지 않았던 조금 전이 부끄럽다. 예상은 했지만 그대로 되니 다행이고, 우리를 돕는 하늘과 지리산을 의심하지 않는다. 어제 지리산 입산 통제, 오늘 지리산 하산 방송까지 정말 우리를 시험에 들게 하며 마음을 굳게 먹도록 하는 하늘이다.

그런데 40분이 되었는데도 대피소에 입실하라는 소리가 나오지 않는다. 발과 온몸이 젖어 추워서 어서 옷을 갈아입고 쉬고 싶은 생각이 간절한 터라 우리 근학이가 대피소로 달려간다. 그 덕분일까? 근학이의 재촉하는 발걸음 덕분에 4시에 입실해서 옷을 갈아입고 나니 모두 살 것 같다. 축축함과 눅눅함 대신 따뜻함과 개운함이 밀려온다. 옷만 갈아입어도 살 것 같아 일상에서 변덕이 죽 끓듯 하는 사람 마음을 배운다.

쉬시지도 않고 곧바로 몸을 놀리는 유찬 아버지, 정빈 아버지, 수빈 아버지와 선생들이 있어 13명이나 되는 종주대가 잘 먹는다. 아이들이 들어가고 어른들은 저녁 먹고 마시는 독주로 속이 뜨끈하다. 그렇게 힘들어하던 아이들도 다시 살아나고 연하천 밤이 깊어간다. 예보대로 내일 구름과 해를 보기를 몹시 빌고 있다.

저녁 일찍 6시 30분이 되어 자기 시작해서 깨어 보니 밤 9시다. 우진이랑 화장실에 갔다 와서 다시 누웠는데 잠이 달아났다. 다행히 밤하늘에 별과 달이 보여 내일을 설레게 한다. 대피소 안이 덥고 습해서 땀이 난다. 오늘 10.5㎞를 비 맞고 걸었다. 지리산 종주 사상 처음 있는 일이다. 장대비를 뚫고 추위를 이겨내며 아이들이 정말 잘 걸어 눈물이 날 정도로 감동이 쌓였다. 비옷 안에도, 온몸과 발이 축축하고 신발에 물이 가득한 채로 걸었는데 이제야 퉁퉁 불은 발이 고슬고슬하다. 그렇지만 신발은 젖은 상태 그대로라 내일 다시 불겠지. 언제 연하천이 나오느냐며 봉우리 넘을 때마다 묻던 아이들은 잘 자고 있다. 양옆에서 스테레오로 코를 고는 분들과 밤빗소리가 자꾸 잠을 방해한다.

지리산 종주 졸업 여행 3

끝내 비가 그치고 연하천 대피소 멀리 먼동이 트는 새벽하늘이 우리를 기쁘게 한다. 밤사이 신발이 조금 말랐지만, 영리한 아이들은 비닐로 발을 감싸고 신발을 신는다. 비옷을 입지 않으니 얼마나 상쾌한지 모르겠다. 연하천 대피소를 배경으로 사진을 찍고, 형제봉에서 한참을 쉬며 멋진 구름과 굽이굽이 펼쳐진 지리산 자락을 눈으로 즐긴다.

두 시간쯤 걸려 닿은 벽소령 대피소 쉼을 뒤로 하고 선비샘에서 목을 축이고 세석 대피소에서 라면과 주먹밥으로 점심을 먹는다. 늦게 온 근학이와 김상미 선생은 충분히 먹을 시간도 없이 촛대봉, 연하봉을 넘는다. 드디어 종주 마지막 대피소 장터목이 그렇게 반가울 수가 없다. 늦은 사람 하나 없이 6시 안에 모두 들어와 장터목 대피소 바람을 맞아가며 카레밥을 먹는다. 비를 맞지 않고 좋은 산길을 걸으며 능선을 타니 살맛 나는 날이다. 자신과 싸움을 이겨낸 6기 지리산 종주대에 참여한 모두가 자랑스럽다.

마지막 남은 약간의 곡차가 참 맛있고 별과 달이 내일 천왕봉 해돋이를 보여줄 것 같아 심장이 두근거린다.

전설

한 시에 잠이 깼다. 우진이가 화장실 간다고 깨고 근학이도 깨어 있다. 끝내 다다른 천왕봉 아래 장터목. 느낌과 생각이 새삼스럽다. 보고 싶은 얼굴들이 떠오른다. 식구들, 아이들, 선생들, 부모들 그리고 친구들이 있어 내가 있음을 생각한다. 밖에 일 보러 나갔더니 멋진 해돋이를 예감케 하는 별들과 달이 빛나고 구름이 발아래다. 와, 천왕봉 해돋이를 볼 수 있겠다. 아이들과 함께한 다섯 차례 지리산 종주에서 한 번도 놓치지 않고 천왕봉 일출을 보여 준 지리산이 얼마나 고마운지, 지리산의 전설이 줄곧 된다는 설렘이 가슴을 벅차오르게 한다. 전설은 줄곧 된다. 그래서 전설로 남고 퇴장할 때가 다가온다. 해마다 해돋이 기운을 담아 사랑을 보낸다. 호우주의보, 입산 통제, 화엄사 대기, 연하천까지 장대비, 연하천 하산 방송, 긴장된 기다림, 그리고 달과 해. 이제 2013 지리산 종주 졸업 여행의 정점으로 천왕봉 해돋이를 기다린다.

오르막과 내리막길이 우리네 삶의 모습임을 가르쳐 주는 지리산, 간절함과 절실함이 꿈을 이루게 함을 보여 주는 지리산에 푹 빠진 며칠이다. 6학년 아이들이 대견하고 고맙고 자랑스럽다. 함께한 부모들이 있어 열셋 종주 동지들이 잘 먹고 서로 힘을 냈다. 천왕봉 일출아, 기대한다. 너의 빛남으로 세상을 밝히고 종주의 마침표를 찍어다오.

연하천을 떠나 벽소령, 세석, 장터목 대피소까지 하루 일정은 근학이와 기다려 준 동무들, 종주대 모두의 값진 열매다. 저녁에 먹은 카레와 짜장, 누룽지와 복분자가 정말 맛있다. 아이들이 아버지들을 줄곧 챙기고 같이 걸어 얼마나 기쁜지. 아이들에게 천왕봉 일출을 보여줄 수 있겠다 싶어 좋다. 하늘이 허락하였기에 장관을 본다. 해돋이 추위와 찬란한 빛남을 만나러 가자.

지리산 종주 졸업 여행 4

천왕봉 아래 장터목대피소에서 올려다본 새벽달과 별이 눈이 부시다. 전등을 켜지 않고도 달빛으로 걸을 만하다. 한 시간쯤 걸려 제석봉을 넘어 5시 20분쯤 천왕봉에 닿으니 어둠이 머뭇거려 아직 검은 세상이다. 멀리서 어둠 속에 붉은 노을이 시작되고 어둠이 물러나는 때 구름바다가 다른 세상 같다. 5시 50분쯤 멀리 하늘이 차츰 붉어지더니 비가 있어야 볼 수 있던 구름바다 위로 눈부신 천왕봉 해돋이가 시작된다. 새벽 찬 기운과 바람, 추위도 해돋이 장관에 넋을 잃은 우리를 어찌하지 못한다. 아무말도 못 하고 멍하니 바라보다 사진을 찍고 아이들을 해와 함께 담는다. 눈부시게 떠오르는 해가 그동안 빗속 산길을 뚫고 땀을 흘리며 왔던 시간과 마음을 어루만져주는 듯하다. 우리 아이들 몸과 마음에 지리산이 자리 잡기를 바랄 뿐이다.

하산

천왕봉 해돋이를 보고 장터목으로 내려와 라면을 끓인다. 천왕봉 일출을 보고 내려와서 끓여 먹는 라면 맛이란 먹어 본 사람만이 안다. 그동안 산에서 만든 쓰레기를 가득 모아 봉지에 담아 가방에 넣는 아버지들을 보고 아이들은 배운다. 마지막 장터목 대피소 앞에서 사진을 찍고 공사하러 날아드는 헬기도 구경하고 백무동 길로 내려간다. 본디 중산리로 내려가려고 했는데 무릎이 안 좋은 사람들이 있어 서울로 바로 올라가는 버스를 한 번에 탈 수 있는 백무동으로 길을 잡았다. 거리로는 장터목에서 5.8㎞인 백무동이 중산리길보다 약 400m쯤 더 먼데, 내려가는 길이 더 편하고 서울 가는 버스를 바로 탈 수 있어, 원지로 다시 나가서 갈아타야 하는 중산리 길을 대신한다. 금서와 성혁이가 함께한 첫 지리산 종주에서 내려간 길인데 그 뒤로는 줄곧 중산리 길로 가곤 했다가 다시 백무동 길의 매력에 빠진다. 2008년 백무동 하산길에 참샘까지 가파른 길에서 금서 아버지가 정말 무릎 때문에 애를 먹었던 기억이 새롭다. 앞서던 수빈, 우진, 윤영, 유찬이와 골짜기 물에 담을 담그고 쉬는데 정말 좋다. 지켜만 보던 유찬이가 신을 벗고 물에 발을 넣은 모습이 모두를 웃게 한다.

마침내 닿은 백무동 하산길의 끝, 모두 벌렁 누워 하늘을 바라보니 햇살이 따갑다. 2008년에도 하산하고 만난 바로 첫 가게에서 막걸리를 마셨던 기억이 다시 나고 준범 아버지와 금서 아버지 구슬픈 노랫가락도 들리는 듯하다. 아이들에게 얼음과자를 안기고 어른들은 막걸리 한 사발을 들이키니 종주를 마쳤다는 안도감과 막걸리 시원함이 온몸의 긴장을 풀리게 한다.

종주 마지막 만찬으로 소개받은 식당에서 흑돼지 두루치기에 싹싹 밥을 비우는 아이들에게 다시 거꾸로 종주할까 하니 그러자며 그러지 못할 것이라는 확신을 담아 쐐기를 박는다. 아이들은 씩씩하고 얼굴은 빛난다. 사흘 밤 나흘 낮 충분히 씻지도 못하고, 비옷을 입었다지만 하루 종일 비를 맞고 걸으며 땀과 비가 섞여 흐르고, 땀 냄새 나는 대피소에서 곤하게 자고, 굽이굽이 펼쳐진 산자락과 능선 그리고 구름바다와 하늘, 일출을 기억하는 아이들을 다시 쳐다본다. 함께했기에 할 수 있는 종주임을, 서로가 얼마나 소중하고 아름다운지를 기억하기를. 서울 올라오는 차 안에서 도시 빌딩 숲으로 지는 해를 보았다. 세상을 물들여가는 붉음은 같은데 지리산 바람과 노을, 구름바다를 물들이며 하늘을 바꾸어 가는 붉음과는 견주지 못하겠더라.

가을

맛있는 학교
즐거운 학교

우리 순돌이

승민이가 늦게 온다. 리코더를 부는데 정우가 리코더를 가져오지 못해 손으로 부는 연습을 한다. 구멍 막고 소리내기 연습을 줄곧 해야 한다. 도레미파솔라시도와 불콩 불기 마치는데 남민주가 아주 현란한 손놀림으로 멋진 곡을 들려준다. 나중에 배워야겠다.

아침 읽어 주는 책으로 《우리 순돌이》를 골랐다. 맑은샘학교 아이들과 순돌이가 나오는 이야기책인데, 사실은 아이들 들려주려고 선생이 쓴 거다. 이주영 선생님에게 보낸 적이 있는데 아주 날것 냄새가 풀풀 난다고 한참 어색한 표현도 잡아 주시고 도움말을 넣은 글을 보내 주셨다. 할 수 있는 수준에서 다시 고쳐서 보냈는데 다시 읽어 봐도 고칠 것 투성이다. 어디 발표할 것도 아니고 동화 작가도 아니기에 우리 아이들에게 들려줄 책이니 서투르고 못나도 재미나게 읽어 주면 된다는 생각에 목소리에 더 울림을 넣어 읽는다.

"선생님! 빨리 나와 봐요! 순돌이가 훈이 형 물려고 해요!"
선생님이 번개처럼 뛰어오더니 훈이 형한테 달려드는 순돌이를 잡았다.
무섭게 순돌이를 혼낸다.
"너 왜 그래? 혼나야겠어!" 하면서 순돌이 목줄을 잡아서 끌고 갔다.
순돌이가 겁을 먹었나 눈이 착해졌다.
근데 순돌이가 왜 그랬을까?
어쩌다 장난치다 손을 물려고 한 적은 있어도 이렇게 무섭게 짖고 달려든 적은 없었는데.

훈이 형은 아직도 울면서 소리를 지른다.

"순돌이 팔아버려야 돼! 저 못된 개새끼가 나를 죽이려고 하네."

막 화를 내면서 욕도 한다.

"그렇다고 순돌이를 팔라고 하나, 자기가 잘못한 게 있어서 순돌이가 그 랬겠지."

이렇게 말하려다 그만뒀다.

·· (중략) ··

좀 읽어 가다 아이들 표정을 보며 묻는다.

"얘들아, 재미있어?"

"네, 더 읽어 주세요."

한 이야기가 끝날 때마다 물어보는데 줄곧 읽어달라는 말이 나와 읽다 보니 벌써 시간이 40분쯤 지나고 열 개 이야기 가운데 다섯 개를 읽었다. 우리 아이들 이름과 아이들이 잘 아는 순돌이 이야기인지라 모두 집중해서 들으니 읽어 주는 사람도 기분이 좋다. 읽는 중간에 승민이랑 현택이가 어머니랑 같이 들어왔다. 아침에 사정이 생겨 현택이를 학교에 데리고 와야 해서 그렇다. 문밖에서 2학년 규태가 한참을 듣는다. 익숙한 이야기가 크게 흘러나오니 궁금했나 보다. 그렇게 한참을 책 읽고 나니 배가 고프다.

비가 와서 마당에 나가지 않고 교실에서 줄곧 공부를 하는 날이라 조금 쉰 뒤 수학 공부를 한다. 선 그리기로 대칭과 사선을 익히고 쉬는데 승민이와 승민이 어머니가 밖에 갔다 와야 해서 먼저 나가고 현택이가 푸른샘 아이들과 같이 노는데 우리 현택이 거침없이 달리고 논다.

아이들이 좋아하는 머릿셈을 한참 하니 스물세 쪽이 넘는다. 뭐 한 자릿수 더하기라 어려워하지 않아 줄곧 한다. 점심시간까지 저마다 머릿셈 책에 같이 100점도 써넣고 즐거운 한때다.

점심시간이라 먼저 밥 먹을 준비를 하러 나갔는데 앗, 큰일이 났다. 밥통 밥이 모두 생쌀이다. 세 개 밥통을 같은 콘센트에 꽂아 밥을 하면 불이 나가는 줄 모르고 밥 당번 아이들이 같은 곳에 세 개를 모두 꽂아 놓은 거다. 생쌀이라 큰일이다 싶었는데 점심 반찬을 갖고 온 우진 어머니가 아주 재빠르게 생쌀 밥을 퍼서 찌고 밥통 한 솥에는 물을 더 붓고 쾌속밥 짓기를 누르니 마음이 편하다. 평소보다 15분쯤 늦게 밥을 먹는데 아이들이 배가 고프기도 하고 점심 반찬으로 나온 닭볶음과 김이 맛있어 밥을 잘 먹는다.

개학하고 첫 주라 어제는 마당에 익숙해 가고, 오늘은 교실에 익숙해 가는 공부를 줄곧 했다. 거침없는 푸른샘 아이들 기운이 펄펄 솟아나온다. 아이들 모습에 빙그레 웃음이 절로 나오고 가을 학기가 시작됐음을 알게 하는 하루다. 선생의 몸과 마음 채비, 수업 준비가 얼마나 중요한지 다시 생각해 본다. 내일 공부를 위해 더 애써 준비하고 찾아야 할 게 뭘까?

2013. 8. 30. 쇠날.
햇볕이 따갑다. 바람이 선선하게 부는 가을이다.

고구마 순

점심때 학교에 들어오니 뜨거운 가을 햇살에 텃밭에서 일하고 온 티가 많이 난다. 높은샘 4, 5, 6학년은 열리는 어린이집 텃밭으로 가고, 낮은샘 1, 2, 3학년은 양재천 텃밭으로 가서 고추 따고 거름 넣고 밭을 뒤집어 쪽파도 심고 갓 씨를 뿌리고 고구마 순을 땄는데, 가을 햇볕이 따가워서 선생들이 땀을 많이 흘렸나 보다. 고구마 순이 수북이 쌓여 있고 빨간 고추와 풋고추도 보인다. 밥 먹고 빨간 고추를 따로 모아 가위로 잘라 채반에 널어 마당에 펼쳐놓고, 고구마 순을 소쿠리에 담아 교사실 앞 평상으로 나갔다. 김상미 선생, 권진숙 선생, 승민 어머니, 윤영이와 수빈이랑 고구마 순 껍질을 벗기는데 우리 수빈이와 윤영이 입담이 즐겁다. 지리산 두 소녀가 꺼내는 이야기 덕분에 웃다 고구마순 껍질 벗기다 보니 어느새 청소 시간이다. 어제 마당 풀은 조금 잡아 놓은 상태이고 우진이와 지우가 마당 청소라 두 아이에게 맡겨 놓고 아주 마음먹고 고구마 순을 줄곧 벗기고 있는데, 청소를 일찍 마친 희주가 평상으로 오더니 고구마 순 껍질을 벗긴다. 우리 아이들은 선생들이 뭔가 줄곧 하고 있으면 꼭 한 번씩 해 보고 재미있으면 아주 집중해서 하는데 오늘도 그렇다.

낮 공부로 알찬샘 아이들은 마당에서 천막 펼치고 벼 이삭 그림을 그리고, 옹달샘은 오늘 딴 고추랑 고구마 순을 그리고 있다. 누리샘 아이들은 평상에서 의자 만드는 목공 수업 중이다. 지난 물날에 그림 그리기를 한 푸른샘 낮 공부는 고구마 순 껍질 벗기고 생일 편지 쓰는 것이라 교실에 모두 둘러앉아 고구마 순 껍질을 벗긴다. 처음에는 일처럼 보이는 듯 그다지 하고 싶지 않아 하더니 슬슬 일놀이에 빠진다.

"너희들 오늘 고구마 순 몇 개나 땄어? 한 100개씩 땄니?"

"아니요. 30개씩, 50개씩 따라고 했어요."

"그랬군. 고구마 순 껍질 벗겨서 고구마 순 김치를 담가 먹으면 진짜로 맛있어. 선생님이 여름에 가장 좋아하는 김치야. 너희들도 먹어 봤니?"

"아뇨. 선생님 그냥 놀면 안 돼요?"

"응, 안 돼. 고구마 순 껍질 벗기지 않으면 애써 딴 고구마 순을 다 버려야 해. 그리고 고구마 순을 너희들이 잘 따 줘서 고구마가 아주 굵을 거야. 고구마도 크고 고구마 순도 먹을 수 있으니 얼마나 좋아. 조금 재미없어 보여도 해 보자. 하다 보면 재미있어. 아, 고구마 순 껍질로 한 판 하는 건 어때? 자, 덤벼 봐!"

고구마 순 껍질로 질경이 풀싸움처럼 하니 아이들 눈이 빛난다.

"어때, 재미있지? 한 번 도전해 보세요~"

"저랑 해요, 선생님!"

"좋아! 한 판 하자. 어때, 안 되겠지? 선생님처럼 껍질을 한 번에 벗기면 이렇게 두껍게 되어 유리한데. 자, 선생님 손을 봐봐. 고구마 순을 끝 쪽에서 쭉 천천히 내리면 돼."

아이들 손놀림이 아주 바빠지더니 한 판씩 하니 아주 떠들썩하다.

"선생님! 한 판 해요!"

선생이 줄곧 이기니 아이들이 손놀림이 빨라진다. 고구마 순 껍질을 아주 여러 겹으로 쌓아 밧줄을 만들자는 말에 강산이가 벗겨 놓은 고구마 순 껍질을 집어 든다. 정우가 강산이 고구마 순 밧줄 만드는 데 고구마 순 껍질을 보태고, 민주 고구마 순 껍질 만드는 데 선생이 보태는 동안 지빈이는 아주 열심히 고구마 순 껍질을 벗기더니 드디어 한 번에 두꺼운 껍질을 들어 보인다.

"선생님~ 여기 봐요!"

"와, 지빈이 대단하다! 정말 끊어지지 않게 긴 껍질을 벗겼네. 이제 고구마 순 벗기기 달인이야."

민주와 강산이는 줄곧 고구마 순 껍질을 모아 차곡차곡 모아 두껍게 만다. 그렇게 노는 동안 고구마 순 껍질을 정말 많이 벗겼다. 승민 어머니와 승민이도 척척 고구마 순 속살을 드러낸다.

한 30분, 아이들이 고구마 순을 벗긴 다음 3학년 유찬이와 종민이 생일 편지를 쓴다. 아이들이 편지 쓰는 동안에도 줄곧 고구마 순을 벗기니 3시 모두 마침회 할 때쯤에는 엄지와 검지 손톱이 까맣고 엄지손

톱 아래가 쓰리다. 그저께 서민주 어머니가 담가 보내준 고구마 순 김치를 생일잔치 떡에 곁들여 먹는데, 어찌나 맛이 좋은지 선생들도 모두 젓가락질을 한다. 아삭아삭 씹는 맛과 매콤한 김치 양념에 절로 밥이 생각난다. 선생들 모두 다시 달라붙어 남은 고구마 순 껍질을 벗기고 벗기다 학교를 마친다. 쇳날은 긴 교사회의 없이 가는 날이라 내일 들살이 짐 서둘러 챙기고 모둠살이 하는 아이들을 데리고 학교를 나섰다. 8단지 놀이터에서 현서랑 고구마 순을 벗기고 있으니 지나가던 사람들이 쳐다보고 간다. 학교 마치고 집에 갈 때까지 줄곧 고구마 순 껍질을 벗긴 하루다.

고구마 순 김치는 여름이면 내게는 아주 특별한 음식이다. 고구마 순 김치를 얼마나 잘 먹는지 해마다 여름이면 어머니는 고구마 순 김치를 해 놓고 휴가 때 내려오는 자식을 기다렸다. 그런데 올해는 고구마 순 김치를 담가 줄 어머니가 줄곧 병원에 계신다. 2주 전에는 시골 병원에 갔다 과천에 올라오는 날 바로 학교 텃밭에 가서 고구마 순을 잔뜩 뜯어 왔다. 아내가 담근 고구마 순 김치를 와삭와삭 씹어 먹는데 어머니가 자꾸 생각났다. 그렇게 고구마 순 김치를 한 번 푸짐하게 먹고 오늘 다시 고구마 순 김치를 먹는다. 다음 주에는 아이들과 고구마 순 김치를 담그려는 모둠도 있고, 담근 고구마 순 김치 맛도 아이들과 볼 것이니 몸과 마음이 즐겁겠다.

나도 해바라기처럼 커지면 좋겠다

아침나절 공부로 글쓰기 시간에 종합장과 연필 들고 텃밭에 갑니다. 걸어가다 보면 우리 학교 농구대가 있는 하리공원 옆에 꽃사과나무가 있어요. 먹을 걸 보고 그냥 지나칠 리 없는 푸른샘 아이들이 꽃사과 잘 익은 걸 골라서 입에 넣고도 따 달라 소리가 큽니다.

"선생님, 저 쪽에 있는 거요. 네, 그거 따 주세요."
"너무 많이 먹는 거 아니니? 아니, 맛만 보라고 했더니. 그만 먹어~ 배 아파. 그리고 맛도 쓰잖아."
"아니에요. 맛있어요."
"조금 쓰긴 해요."
겨우 선생이 말려 텃밭으로 갔어요. 새로 고친 열리는 어린이집이 참 멋집니다. 텃밭에 가니 풀이 무성해요. 그 사이로 잘 자란 오이가 보입니다.
"얘들아, 오이야."
"와, 선생님 여기도 있어요."
"잘 따세요. 이건 지금 안 따면 못 먹을 정도인데. 빨리 따서 먹어야겠어."
"선생님, 근데 여기 우리 밭이 아닌 것 같아요."
화들짝 놀라서 옆을 보니 정말 우리 고랑이 아니에요. 두 고랑을 빌렸는데 옆에 두 고랑이 있지 뭐예요. 밭 끝 고랑에 워낙 풀이 많아 밭고

178

랑이 아닌 줄 알았습니다. 선생이 제대로 실수했습니다.

"애들아, 우리 밭고랑이 아니다. 오이 딴 거는 여기 그대로 두면 가져가실 거야. 딸 때가 된 오이라 다행이야."

오이를 그늘에 모아 놓고 우리 밭고랑으로 오니 고구마 순, 해바라기가 정말 잘 자라고 있습니다. 쪽파와 갓도 싹이 올라왔어요.

"와, 애들아, 여기 봐. 싹이 나왔어. 와, 해바라기 키 좀 봐. 와, 우리 늙은 오이야."

엊그제 김상미 선생이 말한, 나중에 씨받자고 한 늙은 오이입니다. 아이들은 선생 말에 잠깐 쳐다보더니 이내 재미있는 놀이에 빠져 있어요. 가만히 보니 학교에서 아침부터 하던 돋보기 놀이입니다. 두 아이가 쪼그려 앉아 돋보기로 햇빛을 모아 마른 풀에 불을 피우고 있어요. 강산이와 정우입니다. 민주와 지빈이도 재미있어 보이는지 줄곧 같이 있습니다.

"선생님, 연기가 나요."

"와, 드디어 햇빛을 돋보기로 모아 불을 냈구나. 그런데 아침부터 줄곧 해서 너희들 밤에 오줌 누는 거 아니야?"

선생은 고구마 순 고랑 풀을 잡고 고구마 순을 따며 한참을 땀을 흘리며 일합니다. 허리 펴고 보니 아이들이 그때까지도 줄곧 돋보기로 햇빛을 모으는 놀이에 빠져 있어요. 대단한 인내력과 집중력입니다.

슬슬 들고 온 종합장에 글을 쓸 때입니다. 애들을 불러 쪽파, 해바라기, 돋보기 불놀이 뭐든지 제목을 잡아 짧게 쓰라고 하니 모두 살아 있는 시를 씁니다. 아이들 시를 읽다 혼자 감동하며 웃습니다.

돋보기

엄정우

오늘 돋보기로 불 붙였다.
재밌다.
어른들은 오줌 싼다라고 한다.

불 피우기

유강산

불 피우기가 정말 재미있었다.
또 재밌다.
햇빛을 돋보기로 모아서 불 피우는 게 재미있다.

해바라기

남민주

나도 해바라기처럼 커지면 좋겠다.

쪽파

한지빈

쪽파가 일찍 자랐다.
나도 그렇게 일찍 자라고 싶다.

고구마 순 가득 안고 학교로 들어오니 승민이가 와 있어요. 오늘도 치료실에 다녀와서 좀 늦었어요. 모두 조금 놀다 거둠달 9월 달력을 만들어요. 이제 달력 만들기는 속도가 제법 납니다. 한 달 표를 만들어 절기와 학교 공부를 써넣는 건 익숙해요. 달력 만들기를 마치고 나니 거둠달 9월이 벌써 끝난 느낌입니다.

밥 먹기 전에 푸른샘 아이들과 고구마 순 껍질을 벗기는데 정빈이가 오더니,

"야, 너희들 일하느라 힘들겠다." 그럽니다.

그러자 아이들이,

"이거 일 아닌데. 얼마나 재밌는 놀인데. 형도 와서 해 봐. 재밌어. 이렇게 말이야."

"혁, 이해하기 힘들군. 너희들 정말 이상해."

정빈이 특유의 몸짓과 말투가 재미있습니다.

"어, 진짜 재밌는데."

푸른샘 아이들도 형이 이상하다는 듯 고구마 순 껍질을 벗깁니다. 껍질이 많이 모이자 강산이가 요리사처럼 말합니다.

"자, 냉면 나왔어요. 냉면 드세요."

"나는 국수!"

먹는 이야기 하니까 모두들 갑자기 배가 고파졌어요.

점심때도 평상에 앉아 고구마 순 껍질을 벗기는데 현서, 희주가 달려옵니다. 태인이랑 서민주, 유정, 성범이도 껍질 벗기기에 빠졌습니다.

"얘들아, 이거 자꾸 하면 중독된 것처럼 줄곧 하게 되니 조심해."

"선생님, 껍질이 잘 벗겨지면 기분이 정말 시원해요."

"맞아요. 점점 껍질 벗기기 달인이 되어 가는군요. 고구마 순 공장이 정말 잘 돌아가요. 와, 선생님 수제자 현서 고구마 껍질 벗기기는 대단하군요. 한 번에 다 벗겨버리네요. 고구마 순 껍질 벗기기 세계의 자랑

입니다."

선생이 하는 재미있는 말투에 아이들도 한마디씩 거드니 즐거운 수다로 웃음꽃이 피었습니다. 엄지손톱과 검지손톱에 검게 물든 때와 껍질 벗기는 데 쓰인 섬세한 오감과 명상의 힘이 오늘도 쌓입니다.

2013. 9. 6. 쇠날.
구름이 껴 햇살을 맞지 않아 놀기 좋다.
낮에 한두 방울 비가 떨어졌는데 금세 그쳤다.

일놀이

낮 공부로 텃밭에 갔는데 해바라기 씨 벗겨 먹느라 아이들이 바쁩니다. 가을 텃밭은 풀 뽑는 일도 거의 없고 물만 잘 주면 되는 거라 잘 자란 녀석들 거두는 일이 가장 중요하지요. 높이 자란 해바라기와 중력을 뚫고 올라오는 쪽파 싹, 칡넝쿨처럼 뻗어 가는 고구마 순 한 번 훑어보고 최명희 선생이 따 주는 해바라기 씨에 아이들 손이 몰립니다. 까만 껍질 벗겨 하얀 씨 꺼내 먹는 재미에 손과 입이 까맣습니다.

고구마 순은 자꾸 따 줘도 딸 게 많습니다. 8월 초가 아주 부드럽고 먹기 좋을 때지만, 지금도 부드러운 녀석들이 많습니다. 억센 순은 좀 더 삶으면 부드러워져서 먹을 만합니다. 밭 둘레를 둘러보던 최명희 선생이 운이 좋게 포도 줄기를 찾아 포도송이를 따와서 아이들에게 나눠 줍니다. 역시 텃밭엔 늘 관찰할 게 많고 놀잇감도 넘치고 먹을 것도 가득합니다. 비가 한두 방울 떨어지는데 피할 정도는 아니라 천천히 나가는데 성범이가 해바라기 잎을 따달라고 해요.

"선생님, 저 큰 잎으로 따 주세요. 우산으로 쓸 거예요."

정말 머리 위에 해바라기 큰 잎을 쓰고 가니 빗방울 피하기 좋을 것 같습니다.

학교로 들어와 따 온 고구마 순을 펼쳐 놓고 고구마 순 껍질 벗기기 대회를 열었어요.

"자, 그동안 고구마 순을 많이 벗겨 봤는데 오늘은 그 실력을 보여 줄 때입니다. 고구마 순 껍질을 잘 벗겨서 껍질 넓이를 재서 가장 넓은 사람에게 선생님이 맛있는 걸 주려고 해요. 자, 끝에서부터 이렇게 벗기 면 돼요. 재미있을 것 같지요? 준비됐나요? 자, 그럼 시작합니다!"

"선생님, 이렇게 벗기면 돼요?"

"선생님, 잘 벗겨졌어요!"

"선생님, 여기 좀 보세요. 어때요? 넓지요?

아이들이 신이 나서 고구마 순 껍질을 벗깁니다.

"혼자보다는 여럿이 같이 편으로 껍질을 모아 큰 걸로 내는 것도 좋 겠어요. 그럼 그 편 모두에게 맛있는 걸 주면 되잖아요."

선생 말에 벌써 힘을 합쳐 더 즐겁게 합니다. 경쟁하고 이겨서 자기 만 뭘 더 갖고 자기만 이득을 보는 일놀이는 없습니다. 모두 함께하고, 과정을 즐기고, 저마다 힘에 알맞게 하는 것뿐입니다. 결과로 아이들과 맛있는 것을 함께 나눠 먹으면 그만이지요. 고구마 순 껍질을 벗겨서 고 구마 순 나물과 김치를 만들어 모두 나눠 먹으면 모두가 좋은 일이니 즐겁습니다. 오늘은 병원에 있는 송순옥 선생에게 고구마 순 김치를 가 져다주자 하니 모두 좋아합니다. 양이 많지는 않고 아이들이 모두 달려 들어 하니 금세 껍질을 다 벗겨서 껍질 넓이를 재는 시간이 됐어요. 책 상에 저마다 가장 넓은 껍질을 펼쳐 놓고 보니 누구 게 가장 넓은지 구 분이 갑니다. 아이들이 현서 고구마 순 껍질이 가장 넓다고 해요. 역시 선생의 고구마 순 껍질 벗기기 수제자 현서입니다.

다음은 두 번째 놀이로 고구마 순 길이 재기입니다. 지금까지 벗긴 고구마 순 껍질을 모두 연결해서 가장 긴 쪽을 찾는 게지요. 매듭을 짓고 묶는 방법이 서투른 아이도 있지만, 서로 힘을 합쳐 하니 긴 줄이 금세 만들어져요. 드디어 모두들 긴 고구마 순 껍질을 묶어 길게 늘어뜨리는데 종민이와 성범이, 선생이 묶은 줄이 가장 길어 손뼉을 받습니다.

마지막 세 번째 놀이는 껍질을 두껍게 만들어 질경이 싸움처럼 끊어 먹기를 합니다. 고구마 순 껍질을 말아서 두툼하게 하더니 서로 힘을 겨루는데, 아주 볼만합니다.

즐거운 고구마 순 껍질 놀이를 마치고 글쓰기 공책에 시를 쓰는 시간입니다. 텃밭 일지로 쓰지 않고 텃밭에서 보고 듣고 일하고 맛본 것 가운데 쓰고 싶은 것을 쓰는 겁니다. 해바라기 씨, 고구마 순 껍질 놀이가 가장 많이 나오는데 모두 훌륭한 시 같습니다.

모두 모여 마침회를 하는 동안 아이들과 같이 벗긴 고구마 순을 데쳐 된장에 무칩니다. 마늘도 넣고 매실, 고춧가루, 식초도 넣습니다. 양파가 있으면 넣으려고 했는데 없어 텃밭에 따온 오이를 썰어 넣습니다. 아내가 무쳐 준 것만 먹다 혼자 해 보니 맛이 가늠이 안 됩니다. 아내에게 들은 대로 넣어 주물럭주물럭거리는데 괜히 군침이 돌아요. 마침회 마무리 선생들이 말할 차례에 얼른 들고 가 아이들에게 된장 버무린 고구마 순을 보여 줍니다.

"여러분들이 껍질을 벗겨준 고구마 순으로 이렇게 음식을 만들었어요. 양이 적어 많이 먹을 수는 없지만, 먹고 싶은 사람은 마침회 마치고 부엌으로 오세요. 병원에 있는 송순옥 선생님 반찬으로 가져다 줄 건데, 아마 좋아할 거예요."

마지막으로 쇠날 하루를 승민 아버지가 아이들과 함께 살았는데 아이들에게 선생님 말 더 잘 들으라는 부탁을 하시네요.

마침회가 끝나니 아이들이 부엌으로 달려옵니다. 역시 주로 낮은 학년 아이들이 많습니다. 입을 크게 벌리고 넣어 주는 고구마 순을 받아먹는데 정말 맛있게 먹습니다. 맛이 괜찮으냐는 말에 맛있다며 자꾸 달라 합니다. 1학년 민주랑 강산이는 얼마나 자꾸 먹는지 짠맛에 물을 많이 찾게 될 것 같아요. 병원에 가져갈 양 덜고 남은 고구마 순 된장 무침을 싹 비웠네요.

아이들과 살다 보면 시간이 금세 갑니다. 이런 삶 속에 있다 병원에 줄곧 누워 있을 송순옥 선생을 만나러 선생들이 아이들 편지랑 고구마 순 김치를 들고 나서는데 가을바람이 시원합니다.

2013. 9. 9. 달날.
긴 바지 반팔 옷을 입으니 그리 덥지도 춥지도 않다.
낮에 솔잎 딸 때는 땀이 난다.

자치기

뒷산 가는 길은 언제나 정겹습니다. 뒷산 들머리 밭에는 배추와 쪽파, 무가 우리 텃밭 애들보다 아주 크게 자랐습니다. 너무 일찍 자라면 벌레들이 많이 오긴 하는데 크게 키워 벌레들이랑 같이 나눠 먹는 것도 나쁘지는 않아요. 아직은 뒷산에 모기가 있어 오래 머무를 수가 없습니다. 지난주 씨앗 싹이 올라왔는지 보고 막대기 몇 개 주워들고 지름길로 내려오는데 지빈이가 도토리를 주웠어요. 뒷산에 참나무랑 밤나무가 아주 많은데, 밤은 아직 나무에 그대로 주렁주렁 매달려 있지만, 도토리는 벌써 많이 떨어졌습니다. 도토리는 다람쥐 밥인데 사람들이 너무 많이 주워 가서 큰일이라고 해요. 하지만 우리 아이들이 줍는 도토리는 많지가 않아 괜찮아요. 누가 도토리묵 쑤어 먹자는 걸 말리긴 했는데 떨어진 도토리를 보니 절로 도토리묵이 생각나긴 합니다.

학교에 돌아와 아이들과 우리가 만든 30㎝ 대나무 자를 꺼내 나무를 재서 톱으로 자릅니다. 자치기 어미자를 만들기 위해서입니다. 새끼자는 5㎝로 자르는데 아이들이 새끼란 말이 들어갔다고 키득키득 웃습니다. 아이들 누구도 자치기를 해 본 적이 없어 모두 놀이 규칙을 모릅니다. 어린이집에서 해 본 적 없느냐고 물어보니 마당이 맨땅이 아니라 한 적이 없다고 해요.

두 패로 나눠 자치기를 하는데 먼저 어미자로 땅을 팝니다. 새끼 자를 구멍 위에 올려놓고 어미자를 밑으로 넣어 들어 올리며 멀리 보내는 게 첫 번째 단계입니다. 처음 해 보는 놀이라 아이들 눈빛이 빛나고 땀 흘리며 설명하는 선생 몸짓과 말에 귀를 기울여요. 새끼자를 왼손으로 쥐고 오른손에 쥔 어미자로 멀리 치기, 한 손으로 새끼자, 어미자 모두 잡고 치기, 새끼자를 어미자로 쳐서 회전시켜 어미자로 다시 맞추기, 땅에 새끼자를 놓고 어미자로 똑 쳐서 공중으로 뜨게 해 다시 어미자로 맞추기까지 단계가 점점 어려워집니다. 공격과 수비를 번갈아 하고 공격할 때마다 어미자로 멀리 날아간 새끼자까지 거리를 재서 점수로 기록해요. 수비는 멀리서 새끼자를 던져 어미자를 맞추면 이길 수 있습니다. 차례로 단계를 보여 주니 아이들이 어렵다 하는데, 첫 단계를 몇 번 하고 나니 금세 맞추고 재는 것에 익숙합니다. 어미자로 재는 길이를 자꾸 더해가서 120이 넘어갈 때쯤 되니 거의 놀이 규칙을 이해했습니다. 아무래도 선생이 들어간 지빈이와 민주 편이 점수를 많이 얻었어요. 승민이와 강산, 정우가 한 편인데 처음 하는 놀이라 선생이 잘하는 줄 알고 크게 억울해하지도 않고 놀이를 열심히 배우더니 점점 실력이 늘어가네요.

186

마당에서 허수아비를 만들려고 나온 알찬샘 3학년 아이들이 함께 하자고 졸라서 같이 하는데 역시 형들답게 금세 배웁니다. 동엽이가 수비 편에 섰는데 멀리서 어미자를 세 번이나 맞춰버려요. 종민이와 성범이, 원서도 차례로 실력을 보여 주는데, 푸른샘 아이들도 지지 않습니다.

"선생님, 우리도 자치기 만들어 주세요. 네?"

"알았어. 그런데 오늘은 푸른샘 거 같이 쓰고 내일쯤 만들어 줄게."

비석치기를 잘하는 아이들이라 멀리서 힘을 조절해 물건을 맞추기는 참 잘합니다. 길이를 재고 더하며 땅에서 놀 수 있는 놀이로 한참 즐겨야겠어요. 알찬샘 아이들이 만들어 놓은 마당 허수아비가 아이들을 내려다보며 빙긋 웃는 듯 보입니다.

어릴 적 동무들과 참 많이 했는데 그때가 새삼 떠오릅니다. 워낙 세게 쳐서 학교 운동장에서 정말 멀리까지 치고 정말 수비도 화려했는데, 심지어 새끼자에 맞아 다치기도 했던 기억이 납니다. 어미자에 맞아 멀리 날아가는 새끼자를 보면 정말 통쾌하고 시원한 느낌이 있었는데, 아직 우리 아이들은 그 맛을 모릅니다. 땅에 놓인 새끼자를 어미자로 쳐서 올린 다음 멀리 날려 보내는 기술은 정말 연습을 많이 해야 했어요. 아이들과 날마다 연습할 게 참 많습니다.

교실로 들어와 저마다 고른 책을 읽고 독후감상문을 쓰는데 알아서 척척 잘 씁니다. 줄거리 쓰는 힘도 많이 늘고 쓰는 방법도 자리를 잡아 갑니다.

낮 공부는 용마골에 골짜기 타고 올라가서 솔잎을 따는 겁니다. 다음 주 한가위 솔떡 만들 준비를 미리 하는 겁니다. 용마골 골짜기 들머리에 가방을 모두 놓고 소쿠리 들고 우르르 올라가는데, 물이 많이 말랐습니다. 늘 가던 곳 가운데쯤 가니 소나무들이 보여요. 리기다소나무 솔잎은 따지 않아야 하니 먼저 솔잎이 세 가닥인지 두 가닥인지 살펴봐야 합니다. 운 좋게 한 번에 두 가닥 소나무를 찾았어요.

"와, 얘들아 솔잎이 진짜 많아. 푸른샘과 옹달샘이 빨리 오세요. 형들이 다 따네요."

옹달샘과 푸른샘이 같은 소쿠리에 모아야 합니다. 다른 학년은 모둠마다 소쿠리를 하나씩 맡았는데 1, 2학년은 같이 하기로 했습니다.

"선생님이 얼마나 잘 따는데~ 보세요, 꽁지도 모두 빼서 정말 예쁘게 모으지요? 얼른 받아요."

처음 온 채원이가 선생 솔잎 따는 솜씨에 감탄하는 소리가 자꾸 들립니다.

"와, 선생님 진짜 잘 따네요. 우리가 가장 많아요."

이쯤 되니 곁에서 같이 따던 알찬샘 아이들이 뭐라 합니다.

"선생님, 우리도 도와줘요."

"잠깐만 기다려. 여기 소쿠리 좀 더 채우고."

1, 2학년 소쿠리에 솔잎이 어느 정도 차자 이제는 알찬샘 아이들을 돕습니다.

좋아하는 아이들 소리에 아주 땀을 뻘뻘 흘리며 따는데 우리 정우랑 강산이는 보이지가 않습니다. 아이들에게 물어보니 가재 잡으러 골짜기 위로 갔다 하네요. 저쪽에서 민철이가 가재를 잡았다고 알려줘서 같이 가니 조그만 가재가 보입니다. 채원이가 손에 가재를 올려놓아 사진도 찍고 둘러보는데 강정 별명으로 불리는 두 아이가 안 보여요. 세 시가 되어 내려갈 쯤 저 위에서 두 아이가 보입니다. 안심하고 내려가는데 성준이가 엄청 큰 가재를 들고 옵니다.

"어? 관찰하고 놔줘야지."

"그럴 거예요. 동생들 보여 주려구요."

성준이 덕분에 정말 큰 가재를 동생들이 보게 됐습니다. 우진이와 민철이도 개구리를 찾아서 들고 내려와서 동생들 보여 주고 놔주네요.

철마다 용마골에 오면 늘 만나는 가재와 개구리라 아이들도 철마다 녀석들 모습을 보게 됩니다. 귀뚜라미랑 풍뎅이, 방아깨비도 아이들 손에서 만나네요. 용마골을 떠날 때는 물론 모두 제자리에 놔주고 오지요.

관악산 용마골을 내려오면서 아이들이 가을에는 더 쑥쑥 자라는 것 같아 듬직합니다. 아이들과 같이 사는 덕에 세상의 혼란함과 말도 안 되는 일들에도 마음을 다스릴 수 있어 좋습니다. 진실과 진리의 삶으로 정직한 아이들 영혼을 지켜가기를 간절히 바랍니다. 그 마음으로 나 자신을 정화시켜 가며 꿈을 꿉니다.

2013. 9. 11. 물날.
비가 줄곧 온다. 낮에 가는 비가 오다 그친다.

빗물 모으기

신발을 신고 나가면서 어제 설치해 둔 빗물 모으기 통을 보러 마당으로 갔어요.

"선생님, 가득 찼어요. 우산으로 모으지 않은 것도 찼어요."

먼저 간 민주가 아이들과 선생을 부릅니다.

"와, 정말 가득 찼네. 우산으로 빗물을 모으니까 역시 먼저 차는군. 얘들아, 이 통에 가득 들어 있는 물이 몇 리터쯤 될까? 리터는 우리가 먹는 물병 생각하면 돼. 큰 병이 1.5리터거든. 갔다 와서 같이 알아 보자."

우산 쓰고 양지마을 학교를 지을 땅에 갑니다. 내일 나무를 벤다고 해서 미리 가 보는 겁니다. 나무가 많아 작은 숲이 된 곳이라 많은 생명들이 살고 있는 곳입니다. 학교를 지을 땅이라 어쩔 수 없이 나무를 베야 하지만, 그곳에서 살아왔던 벌레와 곤충, 생명들이 자꾸 걸리고 미안합니다.

"선생님, 학교 옆에 우리 집을 짓잖아요. 그런데 왜 좋은지 아세요?"

"왜?"

"푸른샘이 다 같이 사니까 날마다 많이 놀 수 있어서 좋아요."

"와, 정말 그렇네. 그럼 선생님은 학교에서 살아야겠다. 그러면 옆집이니까 맨날 같이 놀 수 있잖아."

"그래요. 맨날 놀아요."

학교 지을 땅에 닿았는데 아이들 관심은 옆에 있는 정우네 집에 들르는 겁니다. 가까스로 불러서 우물터 옆에 앉아 나무와 숲, 생명, 학교 터전 짓기 이야기를 들려줍니다. 비는 오고 아주 크게 자란 메타세쿼이아 나무가 더 슬퍼 보입니다. 내일이면 베어져서 죽을 운명도 모른 채 푸르름을 자랑하며 살아온 세월의 무게를 뿜어내고 있어요. 선생이 들려준 이야기와 본 것들을 담아 편지와 그림을 그리기로 하고 학교로 돌아가려는데, 아이들이 정우네 집 쪽으로 몰려갑니다. 말릴 틈도 없이 우르르 가니 말리는 선생 이야기는 들리지도 않나 봐요.

"정우네 집에 가요." 한마디 하고 정우네 집으로 올라갑니다.

"그럼 30초만 있다 나오는 거야. 갑자기 가면 정우 어머니가 놀랄 수도 있는데 어쩌지?"

다행히 정우 어머니 아버지가 모두 아이들을 반갑게 맞아 줍니다. 새참 하나씩 손에 들고 30초 뒤에 나와 학교로 돌아오는데 4, 5학년 아이들을 만났어요. 역시 나무 보러 온 것이지요. 빗줄기가 굵어지는데 강산이와 정우는 빗물 모은다고 우산을 거꾸로 쓰고 와요.

"비가 많이 오잖아. 우산 써. 다 젖어."

"괜찮아요. 우산 쓰고 있는 거랑 똑같아요. 선생님 여기 봐요. 빗물이 모였어요."

교실로 들어와 리코더를 꺼내 불콩과 달팽이를 부는데 날마다 아이들 실력이 늘어가서 듣기 좋습니다. 그런데 강산이와 정우가 서로를 보며 키득키득 웃더니 멈출 수가 없나 봅니다. 리코더를 잡고 웃다가 가까스로 불다가 또 웃고 자꾸 그래서 아주 웃는 시간을 가져 모두가 크게 잠깐 웃습니다. 유하 어머니가 학교에 준 좋은 그림책 인기가 좋아 다 함께 책을 읽는데, 아이들이 골라 와서 읽어 달라고 해요. 《외톨이 사자는 친구가 없어요》를 읽어 주니 한 권 더 읽어 달라고 합니다. 그런데 10시가 다 되어 첼로 연주를 들으러 마루로 나갔습니다.

첼로 연주회는 성준이와 성범이가 다녔던 우면동 함께 크는 어린이집 어머니가 아이들에게 첼로 연주를 들려주고 싶다고 해서 마련한 자리입니다. 악기 크기만큼 울림이 멋진 연주 덕에 마음이 풍요롭습니다. 아이들에게 첼로 연주도 들려주고 첼로와 음악 이야기를 들려주셔서 참 고맙습니다. 악기는 늘 즐겁게 연주하라는 말이 아이들 마음에 남으면 좋겠습니다. 교실로 들어와 어제 유장현 선생님에게 배운 곡을 기타로 치며 노래를 부르니 아이들이 우르르 몰려듭니다. 첼로 연주에 자극받아 악기를 갑자기 치고 싶은 것이지요. 못 치는 기타로 즐겁게 노래를 부르니 아이들이 쳐다보고 만져 보고 바쁩니다.

아침나절 글쓰기 시간에는 나무와 숲에게 보내는 편지와 쓰고 싶은 이야기를 자유롭게 적습니다. 강산이는 아는 글자를 몽땅 써서 글쓰기를 다 했다고 해요. 쓰다가 웃다가 놀다가 선생이 다시 물어보고 덧붙이면 아주 진지하게 글을 쓰는 푸른샘이 참 예쁩니다. 선생 맞은 편 승민이 자리가 커 보이는 시간입니다.

예쁜 푸른샘이 선생에게 처음으로 버럭 야단을 맞습니다. 마당에서 가득 찬 빗물 통을 함께 재기로 했는데 노느라 나오지를 않아서 민주랑 지빈이가 부르러 갔지만, 강산이와 정우가 오지를 않는 겁니다. 한참을 기다리다 선생이 현관으로 가니 층계에서 놀고 있어요.

"여기서 뭐 하고 있는 거예요? 선생님이 부르는 소리랑 동무들이 부르는 소리를 듣지 못했나요? 요즘 모두를 기다리게 하는 때가 많은데 이번에는 정말 선생님이 화를 내야겠어요. 두 어린이 선생님이 화내는 까닭을 아나요?"

"네."

버럭 소리를 지르는 순간에 선생은 후회합니다. 큰소리 내지 않아도 되는 일인데 끝내 소리를 내는 건 아닌지 다시 묻습니다. 그래도 이왕 큰소리 냈으니 뚜렷하게 이야기해야지 마음먹지만 예쁜 얼굴들 보니 한두 마디로 그치는 게 마땅합니다.

금세 마당으로 같이 갑니다. 마당에서 1.5리터 병을 통에 넣어 물을 가득 채워 뚜껑 있는 통으로 옮겨 담는데, 아이마다 두 번씩 하고 민주와 정우가 두 번을 더해 모두 열 번을 했어요. 1.5리터짜리 10병만큼의 빗물을 담은 통을 보니 18리터 양이 가늠됩니다. 아이마다 담는 방법도 쏟는 모습도 비슷하면서 참 달라요. 모은 빗물로 뭘 할지 쓰임새를 정하긴 해야 합니다. 텃밭 식물 물 주기나 걸레 빨기도 하지만 더 있는지 이야기를 모아 볼 필요가 있습니다.

아침나절 여러 공부를 한 뒤라 비빔밥이 더 맛있는지 모두 아주 많이 잘 먹습니다.

하늘은 파랗고 햇살은 따갑고 바람은 살랑살랑 분다.

솔떡의 세계

고운 한복을 입은 옹달샘 아이들이 1층 마루를 환하게 밝힙니다. 한 가위 송편 빚는 날이라 모두 한복을 입고 오자 했는데 까먹은 아이들 이 많습니다. 옹달샘 2학년 여자아이들이 모두 입고 왔는데 정말 예뻐 요. 선생들이 같이 사진을 찍는데 수줍어하며 얼굴을 감춥니다. 환하게 웃는 아이들 덕분에 아침이 행복합니다. 다섯 모둠으로 나눠서 1층과 2층에서 송편을 빚는데 앞치마 두른 정우와 민주가 꼭 요리사 같습니다. 어머니들이 많이 오셔서 아이들과 선생들을 돕습니다. 원서·현서 어머 니, 동엽 어머니, 근학 어머니, 지우·정우 어머니, 수빈·지빈 어머니, 승 민 어머니의 부지런한 손놀림 덕분에 솔떡 빚고 찌는 일이 빨리 되네 요. 이렇게 음식 하는 날에는 통합 모둠으로 공부하곤 하는데, 이번에 도 이끎이 노릇을 하는 6학년과 5학년이 척척 일 나누기를 해요. 세영, 근학, 희주, 한주가 3학년 민주, 정우, 호연이랑 같은 모둠이 됐는데 역 시 일을 잘하는 아이들이라 쌀가루를 체로 곱게 걸러서 반죽하는데 우 리 모둠이 가장 빠르다고 좋아합니다. 빠르게 하는 것보다 정성 들여 하는 것이 중요한 줄 알지만, 얼른 마치고 놀고 싶은 마음이 늘 앞서는 아이들인 걸요. 또 송편 빚기 세계가 시작됩니다.

"네, 솔떡 빚는 세계에서는 정성이 중요하죠. 땀을 뻘뻘 흘리며 반죽 을 치대야 해요. 그래야 쫀득쫀득한 송편을 먹을 수 있지요."

"선생님, 저번 자연속학교 때는 김밥의 세계, 저번에는 음식의 세계, 솔잎의 세계 하더니 이번에는 솔떡의 세계네요."

"그렇지. 우리 일하는 사람들의 세계에서는 날마다 새로운 세계가 열리지. 오늘도 달인의 경지로 달려가는 거야."

선생의 말투와 늘 하는 음식의 세계라 아이들이 키득키득 웃으며 솔떡을 빚습니다. 이번에는 송편 모양으로 10개 넘게 빚은 다음 자기가 빚고 싶은 모양으로 만들기로 했어요. 이웃들과 나눠 먹으려면 예쁜 송편이 좋을 것 같아서지요. 그래도 얼마 안 가 끝내 우주선과 버섯 송편이 나옵니다. 아이들이 부르는 사기 송편은 소가 들어 있지 않은 걸 말하는데, 한두 개 나오기 시작해요. 도넛, 막대기, 돌, 동물, 공 모양 송편이 자꾸 보입니다. 아이들이 빚은 송편 마무리는 선생이 돕는데 한 번더 눌러줘 모양도 잡고 소가 나오지 않도록 해 줍니다. 쌀을 불리고 방앗간에 가서 빻고 산에 가서 솔잎을 따다 송편을 빚어 찌다 보니 일찍부터 아이들 모두 한가위 준비를 하는 셈입니다. 아침부터 소 챙기랴 모둠마다 일 나누랴, 전체 이끎이 조한별 선생이 바쁩니다. 뿌리샘 아이들과 매작과(타래과)랑 식혜도 만들더니 솔떡 준비부터 척척 일을 알맞게 나누고 이끄는 모습이 참 멋있습니다.

낮에는 한가위 몸놀이를 해요. 성준이 생일잔치도 있고 송편도 쪄야해서 멀리 가지 않고 학교 마당에서 합니다. 자치기와 윷놀이를 솔떡 빚기 모둠으로 나눠 하는데 아이들 소리가 동네를 울리더니 끝내 아랫집 아저씨로부터 조용히 해달란 소리를 듣고 맙니다. 참 미안합니다. 몇 개월만 더 참아달랄 수밖에 없네요.

자치기를 처음 하는 아이들이 있어 푸른샘 1학년 아이들이 도움말을 줍니다. 새끼자를 높이 띄우고 쳐서 한 자 두 자 세 가며 거리를 재는 놀이 속에서 아이들은 규칙을 배우고 서로를 알아 갑니다. 하지만 역시놀다 보면 말이 헛나오고 서로를 슬프게 하는 일이 생기네요. 갑자기 한 아이가 소리를 크게 지르며 엉엉 울어 모두가 깜짝 놀랐어요. 무슨일인지 달려가 물었더니 엉엉 울며 말을 하는데 감정을 주체할 수 없을 정도로 흥분되어 있습니다.

"나한테 잘난 척 대마왕이라구 하잖아요. 엉엉. 하지 말라고 해도 줄 곧 그래요. 엉엉"

"아니, 누가 그랬어. 정말 화가 많이 났나 보다."

"영영이와 땡땡이가 그래요."

"영영아, 땡땡아 정말 그랬어? 이렇게 많이 슬퍼하는데 정말 그랬다면 사과해야겠는데?"

"미안해."

사과 말을 듣고도 아이는 감정을 어찌할 수 없습니다. 한참을 울고 있는 모습을 보며 마음은 아프지만 선생은 다행이다 싶어요. 자기 마음 껏 하고 싶은 말을 하고 억울함을 쌓지 않고 터트리는 모습이 보기 좋습니다. 자치기를 마친 뒤 세 아이를 불렀어요. 조금 진정이 되어서인지 서럽게 울던 아이랑 같이 사과합니다.

"잘난 척 대마왕이라고 해서 미안해."

"나도 화 많이 내서 미안해."

다시 일어난 일을 정리해 보니 아이들이 더 뚜렷하게 보입니다.

동무가 듣기 싫어하는 말을 썼던 아이는 나쁜 뜻은 없지만 가끔 툭툭 뱉는 말을 해서 조심하려 애를 쓰고 있습니다. 화가 많이 나서 엉엉 울던 아이도 자기가 한 말이 먼저 생각납니다. 자치기 새끼자로 어미자를 못 맞추는 아이를 보고, "넌 그것도 못 맞추냐?" 했던 말이 떠오르는 것이지요. 그러자 그 말을 들은 아이는 잘난 척 대마왕이란 말을 하고, 그 말을 듣기 싫던 아이는 언젠가 들었던 때까지 떠올라 화가 더 많이 났습니다. 아이들이 슬퍼하면 선생도 슬픕니다. 그래도 늘 행복하고 즐겁게 살다 가끔 나오는 다툼과 아픔은 서로를 자라게 하고 함께 살아가는 법을 배우는 기회입니다. 어깨 두드리고 마음을 내 이야기를 할 때까지 기다려 들어주는 것이 가장 먼저이고 함께할 수 있는 말과 몸짓을 찾습니다. 선생은 아이들 세계에서 어설프게 중간자 위치를 취해서는 안 되는 줄 압니다. 아이들이 맺힌 거 없이 하고 싶은 말을 마음껏 하도록 귀 기울여 듣고 아이들이 스스로 해결책을 내오도록 도움말을 주고 분위기를 만드는 게 선생 노릇일지 모른다고 생각하다가 역시 부족한 선생임을 깨닫습니다. 그저 아이들을 믿고 기다려주면 되는 것을. 아이들 세계에서 일어나는 일은 아이들 세계에서 같이 사는 아이들과 선생들이 슬기를 모아 함께 사는 법을 배우고 서로를 알아가는 과정인 것을. 가르칠 수 있는 용기를 다시 꺼내 듭니다.

2013. 9. 17. 불날.
햇살이 아주 따가워서 자꾸 손으로 얼굴을 가리게 된다.
갈라놓은 고추가 다 말랐다.

고물상

아침열기 마치고 고물상에 다녀왔습니다. 최명희 선생이 알찬샘 아이들과 학교 곳곳에 모아 놓은 고물을 정리해 안양 고물상에 가는데, 따라간 것이지요. 푸른샘 아이들과 호연이와 정빈이랑 여러 아이들이 2학기 들어 쓰레기를 줄곧 들고 왔는데 요즘은 좀 시들해서 다시 마음을 내도록 하자는 뜻도 있어 아침 공부를 바꾼 것입니다.

"알찬샘 형들아, 우리 푸른샘도 같이 가도 되니?"

"안 돼요."

"어, 우리 푸른샘도 고물 모았어. 같이 가고 싶은데 알찬샘이 허락하면 좋겠다. 오늘은 알찬샘이 가는 거니까."

"안 돼요."

"에이, 너희 혹시 아이스크림 먹을까 봐 그러니? 그럼 푸른샘은 안 먹을게."

"그럼 가요."

"와, 애들아, 형들이 우리 데리고 간대. 너희들 형들한테 고마워해야 돼. 알찬샘 형들 덕분에 고물상에 갈 수 있는 거야."

쓰레기와 고물을 차에 가득 실어서 자리가 비좁은데 알찬샘 아이들이 푸른샘을 태워 줘서 즐거운 고물상 나들이를 하게 됩니다. 안양 대성자원이라는 고물상에 닿으니 벌써 많은 어르신들이 고물을 팔고 있습니다. 먼저 내려 앞서 고물을 내리고 있는 할머니 할아버지를 돕는데 종이 상자가 거의 다입니다. 가득 실었는데도 얼마 되지 않습니다. 오늘은 고물값을 정확하게 몰라 자세히 보지 못했는데 최명희 선생은 줄줄 꿰고 있어요. 구리선이 가장 비싸고 쇠가 두 번째네요. 책이랑 종이 상자는 무게로 쳐서 값을 매기고 플라스틱이나 비닐도 무게로 잽니다. 부피는 커도 무게가 그리 나가지 않는 것도 많아요. 가서 보니 그동안 그냥 내놨던 쓰레기들이 막 생각납니다.

웬만한 거는 모두 모아서 가져오면 재활용할 수 있으니 자원을 낭비하지 않을 것 같습니다. 돈도 벌 수 있어 태양광 발전기도 눈에 보입니다. 아이들에게는 고물상 주인이 주는 요구르트도 맛있고 나와서 하나씩 먹는 얼음과자도 좋습니다. 고물상 올 맛 납니다. 23,200원을 벌어서 그런지 동생들에게도 얼음과자를 안기는 형들 마음이 넉넉합니다. 쓰레기를 모으고 고물상에 다녀오는 것이 도시 문명의 혜택을 받고 사는 아이들에게는 참 소중한 공부임을 깨닫고 돌아옵니다.

학교로 돌아오는 길에 갈현동 논에 들렀어요. 아이들은 메뚜기를 잡으러 다니고 최명희 선생이 쓰러진 허수아비를 세우러 논에 들어갔습니다. 질퍽거리는 논에 들어가려고 미리 반바지를 챙겨 왔어요. 쓰러진 두 녀석 일으켜 세우니 허수아비 네 개가 잘 자란 벼를 지키지 싶습니다. 요즘은 참새도 없어 새를 쫓거나 할 일은 없지만, 아이들이 밑그림을 그리고 길이를 재고 나무를 잘라 옷을 입혀 정성껏 만든 허수아비라 누런 들판과 어울려 보기 좋습니다. 도시에 사는 아이들이 메뚜기를 잡으러 다니고 허수아비를 만들어 세우는 게 일상인 학교가 많으면 얼마나 좋을까 생각하다 반대로 거꾸로만 달려가는 우리 사회 현실에 혼자 고개를 젓고 맙니다.

모두 마침회 때는 아이들에게 친지들 이름도 알아오고 어른들 이야기도 많이 듣고 오고 한가위 건강하고 즐겁게 보내라는 이야기를 많이 하게 됩니다. 한 가지 더는 한가위 때 나온 쓰레기를 잘 챙겨 오라는 부탁입니다. 아이들이 챙겨 오기 힘든 일이라 부모님들이 고생하실 것 같은데 아이들을 잘 도와주리란 믿음이 있어서 크게 걱정은 하지 않습니다. 너무 한 건가 싶다가도 한가위 때 쓰레기 모아서 가져오라는 학교가 몇이나 있으려나 생각하다 혼자 웃고 맙니다.

2013. 9. 24. 불날.
아침부터 비가 내리는데 춥지는 않다.

소리

오전 공부로 잡은 과학관 나들이는 1, 2, 4학년이 같이 가기로 했습니다. 과천과학관에서 열리는 SF영상축제 개막식에 참가하고 전시 행사를 보러 가는 것입니다. 잠깐이지만 과학관 나들이는 아이들이 참 좋아하는 공부이지요. 오늘은 둘러보고 과학관에서 준 초대장으로 다시 올 생각을 했는데, 아이들이 좋아하는 스포츠과학관과 전시관 입장권이 모두 들어 있는 초대권을 받아 모두들 좋아합니다. 11시 개막 행사 앞서 창조홀에서 로봇도 만나고, 로봇 조작도 하고 3D 사진도 찍고 여러 전시 행사들을 겪어 봤어요. 개막 행사는 1, 2학년 아이들이 배우고 있는 난타를 써서 과학노래를 만든 청소년 공연이 있어 좋았습니다. 컴퓨터와 인간이 그림을 그리고 춤을 추는 공연도 인상에 남았는데 나머지는 상을 주고 축하하는 말들이라 조금 지루하긴 합니다. 그래도 긴 시간이 아니라 아이들이 잘 보고 돌아왔어요. 역시 희주 아버지 덕을 봅니다.

과학관에서 학교로 돌아오는 차 안에서 소리와 과학을 주제로 한 고등학생들 난타 공연이 생각나서 아이들에게 문제를 내고 맞히기를 했는데, 아이들 열기가 뜨겁습니다.

"애들아, 문제를 낼게. 잘 들어 봐. 물체가 떨릴 때 소리가 생기는데 그걸 한자어로 뭐라고 하는지 아는 사람?"

"저요. 저요. 저요!"

"다 같이 말해 보렴."

"진동이요."

"그렇지. 물체가 떨리는 현상을 진동이라고 말해. 그럼 다음 문제 나갑니다. 소리를 우리는 어떻게 들을 수 있지? 뭐가 소리를 전달해 주는 건지 아는 사람?

"공기요."

아이들 모두 척척박사 수준입니다.

"와, 그렇지, 공기가 없는 진공 상태에서는 소리가 들리지 않지. 그런데 공기만 소리를 전달하는 건 아니야. 흙, 물, 실, 철, 뭐 여러 가지 물질이 소리를 전달하는데 이렇게 소리를 전달하는 물질을 '매질'이라고 해. 그럼 다음 문제. 이건 좀 어려울 수도 있어. 소리를 전달하는 물질이 아주 다양하다고 했잖아. 참, 너희들 액체, 기체, 고체는 알지?"

"네."

아이들 목소리가 아주 우렁찹니다.

"역시 잘 알고 있군. 소리를 전달하는 물질이 다르면 소리도 다르게 들리는데 액체, 고체, 기체 가운데 어떤 게 가장 빠르게 소리를 전달할까? 아는 사람? 좀 더 쉽게 말하면 철봉, 물, 공기 가운데 가장 빠르게 소리를 전달하는 것은? 1, 2학년은 아침에 들었으니까 조용히 하고 3학년만 말해 보세요."

"저요. 저요. 저요."

답이 갈라지는데 거의 다가 기체, 공기를 말합니다. 그런데 성범이만 고체, 철봉이라고 해요.

"정답은 일 번 철봉이야. 고체가 가장 빠르게 소리를 전달하지. 고체인 철봉이 액체인 물보다 빠르고, 액체인 물이 기체인 공기보다 소리를 더 빨리 전달해. 와, 성범이 대단한데! 그럼 이번에 진짜 어려운 문제? 소리의 세기인 큰 소리, 작은 소리의 단위를 아는 사람?"

"헤르츠요!"

"아니, 동엽이 진동수 단위인 헤르츠를 알다니 대단한데! 헤르츠 말고 또 아는 소리 단위는?"

여러 답이 나오는데 맞지가 않자 옆에 있던 최명희 선생이 도움말을 줍니다.

"데로 시작해. 데시 뭔데~"

그러자 아이들이 바로 "데시벨"을 말하네요. 과학 만화책을 자주 읽어서 과학 상식이 아주 풍부한 아이들이 많습니다.

"데시벨까지 맞추다니. 그럼 이건 진짜 어려운 거지. 그럼 사람이 들을 수 있는 헤르츠 영역은?"

선생이 흥분해 아이들이 알 수 없는 문제를 확신하고 던지니 역시 조용해요.

"우리는 16헤르츠에서 20,000헤르츠 사이에서 소리를 들을 수 있어.

음, 좀 어렵긴 한데 진동하는 폭과 큰 소리 작은 소리가 관련 있고, 진동하는 횟수랑 높은 소리 낮은 소리가 관련 있거든. 어쨌든 우리가 소리를 들을 수 있는 진동수 범위는 16헤르츠에서 20,000헤르츠 사이야. 그럼 다음 문제. 진동수가 20,000헤르츠를 넘어서면 우리는 소리를 들을 수 없는데 그 소리를 뭐라고 하는지 아는 사람?"

"초…"

최명희 선생이 첫 말을 꺼내자 바로 초음파가 튀어나오네요.

"와, 정말 많이 알고 있군. 그럼 이건 진짜 모르는 문제로. 천둥과 번개 가운데 누가 더 빠르지?"

"번개요!"

"왜?"

"빛이 빠르니까요."

"와, 동엽이 잘 알고 있군. 너희들 말대로 빛이 소리보다 훨씬 빠르지. 빛은 1초에 30만 킬로미터를 가고, 소리는 1초에 340미터를 가거든. 그래서 빛이 아주 아주 빠르지. 그럼 진짜 이건 어려운 문제. 저쪽에서 갑자기 번개가 치고 좀 있다가 천둥소리가 들리는 거야. 내가 2초 뒤에 소리를 들은 건데 그럼 얼마나 떨어진 곳에서 천둥소리가 난 걸까? 아까 말했듯이 소리는 1초에 340미터를 가거든. 2초 뒤에 들린 거니까. 계산할 수 있는데. 자, 계산해 볼 사람?"

역시 알찬샘 3학년들이 빠릅니다. 이번에도 동엽이가 680미터를 외쳐요.

"와, 너희들 어려운 게 없구나. 대단해. 대단해."

짧은 시간에 차 안에서 소리 공부를 한 셈인데 재미가 있습니다. 아이들은 문제를 내면 어찌 그리 좋아하는지. 수수께끼도 좋아하고 스무고개도 얼마나 열심히 하는지 모릅니다. 낮은 학년 아이들이라 그렇지 높은 학년 아이들에게 문제를 낼 때는 미리 공부를 더 하고 준비를 단단히 해야겠다 싶습니다. 사실은 이런 과학 상식들이 우리네 삶을 가꾸는 데 얼마나 도움이 되는지, 과학 기술이 인간의 삶을 후퇴시키고 있지는 않은지, 자연과 사람 모두에게 이로운 과학 이야기는 무엇이고 어떠해야 하는지 뒷산과 텃밭, 학교 곳곳에서 나눌 이야기를 많이 챙겨야겠지요.

요즘은 2학기 편입과 내년 입학 문의가 많은 때라 상담과 상담 전화가 많습니다. 1학년으로 입학하려는 분들은 대안교육과 여러 대안학교에 대해 꼼꼼하게 묻고 알아보고 준비를 많이 하는 분들이 거의 다고, 2학기 편입학 문의는 아이의 행복을 위해 새로운 길을 찾고 부모의 삶을 되돌아보는 분들이 많아요. 벌써 대안교육에 대해 잘 아는 분들도 있고, 처음으로 만나는 대안교육과 대안학교에 관한 정보를 얻으려는 분들도 있습니다. 모두 아이들을 위해 소중한 인연과 선택을 고민하는 귀한 분들이라 발걸음과 전화 한 통이 조심스럽습니다. 만남과 전화 통화를 할 때마다 참 어려운 이야기가 기부 예탁금 제도와 달마다 배움값입니다. 모두 알고 계시는 분들도 많지만, 물어보는 분들도 많아 교육의 공공성을 담보하는 교육 재정의 문제를 모두 한 번에 이야기하는데, 시간이 걸리기도 하고, 나라와 정부의 교육 정책 방향을 생각하면 쉬운 문제가 아니기에 그렇습니다.

대개는 비인가 대안학교들이 겪는 재정 어려움을 공감하시지만, 맞이하는 처지에서는 재정 문제 때문에 학교 문턱이 높아지는 것은 바라지 않기 때문이지요. 끝내는 사회와 공공의 해결 방안을 함께 찾아가자는 이야기인데, 갈 길이 멀다 싶습니다. 그렇기에 교사와 부모가 짊어져야 할 몫이 자꾸 마음에 걸립니다. 힘을 내야지요. 어디서든 아이와 부모가 행복한 학교와 공동체가 많으면 참 좋겠단 생각을 합니다. 누구나 원하는 곳에서 원하는 내용과 방식으로 배우며 자라도록 교육 기본권이 보장되는 세상이 어서 오기를 바랍니다.

같은 뜻을 갖고 마음을 함께하는 사람들을 동지라고 부르지요. 오늘도 우리말·글 공부를 하고 학교 일을 함께 하는 사람들이 있어 기쁘게 하루를 되돌아봅니다. 고맙습니다.

2013. 9. 25. 물날.
가을 햇볕이 따갑다. 저녁에는 찬바람이 불어 옷을 찾게 한다.

작은 학교

지빈이랑 승민이가 늦게 와서 천천히 마당에서 자치기를 하며 기다립니다. 작은 학교에서도 작은 모둠 다섯 아이가 사는지라 한두 아이가 없으면 한눈에 티가 나네요. 작은 학교를 선택할 때 동무들 수가 작아 걱정하는 분들이 문득 떠올랐습니다. 그런데 아이들 놀이와 관계를 살펴보면 그리 걱정할 것은 안 되는 것 같아요. 어른 세계에서도 마찬가지지만 관계의 질과 깊이가 중요하지 수가 많은 것이 다는 아니기에 그렇습니다. 아이들 수가 많다고 내 아이가 더 넓은 관계를 맺고 사회성이 저절로 높아지는 건 아니라는 걸 날마다 아이들 세상에서 확인합니다. 작은 학교에서는 동무들 수가 적은 문제는 위아래 형과 동생들 관계에서 풀릴 수 있는 것들이라 오히려 장점이 될 때도 있기도 해요. 물론 아이들 수가 많아서 다양한 기운만큼 저마다 결에 맞은 아이들과 어울릴 수 있는 기회가 많다는 것도 공감할 만한 이야기입니다. 끝내는 또래가 한두 아이가 아니라면 선택과 판단으로 장점을 찾을 수밖에 없겠다 싶기도 합니다. 어느 곳에서나 또래든 위아래든 자기 기운에 맞는 아이와 어울려 놀 수 있다는 것은 작은 학교든 아이들 수가 많은 큰 학교든 모두가 갖고 있는 점이지요.

　아이들의 생활과 놀이의 세계에서는 그게 큰 문제가 아닐 때가 많다는 것이지 아주 많은 수가 모여 사는 것이 꼭 알맞지 않다는 것은 아닙니다. 많으면 많은 대로 작으면 작은 대로 아이들 기운과 결을 살리고 어울려 살 수 있는 삶을 가꾸는 문화와 환경, 교사와 부모, 공동체가 있느냐가 기준이라면 기준으로 보입니다. 작은 대안학교 입학을 고민하는 분들에게도 저마다 처지와 교육관에 따라 달리 보일 수 있기에 끝내는 판단과 선택을 해야 한다고 말씀드리곤 합니다. 아무리 장점을 이야기한다고 해도 도움말일 뿐이지 판단해야 할 몫은 오롯이 그분들에게 있기 때문이지요. 다섯 아이와 살면서 부족함을 늘 살피지만 아직은 그리 두드러져 보이지 않은 탓일지도 모릅니다. 그런데 열넷 어린이와 모둠을 살 때도 다섯 아이와 살 때도 크게 생각이 달라지지 않는 걸 보면 작은 학교 선생으로 행복하게 살다 보니 그 이야기만 하는지도 모르겠어요.

　뒷산에 가서 밤도 줍고 주운 밤송이와 시골에서 가져온 늙은 오이를 그리는데, 이야기하고 노느라 한참이 걸립니다. 정우가 밤송이를 다 그리더니 날짜를 쓰면서 선생을 보고 웃으며 그래요.
　"이러고 있으니까 따가운 거 같아."
　자기가 그린 밤송이 위에 손을 대고 글을 쓰면서 말하자 곁에 있던 민주랑 지빈이도 맞장구를 쳐 주네요.
　"가시 박힐 것 같아."
　"닭살 돋을 것 같아."
　늙은 오이를 그리는 세 아이는 늙은 오이 무늬가 정말 어려운 가 봅니다. 늙은 오이 무늬는 정말 예술이지요. 그림을 그린 뒤에 놀다가 동엽이 생일 편지를 쓰는데 축하 말과 함께 자기들 바람을 담아 씁니다.

　낮 공부는 풍물 시간입니다. 6학년이 졸업 여행을 가서 3, 4학년과 함께 관문체육공원으로 가서 사물과 설장구를 쳤습니다. 처음 사물놀이를 하는 탓인지 4학년 아이들이 싱글벙글 웃으며 춤을 추면서 가르쳐준 쇠장단을 쳐요. 번갈아 가며 쇠, 북, 장구를 치는데 쇠 치는 아이들은 선생 따라 걸어 다니며 흥을 내고 장단을 즐기니 이마에 땀방울이 맺힙니다. 관문체육공원 한쪽에서 치니 날씨도 좋고 시끄럽다는 사람도 없습니다. 가을에 풍물 치기 좋은 곳이에요. 3, 4학년 아이들 장구 치는 실력이 좋아서 다음 해 사물놀이와 풍물 공연이 기대가 됩니다.

2013. 9. 30. 달날.
아침에 부슬부슬 비가 내리다 그치고 낮에는
뜨거운 햇살이 내리쬐는 가을 날씨다.

인사를 잘하는 상

아침에 세 어린이가 인사 잘하는 상을 받았어요. 맛있는 선물도 있었습니다. 인사를 잘하자고 상까지 만드는 건 그만큼 아이들과 정성을 들이자는 뜻이 큽니다. 오가며 만나는 서로를 보며 가벼운 웃음과 반가운 인사말을 건네는 건 참 기분 좋은 일입니다. 인사를 잘하는 아이들이 많지만, 그냥 본체만체 익숙한 표정으로 자기 할 일을 하는 때가 있어서 조금 더 애써 보자고 2학기 들어 줄곧 말하고 있는데 아이들이 많이 실천해서 보기 좋습니다. 물론 그대로 자기 방식으로 인사를 하는 아이들도 있지만, 더 반갑게 큰 소리로 인사를 하는 아이들이 많아졌어요.

"안녕하세요!"

아침에 올 때 밖에서 웃으며 들어와 큰 소리로 인사하는 아이들과 선생들 덕분에 학교가 활기찹니다. 그런데 여전히 말하기가 쑥스럽고 몸으로만 아는 체를 하는 귀여운 아이들이 있어요. 선생이 90도로 굽혀 인사를 하는데도 말도 않고 멀뚱히 바라만 보면 선생이 괜히 머쓱할 때가 있습니다. 아이가 수줍어서 그런 것이니 큰 소리 내어 인사말 건네기가 큰 공부인 셈입니다. 6학년 아이들은 손호준 선생과 약속을 해서인지 올 초부터 아침에 학교에 오면 1층 교사실에 들러 버릇처럼 모든 선생들에게 인사를 하고 올라갑니다. 위층 아래층 나누어 사니 아침에 못 볼 때가 있어 아쉬운데 그렇게 인사를 하니 모두가 좋아하고 선생들도 더 인사를 잘하게 됩니다. 먼저 실천하는 아이들이 있어 부지런히 따라 배우는 것이지요.

호연이와 1학년 강산이와 정우도 인사를 잘했는데 상을 받지 못해 아쉬워해요. 학교 올 때 말고도 부모님들 보고도 인사를 잘하란 당부 말을 하고 다음에 유력한 후보가 되었다는 선생들 말을 전하자 그나마 얼굴이 밝아져요. 6학년 아이들도 모두가 인사를 잘해서 다음엔 상을 받을 것 같다고 하자 좋아합니다. 역시 상을 받는다는 건 즐거운 일입니다. 받는 사람에게는 뿌듯함과 자부심을, 다른 사람들에게는 함께 애를 쓰자는 뜻이라 이번에는 받지 않았지만 모두 이해하는 맑은샘 아이들이 고맙습니다. 특별하게 상장을 주지 않아 온 탓인지 상장이 모두에게 새롭기는 하나 우리 아이들 모두가 저마다 행복한 상을 받으면 좋겠다는 생각을 했습니다. 뭐든지 저마다 격려 받고 칭찬을 받는 기회가 된다면 좋은 일이지요. 모두를 위해 일하거나 저마다 애쓰는 것을 격려하고 서로에게 고마움을 나타내는 방법으로 상은 쓸모가 있어 보입니다. 굳이 상 때문에 뭔가를 하는 게 아니라 자연스레 실천하며 살아가다 상도 있고 선물도 받고 뭐 그런 거라면 많이 줘도 되겠다 싶어요.

물론 마음을 해치거나 누군가 불편한 상이라면 처음부터 하지 말아야지요. 상이 목적이 아니고 삶을 가꾸자는 뜻임을 아이들과 선생들이 함께 잘 살펴서 나눠야 할 일입니다.

낮 공부는 몸놀이인데 아이들이 좋아하는 대운동장 몸놀이가 아니라 뒷산(우면산) 돌며 밤을 줍는 겁니다. 넓은 대운동장에서 마음껏 뛰고 노는 것을 좋아하는 줄 알지만, 철마다 산이 주는 기운과 먹을거리를 놓칠 수는 없는 일입니다. 본디 송편 빚을 때 밤도 주워 밤 솔떡을 하면 좋은데 한가위가 빨라 이제야 밤을 주우러 가는 것이지요. 모둠마다 밤을 주워 깎아 먹고 구워 먹고 했지만 모두가 같이 가서 밤을 주워 새참으로 먹기로 했어요. 올라가는 길에 만난 아저씨가 오늘은 아이들이 많다고 말을 건넵니다. 날마다 푸른샘 아이들과 오가다 만난 분이라 인사를 주고받는데 아이들에게 밤 있는 곳을 알려주기도 했지요. 남태령 망루에서 산길을 따라 걷는데 비가 온 뒤 촉촉한 흙길이 참 좋습니다. 물론 앞장서 뛰어가는 아이들이 있고 천천히 나무도 보고 하늘도 보는 아이들도 있어요. 걸어가다 밤나무 아래에서 밤을 줍고 가는데 떨어진 밤이 아주 많습니다. 밤산이라 불릴 만큼 밤나무가 많아서 아이들마다 주머니에 밤이 가득합니다. 저마다 20개씩 줍자고 말했는데 부지런히 주운 아이는 60개를 넘게 넣습니다.

"선생님, 여기 진짜 큰 밤 있어요!"

"와, 진짜 크다~"

"선생님, 여기 알밤이에요!"

아이들이 갑자기 큰 밤을 찾으면 자랑하기 시작해요. 덕분에 밤 줍기가 더 즐겁습니다. 종민이랑 강산이는 정말 다람쥐처럼 밤을 잘 주워서 주머니에 넣더니 선생이 들고 간 봉지에 모두 내놓습니다.

"선생님, 많이 주운 사람은 더 많이 줘야 돼요."

새참으로 밤을 먹기로 했으니 다짐하는 말인데 많이 주워서 기꺼이 내놓는 마음이 참 예쁩니다.

우진이와 성준이가 주운 왕밤에 도전하는 아이들이 늘어갈수록 선생이 들고 간 봉지가 무거워집니다. 서민주랑 희주도, 수빈이와 윤영이, 정우와 지빈이도 불룩한 주머니에 들어있는 밤을 내어놓습니다. 많이 주운 아이들은 20개가 안 됐다는 아이들 몫을 대신 넣어 주기도 합니다. 뭐 꼭 20개 넣지 않아도 되는 줄 아는 아이들이지만, 아주 열심히 해요. 호연이은 32개 넣었다고 넣을 때마다 확인을 합니다. 뒷산 한 바퀴 돌고 오자 아이들 새참이 생겼어요. 아이들 주머니도 두툼하고 벌써 생밤을 까먹는 아이들 입이 즐겁습니다. 학교에 오자마자 큰 밤을 골라내 구워 먹으려고 빼놓고, 모두 씻어서 찌는데 새참으로 충분하지 싶습니다.

양재천 따라 걸어서 부림교에서 얼린 감 홍시랑 찐 밤을 먹는데 모두 신 났습니다. 찐 밤은 손으로 한 움큼씩 마음껏 집으라고 했더니 아이마다 모두 집고도 남았어요. 내일은 골라 놓은 큰 밤을 구워야겠어요. 정우가 말한 먹는 학교를 아이들은 참 좋아하기에 부지런히 먹을거리를 찾으며 공부로 이어가야지요. 고구마도 캐고 칡도 캐서 요리도 하고 공부도 하고 거둘 게 많은 가을이 고마운 날입니다.

교사회의 때는 선생들이 교사로서 서로 애쓰고 가꿀 이야기를 많이 나누었어요. 인간이기에 겪어 가는 우리들의 실수를 기회로 서로 자라도록 돕고 스스로와 모두를 살찌워 가자는 것이지요. 성찰하는 선생들이 있어 또 배웁니다. 집에서도 학교에서도 배울 것투성인데 그게 참 잘 안됩니다. 앎이 삶이 되는 일은 쉽지 않아서 서로에게 기대지 싶어요. 그렇게 스스로를 다독이며 식구들에게 배우며 자랍니다. 그게 인생이겠지요.

세상에서 가장 훌륭한 1학년 선생님이 누구인지 알아요?

우리말, 우리글 공부를 시작했습니다. 아이들이 자기들은 글 잘 쓴다고 자랑하지만, 한글 쓰는 차례와 맞춤법도 그렇고 홀소리 닿소리 글자 쓰기를 천천히 해서 강산이가 글을 익히도록 돕는 뜻도 있습니다. 지금까지는 아이들이 쓰고 싶은 대로 쓰고, 글쓰기 시간 빼고는 틀린 글자도 크게 잡아주지 않았지요. 본디 2학기 밑그림대로 공부를 시작하네요. 모두 알다시피 글을 읽고 쓴다는 건 대단한 일입니다. 예로부터 문맹이냐 아니냐 판단 기준이지요. 그렇지만 1학년들에게는 참 어려워요. 정성을 들여 쓰지 않으면 글씨가 비뚤빼뚤하고 띄어쓰기나 맞춤법이 맞지 않아 무슨 글자인지 알아볼 수도 없는 때가 자주 있어, 1학년 선생들과 부모들, 맑은샘 식구들은 그 어려운 아이들 글을 읽어내는 마술사가 됩니다. 그래도 하고 싶은 말 다 쓰고 막힘이 없습니다.

강산이는 그동안 자기가 아는 글자가 많다고 자랑을 하는데 독후감상문을 쓸 때나 수학 문제를 같이 읽을 때는 선생을 찾습니다. 이제 슬슬 한글을 깨칠 때가 되었습니다. 위대한 간디는 세상 모든 사람이 글을 안다면 이 세상 나무는 남아나지 않을 것이라고 말했지만, 재미있는 동화책을 읽는 재미를 오롯이 느끼고, 하고 싶은 말과 글을 마음껏 쓰는 기쁨을 누리려면 자랑스러운 한글을 익혀야 합니다. 유네스코가 문자 없는 나라에 보급하는 한글의 우수성이 우리 아이들에게도 살아납니다. 많이 읽고 소리 나는 대로 자꾸 쓰다 보면 익히기 쉬운 걸 보면 우리말과 글이 참 고맙습니다. 오늘은 홀소리 쓰기를 하고 낱말을 만들어 써 봅니다. 아주 쉬운 단계라 아이들이 후딱 마치고 쉽다 그래요. 그러고 나서 여덟 낱말 받아쓰기를 했습니다. 어린이집에서 해 봤다고 모두 자신 있어 해요. 모두가 100점을 받으니 정말 좋아합니다. '여우'와 '아이'로 글월과 이야기를 만드니 웃느라 바쁘지만, 야무지게 글을 쓰는 모습이 참 보기 좋습니다.

"천 년 묵은 '여우'랑 정우가 결혼해서 강산이라는 '아이'를 낳았지. 그리고 강산이가 다시 백 년 묵은 '여우'랑 사랑을 하게 됐어."

다음에는 아이들이 배운 글월로 이야기를 재미있게 만들어야지요.

머릿셈 뺄셈도, 선 그리기도 야무지게 합니다. 논다고 하더니 금세 들어와서 하자고 하는 아이들을 보면 가끔 신기하기도 해요. 택견 하고 10분쯤 자치기 한 다음 줄곧 교실에서 리코더 불고 수학 공부하고, 우리 말, 우리 글 수업을 하는데도 지쳐 하거나 집중력이 흐트러지지 않습니다. 날마다 그러지는 않지만, 마음껏 놀고 맛있게 먹는 작은 학교가 주는 큰 힘이라고 혼자 생각합니다. 자치기로 숫자 세기와 자치기 점수 더하는 셈 계산이 교실로 들어와 정리되고 다시 마당에서 풀어내고, 바깥 활동과 교실 활동이 어우러지고 이어지는 흐름과 어떤 것이든 통합 교과로 끌어내는 작은 학교의 매력에 아이들과 선생들 모두 푹 빠져 사는 가을입니다.

점심 먹고 마루에 나가니 쪽마루에 놓인 바닥깔개에 4학년 소현이가 누워서 햇살을 맞고 있습니다. 밖에서는 아이들이 자치기하느라 시끄러운데 소현이는 신경도 쓰지 않고 오롯이 창으로 들어오는 가을 햇살을 쬐며 편안한 점심시간을 즐기고 있어 저절로 선생도 소현이 따라 바닥 깔개에 누웠어요.

"우리 소현이가 제대로 가을 햇살을 즐기네. 무슨 생각해?"

"아무 생각 안 해요."

"그렇군. 소현이는 자치기 안 해?"

"별로요. 저는 책 읽기가 가장 좋아요."

한참을 소현이랑 두런두런 이야기를 나누는데 태인이가 오더니 소현이 옆에 누워서 둘이 뒹굴며 장난을 칩니다. 참 예쁜 아이들입니다.

1시 10분, 청소 시간이 되자 곳곳에서 놀던 아이들이 저마다 맡은 곳으로 가서 청소를 해요. 종민이는 순돌이 청소인데 윤영이 누나가 없어서 혼자 다 한다고 투덜대지만, 끝내 혼자 순돌이 똥도 치우고 물도 주고 그래요. 마당 정리하는 거 돕고 마당 밖 창고 쪽에서 물건을 찾는데 큰 밤이 위쪽에 보입니다. 지난번 푸른샘 아이들과 한 번 둘러본 마당 옆 산 밤나무 아래에 밤이 잔뜩 떨어져 있어요. 한 개 두 개 줍다 보니 바지 주머니가 가득 찹니다. 마당에 있던 규태와 종민을 불러 그릇을 가져오라고 했더니 금세 와서 같이 밤을 주워요. 셋이 잠깐 만에 모두 새참이 될 만큼 밤을 주웠습니다. 어제도 먹었는데 오늘도 먹고 날마다 밤을 먹는 재미가 좋습니다. 부엌으로 가서 씻어 놓은 다음 조한별 선생에게 오늘 새참으로 쪄 달라고 부탁하고 헤엄하러 나가는데 역시 종민이가 밤 많이 달라고 해요. 내일도 뒷산 밤들이 우리를 기다리고 있겠지요.

헤엄 마치고 돌아와 마침회를 하는데 갑자기 아이들이 선생 칭찬을 합니다.

"너는 우리 학교에서 가장 좋은 선생님이 누구야?"

"전정일 선생님이지."

"나도 그래."

"선생님, 선생님은 세상에서 가장 훌륭한 1학년 선생님이 누군지 알아요?"

"글쎄, 선생님이 좋아하는 이오덕 선생, 임길택 선생님이 생각나긴 해."

"우리 어머니랑 아버지가 세상에서 가장 훌륭한 1학년 선생님은 전정일 선생님이라고 했어요!"

"우리 엄마 아빠도 그랬는데~"

"와, 어머니 아버지들이 선생님 칭찬을 진짜 많이 했네. 정말 고마운데!"

"진짜예요. 세상에서 가장 훌륭한 1학년 선생님이라고 했어요."

낯 부끄러워 다른 말로 화제를 돌리는데 참 고맙고 미안한 마음이 가득합니다. 우리 부모님들이 이렇게 아이들에게 스승을 높이고 아이들이 스승을 믿을 수 있도록 교육의 중심을 잡아 주시는데, 과연 나는 그런 선생으로 살아가려고 얼마나 노력하고 있는지, 훌륭한 부모님들과 함께 살아가고 있다는 생각에 마음이 뭉클합니다. 부족한 선생 칭찬하는 말 때문이 아니라 아이들에게 스승을 어떻게 말해야 하는지 새삼 부모 된 자로 자세와 태도를 가다듬습니다. 나는 내 자식에게 스승 칭찬과 믿음을 그렇게 쏟아 부었는지 곰곰이 되돌아보니 우리 푸른샘 부모님들만큼은 아닌 것 같아 참 부끄럽습니다. 칭찬이 독이 될 때도 있지만, 굳건한 믿음을 담은 따뜻한 말이 그 사람을 세워줄 때가 많은 삶입니다.

2013. 10. 2. 물날.
아침나절 비가 오더니 낮에는 그치고 구름 틈으로 파란 하늘이 보인다.

엄익복은 우리 아버지인데

아침 공부가 글쓰기라 텃밭에 가려는데 비가 오기 시작합니다. 다시 교실에서 우리 말, 우리 글 공부를 합니다. 오늘은 닿소리 ㄱ을 익히고 기역으로 시작하는 낱말을 말하고 써 봅니다. "아기, 가지, 구이, 거위, 약국, 기억"을 쓰면서 어제처럼 이야기를 만듭니다.

"아주 옛날 천 년 묵은 여우랑 결혼한 정우가 아기를 낳았지. 아기가 자라자 텃밭에 가지를 심었어. 가지를 따다 생선구이랑 같이 먹었는데 배가 아픈 거야. 그래도 참고 집에서 기르는 거위를 잡아 구이로 해서 먹었지. 그러다 끝내 배가 너무 아파 약국을 찾게 됐어. 네거리 지빈약 국에 갔는데 약이 없어서 민주약국에 갔더니 거기 약이 있는 거야. 그런데 약을 먹은 뒤 갑자기 어떻게 집에 갈지 기억이 안 나지 뭐야."

선생이 먼저 이야기를 간단하게 하고 돌아가며 이야기를 만들었어요. 참 재미있습니다.

"천 년 묵은 여우랑 결혼한 강산이가 아기를 낳았는데 거위가 가지를 먹어버렸어. 배가 아파서 약국에 갔는데 어디가 아픈지 기억이 안 나."

정우가 이야기하자 차례로 도전합니다. 비슷한데 조금씩 달라요. 승민이는 이야기는 만들지 않고 낱말을 모두 읽어냅니다.

"이제 선생님이 진짜 재미있는 이야기를 해 줄게. 들어 봐. 여기에 있는 낱말이 모두 들어가. 아주 옛날 배나무골에 엄 씨 아저씨가 살고 있었어."

"뭐예요, 선생님 왜 엄 씨예요?"

"엄 씨가 많이 살아서 그래. 들어봐. 엄 씨 아저씨한테는 아들이 둘 있는데 큰아들은 못되고 심술궂어서 날마다 집에서 키우는 거위를 괴롭혔어. 다행히 둘째 아들은 착해서 거위를 치료해 주고 생선구이도 주고 그랬단 말이지. 어느 날 엄 씨 아저씨가 두 아들을 불러 문제를 내는 거야. 옆 마을에 가서 좋은 아가씨를 찾아서 아주 맛있는 음식 만들기 비법을 배워 오너라, 그러는 거지. 그래서 두 아들이 옆 마을에 갔는데 사실 두 아들이 좋아하는 아가씨가 그곳에 살고 있었어. 이름이 금순인데, 금순이 동무가 순옥이야."

"금순이가 뭐예요~"

"왜~ 어때서. 순옥이랑 금순이는 친해서 자주 같이 놀아서 두 아들은 순옥이와 금순이에게 부탁을 했지. 그랬더니 금순이가 텃밭에 가서 가지를 따오더니 생선구이 위에 올리는 거야. 그런데 그 맛이 기가 막혀서 '이게 비법이구나' 그랬어. 앗, 그런데 두 아들 모두 배가 아프기 시작했어. 사실은 생선구이와 가지나물을 먹은 뒤에 집에서 가져간 거위를 잡아 구이로 해 먹은 게 탈이 난 거지. 너무 많이 먹은 거야. 그래서 둘은 약국을 찾으러 마을로 갔는데 강산약국이랑 정우약국이 모두 문을 닫았지 뭐야. 어쩔 수 없이 배가 아픈 채로 금순이 집 가는 길을 겨우 겨우 기억해서 찾아갔지. 그리고 간 김에 금순이랑 순옥이를 집으로 데려가서 아버지에게 소개를 시켰어. 엄 씨 아저씨는 좋아라 하고 둘을 결혼시켰지. 나중에 둘째 아들이 낳은 아들 이름이 기억이야. 그래서 엄기억이 됐어. 그런데 놀라운 것은 엄기억 친구가 바로 엄익복이라는 사실이지. 하하"

"에이 뭐 그래요. 엄익복은 우리 아버지인데."

"글쎄 말이야. 익복과 기억은 동무라니 정말 신기하지. 이 이야기는 믿거나 말거나 이야기입니다. 끝."

이야기 속에 빠져들어서 진짜처럼 듣는 우리 푸른샘 아이들은 역시 우주인 본성을 잃지 않았습니다. 아름답고 순수한 영혼을 지켜가도록 지구인들이 애를 써야겠지요.

말글 공부 마치고 홍시 그리기를 했어요. 본디 쇠날 공부인데 교사 한마당 때문에 부모님들이 하루 선생을 하는 날이라 미리 하는 거지요. 이번에는 수채 물감 빼고 여러 재료로 색칠합니다. 주홍감과 푸른 감나무 잎이 그림 공책에 가득합니다.

점심때가 되자 2학년 규태가 다가와서 이야기를 합니다.

"오늘도 선생님이 밥 줘야 해요."

"왜, 다른 선생님이 조금만 주실 거야."

"그래도 선생님이 줘요."

그래서 아침에 주운 밤 씻어서 찜솥에 안치느라 저쪽에서 밥 나눠 주는 선생님에게 말을 했어요.

"규태 밥 조금만 주세요. 규태야, 그 정도면 됐어?"

선생들이 알맞게 주는데도 규태는 늘 조금만 달라는 말을 하며 선생을 찾습니다. 줄곧 그 마음을 채워줘야겠어요. 더 많이 달라는 날 "오늘도 조금만 줄까?" 하고 얄밉게 물어볼 생각에 웃음이 납니다.

내일 밀양에서 열리는 교사한마당 행사에 참가하는데 벌써 들려오는 밀양 소식이 좋지 않습니다. 터져 나올 분노를 어찌 다스릴지 벌써부터 걱정입니다.

2013. 10. 8. 불날.
부슬비가 찔끔찔끔 내려서 밖에서 놀라치면 금세 젖는다.

사자로 변해 봐요~

아침에 학교에 들어오면서 학교길 옆에 떨어진 감을 주웠습니다. 대봉 감인데 우선 두세 개를 주웠어요. 연습으로 곶감을 만들려고 해요. 가을 자연속학교 다녀와서 곶감을 많이 만들 계획인데 미리 해 보는 것이지요. 아이들이 택견 할 동안 곁에서 짚으로 새끼줄을 꼬았습니다. 민주가 머리가 아프고 발가락이 아파서 옆에서 쉬면서 거드는데 새끼줄을 꼬고 싶어 합니다. 그렇지만 쉬어야 하는 몸 상태라 쉽게 할 수 없어 지켜보며 하고 싶다는 말을 연신 해요. 가늘게 지푸라기 두 개씩으로 꼬는데 문득 어린 시절 겨울이면 새끼줄로 짚신을 만들던 아버지 모습이 떠오릅니다. 지금 배우고 싶은데 그럴 수가 없는 형편이니 그때 기억을 되살리려고 해도 아주 어려서 기억이 나질 않아요. 안골 터전에서도 한참 새끼줄을 꼬아 여러 번 다시 꼬아서 줄넘기 줄을 만든 적이 있습니다. 그때도 역시 같은 생각을 했는데 짚공예나 새끼줄 공예로 나아가지 못하고 필요할 때만 새끼줄을 열심히 꼽니다.

가는 새끼줄을 매듭짓고 나니 민주가 길이를 재 보자고 해요. 길게 늘어뜨려서 40㎝ 대나무 자로 재니 3m가 넘습니다. 마루에서 택견 체조와 몸풀기를 마치고 리코더 분 다음 깎아 놓은 감에 새끼줄을 넣어 묶으니 그럴듯한 곶감 말리기 모양이 나옵니다. 아이들과 옥상으로 올라가 매달아 놓고 옥상 텃밭에 있던 아이들 이름 판을 챙겨서 내려오니 수학 시간입니다. 10월 달력을 만드는데, 아직도 칸과 줄을 맞추어 그리기가 어렵습니다. 한 달을 일주일 단위로 나누어 줄과 칸을 만드는 게 헷갈리나? 자꾸 도와달라고 하네요. 반쯤 숫자를 써넣은 다음 빈칸에 어떤 숫자가 들어갈까 대각선 규칙을 찾아내서 써넣습니다. 오른쪽으로 8, 왼쪽 대각선은 6씩 올라가는 것도 잘 찾고 더하기도 잘합니다. 자연속학교와 가을 방학도 쓰고 상강 절기도 표시합니다.
"선생님, 자연속학교 진짜 길어요."
"진짜 길다. 짧을 때도 있고 길 때도 있긴 하지만 정말 긴데."
"선생님 가을 방학은 왜 이리 짧아요?"
"가을 방학 없는 학교도 있어."
"더 길어야죠."
강산이가 자연속학교와 가을 방학을 쓰면서 자기 할 말 다 하며 큰 소리를 냅니다.
"선생님 상강이 뭐예요?"

"상강은 서리랑 같은 뜻이야."

역시 달력 만들기는 아이들과 여러 이야기를 나눌 수도 있고 수학과 과학을 할 수 있는 좋은 공부입니다.

아이들이 열심히 달력 만드는 모습이 예뻐서 어제 까 놓은 밤을 구워 주려고 합니다. 부엌에서 밤을 굽고 있는데 교실이 시끄럽습니다. 그러다 갑자기 지빈이가 울며 나옵니다. 누가 놀렸다는 겁니다. 교실로 들어가 아주 큰 소리로 무서운 얼굴을 하며 야단을 쳤습니다.

"선생님이 아까도 말했는데 또 누가 싫어하는 말이나 몸짓을 해서 놀리는 건 정말 나쁜 거예요. 동무를 놀려서 울린 사람은 칠판 쪽으로 가서 눈 감고 서 있으세요. 선생님이 정말 화가 많이 났어요. 동무를 슬프게 하는 장난은 더는 장난이 아니에요. 자기만 즐겁다고 다른 사람 놀려서는 안 됩니다. 눈 감고 앉아서 생각하세요."

한 아이가 놀란 얼굴로 눈을 감고 명상을 합니다. 보통 아이들이 같이 장난하곤 했는데 이번에는 혼자 한 모양입니다. 선생이 아주 큰 소리로 화가 나서 꾸중을 하니 교실이 조용합니다. 역시 꾸중은 모두를 침묵하게 하는 교육 방법 가운데 하나입니다. 꾸짖을 때 꾸짖지만 되도록 큰소리 내지 않고 아이들이 스스로 깨닫도록 돕기 위해서는 많이 기다려야 하고 아이들 마음을 살펴야 한다는 것을 모르지는 않습니다. 그러나 장난이나 자기 즐거움으로 뭇 생명과 다른 사람 마음을 다치게 하는 것은 그냥 넘어가기 어려워 늘 무서운 얼굴과 큰소리 꾸중이 나가고 맙니다. 바로 효과를 보고 싶은 선생 생각이지요. 한참 다른 방법들이 떠오르지만, 짧고 굵게 야단치고 편하게 같이 놀고 싶은 마음이 강합니다. 야단치고 뒤돌아서면 후회하고 반성하는 선생의 일상이 부끄럽고 미안합니다. 세 번의 호흡으로 큰소리 야단을 친 뒤에는 부드럽게 일상으로 돌아가는 방법을 찾습니다. 이럴 땐 역시 먹는 게 가장 좋습니다.

이미 굽기 시작한 군밤을 들고 같이 까먹으면서 긴장을 무너뜨립니다. 선생 혼자 미안하지만, 여전히 아이들이 잘못한 행동에 대해서는 나무라는 것이 옳다는 생각은 바뀌지 않습니다. 아이의 잘못된 행동을 야단치는 것이지 늘 사랑스럽고 한없이 귀여운 우주인들인걸요.

"얘들아, 밤 맛있지? 선생님 큰소리 내고 화내는 거 진짜 무섭지 않아? 꼭 사자 같지?

"전정일 선생님은 하나도 안 무서워요."

"헉, 뭐라고? 이렇게 사자처럼 호랑이처럼 화를 내도?"

"그럼 사자로 변해 봐요~ 호랑이로 변해 봐요~"

역시 우주인 본성을 잃지 않은 아이들이기에 웃으며 군밤을 까먹습니다. 이번에는 아이들이 담근 보리수 열매 효소를 한 잔 마셨어요. 모두 맛있다며 좋아합니다.

2013. 10. 23. 물날.
파란 하늘이 참 곱다.

구리선이다

피리를 불며 승민이를 기다리는데 승민이가 조금 늦어 먼저 뒷산에 오른다. 호미 한 자루씩 들고 뒷산 푸른샘 텃밭에 간다. 9월에 뿌린 갓과 시금치는 나오지도 않고 고구마 줄기 두 개가 있어 그것을 캐려고 호미를 들고 간다. 아무리 생각해도 고구마가 나오지 않을 것 같다. 하나는 고랑에 있고 하나는 산비탈에 있다. 뒷산 가는 길은 늘 보고 할 게 많아서 가는 데만 한참이 걸린다. 가다가 벌레 보고 또 가다가 나무 줍고 그러니 천천히 뒷산으로 들어가는 셈이다. 지름길인 비탈길로 올라가는데 땅에 구멍이 있어 무슨 구멍일까 아이들에게 물으니 바로 호미를 들고 땅을 판다. 땅속 생물 이야기를 할 틈도 없다. 먼저 바위 옆 텃밭에 가서 기다리는데 바로 올라올 줄 알았던 아이들이 오지를 않는다. 크게 부르는데도 오지를 않는다. 뭐 하는가 봤더니 호미로 뭘 하고 있다. 시간이 좀 지나서야 올라온다.

"뭐 했어?"

"불 피웠어요."

"어? 무슨 불?"

"호미로 불 피웠어요."

"호미로 불을 어떻게 피워?"

"돌에 호미를 내리치면 불이 나와요."

"아, 불꽃! 호미로 바위를 세게 내리치면 불꽃이 나오긴 하지. 그런데 호미가 망가질 텐데."

앗, 실수했다. 호미 걱정은 나중에 하고 왜 바위를 칠 생각을 했는지, 어느 정도 세기로 쳤는지, 불꽃 나올 때 어땠는지 물어보고 이야기를 하면 좋았을 것을, 생각 없이 나중에 말해도 될 호미 이야기를 꺼낸 것이다. 부족한 선생이로고. 늦게 온 승민이가 최순희 활동 보조 교사와 함께 올라왔다. 아이들은 올라오자마자 고구마 줄기를 뽑고 캐는데 아무리 파도 고구마가 보이지 않는다. 왜 안 나오느냐며 작은 고랑을 모두 파는데 진짜 없다. 선생이 나서서 같이 파니 앗, 작은 게 하나 보인다. 그것도 엄지손가락만 하다. 모두 웃으면서 새끼고구마라 말한다. 호미란 도구가 있으니 아이들은 자꾸 땅을 파고 싶어 한다. 땅 파고 놀다가 내려가는데 숲 탐험 하겠다며 학교 텃밭 쪽으로 산길을 간다. 아이들이 줄곧 간 곳은 정말 길이 되어버렸다. 2학기에는 모기 때문에 자주 못 와서 말리는데도 그냥 가겠다고 한다. 아이들 고집을 알기에 질 수밖에 없다.

학교 텃밭 배추와 무가 잘 자랐는데, 배추는 배추벌레 먹이가 되어서 구멍이 많다. 갓 씨를 제법 뿌렸는데 아이들이 북을 돋운다고 다 뒤집어서인지 큰 갓 하나만 있다. 고구마 순 서너 개를 늦게 심은 자리에는 고구마 줄기가 자리를 잡긴 했는데 좀 약해 보인다. 숲 탐험 길로 내려온 아이들이 줄 그네 한 번씩 타고 학교로 내려간다. 길가로 나오는데 갑자기 아이들이 "구리선이다!" 하며 땅을 판다. 뒤돌아보니 구리선 한 가닥이 조금 땅에 묻혀 있다. 그냥 가자고 해도 호미질을 한다.

"안돼요. 구리선이 얼마나 비싼데요."

아침에 정우가 오자마자 구리선 주워 왔다고 자랑을 했다. 잊지 않고 늘 고물과 쓰레기를 챙기고 줍는 아이들에게 또 배운다. 앎이 삶이 되어야 한다고. 배운 것은 실천해야 한다고.

학교에 들어와 마당 화분에 심어 놓은 고구마를 캐 보는데 역시 고구마는 없다. 마당에서 날마다 자라는 걸 보려고 심은 것이고, 줄기에서 덩이뿌리가 되는 녀석들이라 화분에서 나올 리가 없는 줄 알지만, 그래도 아이들은 아쉬워한다. 내일은 고구마밭에서 캐니 고구마 캐는 재미는 놓치지 않겠다. 그런데 정우랑 강산이가 긴 고구마 줄기를 들고서 고구마 순 공장을 돌린다고 들고 간다. 그러더니 이번에는 갑자기 그리스 신화에 나오는 디오니소스라며 고구마 줄기를 뒤집어쓰고 다닌다. 아이들 손에 들어가면 뭐든지 놀잇감이 되는 걸 날마다 보면서도 '녀석들 참'이란 소리가 절로 나온다. 일을 하다가 놀이를 만드는 아이들은 창의성이 익숙한 경험에서 나오며 평범함에서 비범함이 나옴을 증명한다.

물론 디오니소스가 되어 긴 고구마 줄기를 교실까지 갖고 들어와 놀더니 끝내 형들에게 원성을 듣는 일도 만들기는 한다. 2학년 누나에게 고구마 줄기를 던지며 장난하다 형들과 누나들을 화나게 한 것이다. 화가 난 형들과 누나들이 1학년들이 버릇없이 형과 누나에게 한다고 야단이다. 나중에 규태는 1학년 우리말·글 공부 마치고 쉬는 시간에 모둠 선생을 불러 1학년들의 지나친 장난과 그동안 1학년들이 푸른샘 교실 못 들어오게 소리친 거며 이것저것에 대해 한참을 이야기한다.

1학년 아이들도 잘못은 했지만, 2학년들에게 불만이 많다. 자꾸 형에게 대들면 형이 엎어치기 해 버린다고 거친 말을 썼다고, 엎어치기가 뭐냐고 묻기도 한다. 끝내 선생한테 한 소리 듣고 잘못한 것에 대해서는 형들에게 사과하러 가는데 옹달샘 문이 닫혀 있어 못하고 돌아온다. 점심 먹기 앞서 사과를 하긴 했다. 아이들이 이제 형들에게 마냥 귀여운 동생이 아닌 셈이다. 더 욕심내고 장난을 심하게 치면 형들과 누나들이 가만있지 않는다는 걸 점점 알아가고 있다. 같이 하는 활동이 가장 많은 낮은샘 1, 2학년이니 더 살뜰하게 서로를 챙기도록 선생들이 조금씩 나서야 할 때. 고구마 철이니 고구마 음식 만들기를 하자고 제안하면 좋아할 것 같은데, 내일 같이 계획을 세워야겠다.

글쓰기와 우리말·글 공부 마치고 텃밭에서 딴 늙은 오이를 잡아서 씨를 뺀 다음 잘라서 먹는데 아이들이 맛있다고 좋아한다. 푸른샘은 날마다 뭘 따고 캐서 먹는다고 다른 학년들과 선생들이 자꾸 말하는데 정말 날마다 뭘 먹는다. 늙은 오이도 조각내서 2학년과 3학년 교실에 넣어 준다. 남는 시간에 어제 다 못 딴 대봉시를 따러 가는데 1학년 아이들은 아침에 깐 쭈글탱이 콩으로 콩김밥 싼다며 한참 빠져 놀고 있어 마루에 있던 규태와 채원이에게 도와달라고 하니 같이 따라나선다. 한 주가 왔으면 같이 갔을 텐데 안 보이니 티가 난다. 승민이와 최순희 활동 보조 교사가 같이 가서 대봉시를 땄다. 사다리를 놓고 올라가 대나무로 대봉시 열린 가지를 꺾어 감을 따는데 쉽지가 않다. 사다리가 위험해서 아이들이 밑에서 선생이 딴 감을 받아 주는 일을 한다. 따다가 땅에 떨어져 깨진 감도 있지만, 까치밥으로 한 개 남기고 모두 따서 기분이 좋다. 곶감을 더 만들고 홍시로 남길 녀석도 골라 놓으니 후련하다.

저녁에 10월 교육연구모임이 열렸다. 주제가 글쓰기 교육이라 익숙한 주제이긴 하나 늘 새롭고 다시 마음가짐을 바로 한다. 프레네의 생애, 프레네 교육과 프레네 글쓰기를 같이 살펴보고 우리 글쓰기 교육에 대해 이야기를 나누었다. 프레네의 자유 글쓰기나 이오덕의 삶을 가꾸는 글쓰기 둘 다 어린이와 자유를 지향하는 교육이며, 글쓰기 교육의 목표는 아이들 삶을 북돋는 일임을, 교사 노릇이 무엇인지를 프레네 교육에서 다시 확인한다. 맺힌 것 없이 자기를 표현하는 데 글쓰기가 큰 힘을 갖고 있음도, 말하기, 그리기, 글쓰기가 우리 아이들 삶에서 참 중요함을 새긴다. 달마다 교육연구모임을 열어 우리 교육을 되돌아보고, 인류의 뛰어난 교육 성과를 살펴보는 것은 교사와 학교에 모두 도움이 되는 일이다. 바쁜 일정이지만 교육의 내용을 채우는 일에 정성을 다해야겠다. 학교와 나라 안팎 상황을 보더라도 우리 교육의 중심을 튼튼히 세우고 꾸준히 교육 과정을 풍부하게 채워가야 하는 일은 지난날을 바탕으로 앞날을 여는 주체와 객관의 요구이기도 하다. 2년을 잡고 큰 밑그림을 그려 채워 가는 공부이고 연수이니 천천히 차곡차곡 스스로를 살찌워 갈 수 있겠다. 그 중심에 아이들의 삶이 있음을.

"어린 시절은 가득 채워야 하는 포대가 아니라 넉넉히 충전된 전지와 같은 시기이다."
"아동에게 자연스러운 것은 놀이가 아니라 일이다."
— 프레네

222

고구마가 또 나와요

뒷산 가는 길, 아이들 마음대로 하는 시간이 늘어갑니다. 아이들이 뒷산 오를 때 선생과 같은 속도로 가야 한다는 법은 없습니다. 늘 자기 호흡과 기분대로 달리고 걸으니 뒷산 가는 길은 오롯이 여유와 계절을 느끼며 자연을 만나는 시간입니다. 텃밭 배추와 무가 어제보다 더 자랐다는 지빈이 말을 듣고 보니 조금 더 큰 거 같습니다. 학교에 들어와 후원의 날 초대장을 씁니다. 모둠마다 초대장 보낼 곳을 맡았는데 푸른샘 1학년은 수원 칠보산자유학교와 의왕 온뜻학교에 보낼 초대장을 만듭니다. 승민이와 정우, 강산이가 함께 쓰고, 민주와 지빈이가 함께 초대장을 꾸밉니다. 강산이와 정우, 승민이는 많은 그림을 그려 넣고 금세 마치는데, 지빈이와 민주는 천천히 정성을 들여 글씨를 써요. 연필로 쓴 글씨를 다시 유성펜으로 쓰고 그림까지 천천히 그려 넣습니다.

뭐든지 마음먹고 천천히 정성을 다하면 아이들은 늘 작품을 만들어 냅니다. 마루에서는 옹달샘 2학년 아이들과 권진숙 선생이 하동에서 얻은 호박을 잡습니다. 호박 씨앗으로 셈도 하고 수학을 즐기는 모습이 참 예쁩니다. 거기다 맛있는 호박죽을 먹게 됐으니 더 좋습니다.

수학 머릿셈을 잠깐 하고 고물상에 갈 준비를 시작합니다. 그동안 아이들이 모은 쓰레기와 고물이 많습니다. 부모님들이 알게 모르게 도와주고 쓰레기와 고물을 찾는 아이들 눈이 번뜩이는 시간들이 있어 차에 싣는 데 한참이 걸려요. 푸른샘 1학년 아이들은 우리끼리만 가자고 하지만, 알찬샘 3학년 형들이 지난번에 같이 가서 사 준 얼음과자를 잊지 않습니다. 3학년 형들이 있어 고물상에 가져갈 짐도 잘 싣고 재미가 더 있다는 것을 모르지는 않지요. 정우 어머니가 집 앞에 내놓은 책과 종이 상자까지 가득 차에 싣고 고물상으로 갔습니다. 반갑게 우리 아이들을 맞아 주는 고물상 어른들이 아이들에게 요구르트를 하나씩 안깁니다. 종이 상자, 비닐과 페트병, 알루미늄 깡통, 유리병, 양은 냄비, 고철들 무게가 차례로 찍히고 금액이 적힙니다. 34,200원인데 34,500원을 주시는 사장님이 참 고맙습니다. 지난 9월보다 1만 원쯤 더 벌었는데, 부모님들이 보내 준 양은이 15,000원으로 가장 많고, 종이 상자가 8,000원 나왔습니다. 아이들이 더 쓰레기와 고물을 모은 셈이라 태양광 발전기가 멀지 않았습니다. 이렇게 조금씩 양을 늘려 열 번 넘게 되면 목표에 가까워질 것 같아 기분이 좋습니다.

나오는 길에 최명희 선생이 사 준 얼음과자 맛에 아이들이 고물상 오는 재미가 더 커지네요. 부지런히 쓰레기와 고물을 모아 태양광 발전으로 전기를 생산할 날도 멀지 않았습니다. 아껴 쓰고 나눠 쓰고 바꿔 쓰고 다시 쓰며 발전과 절전의 삶을 꿈꾸는 아이들이 있어 765송전탑 반대 싸움을 8년 넘게 해 온 밀양 할머니, 할아버지들의 뜻이 헛되지 않습니다. 자연과 생명, 지구에 이로운 방식으로 살아가는 사람들이 많아야 함을 다시 생각합니다.

낮에는 텃밭에서 고구마를 캤어요. 본디 맑은샘회의 날인데 내일 공부와 바꾸어 합니다. 내일 오후에 유찬이 '잘 가 잔치'를 하는 것도 있고, 짧은 가을 방학에 들어가는 날이라 챙길 게 두루 많아서 그렇습니다. 4, 5, 6학년은 양재천 텃밭으로 가고, 1, 2, 3학년은 열리는 어린이집 텃밭으로 갑니다. 알찬샘 3학년 아이들이 호미 하나씩 들고 먼저 캐고 1, 2학년은 고구마 순을 땁니다. 빨리 고구마를 캐고 싶어 하는 아이들 마음이 바쁘네요. 여기저기서 탄성이 터져 나옵니다.

"와, 대왕 고구마 보세요!"

"한 번에 일곱 개가 나왔어요."

"또 나와요."

"조심조심, 고구마 다치지 않게."

고구마 농사가 풍년입니다. 작은 땅에서 아주 많은 양이 나왔어요. 아이들이 고구마 캐는 즐거움을 제대로 느낍니다. 호미를 들지 않은 아이들은 고구마 줄기를 거두고 고구마 순을 따는데, 1, 2학년이 따 놓은 고구마 순을 3학년 알찬샘 아이들이 잎을 떼고 순만 자루에 담습니다. 우리 알찬샘 아이들 참 일을 잘합니다. 형들이 캐고 간 자리에서 다시 아이들이 흙을 뒤집는데 자꾸 고구마가 나와요. 일하는 걸 좋아하는 아이들에게 텃밭은 늘 배움터입니다. 들고 간 플라스틱 상자와 자루가 아주 무겁습니다.

"얘들아, 고구마가 진짜 많이 나왔는데 어떻게 갖고 가지?"

"학교 차를 불러야 되지 않아요?"

"음, 그것도 방법인데, 학교 차 기름을 많이 쓰잖아. 우리가 들고 갈 수 있을까? 어린이들이 플라스틱 상자를 들고 가고 선생님이 자루를 들고 가면 될 것 같은데 어때? 들 수 있겠어?"

역시 일 잘하는 성범이와 규태가 나서고 원서와 동엽이가 돕습니다.

"뭐 그다지 안 무겁네요."

선생이 들어 봐도 들을 만합니다. 미리 자루로 많이 옮겨놨거든요. 아이들이 간 다음 종민이를 불러 선생님을 도와달라고 해서 고구마밭을 한 번 더 호미질했어요. 역시 고구마가 나옵니다. 그런데 아이들이 워낙 잘 캐서 많이 나오지를 않습니다. 열리는 어린이집에서 학교까지 200m쯤 되는데 고구마 상자를 아이들이 잘 들고 갑니다. 자루 들고 앞지르려고 했더니 냅다 달려가네요. 종민이랑 서민주, 성범이는 선생이 든 고구마 자루를 등에 업고 들고 갈 만하다며 걸어갑니다. 자루 잡고 뒤따라가며 참 대단한 아이들이란 생각을 했습니다. 평상에 고구마를 말리는데 정말 굵고 긴 고구마가 많습니다. 조그만 땅에서 많은 고구마가 나온 까닭은 역시 고구마 순을 자주 따줘서입니다. 고구마 순 김치도 많이 먹고 아이들 손을 쓰는 활동도 실컷 하고 고구마도 많이 캤으니 고구마 농사를 잘 지은 셈입니다. 양재천 밭에서 캐 온 고구마 양을 보니 세 배쯤 되는 양재천 밭보다 작은 열리는 텃밭에서 나온 게 더 굵고 양은 비슷해요. 역시 고구마 순을 많이 따 준 힘이 그대로 덩이뿌리로 갔음을 확인합니다. 이제 고구마로 음식도 만들고 새참도 부지런히 먹을 일만 남았습니다. 내일은 가을 방학하는 날이니 고구마 음식을 만들면 좋겠다 싶어 2학년 아이들에게 1학년이랑 고구마 음식 만들자고 제안했어요. 곧 신 나는 고구마 잔치가 시작되겠어요. 고구마를 좋아하는 승민이도 좋아할 것 같습니다.

푸른샘 아이들이 아주 장난꾸러기가 되어 갑니다. 노는 데 집중력들이 강해 불러서 다음 공부를 이끄는 데 한참이 걸릴 때도 많지만, 훌쩍 자라는 모습이 티가 날 정도로 야물어갑니다. 날마다 웃고 장난치고 뛰고 먹고 거침이 없습니다. 마침회 때 피리를 함께 부는데 준비하는 데만 한참이 걸립니다. 뭐가 그리 좋은지 웃느라 시작을 못 하고 맙니다. 그러다 아이가 뀐 방귀 냄새에 모두들 몰려나가고 마침회가 한참 걸렸어요. 호박죽 새참이 참 맛있습니다. 교실과 교실 밖 경계가 없는 작은 학교가 더 고마운 날입니다.

화창한 가을날, 아침저녁으로 찬 기운이 돌아
가을 겉옷을 챙겨야 한다.

입에서 사르르 녹아요

드디어 아이들이 기다리던 고구마튀김 하는 시간이다. 1, 2학년이 마루에 모여 고구마튀김 하는 차례와 조심할 것에 대한 이야기를 나눴다. 그보다 먼저 왜 오늘 함께 고구마튀김을 하는지 다시 이야기를 한다. 서로 더 친하게 지내고 사이좋게 살기 위해 같이 음식도 만들고 즐거운 한때를 보내는 거라 말하는데, 아직도 1학년 아이들은 자기들끼리만 하고 싶어 하는 마음이 많다.

그래서 음식 만들기 목표는 1, 2학년이 더 마음을 내고 서로에게 잘하자 것이라고 힘을 주어 강조한다. 1, 2학년이 고루 섞이도록 저마다 자유롭게 네 모둠을 짜더니 모둠마다 고구마를 씻는다. 강산, 규태, 한주가 한 모둠, 유정, 채원, 정우가 한 모둠, 민주, 지안이가 한 모둠, 지빈, 현서가 한 모둠이다. 지은이는 못 오고, 승민이는 늦게 와서 셋이나 둘로 모둠이 됐다. 아주 큰 고구마를 고른 탓인지 칼로 썰기가 쉽지 않다. 선생들이 돕고 2학년들이 잘 이끌어 고구마 썰기가 마무리된다. 2학년 아이들 손끝 힘들이 참 좋다. 천천히 정성을 다하는 모습을 보여주니 동생들도 아주 열심이다. 크게 차이는 나지 않더라도 2학년답고 1학년답게 서로 돕는다. 서로 돕고 힘을 합해 음식을 만드는 모습이 참 예쁘다. 불과 기름을 쓰는 것도 조심할 게 많아 다시 안전 규칙을 말하고 물과 기름은 섞이지 않아 서로 친구가 아니라는 말을 해 준다.

끓는 기름에 물이 닿아서는 안 된다는 말을 다시 강조하는 것이다. 자주 음식 만들기를 해서 모두 잘 알고 있다. 프라이팬에서 기름이 끓고 튀김옷을 입은 고구마가 노릇노릇 익어간다. 한 번 튀긴 고구마를 먹고 싶어 하는 마음이 가득하다. 두 번 튀기기로 한 거라 참기로 했지만, 고구마튀김은 따뜻할 때 먹는 게 가장 맛있어서 하나씩 먼저 먹으라 하니 아이들이 신이 났다.

"와, 정말 맛있어요."

"입에서 사르르 녹아요."

선생도 부모처럼 아이들 먹는 것만 봐도 배가 부르다. 밭에 고구마 순을 심고, 풀을 매 주고, 고구마 순을 따서 김치를 담가 먹고, 고구마를 캐서 이렇게 씻고 자르고 튀겨 먹는 기쁨을 맛보며 아이들은 자란다. 뭐든지 스스로 해서 성취감과 기쁨을 얻는 추억이 많다. 노는 기쁨을 넘어서 먹는 기쁨을 더 좋아하는 1, 2학년들이다. 앗, 그런데 고구마를 너무 많이 꺼냈나 보다. 알맞은 양이다 생각했는데 튀기는 데 시간이 많이 걸린다. 다음에는 조금 적게 하자고 권진숙 선생과 이야기를 나눴다. 점심 먹을 때라 한 번만 튀기고 마루를 정리한다. 모둠마다 뒷정리와 설거지를 잘 마치고 나니 튀김 냄새가 1층에 가득하다. 오가던 높은 학년 아이들이 먹고 싶어 새참으로 줄 거냐고 자꾸 묻는다.

점심 먹고 학년마다 가을 방학 준비를 하고, 1, 2학년은 마루에 모여 글쓰기를 한다. 고구마튀김을 주제로, 1, 2학년이 함께 한 과정과 왜 고구마튀김을 함께 하는지도 넣어서 저마다 겪은 일 쓰기를 한다. 그동안 권진숙 선생과 함께 고구마튀김을 한 번 더 튀겼다. 노르스름한 고구마가 정말 맛있어 보인다. 따뜻할 때 먹는 맛이 좋기에 글 쓰던 아이들에게 두 개씩 먹이는데, 처음보다 더 맛있다며 좋아한다. 글쓰기가 끝나갈 쯤 튀김도 마무리됐다. 정말 양이 많다. 마당에서 벼 털기 마무리를 하는 5, 6학년, 글쓰기를 마치고 마당 대야 논 벼를 훑는 1, 2학년 아이들에게 쟁반 가득 따듯한 고구마튀김을 안긴다. 양이 제법 많은 편인데 역시 5, 6학년은 순식간에 비운다. 4학년은 서울 달 시장에 간다고 아침부터 고구마 맛탕을 만들고 준비하고 있어 교실로 갖다 주고, 3학년 교실로 쟁반 가득 고구마튀김을 아이들이 날라다 준다. 양이 아주 많다고 여겼는데 거의 다 먹었다. 음식 만들기를 할 때는 역시 선생들 손이 많이 간다. 아이들이 하도록 이리저리 챙기고 돕고 하는 일이 익숙하지만, 선생들이 후다닥 하는 힘이 적당히 섞여야 한다. 그만큼 챙길 게 많으니 손과 발이 바쁘다. 어제 호박 음식에 이어 고구마튀김까지 권진숙 선생이 많이 피곤할 거 같다.

다음 주부터 일주일 가을 방학을 하는데 바깥 선생들이 들어오는 해금, 헤엄, 흙 빚기, 택견, 식생활 교육 음식 만들기는 계속 해서 아이들은 줄곧 배움을 이어가는 셈이다. 아이들도 가을 방학이 겨울 학기를 위해 호흡을 다시 가다듬고 가을걷이를 마친 뒤 몸과 마음을 돌보는 시간임을 잘 안다. 선생들은 겨울 학기에 필요한 일들을 다시 정리하고 한 해 마무리 공부 계획을 한 번 더 살피는 때라 알맞은 쉼과 여유를 스스로 챙겨야 한다. 내일 학교설명회 마치고 모레 바로 겨울 자연속학교를 위한 답사를 떠나는 일정이 있어 유난히 가을 방학이 짧아 보인다.

겨울

선생의 길은
아이들이 가르쳐 준다

2013. 11. 4. 달날.
겨울을 준비하는 나무들이 가랑잎을 줄곧 떨어뜨리고
아름다운 색깔의 풀은 하늘과 잘 어울린다.

무 먹고 은행 줍고

후원의 날 피로가 아침에 그대로 나타납니다. 어제 밤늦게까지 애쓴 식구들 모두 그러하겠지요. 몸은 고단하지만 마음은 참 편합니다. 할 수 있는 일을 모두 펼치고 힘껏 힘을 합쳐 학교를 짓는 데 필요한 도움을 얻으려고 한 것이니 고마운 게 참 많습니다. 함께 일하는 기쁨도 누리고, 학교 짓는 데 필요한 돈도 보태고, 아이들에게 산교육을 보여 주며, 많은 분들이 보내 준 따뜻한 정성과 연대를 느낀 후원의 날입니다. 오신 분들이 우리에게 가득 안겨 준 선물을 다시 생각합니다. 참 고맙고 함께함이 자랑스럽다는 게 이럴 때이겠지요. 오랜 시간 준비하고 부지런히 몸을 놀린 분들과 후원의 날 온종일 서서 일하고, 널리 표를 판 식구들의 힘을 느낍니다. 역시 세상은 서로 도우며 함께 사는 것이지요.

일주일 가을 방학이지만, 잠깐 자세히 못 본 사이 아이들은 또 훌쩍 자랐습니다. 모두 모여 아침열기를 하는데 한 시간이 넘게 걸려서 몸을 비비 꼬고 떠들썩하지만 서로 자람을 내보이는 데 막힘이 없이 장난치고 듣고 말합니다. 1층 마루 들어오는 문 유리가 빠져서 다시 넣는 데 한참이 걸립니다. 보기에는 쉬워 보여도 틀을 모두 빼내고 다시 유리를 넣고 틀에 목공 풀을 발라 눌러 줍니다. 다시 부족한 틀 대신 유리테이프로 마무리하는 데 힘이 많이 들어갑니다. 뭐든지 그렇지요. 자세히 살펴서 해야 하는 일은 더 정성이 필요하고, 온 힘을 다하지 않으면 나중에 다시 손을 봐야 하는 것이 세상일입니다. 아이들 안전과 관련

232

된 일이라 바로 할 수밖에 없어 몇몇 아이들 귀한 방학 이야기를 놓쳐서 아쉽습니다. 선생들도 겨울 자연속학교 답사로 연대도와 진도 다녀온 이야기, 11월 배움잔치, 고운 말과 부드러운 몸짓, 쓰레기 모으기 같이 부탁하고 싶은 말로 겨울 학기를 시작합니다.

아침열기 마치고 쉬는 때에 푸른샘 아이들 일기장을 읽는데 방학 동안 어찌 살았나 그대로 알 수 있습니다. 이렇게 아이들 삶이 보이는 일기는 참 좋은 공부입니다. 물론 일주일 방학 동안 한 번도 일기를 쓰지 않은 아이도 있지요. 처음으로 내 준 수학 숙제장을 모두 풀어온 아이들이 대단해 보입니다. 하면 좋은데 다 못 해도 괜찮다 했는데 한 아이들이 거의 다입니다. 역시 할 시간이 없어 못 한 아이도 있습니다. 들어보니 정말 할 시간이 없어 보여요. 참 맞는 말입니다.

"선생님, 저는 하려고 했는데 어떤 날은 누가 집에 오고, 또 어떤 날은 어디 가고, 또 어떤 날은 자야 해서 못 했어요."

푸른샘 교실에 모두 둘러앉아 리코더를 불고 방학 때 지낸 이야기를 자세히 듣습니다. 정우가 어머니와 누나랑 춘천과 남이섬으로 배낭여행 갔다 온 이야기, 강산이가 천안 할머니 할아버지 집에서 살다 온 이야기에 모두 귀를 쫑긋하며 듣습니다. 그런데 민주가 이야기를 할 차례인데 정우와 강산이가 장난을 겁니다. 민주가 이야기를 하려고 하면 "안 그랬거든."이란 말을 하며 민주가 말을 못 하게 막습니다. 한두 번 재미를 보면 줄곧 하는, 기운이 넘치는 아이들이라 선생이 그만하란 말을 해도 멈추지를 않아요. 개학 날부터 큰소리 내기가 싫기도 하고 팍팍 뿜어내는 아이들 기운이 보기 좋기는 하지만, 끝내 30초 눈 감고 명상을 부릅니다. 그래도 쉬 멈추지 못하는 아이들을 보니 맑은샘 장난꾸러기로 잘 자라고 있어 자꾸 웃음이 납니다. 끝내 그냥 못 본 척할 수 있는 상황이 아니라 제지합니다.

"두 어린이 그만하세요. 자기 이야기할 때 들어준 사람들 이야기에 귀 기울여 듣지 않고 장난만 치면 모두가 괴롭잖아요. 장난칠 때와 그 러지 말아야 할 때를 기억하면 좋겠어요."

겨우겨우 민주가 방학 이야기를 마치고, 승민이와 지빈이 이야기를 듣습니다. 승민이는 민주네 집에 가고 과학관 간 것을 물어보니 웃기만 하네요. 지빈이는 오래전 일은 기억이 안 난다고 후원의 날 이야기를 많 이 해요. 갑자기 2학년 아이들이 우르르 몰려와 초콜릿을 내밉니다. 지 은이가 여행 가서 사 온 것을 나눠 먹는 거지요. 동생들 나눠 주는 형 들이 말과 몸짓에서 자랑스러워하는 아이들 모습을 봅니다. 함께 나누 어 먹으며 2학년 형들과 자꾸 친해져 갑니다.

뒷산 가는 길에 만난 단풍과 가랑잎이 가을이 깊어 감을 알게 합니 다. 파란 하늘과 잘 어울려 눈이 부시게 곱습니다. 저절로 사진을 찍게 되네요. 올라가는 길에도 아이들은 장난과 놀이가 그대로 갑니다. 장수 말벌이라며 다른 아이를 뒤쫓고 아이는 벌에게서 도망치듯 달려갑니다. 지름길로 올라가지 않고 가랑잎을 밟으며 우면산 들머리를 한 바퀴 돌고 내려와 텃밭에 들렀는데 배추에 진딧물이 잔뜩 끼어 큰일 났습니다. 아 이들이 벌레를 쫓아내고 그네 타고 노는데 가을과 잘 어울려 보기 좋습 니다. 학기 시작 때마다 아이들 사진을 찍곤 해서 텃밭 옆에서 사진을 찍 습니다. 봄에 찍을 때 모습과 달리 의젓합니다. 진딧물이 많은 배추 옆 에 있는 무가 시들합니다. 다른 무는 크게 자랐는데 그 녀석만 작아 보 여 아이들과 뽑아 먹기로 합니다. 어릴 적 새참이 귀해 텃밭 무를 뽑아 먹던 생각이 나요. 너무 많이 먹어 배가 아파서 고생했던 기억도 떠오릅 니다. 흙을 털어내고 이로 위쪽을 껍질을 벗겨내고 한 입 베어 먹는데 먹 고 싶어 하는 아이들 눈빛과 입이 간절합니다. 손으로 껍질을 벗겨내는 데 엄지가 아프네요. 한 입씩 베어 문 아이들이 자꾸 더 먹으려 합니다.

"너무 많이 먹으면 배 아파. 조금만 먹자."

"맛있어요. 더 먹어요."

"학교 가서 씻어서 잘라줄게."

학교로 들어와 무를 씻어 일곱 조각으로 자르니 색깔도 곱고 먹기 좋아 보입니다. 한 조각씩 먹고 저마다 읽고 싶어 하는 책을 골라왔어요. 네 권을 줄곧 읽는데 아이들 눈이 초롱초롱합니다.

점심 먹고 쉬는데 마당에서 공놀이를 하는 아이들이 살아납니다. 손호준 선생과 발로, 머리로 공을 주고받는데 신이 났어요. 그런데 마당쪽 유리창 쪽으로 공이 두서너 번 오더니 동생들도 공놀이를 시작해서 자꾸 공이 유리창을 때립니다. 아주 큰 유리라 늘 조심하는데 유난히 신경이 쓰입니다. 두 번쯤 그쪽으로 차지 말라고 이야기하다 세 번쯤 큰소리를 지르고 맙니다. 즐거운 공놀이 산통을 깬 것이지요. 아차 싶지만 이미 저질러진 일이라 미안하기만 합니다. 늘 안전과 즐거운 놀이는 선생에게 경계를 묻습니다. 뛰고 달리고 치고 마음껏 놀기에는 마당이 좁은 것이 정말 미안한 현실과 부족한 선생 모습이 겹쳐 마음이 쓰립니다. 아이들 편에서 아이들 처지와 마음을 먼저 놓고 말이 나가고 행동해야 하는데 늘 실수투성입니다.

낮 공부 몸놀이는 대운동장에서 합니다. 다 함께 체조하고 피구 두판을 했어요. 규칙 있는 공놀이는 아이들 기운이 그대로 보이는 때입니다. 피구 마치고 선생들과 아이들로 편을 나눠 새참 초콜릿을 두고 경기를 합니다. 6대 1로 아이들이 이겼어요. 넓은 운동장을 뛰어다니기에는 선생들 체력이 안 되네요. 기분 좋게 새참을 나눠 먹고 마침회 하고 부림교까지 걸어갑니다. 은행잎이 많이 떨어져 가을 기분이 물씬 나는 길을 걸어가다 바닥에 떨어진 은행을 줍기 시작했어요. 구워서 먹는다는 말에 같이 가던 아이들이 줍기 시작하는데, 은행 냄새가 지독합니다. 은행잎으로 은행을 줍는 아이들 슬기가 재미있어요. 수인이와 서민주, 종민이와 강산, 정우와 지빈, 유하와 성범이, 남민주가 은행 줍는 걸 도와

주는데 아주 놀이로 만들어 버립니다. 냄새나는 은행을 주워서 말려서 구워 먹을 생각에 강산이와 정우, 서민주는 집에 가져갈 양을 신문지에 싸서 들고 오네요. 덕분에 부림교까지 걸어오는 동안 은행 냄새를 실컷 맡았고, 가는 길마저 재미납니다. 축구 후유증인지 온몸이 쑤시니 새삼 운동을 해야지 마음먹습니다. 늘 자기 몸에 맞게 기운을 써야 하는데 자꾸 잊고 맙니다. 뛰고 달리고 먹고, 반성하며 겨울 학기를 시작합니다.

2013. 11. 5. 불날.
차에 이슬이 내려 차 유리를 와이퍼와 수건으로 닦아야 밖이 보인다.
바람이 시원하게 부는데 따뜻하다.

가르칠 수 있는 용기

1, 2, 3학년들이 택견을 하는 날인데 권혁 선생이 방학 시간으로 10시에 오는 바람에 택견을 못 하게 되어 모인 김에 자치기 대회가 열렸어요. 네 패로 편을 나눠 서로 놀며 자치기로 셈과 길이를 잽니다. 그런데 놀이를 할 때는 늘 아이들 기운과 결이 자세히 보입니다. 이기는 데 관심이 많은 아이는 편을 짤 때부터 잘하는 아이와 같이 하고 싶어 합니다. 그다지 관심이 없는 아이들은 승부에 상관없이 놀이 규칙을 익히며 승리욕에 어쩔 줄 몰라 하는 아이들을 지켜봐요. 새끼자를 막는 것보다 어미자로 치는 걸 더 좋아하는 아이는 아주 치는 것만 한다고 해서 동무들 눈총을 받습니다. 유난히 까다롭게 규칙을 따지고 자기편에 유리하게 해석하는 아이들도 보입니다. 그렇지만 놀이할 때는 그저 즐거울 뿐이지요. 그래서 아이들 놀이는 건강하고 웃음이 그치질 않습니다. 꽁

하는 거 없이 있는 그대로 받아 주고 보는 것이지요. 그런 세상에 살다 보니 선생은 늘 배울 게 많습니다. 가르칠 수 있는 용기가 시들하지는 않은지, 언제나 아이들에게 당당하게 설 준비가 되어 있는지, 하나뿐인 아이들 삶을 가꾸기 위해 애쓰는 것들을 한결같이 밀고 가고 있는 것인지 되돌아보고 성찰하는 게 일상입니다.

대안교육을 받아본 적이 없는 선생들이 대안학교에 다니는 아이들과 만나는 것은 그동안 본인의 역사에서 우러나는 모든 가치와 문화, 몸짓과 말투까지 몸과 마음을 새로 만들 수밖에요. 그래서 반성과 성찰로 아이들 앞에 서는 자세와 태도를 바로 하고 살피지 못한다면 부끄러운 삶일 뿐입니다. 그저 익숙함에 묻혀 스스로와 서로를 자라도록 돕지 못할까 겁이 나기도 합니다. 조심하고 살피고 기다리고 성찰해야 행복할 수 있겠지요. 아이들을 만날 수 있는 곳은 아주 많지만 특별히 대안학교에서, 그리고 맑은샘이라는 학교에서 선생 노릇을 한다는 것은 그만한 까닭과 행복이 있기 때문이지요. 그것이 흐트러진다면 삶이 재미없고 헝클어질 뿐입니다. 오롯이 스스로를 세우고 서로 삶을 가꾸는 사람 노릇과 공동체를 위해 끊임없이 공부하고 성찰하는 교사의 운명과 열린 자세를 다시 생각합니다. 가르침과 배움의 진정한 정신, 교사 내면의 치유, 배움에 대한 갈망 없이 진정한 교육은 이뤄질 수 없음이 가슴을 칩니다.

교사는 무엇으로 성장하는가. 아이들에게 배운다는 건 무엇인가. 동료 교사들에게 무엇을 보고 배울 것인가. 나는 정말 그리 살고 있는가. 마음을 들여다보고 내면의 공포와 불안을 모두 꺼내야겠습니다. 다시 파커 선생의 책을 펴듭니다.

선 그리기로 파도를 그리는데, 넘실대는 굽은 선이 쉽지 않지만 금세 손에 익어 갑니다. 쌓기 나무로 두 자리 수 문제 만들기를 하자고 했더니 역시 예술 작품들이 나오는 아이들입니다. 369 놀이를 할 때는 얼굴에서 웃음이 떠나질 않아요. 그렇게 날마다 웃고 자라기를 바라지만 울음과 찡그림도 행복한 추억과 뒤섞여 아이들의 삶을 더 살찌게 한다는 것을 모르지는 않습니다.

저녁에는 기타 연수와 편입생 부모들을 위한 교육과 운영모임이 있어요. 성실하지 못한 학생들 때문에 유장현 기타 선생에게 많이 미안합니다. 밥 먹듯이 기타를 치곤 해야 하는데 잘 안 됩니다. 기타 연수 마치고 편입 부모 교육에서 맑은샘학교와 공동체의 역사 이야기를 하게 됐습니다. 본디 오기로 한 분이 못 와서 대신하는데 덕분에 옛날 그때를 떠올리며 사람들과 처음 마음을 생각하게 되네요. 역사 이야기를 한다는 것은 현재를 더 행복하게 살기 위함이지요. 처음 학교를 세운 분들의 뜻과 마음, 희생이 아닌 서로 삶을 가꾸는 헌신, 맑은샘 교육공동체의 전통, 지켜가고 있는 정신과 문화를 다시 새겨 봅니다. 늘 처음 마음을 잊지 말고 살도록 서로를 북돋을 가을인가, 자꾸 생각에 생각이 꼬리를 물고 터져 나옵니다. 중심과 원칙을 잡고 치열한 삶을 살도록 스스로를 세우고 싶은 날입니다.

2013. 11. 6. 물날.
구름이 해를 가려 비가 올 것처럼 하루 종일 흐리다.

민주주의

선생들과 피리를 분 다음 콩 집기 대회를 하려고 콩을 찾는데 최명희 선생이 마당에서 아이들이 콩을 따는 게 낫겠다고 알려 준다. 아이들과 콩을 따서 콩 집기 대회를 준비한다. 한쪽에 열린 콩을 모두 따고 아이들은 축구 한다고 공을 차는데, 지빈이가 줄곧 선생을 도와 다른 쪽 마당에 있는 콩을 딴다. 콩을 깔 때마다 지빈이가 무슨 콩인지 묻는다.

"이건 무슨 콩이에요?"

"울타리콩인 것 같은데."

"이건 무슨 콩이에요?"

"강낭콩 같은데?"

콩 종류가 워낙 많아 이름도 참 많다. 완두콩, 덩굴강낭콩, 덩굴밤콩, 아주까리밤콩, 서리태, 어금니동부, 울타리콩, 메주콩…

뒷산 가는데 아이들이 텃밭 가서 줄 그네 타자고 한다. 텃밭에 가니 아직 캐지 않은 고구마가 조금 있다. 고구마 순을 우리가 키워서 늦게 심은 건데 줄기가 한 열 개쯤 된다. 아이들은 그네를 타고 있고, 다시 학교로 돌아가 호미를 가져왔다.

"애들아, 고구마 캐자. 여기 고구마는 우리가 순을 길러 심은 거야. 어떻게 캐지?"

"줄기부터 거둬야죠."

"음, 그렇지. 역시 고구마를 자주 캐더니 캐는 방법을 아는군."

능숙하게 호미질을 하니 자줏빛 나는 고운 고구마가 나온다. 큰 고구마도 나오지만 주로 작은 고구마다. 개수는 스무 개쯤으로 적지만 거두는 기쁨은 또 남다르다.

학교로 돌아와 고구마 널어놓고 쉬다 교실에 모여 피리를 분다. '고향의 봄'도 이제 소리가 맞아간다. 텃밭 가기 앞서 까 놓은 밤을 프라이팬에 넣고 온 덕분에 우리말·글 놀이 하기 전에 즐겁게 군밤을 먹는다. 5, 6학년은 영화 찍는 날이라 밖으로 나가서 못 주고 다른 학년들에게는 나눠 주는 기쁨을 누린다. 누군가에서 맛있는 걸 주는 건 참 기분 좋다는 걸 아이들은 잘 알고 있어 서로 갖다 주겠다 나선다. 과학 동화책 속 가을 이야기와 가랑잎 이야기를 읽다 문제를 내는데 문제를 내면 눈을 반짝이는 아이들답게 신 나는 시간이 된다. 광합성과 포도당이 그렇게 다가간다. 가끔 우리 아이들은 느닷없이 어려운 낱말을 말하곤 하는데, 자꾸 듣다 보면 한참이 지난 뒤 광합성과 포도당도 그렇게 문득 꺼내리라. 우리말·글 놀이를 하며 이야기를 만드는 시간은 늘 재미가 있다. 익힌 글씨를 다시 문제로 내서 모두 써 보는 것도 또 다른 재미이고 자연스런 우리말·글 익히기다. 쉬는 시간에는 축구를 한다고 시끄럽다. 자치기는 형들이 주로 하고, 요 며칠은 축구를 줄곧 한다.

모두 교실에 모여 아침에 딴 콩을 모아 나무젓가락으로 콩 집기 대회를 한다. 시간을 재서 얼마나 집는지 연습도 하고, 집어낸 콩 개수를 세서 더하고 크기를 견주는데 정말 재미있어한다. 1분에 30개를 넘게 집는 아이도 있고 열두 개 집는 아이도 있다. 글쓰기로 쓰고 싶은 것을 쓰는데 군밤 까먹기, 콩 집기 모두 다르다. 아이들이 글쓰기를 하는 동안 부지런히 집은 콩을 모아 콩을 굽는다. 고소한 냄새가 입맛을 다시게 한다. 구운 콩이 뜨거워 호호 불어가며 먹는 모습을 보니 기분이 좋다. 어릴 때 구운 콩을 바지 주머니 양쪽에 가득 담고 놀러 나가면 든든했던 기억이 떠오른다. 이렇게 철마다 나는 열매와 거둔 것들을 먹는 재미가 즐거운 학교다. 구운 콩도 한 주먹씩 모둠마다 나눠 주는데 아이들이 서로 달려들어 먹는다. 구운 콩 먹고 나서는 맛을 시로 쓰는데 한 줄 글쓰기다.

낮 공부는 본디 풍물인데 높은샘 아이들이 식생활 교육을 밖에서 하기로 해서 내일 시간과 바꾸었다. 그래서 맑은샘회의는 4학년 아이들이 이끄는 날이다. 소현이가 사회를 보고 희주가 기록을 맡고 지우가 칠판이다. 야무지게 이끄는 모습을 보니 아이들 1학년 때 모습이 문득 떠오른다. 어느새 학교 아이들을 이끄는 높은 학년 아이들이 되어버린 아이들이 다시 보인다. 큰 이야기로 나온 쥐 이야기, 4학년 사물함을 누군가 자꾸 만지는 사건, 거친 말을 쓰는 아이들 돕는 이야기를 하다 보니 한 시간이 후딱 지나서 염이 이야기는 하지도 못했다. 4학년 사물함을 만지는 사건은 어린이 탐정단을 조직해 해결해 보자는 결론이 나와서 아이들이 신 나 한다. 사람을 의심하지 않고 모든 증거와 흔적을 의심하는 탐정 수사가 시작되는 것이다. 무엇보다 한 식구인 어린이들을 모두 믿는 가운데 증거와 흔적을 조사하는 과학 탐정들이 나오게 될 것 같다. 만화영화 코난 영향 탓도 있지만, 아이들은 뭔가 모여서 조사하고 문제를 해결하는 즐거움을 좋아해서 어느 때보다 우수한 탐정이 나오겠다 싶다.

거친 말을 쓰는 문제는 길잡이 제도를 만들어 도움말을 주자는 결론이 나왔다. 모든 어린이들이 길잡이가 되거나, 몇몇 어린이가 길잡이가 되는 방법까지 5, 6학년도 모두 모이는 내일 낮 공부 열기 때 좋은 결론을 내기로 하고 회의를 마친다. 아이들은 늘 거친 말 때문에 슬퍼한다. 욕과 남을 무시하는 거친 말과 놀림 말은 모두를 슬프게 하고, 쓰는 아이도 버릇이 되면 큰일이라고 입을 모으는 아이들이 고맙다. 서로 삶을 가꾸는 어린이 문화를 만들어가는 맑은샘회의야 말로 귀 기울여 듣고 뚜렷하고 부드럽게 자기 뜻을 밝히는 민주주의 바탕을 익히고, 함께 살아가는 자세와 태도를 배우는 교육 활동이자 학교 모든 것의 뿌리가 된다. 따라서 선생들도 빠짐없이 참가하고 맑은샘회의에 한 표를 행사해야 한다. 아이들이 살면서 느끼는 문제들을 스스로 해결하는 과정은 끊임없는 연습이 필요하다.

5, 6학년 아이들이 하루 종일 영화를 찍고 저녁 6시가 다 되어서야 마친다. '분노의 윤리학'을 찍은 박명랑 영화감독과 동엽 아버지가 세 해째 아이들 영화 공부를 이끌어주고 있다. 영화로 또 다른 세상을 보고, 누군가가 되어 다른 이의 삶을 연기하고, 아이들이 서로 일을 나누고 호흡을 맞춰 촬영하는 종합 예술을 겪어 보는 풍요로운 시간이다. 김상

미 선생과 손호준 선생은 배우로 출연한다는데, 어떻게 연기했을까 궁금하다.

학교 신입생과 편입생을 모집하는 때라 전화 문의와 학교를 찾아오시는 분들이 많다. 반복된 질문이지만 대답을 준비하며 다시 우리 학교 교육과 공동체를 살피게 된다. 새로운 식구들을 맞이할 때 하는 말만큼 그렇게 우리 교육과 공동체를 가꾸고 있는가. 비인가 대안학교가 처한 어려움을 말할 때는 늘 안타까운 우리나라 현실이 아쉽다. 작은 학교에서 내 아이가 아니라 우리 아이들을 키우겠다는 사람들과 아이들이 마음껏 놀며 배우며 일하는 환경을 함께 만들자 약속하는 시간이 고맙다.

2013. 11. 7. 나무날.

울긋불긋 나뭇잎이 파란 하늘 아래 빛이 나니 자꾸 눈이 시리다.

따뜻한 품

차분하게 푸른샘 교실에서 울려 퍼지는 리코더 소리가 가을과 어울린다. 노래를 부르고 책을 읽고 하루 흐름을 나누는 아침열기에서 아이들 호흡을 확인하는 순간은 늘 기쁘다. 다음 주 김장을 해야 해서 이번 주에 텃밭 배추를 묶어 주러 아침나절에 텃밭에 간다. 가기 앞서 원고지에 글자를 써 보는데 새로움에 눈이 빛나는 아이들이다. 형들이 택견을 하는 날이라 낮은샘 1, 2, 3학년이 양재천 텃밭에 가고, 학교 뒤 텃밭에는 높은샘 4, 5, 6학년이 간다. 배추 여러 포기에 진딧물이 끼어 있어 한살림 목초액을 뿌리기로 하고, 최명희 선생이 한살림에 가는 동안 아이들과 양재천 길을 걸어서 텃밭에 간다. 양재천 텃밭은 줄곧 형들이 가던 곳이라 오랜만에 오니 아이들이 낯설어한다. 선생이 먼저 들고 간 지푸라기로 배추를 묶는 방법을 보여 주고 저마다 해 보는데 쉽지 않다. 두 사람이 짝이 되어 한 사람은 배추를 잡고 한 사람은 지푸라기로 묶는 게 좋다는 걸 안 아이들이 서로 짝을 찾는다. 그런데 양재천 배추는 그리 크지가 않다. 개수도 작고 무도 크게 자라지 않았다. 까닭을 생각해 보니 역시 사람 손길이 자주 안 가서다. 학교 뒤 텃밭은 가까워서 자주 들러 물을 주고 웃거름을 더 줘서 배추와 무가 크게 자랐다. 한참 물을 줘야 할 때 점심때마다 물을 준 최명희 선생이 있어 그만하다 싶다.

모든 식물이 그렇듯이 사람 발걸음 소리 듣고 자란다는 말이 딱 맞다. 부지런하지 않고는 농사를 지을 수 없다. 때를 놓치면 한 해 농사가 엉망이 되는 탓에 언제나 철을 제때 알아가야 한다. 농사가 이럴진대 교육은 어떠할까. 하나뿐인 아이들 인생에서 초등 선생이 가꿔 주고 나눠야 할 게 뭘까. 몸과 마음이 건강한 사람으로 키워가는 일이 교육이라는 이오덕 선생님 말씀이 생각난다. 몸에 병이 없고, 사람을 슬기롭게 하는 지식이 있고, 사람다운 넉넉한 감정과 도덕성을 갖고 행동하는 사람이야말로 몸과 마음이 건강한 사람임을 다시 새기며 아이들을 살핀다.

배추가 얼마 되지 않아 텃밭에서 자유롭게 노는데 우리 아이들은 가만히 있지 않는다. 땅을 파 보고 텃밭 곳곳을 돌아다니며 벌레를 찾고 먹을 걸 찾아낸다.

"선생님, 이게 뭐예요?"

"어? 마 같은데… 아니지 돼지감자 같다."

먹어 보니 시원하고 속살이 사과처럼 투명하다. 돼지감자 같은데 길쭉한 녀석들이 마 같기도 해서 학교에 가서 다시 확인해 주겠다고 하니, 아이들이 저마다 많이 줍는다. 우리 텃밭 옆의 밭에서 돼지감자를 심은 모양인데 캐고 남은 뿌리와 작은 것들을 주운 거다. 성범이는 겉옷에다 돼지감자를 싸서 들고 간다. 아이들 거의 다가 먹기 힘들어 보이는 가늘기만 한 돼지감자를 챙긴다. 이번에는 검은 열매를 들고 오더니 무슨 열매인지 묻는다.

"선생님 이건 뭐예요?"

"글쎄, 뭐지?"

"애들이 막 먹어요."

"뭐? 아무거나 먹으면 안 되는데. 얘들아, 아무거나 먹으면 안 돼."

"먹어도 괜찮아요. 옛날에도 많이 먹었어요."

"이리 줘 볼래. 혹시 자리공이면 먹으면 안 되니까 선생님이 먹고 확인해 볼게."

먹어 보니 미국 자리공은 아닌 것 같은데 뭔지 기억이 안 난다. 머루 같기도 한데 정확히 모르겠다. 어릴 적 많이 따 먹은 머루 맛이 왜 기억이 나지 않는 걸까? 다시 먹으면 기억이 날 텐데.

학교로 돌아와 찾아보니 아이들이 찾은 게 돼지감자가 확실하다. 뚱딴지라고 불리는 아메리카 귀화 식물이고 식이 섬유가 많아 인기가 많단다. 저마다 텃밭 일지에 돼지감자 이야기가 들어 있다.

문득 입학과 편입 때문에 학교를 찾아오는 분들에게 하던 말 가운데 내 아이보다 우리 아이들로 키우고 싶은 사람들이 모인 작은 교육공동체에서 가꿔야 할 문화는 어때야 하나란 물음이 떠오른다. 함께 사는 데 필요한 게 무엇일까? 사랑과 존중을 바탕으로 하는 관찰과 어우러짐, 보살핌이 같이 가야 함께 살 수 있음을 모르지는 않는다. 관찰의 시작은 관심이며 관심은 누군가의 말을 귀 기울여 듣는 것임을, 어우러지려면 배려와 정직이 필요하고, 보살핌은 끝내 자기 노릇과 헌신이라는 글귀가 떠오른다. 공동체를 살찌우려면 노력이 정말 필요하다. 어른들의 세계는 더 그렇다. 살아온 역사와 문화가 다르고, 저마다 다른 인생관과 세계관으로 살아온 사람들이 관계를 맺고 함께 가려면 뜨거운 용광로가 필요하다. 뜨거운 용광로를 만들어낼 힘이 있는가, 서로 품어 주고 안아 줄 품이 있는가, 공동체의 넓은 품을 만들기 위해 나부터 애를 쓰고 있는가를 되묻는 성찰이 공동체를 살아 숨 쉬게 할 것이다.

또 다른 이야기로 학교에서 살아가는 아이들을 둘러싼 이야기는 어떻게 풀어가야 할까? 무엇보다 오롯이 그 세계에서 살아가는 사람들인 아이들과 선생들의 이야기를 바탕으로 접근하는 것이 좋다. 내 아이가 하는 말을 공감하며 듣더라도 가끔 자기에게 이롭게 말할 때가 있는 세계의 특성을 이해해야 한다. 아이를 둘러싼 객관의 눈길과 수많은 사람의 도움말이 부모인 나보다 더 낫다는 것을, 내가 사랑하는 만큼은 아니더라도 우리 아이를 사랑하는 사람들이 많다는 것을, 진정 우리 아이를 위한 것임을 깨달을 때 우리 아이들을 함께 키우는 공동체의 슬기라는 연륜과 내공, 부모로서 경험이 쌓이는 건지도 모르겠다.

아이들 말만 듣고 어른들이 얼굴 붉힐 필요가 있겠는가. 내 아이가 누구 때문에 아파한다고 다른 이를 아프게 할 수는 또 없지 않은가. 내 상처를 봐 달라고 다른 사람 상처를 모르는 체할 수는 또 없지 않은가. 가정교육은 가정에서, 학교 교육은 학교에서, 내용을 달리하며 사회를 확장하며 아이들은 배워 간다. 학교가 가정교육을 대신할 수 없다. 학교에 가지 않고 집에서 부모와 배우고 익히는 아이들도 차츰 늘어나고 있지만, 많은 아이가 어울려 살아가는 학교는 가정보다는 확실히 넓은 관계 맺기의 장이다. 내 자식이니 내가 가장 잘 안다는 것도 가끔 틀릴 때가 있는지라, 부모가 대신 살아 줄 수 없는 아이의 삶이기에 부모 품에서 떠나보내는 연습을 줄곧 하는 것이 부모가 할 노릇이라면, 학교가 그 시작인지도 모른다. 늘 지나침과 모자람의 세계를 넘나들며 살아가는 게 우리네 삶이기에 중용의 아름다움을 말하는 오랜 철학자들 이야기가 자꾸 생각나는지도 모르겠다.

또 아침에 집에서 나간 내 아이가 저녁에 집에 들어올 때는 아침의 아이가 아님을 받아들여야 한다. 아이들은 날마다 자라기에, 어른들도 날마다 자라기에 그 자람을 있는 그대로 보고 인정할 때 이해와 배려의 폭은 넓어진다. 무엇보다 아이들의 선한 마음을 굳게 믿어 주고 지지하고 가꾸는 것이 어른들의 몫이지 싶다. 부모의 좋은 점만 닮았으면 좋겠는데 부족한 모습을 어찌 그리 닮는지 그래서 부모인 나보다 더 나은 많은 사람들이 있는 공동체를 찾을 때도 있다. 그리고 일등만이 살아남는다는 걸 퍼트리는 험난한 세상에서 우리 아이들이 살아갈 더 나은 세상을 찾는다. 이렇게 우리는 38억 년 생명 탄생의 역사가 우리에게 가르쳐 주는, 협동과 협력의 유전자가 건네주는, 슬기를 찾고 함께 살아가는 공동체를 다시 찾는지도 모르겠다.

때로 아이들 세계에서 일어난 일을 어른들의 세계로 끌어들이는 순간 모든 것은 성격이 달라지고 나눌 이야기가 다르다. 모두를 위해 하고 싶은 이야기를 못 하는 일이 있어서도 안 되고, 공동체가 받아들일 수 없는 수준의 이야기를 내키는 대로 그대로 쏟아내도 힘들다. 그래서 우리는 늘 아이들의 세계만큼이나 공동체의 규칙을 만들곤 하는지 모르겠다. 헌법, 정관 모두 그러한 것들이다. 그렇지만 사람들은 늘 정해진 규칙보다 공동체를 풍요롭게 하는 규범과 문화를 더 좋아한다. 마음이 움직여야 뭐든지 할 힘이 나고 자신을 스스로 살찌우는 헌신이 되고 그것이 자부심으로 쌓이지, 의무로 어쩔 수 없이 해야 되는 일로 맞이해서는 흥이 나지 않는 게 세상일이다. 정말 사람 사이, 공동체에는 꼭 필요한 규칙도 있어야 하고, 서로 마음을 움직이게 하는 감동도 있어야 함께 사는 맛이 난다. 그 모든 것은 어떨 때는 서로 살아가며 자연스레 쌓이는 서로에 대한 존중, 지켜야 할 예절, 도리 같은 상식이 먼저일 때가 더 많기도 하다. 다시 마음을 가라앉히고 내가 맺은 인연에 고마워하며 살고 있는지 자신을 들여다본다.

학교에서 일한 지 가장 오래됐다는 건 늘 부담과 긴장이 같이 가게 한다. 대충 살아서는 줄곧 갈 수 없는 길이니 날마다 성찰을 달고 다닐 수밖에 없다. 철저한 성찰만이 스스로를 살찌우고 모든 두려움과 불안을 넘어서게 할 수 있음을 느끼는 순간, 외로움 또한 운명처럼 느껴지기에, 함께 사는 사람들의 따뜻한 손길과 인정의 품이 그리운 걸 게다.

곱게 보이지 않는 사람 때문에 속을 끓일 때도 있지만, 아주 포기하고 내버려둘 때도 있고, 그냥 터놓고 하고 싶은 말을 꺼내 고치면 좋겠다고 할 때도 있다. 그런데 모두 다 마음에 차지 않을 때가 많아 늘 괴롭다. 아무 말 않고 묵묵히 몸으로 보여 주지만, 상대가 바뀌지 않을 때는 답답하고 화가 나기도 한다. 그러나 왜 답답하고 화가 나는지 자세히 들여다보면 역시 내가 품은 욕심임을 깨닫는다. 내 몸과 마음처럼 상대가 살아주길 바라는 마음이 한쪽에 있는 것은 아닐까? 세상, 사람 일은 내 마음 같지 않을 때가 더 많다. 다양성이야말로 자연과 생명이 가르쳐 준 이치이기에, 그렇게 있는 그대로 놔두고 원칙과 공동체 규칙, 사람이 살아가는 데 필요한 예절과 눈치를 잊지 않고 내 갈 길을 묵묵히 가는 것도 마음을 다스리는 좋은 방법이긴 하다. 그러나 포기하지 않고 굳건하게 믿을 때, 기다림은 새로운 희망으로 바뀌게 될지 모른다. 날마다 만나는 귀한 사람들이 있어 내가 있고 살맛이 난다. 맑은샘이 만들어준 귀한 인연에 고마워하며 살자. 부족한 마음을 자꾸 꾸짖어 자신을 스스로 가꾸자. 지지고 볶으며 살아가는 게 인생 아니던가. 아홉수도 아닌데 부족한 생각을 가득 쏟아내는 걸 보면 가을 탓이 분명하다.

교사마당에 올려와 있는 학교와 공동체를 위해 서로 살필 이야기를 다시 읽는다.

어제 비가 온 뒤로 아주 춥다고 하더니 텃밭 가는 길 땅이 얼어 있다.
찬바람이 불어 가을 겉옷을 꼭 챙겨 입어야 괜찮다.

11월 11일은 대나무 젓가락

"선생님, 여기 보세요. 지푸라기가 풀려 있어요."

"선생님, 여기요 여기. 배추벌레 찾았어요."

"와, 진짜 배추 색이랑 똑같아서 찾기가 정말 어렵겠어."

아이들과 이야기를 나누며 일하는 재미가 좋습니다. 다시 지푸라기로 헐렁하게 묶인 배추를 묶습니다. 차가운 날씨지만 가만히 배추 들여다보며 묶어 주는 맛이 괜찮아요. 무가 지난주보다 더 크게 자라서 놀랄 정도입니다. 뽑힐 운명을 준비하는 것처럼 쑥 자랐어요. 지난주 무맛은 봤으니 오늘은 배추 맛을 볼 차례입니다. 이번 주가 김장 하는 날이라 모두 뽑아야 하는데 배추가 어느 정도는 커서 양이 많아 보입니다. 조금 작은 배추를 뽑아 학교로 돌아와 깨끗하게 씻는데 배춧속이 아주 노랗게 가득 차 있어요. 접시에 담아 교실에서 한 입씩 먹는데 배추가 달아요.

"와, 맛있다."

"선생님, 조금 매워요."

"된장에 찍어 먹으면 더 맛있는데."

배추 잎 두세 개를 집어 먹더니 약간 매운맛을 잡아냅니다. 문득 맛있는 김장 생각에 침이 꼴딱 넘어가네요. 배추 잎을 맛있게 먹고 있는데 한 무리 아이들이 들어와서 빼빼로를 안깁니다. 아이들 눈이 휘둥그레지는데 먹지 않고 따로 넣어 놓고 하던 공부를 줄곧 합니다. 빼빼로데이라고 누가 가져왔나? 나눠 먹으려 나눠 주는 마음이 예쁘긴 한데 그동안 아이들 문화에서 애써온 것들을 흐트러트리는 것 같아 따로 이야기를 해야지 싶습니다. 아침나절에 송순옥 선생이 빼빼로데이라고 하지 않고 농업인의 날로 바꾼 뜻도 이야기했기에 낮 공부 열기 때 다시 불량과자 이야기를 꺼냈어요. 빼빼로 회사에서 과자 팔아먹자고 퍼트리는 것들보다 가래떡이나 젓가락놀이로 어린이 문화를 가꾸자는 말을 하고 대나무 젓가락을 만들어 즐거운 놀이를 하자고 제안했습니다. 학교에서는 해마다 젓가락과 가래떡으로 불량과자를 이겨내고 아이들 먹을거리와 문화를 지켜온 역사가 있지요. 또 무슨 데이 하면서 어린이들을 유혹하는 것에 넘어가지 말자고 영어와 우리말 이야기도 덧붙였습니다.

쉬는 때에 대나무를 잘라 젓가락을 만듭니다. 선생이 대나무를 잘라 놓고 아이들을 불러 대나무로 젓가락을 만드는 방법을 보여 주고 있는데, 학교생활 겪어보기를 하러 온 현아가 어머니랑 같이 왔어요. 마루에서 모두 자른 다음 교실로 들어갔습니다. 돌아가며 현아를 맞이하는 소개를 했어요. 쑥스럽지만 재미있게 소개를 하고 현아도 자기소개를 합니다.

전학을 오려는 아이들에게 학교생활을 겪어 보게 하는 뜻은 여러 가지가 있지만, 무엇보다 전학하려는 아이와 부모님이 학교를 충분히 살피고 생각할 여유를 주려는 까닭이 큽니다. 거기에는 새 식구를 맞이하는 학교 아이들과 교사들의 준비도 한 몫을 하지요. 아이 기운에 맞은 학교인지, 아이가 우리 학교 교육 환경과 교육 활동에서 행복하게 지낼 수 있는지 서로 살필 수 있는 시간이기에 꼭 거쳐야 하는 과정입니다.

청소 시간에 다른 학년 아이들에게 나눠줄 대나무 젓가락을 다듬는데 마당 청소를 마친 승민이가 오더니 손가락으로 가리키며 "대나무", "젓가락"을 말해요. 아침나절 선생이 보여 주고 말한 대나무 젓가락을 잘 기억하고 있어 자꾸 말을 겁니다.

낮 공부는 아이들이 가장 좋아하는 몸놀이인데 대운동장 가자는 목소리가 높아요. 그런데 지난주에도 갔고 오늘은 바람이 차고 추운 날이라 바람을 막아 주는 나무가 있는 우면산으로 갔어요. 지난주 가을 산에서 하루 종일 놀아서 한 바퀴 돌지 않고 숲 곳곳에서 가랑잎 놀이 한판을 했어요. 나뭇잎은 왜 떨어지는지 발표하는 시간을 잠깐 갖는데 1학년부터 6학년까지 잘 알아요. 겨울을 준비한다고, 추운 겨울에는 뿌리가 물을 끌어올리기도 힘들고 영양분 만들기도 어려워 떨어뜨린다고, 본디 색이 나오는 거라고 아이마다 다르게 말하지만, 모두 맞는 이야기입니다. 그리고 세 모둠으로 나눠 가득 쌓여 있는 가랑잎으로 뭔가를 만들어 발표하는 거라 한참이 걸립니다. 1, 2학년은 가랑잎 수영장을 만들자고 정말 많은 가랑잎을 모았어요. 벌러덩 누워 보니 제법 푹신합니다.

"얘들아, 수영장도 좋긴 한데 뭐 다른 것 만들 만한 거 없을까?"

"스핑크스 만들어요."

"아니에요. 수영장 만들어요."

수영장은 이미 한 번 만들어 본 것이니 예술 작품을 만들어 보기로 합니다. 정우가 말한 스핑크스를 만드는데, 처음에는 가랑잎 더미 위에 얼굴을 표현하다가 아이들이 아주 가랑잎 더미로 들어가 눈, 코, 입, 귀가 되어 봅니다. 가랑잎과 아이들이 잘 어울려 멋있습니다. 드디어 모두 모여 서로 작품을 발표하는 시간입니다. 5, 6학년은 썩은 나무를 뼈대로 가랑잎을 쌓아 피라미드를 만들고, 하트 모양을 만들어 났네요. 3, 4학년은 살아있는 나무를 살려 가랑잎과 조화를 이루는 가랑잎 케이크를 만들었어요. 그리고 아이들이 모두 투표로 멋진 작품을 뽑았어요. 5, 6학년 아이들 작품이 가장 많은 표를 받았는데 모두 훌륭합니다.

사람과 가랑잎이 한 데 어울려 작품을 만든 1, 2학년, 나무와 가랑잎을 써서 작품을 만든 아이들과 철마다 할 놀이가 참 많습니다. 철마다 하는 생태놀이 책도 있지만, 조금만 생각해 보면 산에는 아이들의 감각과 상상력을 끌어내는 놀잇감이 가득합니다. 대중매체와 오락, 게임이 갈수록 아이들이 집중하는 힘을 흐트러뜨리고 있는 세상에서 진정한 상상력은 어디에서 나오는지 생각해 볼 만한 주제입니다. 아이들을 자연에서 자라게 하고, 일과 놀이를 돌려주는 것이야말로 어른들이 가꿔야 할 몫이 아닐까 중얼거립니다.

마침회 시간에 아침나절에 잘라 놓은 대나무 젓가락을 다듬는데, 모래종이로 부드럽게 만드는 솜씨들이 아주 좋습니다. 3, 40㎝ 대나무 자도 만들어 본 아이들이라 젓가락은 아주 쉽게 금세 마치네요. 부드러운 대나무 젓가락에 자기 이름을 써넣으니 세상에서 하나밖에 없는 자신이 만든 대나무 젓가락이 생겼어요. 다른 학년 아이들에게도 많이 나눠 줬으니 대나무 젓가락으로 콩 집기 대회를 한 판 크게 해야겠습니다. 빼빼로를 이길 수는 없겠지만, 내가 만든 젓가락으로 맛있는 새참을 집어 먹는 재미도 즐겁습니다. 알찬샘 3학년과 최명희 선생이 대나무로 뜨개질에 쓸 대바늘을 깎고 있는 걸 보니 대나무가 쓸모가 많은 날입니다.

2013. 11. 12. 불날.
겉옷을 꼭 입지만 부지런히 움직일 때는 자연스레 벗게 된다.
곶감과 감 껍질이 가을 햇살에 잘 말라간다.

우리도 먹고 형들도 돕고

권진숙 선생이 하루 쉬는 날이라 1, 2학년이 같이 수학을 하기로 했어요. 곶감 만들기 앞서 감을 세며 셈을 한 뒤에 곶감 만들고 글쓰기까지, 아이들이 할 게 많습니다. 1, 2학년이 섞여 네 모둠을 짜고 감을 나눠 줍니다. 감은 주문진 최명희 선생 집에서 곶감 만들려고 사 놓은 것인데 아주 많이 넣어 주셨어요. 어림으로 네 개 소쿠리에 알맞게 감을 나눠 준 다음 모둠마다 감을 세는 걸 먼저 합니다. 모둠마다 33개, 34개, 36개, 33개입니다. 두 자리 수 더하기로 모두 몇 개인지 맞힌 다음 네 모둠이 똑같이 33개씩 갖고 셈 놀이를 줄곧 했어요. 모둠마다 갖고 있는 감을 책상에 펼쳐 누구나 33개인지 알아보기 쉽게 감을 놓는 문제를 냈어요. 모둠원 셋이, 넷이 의견을 모으며 부지런히 손을 놀립니다. 지빈이와 민주, 승민이는 5개씩 감을 예쁘게 모으고 3개를 남겼어요. 유정이와 지은, 현서는 10개씩 한 줄로 세 묶음으로 한 뒤 3개를 남깁니다. 정우와 지안, 채원이와 태인이도 10개씩 묶고 3개를 남겼어요. 그런데 한주와 강산, 규태는 33개 감으로 아주 33이란 숫자 모양을 만들어 모두를 놀라게 합니다. 감이 33개임을 알 수 있게 보여준 뜻에 맞게 모둠마다 잘 보여 주었어요.

두 번째는 열세 어린이가 똑같이 나눠 먹는 문제인데 모둠마다 감을 배열해서 2개 반씩 먹는 것을 찾아내고 남은 반 조각은 누구에게 더 주거나 똑같이 13등분으로 나누기도 합니다. 세 번째는 33이 나오도록 셈하는 문제를 내 보도록 합니다. 세 번 더하거나 두 번 더해서, 또는 일곱 번을 더해서 33을 만들어내는 모둠도 나옵니다. 감 갖고 놀다 보니 시간이 훌쩍 가네요.

이제 곶감을 깎을 차례입니다. 칼을 써야 해서 도구의 역사를 잠깐 말해 주었어요. 돌, 청동, 지금 철기 시대까지 농사짓고 모두를 위해 도구를 쓰는 사람들과 남을 죽이는 데 쓰는 무기를 만드는 사람들 이야기까지, 짧은 시간에 아이들과 나눌 이야기가 많습니다. 감을 깎는 일은 1, 2학년 아이들에게는 어려운 일이라 아이마다 두 개씩 감을 깎기로 했어요. 얇게 깎는 건 대단히 어려운 거라 어렵다 말하면서도 천천히 해내는 아이들입니다. 껍질로 반을 깎아내지만 곶감을 만드는 즐거운 추억을 쌓습니다. 더욱이 곶감을 만들어 6학년 형들이 졸업 여행 가는 데 보태자는 뜻이라 보람이 있는 일입니다. 그래도 먹는 건 꼭 확인하지요.

"선생님, 우리도 곶감 먹지요?"

"물론이지. 우리도 먹고 형들도 돕고 그래야지."

아이들이 연필을 스스로 깎고, 대나무 젓가락과 대바늘을 만들고, 감을 깎는 일은 모두 손을 부지런히 놀리며 일머리를 쌓아 가는 활동입니다. 뇌에도 좋고 자기 앞가림하는 데도 모두 필요한 것이지요. 오늘도 아이들은 공부로도 하고 누가 시키지 않아도 스스로 도구를 만들어냅니다. 아이들이 글쓰기를 하는 동안 선생은 부지런히 100개 넘는 감을 깎습니다. 점심때도 줄곧 깎으니 교사 마침회 때는 줄을 달아 매달 수가 있네요. 늘 느끼는 거지만 아이들 교육 활동을 뒷받침하려면 선생이 부지런히 몸을 놀리지 않고는 어떤 것도 이루어질 수가 없습니다. 끊임없이 아이들을 위해 부지런히 몸을 쓰는 우리 선생들에게 배우기에 교사의 자세와 태도를 바로 세울 수 있습니다.

6학년 영어 수업을 마치고 교사 마침회를 하러 가는데 알찬샘 3학년 교실에서 학교 마치고 모둠살이 하는 아이들이 둘러앉아 대나무 젓가락을 만들고 있습니다. 모래종이로 대나무 젓가락을 아주 열심히 문지르고 있어요. 가까이 가서 보니 정말 잘 만들었습니다. 어제와 오늘 이틀 동안 젓가락 크기로 대나무를 잘라서 아이들에게 줄곧 나눠 주고 알아서 다듬으라고 했는데 정말 열심히 하는 아이들을 보니 기분이 참 좋습니다. 2학년 여자아이들이 만든 젓가락은 최명희 선생이 조금 다듬어 준 모양인데, 아이들이 연필 깎는 칼을 써서 더 다듬고 모래종이로 사포질을 하니 가게에서 파는 젓가락보다 더 좋아 보입니다. 점심때도 줄곧 하고 모둠살이 때도 하는 아이들을 보니 일과 놀이로 아이들 삶을 가꾸는 게 얼마나 중요한지 다시 새깁니다.

그럼 성범이 형이 위인이 되는 거예요?

텃밭에서 배추와 무를 뽑는데 얼마 되지 않아도 한참이 걸려요. 다듬고 남은 배춧잎도 모아서 시래기를 만들곤 했는데, 이번에는 그냥 갑니다. 진딧물이 좀 많이 끼어서 놔두고 가는 것이지만, 좀 아쉽긴 해요. 가져간 네 개 자루가 가득 찼습니다. 돌아와 텃밭 일지 쓰는 동안 높은 샘 4, 5, 6학년 아이들도 학교 뒤 텃밭에서 배추와 무를 뽑아 와서 마당 평상에 차곡차곡 쌓습니다.

낮에는 배추에 버무릴 속을 만드는 데 들어가는 남새를 다듬는 일과 배추 절이는 일을 합니다. 마당에서는 4, 5학년이 배추를 소금에 절이고, 6학년은 가마솥에 육수를 냅니다. 1, 2, 3학년은 교실에서 생강, 마늘을 깎고 까고 찧는 일을 하며 무채도 썹니다. 원서·현서 어머니, 희주·민주 어머니, 정우 어머니, 동엽 어머니, 승민 어머니가 오셔서 배추 절이는 일과 무채 써는 일, 풀 쑤는 일까지 도와줘서 한결 일이 빨리 진행되네요. 6학년은 나뭇가지 줍고 불 때느라 왔다 갔다 바쁘고, 4, 5학년은 물 나르고 절이느라 아주 부지런히 몸을 놀립니다. 김상미 선생과 조한별 선생이 절이는 일을 모두 이끄는데 해마다 김장을 하더라도 절이는 일은 늘 조심스럽지요. 짜게 하지 말라고 진작부터 압력이 들어가지만 어련히 알아서 일을 잘하는 사람들입니다.

생각해 보면 배추 절이는 일은 늘 송순옥 선생이 이끌어서 다른 선생들에게는 새로운 일이지요. 이제 제대로 배워 두니 배추 절이는 일머리가 더 늘고 김장 김치도 더 맛있겠지요. 물론 어머니들이 많이 도와

주서서 배추 맛이 더 좋을 것 같아요. 배추가 크지 않아 반으로만 잘라도 절이기 괜찮습니다. 늘 소금 양이 문제이긴 한데 어떤 해는 맛있고 어떤 해는 짜고 그러기를 반복한 기억이 나네요. 진딧물이 많이 끼어 물을 몇 번이나 갈아 줬다고 해요. 6학년 아이들이 학교살이를 하면서 밤에 씻는 일을 맡아서 손호준 선생이 고생이 많습니다.

1, 2, 3학년은 마늘 까고 생강 깎아서 찧는데 둘, 셋 모둠으로 일하며 진득하게 마무리를 잘해요. 성범이는 3학년 아이들과 남새 다듬고 남는 시간에도 1, 2학년 일하는 것을 돕습니다.

"나는 일하는 게 진짜 재밌는데 왜 일하기 싫다고 말하지?"

"정말 성범이는 일을 이렇게 잘하고 일하는 걸 좋아하니 나중에 무척 훌륭한 사람이 될 거야."

곁에 있던 민주와 강산, 정우, 지빈이가 웃으면서 그럽니다.

"그럼 성범이 형이 위인이 되는 거예요?"

"그렇지. 아마 성범이 형이 위인이 되면 너희들이 막 성범이 형이랑 친하다고 자랑하고 다닐지 몰라."

그 말을 들은 아이들은 웃고, 성범이도 웃으며 말합니다.

"무슨 소리예요? 내가 무슨 위인이 돼요?"

"아니야. 성범이는 틀림없이 위인이 될 수 있어."

무슨 일을 하더라도 더 하려고 하고 좋아하는 성범이를 보면 늘 즐겁고 고맙습니다.

일하면 또 둘째가라면 서러워할 우리 규태도 칼을 잡고 무를 채로 썹니다. 민주와 정우, 지빈이가 썰다 그만둘 때도 끝까지 더하겠다고 해요. 도구를 쓰는 걸 좋아하는 우리 규태에게 늘 농담 삼아 하는 말이 있는데, 이제는 규태도 선생이 왜 그러는지 알아듣고 웃고 넘깁니다. 규태가 전쟁이나 무기 이야기를 신이 나서 꺼내면, "규태야, 평화와 생명을 위한 기도를 하자. 무기 같은 게 우리 규태 생각에서 모두 사라지기를" 하며 기도하는 흉내를 내곤 하는데, 아이가 좋게 받아들여 줘서 고맙습니다. 규태를 부엌으로 데리고 가서 어머니들이 화려하게 채 써는 걸 보여 주니 "와, 신이에요." 그럽니다. 민주와 정우도 무를 채 써는 일에 아주 정성을 다해요. 썰다가 무 먹는 재미도 좋아서 자꾸 먹다 그만 먹으라는 말도 듣지만, 아이들에겐 하루 종일 잔칫날 같은 날입니다. 내일 맛있는 김치에 삶은 고기를 얹어 보쌈으로 먹는 맛에 벌써부터 입에 침이 고여요. 아이들도 내일을 기다립니다.

집에 오기 전에 전화를 한 통 받았습니다. 학교 겪어보기를 마친 아이 어머니가 어떻게 학교에 보낼 수 있는 방법이 없느냐고 물으시는데 죄송하다는 말씀밖에 드릴 수가 없어 많이 안타깝습니다. 이해가 필요한 아이 정원이 가득 차 어쩔 수 없이 입학이 어렵다 말씀드렸는데 혹시나 해서 다시 전화한 것이지요. 이런 일이 있을 때마다 마음이 좋지 않습니다. 오고 싶어 하는 아이들을 받을 수 없는 안타까움과 교육 현실이 섞여 마음이 불편합니다. 학교 처지와 교육 역량을 생각하면 안타깝더라도 지켜야 하는 규정이라 어찌할 수 없지요. 어느 곳에서나 행복하기를 바라는 마음만 가득 담을 수밖에 없어 많이 미안하고 슬프네요. 학교 정원을 볼 때 당분간은 줄곧 이해가 필요한 아이는 받을 수가 없는 형편이라 앞으로도 애를 끓이는 일이 적잖을 것 같습니다.

어젯밤에 비가 내려서 땅이 축축하다.
흐린 하늘에 가끔 해가 고개를 내밀지만 하루 종일 흐리고
바람이 조금 분다.

김장

김장하는 날입니다. 일찍부터 송순옥 선생과 최명희 선생이 어제 준비해 놓은 풀과 육수랑 고춧가루를 섞고 있습니다. 6학년들이 학교살이를 하며 절인 배추를 씻었는데 맛을 보니 괜찮습니다. 씻느라 애썼을 생각을 하니 듬뿍 칭찬하고 싶네요. 푸른샘 아이들과 뒷산에 가는데 아이들이 텃밭 쪽으로 올라가 줄 그네를 타겠다고 합니다. 아이들은 숲 속 나무에 매달린 그네를 타고 놀고 선생은 텃밭을 둘러봅니다. 어제 배추와 무를 모두 뽑아서 횡한 텃밭이 을씨년스럽기까지 해요. 그런데 가까이 가서 보니 배춧잎이 정말 많이 떨어져 있습니다.

양재천 텃밭에서도 그랬지만, 진딧물 때문에 손질을 깔끔하게 하다 보니 배춧잎이 많이 남았나 봅니다. 무청도 어제 따로 모아 걸어 놓았는데, 여전히 텃밭에 많이 남아 있어요. 문득 옛날 시골 마을 생각이 납니다. 텃밭에 남아 있는 배춧잎과 무청은 찾아볼 수가 없을 정도였지요. 뭐든지 먹을 게 귀한 때라 버리는 게 하나도 없었어요. 무청과 배춧잎은 삶거나 말려서 두고두고 국으로 끓여 먹은 기억이 납니다. 주섬주섬 무청을 줍는데 양이 꽤 되네요. 배추도 아까운 게 너무 많아 들 수 있는 만큼 아이들과 들고 내려왔어요. 누구 탓이 아니라 뭐든지 풍요로운 세상이라 배춧잎과 무청을 특별히 귀하게 여길 수 없는 환경인 게지요. 생명을 살리는 먹을거리 교육을 하고 농사를 짓지만, 농부의 마음으로 배움의 처음과 과정, 끝이 어떻게 일관되게 갈 수 있을까 생각이

많습니다.

우리말 우리글 공부를 마치고 바로 김장하러 모두 마루에 모였어요. 낮은샘은 3학년 교실에서, 높은샘은 마루에서 김치를 버무립니다. 바닥에 비닐을 깔고 빙 둘러앉아 머릿수건과 앞치마 차림의 아이들이 절인 배추와 김장 양념과 잘 어울립니다. 버무리는 방법을 듣고 드디어 버무리기 시작하는데 아이마다 손이 바쁩니다.

"선생님, 매워요."

"매운 냄새가 나요."

김장 양념 매운 냄새에 아이들이 한마디씩 해요. 그런데 지은이가 얼굴이 가려운지 김장 양념이 묻은 장갑으로 눈을 비벼서 큰일이 났습니다. 얼른 우진 어머니가 들어와 지은이 얼굴을 닦아 줬어요. 그런데 한 번 더 그래서 지은이 눈에서 눈물이 주르르 흘러요. 우리 지은이가 잘 참네요. 아이들 수가 많아 금세 일이 끝나갑니다. 물론 옷에도 묻고 앞치마에도 김장 양념이 모두 묻었어요. 붉은 양념이 옷에 많이 묻어 집이 가까운 성범이는 잠깐 옷을 갈아입으러 갑니다. 같이 가는 아이들이 신이 났어요. 아이들이 쉬는 동안 선생들과 부모님들은 치우고 정리하느라 바쁩니다. 동엽 어머니, 근학 어머니, 우진 어머니, 승민 어머니가 도와주셔서 마무리가 빨리 됩니다.

드디어 삶은 고기와 김장 김치를 밥에 얹어 먹습니다. 맛있다고 더 먹는 아이들이 많습니다. 해마다 김장 김치 맛이 다르지만, 올해도 맛이 있어요. 아이들과 선생들이 200포기 넘게 심고 가꾸고 거두어서 다음 해 줄곧 먹을 양식을 준비하는 건 늘 즐겁고 기분이 좋은 일입니다. 더 넓은 텃밭을 구하면 좋겠는데 밭 구하기가 쉽지 않습니다. 지난해는 가까운 곳에 텃밭을 구해 보리와 밀, 마늘을 심고 겨울 농사도 했는데 올해는 텃밭이 없어 보리와 밀, 마늘을 심지 못하고 있어요. 이미 늦은 줄 알지만, 혹시라도 텃밭을 구할 수 있을까 알아보는데 마음만 애타고 맙니다. 겨울 농사는 어려울 듯하고, 봄 농사를 위해 필요한 밭도 미리미리 알아봐야겠지요.

김장도 했으니 이제 농사로 거둘 것은 거의 다 갈무리한 셈입니다. 정미소에서 쌀도 빻았고, 곶감도 걸고, 무청도 말리고, 콩이랑 여러 가지 씨들도 챙겨 놓고, 은행도 말리고 있지요. 이제 거둔 것들을 나눌 때입니다. 다음 주 우리가 농사지은 쌀로 떡도 하고 김장 김치를 들고 노인복지관에 가서 어르신들과 함께 나눠 먹고 배움도 나누며 즐거운 한때를 보낼 생각을 하니 그냥 배가 부릅니다.

2013. 11. 21. 나무날.
차가운 날씨가 줄곧 되어 흙이 단단해져 간다.

선생의 길은 아이들이 가르쳐 준다

뒷산 올라가는 길에 만나는 나무들이 잎을 모두 떨어뜨려서 겨울 채비를 단단히 하는 것처럼 보인다. 아이들이 일찍 와서 보통 때보다 더 빨리 뒷산에 올라 늘 가던 길을 한 바퀴 돌고 내려오는데 푸른샘 아이들 놀이는 올라갈 때부터 시작된다. 학교에서 나오는데 뒤따라오던 아이들이 보이지 않아 뒤를 돌아보니 아무 데도 없다. 올라가는 길에 주차되어 있는 차 뒤로 숨어서 부르길 기다리는 것이다. 몇 번 부르고 올라가다 다시 뒤돌아 부르고 그리고 올라가다 뒤돌아보는데 아이들이 보였다 안 보였다 그런다. 3학년 아이들도 올라오는데 그제야 숨어 있다 나온 것처럼 소리를 지르며 나온다. 날마다 걷는 길이라도 아이들은 늘 새롭게 간다. 그냥 늦가을 운치를 즐기며 올라가는 선생과 달리 놀이를 하며 관찰을 하며 동무들과 우르르 오가며 이야깃거리를 찾는 아이들에게 또 배운다. 아주 익숙한 것이라도 과거와 지금은 늘 다르다는 것을. 날마다 보는 길과 나무와 벌레는 늘 같지 않다는 것을 말이다. 하물며 사람은 어떠할까. 아이들은 날마다 자라고 어른들도 어제의 그들이 아니기에 아이들과 사람들과 어울려 살기 위해서는 무엇보다 관심이 필요하고 자세히 살필 일임을 깨우친다. 사랑하면 모두 보이는 것을 익숙한 일상에 묻혀 그 소중함과 애틋함을 자꾸 잊고 살아 미안한 삶이여.

이제 일주일 정도 꾸준히 불면 새로운 곡을 불 수 있을 정도로 아이들 손과 호흡이 피리와 맞아 간다. 이태준 동화집《엄마 마중》과《외로운 아이》,《슬퍼하는 나무》를 이어 읽는데, 아이들이 잘 듣는다. 1920년대에 쓴 동화이건만 아이들이 좋아하는 걸 보면 좋은 작품은 세월이 지나도 사랑받음을 알 수 있다. 그때와 지금이란 전혀 다른 시대를 살면서도 사람을 울리는 같은 마음은 역시 사람에게서 나온다. 지금 시대 아이들 삶이 들어 있는 동화도 좋지만, 고전은 역시 그 몫을 다하는 줄 알겠다. 날이 추워서 그런지 쉬는 시간에도 밖에서 놀기보다 쪽마루와 교실에서 놀이를 한다. 불을 끄고 나쁜 놈을 찾아내는 놀이인데 불을 끄고 하다 낮이라고 불을 켠다.

겨울철 교실에서 하는 놀이가 필요할 때다. 아이들이 자연스레 만들어 내지만, 곁에서 슬쩍 거들어 주는 것도 좋은 일이다. 모둠마다 뜨개질을 들고 다니기도 하지만, 놀이는 역시 함께 할 때 재미가 있다. 힘을 모아 할 때도 있지만, 같이 하며 서로를 알아가며 실력을 쌓아가는 재미도 남다르다. 공기놀이와 윷놀이도 꺼내고 바람이 많이 불 때는 연날리기도 좋겠다. 벌써 최명희 선생이 알찬샘에서 공기를 한다. 슬슬 공기 바람이 불 것 같다는 생각이 든다. 아침에 뒷산에 오르며 아이들과 나눈 이야기도 놀이에 대한 거다.

"선생님, 요즘에는 왜 비석치기를 안 하는지 모르겠어요~"

"글쎄, 자치기를 많이 해서 그런 거 아냐? 요즘은 자치기도 추워서 하기가 좀 그런가?"

"옛날에는 여기 산에서도 맨날 비석치기 했는데."

"맞아. 그랬지. 이제 뭐 하고 놀까? 밖이 추우니까 안에서 공기도 하면 재미있는데. 여기에서 동그란 돌을 주워 가서 해도 돼. 선생님이 어릴 적에는 공깃돌을 잘 주웠는데."

"집에 공기 많이 있어요. 그거 가져올래요."

"와, 이제 공기의 시대가 올 것 같네."

11월이 집중 공부하는 달이라 모둠마다 많은 걸 한다. 2학년은 종이를 만들고, 5학년이랑 같이 무 동치미를 담는다. 무 농사가 잘됐는데 지난주 김장할 때 무 두 자루를 쪽마루에 놔둔 것을 모두 깜빡한 것이다. 그걸 놓치지 않고 손놀림이 야무진 김상미 선생과 권진숙 선생이 아이들과 동치미를 담는다. 시원한 싱건지를 고구마에 먹으면 참 맛있겠다는 생각이 들었다. 부지런한 최명희 선생과 3학년은 지난주 줄곧 대나무로 대바늘을 깎고 다듬더니 동대문 시장까지 가서 실을 사와 뜨개질을 한다. 또 오늘은 마당에서 큰 나무를 톱으로 잘라 동그란 판을 만들어낸다. 멋진 작품을 준비하는 줄 알겠다. 4학년도 이번 주 비누를 만들고 핸드벨을 연주하는 모습이 보기 좋다. 손호준 선생이 하루 쉬는 날이라 6학년 아이들은 송순옥 선생과 호박을 잡아 호박 지짐을 반찬으로 뚝딱 내놓는다. 푸른샘 1학년도 할 게 많기는 하다.

줄곧 하는 공부 말고도 가방에 글자를 써넣어야 하고, 천연 비누와 나무 곤충 만들기도 해야 한다. 2학기 밑그림에 잡아 놓은 바느질과 뜨개질, 망원경 만들기도 다음 주에는 시작해야 한다. 택견과 난타도 이제 날마다 챙겨서 자기 것으로 만들도록 도와야 할 때다. 뭐 이것저것 많아 보여도 본디 밑그림에 모두 들어 있어 천천히 하나씩 챙겨 가면 될 일이다. 그런데 밑그림에는 없는 공부로 선생이 생각해 놓은 우리나라 전통 한과인 산자는 언제 만들지, 시간 잡기가 쉽지 않다. 시골 어머니에게 만드는 방법도 모두 알아났는데 시간이 좀 걸리는 일이고 일이 제법 많아 계획을 잘 세워야 될 일이다. 물론 아이들과 같이 하지만, 선생이 준비해야 할 게 한두 가지가 아니고 많은 일을 해야 해서 학교 여러 흐름을 살펴야 할 수 있겠다.

한참 쉬다 천 가방에 우리말이나 셈을 써넣는다. 처음에는 숫자를 쓰겠다더니 모두 아름다운 우리말을 골라 가방에 쓴다. 가방 위에 글자 모양을 올려놓고 스펀지에 물감을 묻혀 두드리면 되는 것인데 한글날에 하얀 윗옷에 한 번 써 본 적이 있어 아이들이 쉽게 한다. 모두 벽에 걸어 놓으니 꽤 잘했다. 이제 저 가방에 바느질과 뜨개질 도구도 넣고 대나무 장난감과 아이들 작품을 담아두면 정리가 잘 되겠다 싶다. 마치고 쉬다 다시 교실에서 두 자릿수 세기를 머릿셈으로 한참 하고 태인이 생일 편지를 쓰니 벌써 밥 먹을 때다.

청소 시간이다. 높은샘 4, 5, 6학년이 식생활 교육을 받으러 밖에 나가고 없어 동생들이 청소를 다 하는 날이다. 선생과 아이들이 부지런히 몸을 놀리자 형들이 하는 청소 몫까지 모두 마쳤다. 우리 학교는 청소를 아주 중요한 자기 앞가림 공부로 꼽는다. 그래서 학교 마치고 하지 않고 점심 먹고 오후 공부 준비하는 첫 시간으로 잡아서 한다. 쓸기, 닦기, 빨기, 설거지, 정리하기, 쓰레기 버리기 모두 아이들이 일주일 당번을 정해 모두가 날마다 청소를 한다. 선생들도 아이들과 똑같이 쓸고 닦고 빨며 정리한다. 학교에서는 이렇게 청소를 잘하는 아이들이 집에서는 어떻게 하는지 늘 궁금하다. 뭐든지 일관되게 줄곧 해야 배움이 일어나고 삶이 될 텐데 쉽지 않다. 학교와 집 생활에 일관성이 있으려면 어른들이 돕는 수밖에 없다. 아이들이 부족하더라도 부지런히 손과 발을 쓰고 몸을 놀리도록 일을 나눠 주고 제 몫을 다하도록 도와주면 좋겠다. 나중에 실컷 할 텐데 뭐하러 일찍부터 시키느냐는 분도 있고, 애들 손이 못 미더워서 그러는 분도 있고, 집마다 문화가 다른 것도 있고, 여러 가지로 어려운 때도 있겠다. 그렇지만 집안일을 온 식구가 나누고 아이들이 할 몫을 꼭 챙기는 것은 자기 앞가림과 함께 살기 위해 필요한 버릇일 뿐이다. 아이들이 한 뒤에 다시 어른이 한 번 더해야 하는 일이더라도, 아이들 수준에서 할 수 있는 일을 잡아서 하도록 한다면 우리 아이들은 날마다 학교와 자연속학교에서 배운 대로 실천해 낼 힘이 있다고 믿는다.

학교는 늘 청소할 게 많다. 청소와 뒷정리는 끊이지 않는다. 쓰던 물건이 나와 있는 경우도 있고 아이들이 놀고 간 흔적이 늘 가득하다. 사실 아이들이 살아가는 곳이라 늘 정리와 정돈이 필요하고 적당히 어지럽다. 그래서 학교가 너무 지저분하다고, 정리가 안 되어 있다고 하는 소리도 들은 적이 있다. 그런데 조금 생각하면 학교가 정리 정돈이 잘 안 되는 까닭이 있다. 선생들은 청소할 때나 오갈 때마다 물건을 줍는 게 일상이다. 뭐 보는 눈이 달라 더 잘 보이는 곳이 있기 마련인데 선생들 역시 그렇다. 오늘도 1학년 민주는 구슬 하나를 주워서 선생에게 가져온다. 1학기 한동안 모두 제자리 노래를 부르며 사람과 물건이 자기 자리에 있어야 함을 부른 탓인지 아이들은 학교 물건이 어디에 떨어져 있으면 주워서 선생에게 달려온다. 정말 날마다 선생 주머니에는 학교 교구가 들어간다. 학교 시설도 마찬가지다. 시설을 보는 사람이 따로 없기에 선생들이 주로 날마다 시설을 챙기고, 큰일들은 부모일꾼들과 부모들이 돕는 구조로 되어 있는 게 우리 학교이다. 더욱이 수많은 교육활동 모두 선생들 손이 가야 하는 것들이다.

음식 만들기를 할 때도 그렇고, 목공을 할 때도 마찬가지다. 교육 활동을 하나 마치면 쓴 교구와 물건들을 모두 제자리에 놓고 정리하는 게 선생들이 해야 할 가장 큰 일인데, 아주 바쁜 학교생활에서 놓칠 때도 있고 보면, 다시 누가 나서든지 모두가 함께 정리를 하곤 한다. 작은 곳이라 티가 안 난다 하더라도 정리 정돈은 다음 활동을 위해 꼭 필요한 일이며 학교 교구를 알뜰하게 쓸 수 있는 방법이기도 하다. 내년 새 터전에서는 늘 집중해서 챙길 일이다 생각하곤 하는데, 늘 그렇듯 장담은 못 하는 법이다. 그렇지만 부지런한 선생들이 있어 이만한 수준으로 유지되는 것이고 보면 몸이 열 개라도 모자랄 때가 많이 있어 가끔 허리나 몸 어딘가 통증을 겪기도 하는 게 일상이다.

　너무 깔끔하게 정리가 되어 있는 것도 아이들에게 좋지 않다는 말도 있다. 몇 년 전 일본 키노쿠니 학교에 갔을 때도 그랬다. 적당히 흐트러져 있고 어지럽혀 있는 공간들이 많이 눈에 띄었다. 역시 아이들이 할 수 있는 수준만큼 청소하고 사는 것이다. 물론 정리 정돈과 정신없이 어지럽혀져 있는 것은 다르다. 아이마다 다르겠지만 아이들이 마음껏 놀려면, 또 실컷 놀고 나면 난장판인 공간이 보이지 않던가. 그런 아이들 흐름에 맞게, 아이들이 스스로 필요해서 정리하고 청소하도록 곁에서 돕는 것이 선생 혼자서 정리하고 청소하는 것보다 더 좋을 거라는 건 모두가 아는 사실이다. 어쨌든 아이들 수준에서 정리하고 청소하는 공간도 필요하지만, 학교 교구와 시설을 정리 정돈하고 아이들이 잘 쓰고 선생들이 알맞게 꺼내 쓸 수 있도록 하는 것은 꼭 필요한 것이다. 그러려면 그런 것들이 눈에 들어오고 그런 일머리로 부지런히 몸을 놀리는 사람들도 있어야 하고 모두가 함께 애써야 할 몫도 있다. 혼자서는 할 수도 없는 일이다. 나중에야 학교 교구와 시설을 집중해서 살필 사람이 나올 수도 있겠지만, 그것도 정답은 아니다. 관리를 하는 주체와 모두가 함께 애써야 하고 함께 만들어가야 하는 버릇이자 문화이기 때문이다. 청소 하나에 모든 교육 정신, 주인으로 함께 살아가는 슬기가 있음을 잊지 않으면 되리라 높은샘 4, 5, 6학년이 만들어 온 유기농 햄버거와 태인이 생일잔치 음식으로 든든하게 새참을 먹고 6학년 영어 수업을 들어간다. 세 권의 동화책을 모두 암송하고 배움잔치에서 발표한 동화는 저마다 대사로 연습하는데 모두 신이 나게 춤추고 뛰며 놀았다. 세영이와 우진이가 껑충껑충 뛰니 아이들 모두 몸짓 손짓을 섞어 한바탕 난장을 트는 것처럼 살아난다. 그렇지. 이렇게 즐기면 되는 것을. 늘 아이들이 살아날 때 함께 하는 즐거움을 얻는다. 선생의 길은 아이들이 가르쳐 준다고 하지 않았던가. 아이들 속에 답이 있는 것을 잊지 말아야 한다.

2013. 11. 25. 달날.

비가 추적추적 내리고 날은 춥고 겨울이 일찍 오나 보다.

팝콘 냄새가 나요

비가 내리고 하늘이 어두컴컴해서 밖에서 놀 수가 없다. 선생이 고르고 아이들이 들고 온 책을 모두 읽어 주고 책 읽고 난 감상문을 쓰는 동안 은행을 굽는다.

"애들아, 잠깐만 이리로 와 봐."

퍽, 퍽, 퍽퍽, 팍…

"와, 총소리 같아요!"

"그러게. 터지는 소리가 정말 크다. 그런데 왜 저렇게 소리가 날까?"

"뜨거우니까 그러죠."

"맞아. 뜨거우니 놀라서 그러는 걸까?"

"몰라요."

열, 수분, 수증기, 기체의 부피, 압력들 이야기를 덧붙이며 부엌에서 한참을 지켜보는데 들썩거리는 불판과 뚜껑을 관찰하는 표정이 진지하다. 슬슬 냄새가 난다.

"팝콘 냄새가 나요."

"옥수수 맛이 날 것 같아요."

아이들이 책 읽은 뒤 글쓰기를 하는 동안 구운 은행 껍질을 모두 벗겨내어 모둠마다 나눠 먹는다. 아이들과 같이 주운 은행을 말려서 드디어 구워 먹으니 맛이 좋다. 물렁거리며 쫀득한 맛도 있고 너무 튀겨져 고소한 맛도 있다.

"하루에 다섯 개 넘게 먹으면 안 된대요."

강산이가 갑자기 옥수수 맛이 난다며 굽는 방법을 알려 준다.

"이렇게 태우지 말고 우유갑에 넣은 다음 전자레인지에 돌리면 돼요. 우리 할머니도 그렇게 해 줬어요."

"그래? 그러면 다음에는 그렇게 해 볼까?"

마침회 마친 뒤 아이들이 대나무 통을 들고 논다. 며칠 전 푸른샘 장난감으로 쓰려고 큰 대나무 통을 세 개 잘라 씻어 말려 놨는데 아이들이 놀이를 만들어낸다. 대바늘 만들려고 깎아 놓은 가는 대나무로 두꺼운 대나무 통을 두드리며 난타 장단도 쳐 보고 노는 모습이 보기 좋다. 그다음에는 카프라 쌓기 나무를 세워 놓고 큰 통을 굴려 쓰러뜨리며 점수를 내는 볼링 놀이를 한다. 역시 뭐든지 놀이를 만들어 내는 아이들답다.

이번 주는 배움잔치가 있어 악기와 공연 챙길 게 많다. 배움잔치는 2007년 시작해서 벌써 일곱 해째 하는 한 해 공부 마무리 잔치다. 아이들이 한 해 동안 익힌 공부들을 다지고 익혀 전시물로도 펼치고 무대 공연으로 내보인다. 한 해 배움을 뽐내는 것도 있지만 오롯이 자랑하려고만 배움잔치를 하지는 않는다. 11월 집중 공부로 과목마다 배움마다 다지고 익히는 힘이 그대로 배움잔치로 이어지기를 바란다. 그래도 무대 공연은 연극과 여러 차례가 예술로 놓여야 하기에 배움잔치가 있는 주에는 발표 차례도 익히고 무대에 서는 연습을 하느라 아이들도 설레고 준비할 게 많다. 집중해서 익히는 공부는 뭘 하든지 더 정성을 들이고 힘을 내야 한다. 해마다 아이들 하루생활글장에 그 설렘과 걱정이 들어 있는데 올해도 그렇다. 사람들 앞에 서서 무언가를 발표하는 건 큰 용기가 필요한 일이다. 더 수줍음이 많고 부끄러움이 많은 아이는 더 어려운 공부이자 도전이다. 그렇기에 천천히 배움을 즐기고 저마다 기운껏 펼치도록 용기를 북돋아 주고 어깨를 두드려주는 일이 선생들의 몫이다. 해마다 그래 왔지만, 우리 아이들은 그 과정을 거치며 배움잔치를 즐길 줄 안다. 그 힘으로 또 쑥 자라는 아이들 얼굴에 스치는 뿌듯함과 자랑스러움이 삶을 가꾼다. 아이들 하루 흐름을 살리며 자연스레 집중하는 공부가 되도록 알맞은 활동을 조직하도록 돕는 밑그림으로 살아가는 한 주가 시작됐다.

2013. 11. 26. 불날.
어제 비가 땅 웅덩이에 고였는데 얇은 얼음이 얼어 있다.
아침에 쌀쌀해도 낮에 뛰면 땀이 난다.

우유 같아서 먹고 싶어요

1, 2, 3학년이 마당에서 택견을 하는데 자꾸 주머니에 손을 집어넣는 아이들이 있다. 날이 좀 차가워서 아주 즐거운 몸놀이로 뛰고 달리지 않으면 추위를 잊기에는 어렵다. 그러니 발질 동작과 기합 소리에 정성을 들여야 하겠다. 리코더를 불고 책을 읽고 글을 쓰는 활동이 안정

되게 가도록 애를 쓰는데, 아이들은 쉬는 시간에 정말 재미있게 놀이를 한다. 선 그리기를 하면서 굽은 선 대칭을 눈과 손으로 익혀 간다. 선 그리기 대칭을 하다 문자 대칭을 말하는데 재미있다. 212, 1991 같은 숫자 대칭은 크게 재미있어하지 않아 문자 대칭을 하는데 신기한 표정으로 생각해내려 애를 쓰는 모습이다. 기러기를 가르쳐 주니 바로 쿵따쿵이 나오는데, 한참 뒤에 정우가 "여보안경안보여"를 말해서 모두를 놀라게 한다. 기러기, 일요일, 쿵따쿵, 이쁜이, 다시합창합시다, 여보게저기저게보여, 여보안경안보여, 아좋다좋아, 자꾸꿈꾸자, 다이심전심이다, 다들잠들다 까지 같이 찾고 머릿셈을 하려는데 하기가 싫다고 다들 야단이다. 어쩔 수 없이 좀 쉬다가 1, 2학년이 함께 풍물 난타 가락을 연습했다. 이제 가락은 거의 익혔으니 속도 조절이 필요하다.

청소할 때 잠깐 배수구 일을 시작했다. 삽으로 배수구에 쌓인 흙을 모두 걷어내고 다시 망 씌우고 철판 놓는데 땀이 흐른다. 역시 땀이 나게 일을 하면 마음이 차분하고 착해진다.

배움잔치가 있는 주라 낮 공부 열기를 할 때마다 모둠마다 배움을 같이 나눈다. 오늘은 3학년이 설장구를 보여 주는데 아침마다 따로 익힌 힘이 그대로 나온다. 악기는 역시 날마다 익히는 게 좋다.

오후 공부는 천연 비누를 만들었다.

"얘들아, 오늘은 비누를 만들 거야. 그런데 불을 써야 해서 조심할 게 많아. 비누 만들어 본 사람?"

아무도 손을 들지 않는다. 처음 하는 거에 눈을 번뜩이는 아이들이라 아주 신이 났다.

"잘 들어 봐. 비누 덩어리를 잘게 잘라서 이 쇠 비커에 넣어 녹이는 거야. 그런데 이때 잘 저어 줘야 돼. 거품을 걷어 주고 여기 있는 좋은 성분을 넣고 천연 향도 넣어 틀에 넣어 굳히면 돼. 천천히 하면서 설명할게. 먼저 비누 덩어리를 잘라야겠지."

승민이가 먼저 가는 날이라 정우와 강산이가 같이 하고, 민주와 지빈이가 비누를 자른다. 투명한 덩어리는 강산이와 정우가, 우윳빛 덩어리는 정우와 강산이가 맡는다. 큰 덩어리를 자르는 데는 아이들 힘이 좀 부족하다. 그래서 선생이 큰 덩어리는 잘라 주고 잘린 것을 더 작게 자르니 훨씬 낫다.

"무 썰듯이 썰면 돼. 다 썬 건 여기에 넣고."

드디어 불 위에 올려 녹이며 젓는데 아이들 소리가 크다.

"선생님 냄새가 나요."

"와, 죽 같아요."

"우유 같아서 먹고 싶어요."

"아, 이제 생각났어요. 비누 만들어 본 적이 있어요."

냄새는 기억과 함께한다더니 끝내 기억을 해내는 정우다. 살구 가루와 율금 가루, 쪽 가루를 풀어 섞은 뒤 향을 내는 오일을 넣으니 냄새가 교실에 가득하다.

"와, 냄새 좋아요. 다음에는 로즈메리 향 넣을래요."

파란 쪽색과 누런 살구색이 비누 틀과 어울려 보기에 좋다.

"우리가 곰돌이 틀에 부을래요."

"우리가 양 틀에 넣을 거예요."

아이들 바람대로 다 되지는 않았지만 푸른샘 1학년 첫 비누 만들기가 잘 끝났다. 물론 만들고 남은 거품 찌꺼기로 자기 비누 장난감을 만드는 재미가 가장 좋다. 썼던 도구는 저마다 모두 씻고 새참으로 고구마맛탕을 먹는다. 어제는 찐 고구마, 오늘은 고구마맛탕이다. 부지런히 고구마와 감자를 먹어야 하니 한참 그럴 것 같다.

배움잔치

과천청소년수련관 공연장에서 일곱 번째 배움잔치를 마쳤다. 아이들과 선생들이 정성 들여 준비한 잔치이고 과정에서 즐기고 집중했기에 모두 뿌듯하고 좋다. 부모님들이 많이 응원하고 손뼉을 보내 준 힘이 있어 아이들이 훌쩍 자란다. 공연장 밖에 펼친 많은 전시물을 다시 둘러보니 때마다 애써서 함께 한 공부가 생각난다. 사실 내보이기 힘든 게 더 많고, 교실과 아이들에게 남아 있는 작품들 몇 개를 펼친 것이라 한 해 배움을 모두 보여 줄 수는 없는 법이다. 다만 아이들과 선생들이 무엇을 하고 사는지 조금은 가늠할 수 있지 않을까 싶은데 그것도 오롯이 선생 생각일 뿐이다. 무대 공연도 마찬가지다. 시와 글 읽기, 민요와 노래, 악기 공연(리코더, 팬플루트, 난타, 설장구, 사물놀이), 택견, 영화, 영어 공부들이 여러 형태로 철마다 자연속학교와 학교생활로 구성된 것이지만, 내보일 수 없는 게 더 많다. 날마다 뒷산에 오르고 책을 읽고 뛰어놀며, 자연 속에서 일과 놀이로, 글쓰기로 자라는 아이들 삶과 호흡, 배움을 그대로 내보이는 건 가능한 일이 아닌 줄 안다. 그래도 한 해 배움을 조금이나마 자기 것으로 만들고 집중하는 과정을 거쳐 무대에서 발표하는 힘은 고스란히 아이들을 자라게 하기에 즐겁다. 일곱 번 배움잔치를 모두 지켜봤지만, 정도 차이일 뿐 우리 아이들이 내뿜는 기운은 조금 비슷한 데가 있다. 해마다 더 주목받는 배움과 공연이 있기도 하지만, 아이들 기운은 모두를 행복하게 한다.

2007년 첫해 과천동 동사무소에서 2시간 30분이 넘게 배움잔치를 했는데 그때는 아이들 모두가 글을 읽는 시간이 있었다. 그래서 정말 길다는 이야기가 많았지만, 오신 분들에게 준 첫인상은 아주 강렬했다는 이야기를 들은 기억이 난다. 그 뒤로 해마다 다듬고 고쳐지며 배움잔치는 전시물과 무대 공연으로 완성도를 높여가며 풍부한 교육 활동의 결과물을 보여 주었다. 아이들 수도 늘고 공부 과목도 더 늘었지만, 1시간 20분에서 40분을 넘나드는 무대 공연을 할 수 있는 수준으로 배움잔치 기획력과 실무력도 같이 발전해 온 것이다. 그렇지만 늘 중요한 것은 역시 우리가 배움잔치를 여는 뜻을 잘 새기고 있느냐이다. 집중해서 배우는 동안 한 해 배움을 잘 갈무리했는지, 아이들과 선생들이 충분히 즐기고 행복했는지에 더 관심이 많다. 더욱이 무대에서나 누구 앞에서 발표하는 것이 힘들어 목소리가 아주 작은 아이들이 용기를 내고 목청을 돋우는 모습을 볼 때면 얼마나 기쁜지 모르겠다. 눈부신 아이들을 위해 기꺼이 시간을 내어 달려와 함께 배움잔치를 준비하고 아이들 얼굴 하나하나를 카메라에 담고 손뼉을 아끼지 않은 부모님들이 있어 배움잔치가 완성되는 것이기에 교육의 세 주체인 아이, 부모, 선생 모두가 행복한 하루다.

2013. 12. 3. 불날.
포근해서 아이들이 겉옷을 자꾸 벗고 다닌다.

뜨개질

배움잔치를 지난 토요일에 해서 어제는 학교를 하루 쉬는 날이었는데, 정우는 학교에 오는 줄 알고 일기장까지 챙겨서 왔단다. 일기장에 학교 온 이야기를 모두 써 놨다. 정우, 강산, 호연, 지우, 성범이도 같이 왔다가 학교에서 놀다 갔다고 해서 모두를 웃게 한다. 11월 집중 공부 기간을 거쳐 배움잔치까지 쌓인 긴장과 애씀이 있어 달달 하루 방학을 한 것인데 모두 잘 쉬었는지 아이들 얼굴이 밝다. 이제 6학년들이 학교 에서 지낼 날이 정말 얼마 남지 않아 아이들 얼굴을 다시 쳐다본다. 6 학년에게도 동생들에게도 남은 시간에 서로에게 더 정성을 다해 대하자 고 부탁을 하고 만다. 이제 겨울 자연속학교를 위해 몸과 마음을 준비 할 때다.

뒷산에 가서 줄 그네를 한참 타고 노는데 아이들은 줄 그네도 그냥 타지 않는다. 일단, 이단, 삼단을 정해 점점 높은 데에서 줄 그네를 타 는 놀이를 한다. 하늘을 나는 기분이 얼굴에 그대로 드러난다. 환하게 웃는 얼굴이 참 보기 좋다. 이제 이곳도 얼마 남지 않았단 생각이 들어 좀 쓸쓸한 건지 허전한 건지 기분이 묘하다. 어느 곳에서나 자연의 기 운 속에서 놀고 일하고 배우면 되겠지.

리코더를 불고 옛이야기 책을 읽는데 아이들이 런닝맨 놀이를 하고 와서인지 좀 들떠 있다. 차분해야 아침 공부를 잘 이어갈 수 있기에 선 그리기를 일찍 시작한다. 굽은 선으로 여러 모양을 그려 보는데 자꾸 어려운 굽은 선 모양을 하자고 한다. 이번에는 꽈배기 모양을 그리는데 모두 멋지다. 선 그리기를 하며 도란도란 말하고 자기만의 명상을 하는 데 아이마다 쓰는 색과 선의 굵기가 다 다르다. 감 말랭이 먹으며 머릿 셈 받아올림 덧셈도 잘 마치는데 양감 익히기 놀이를 더 많이 하고 10 과 100 보수 놀이도 더 자주 해야지 싶다.

낮에는 뜨개실을 둥글게 감는다. 작은 신문지 뭉치 위에 실을 감는데 뭐든지 쉬운 게 없다.

"어? 선생님 실이 자꾸 삐져나와요."

"그럼~ 쉬운 게 없지. 천천히 감아서 동그란 공 모양을 만드는 게 어려운 거야. 선생님이 도와줄게."

"어? 나도 빠져나왔다. 다시 풀어서 하면 되죠?"

"그렇지. 그렇게 하면 돼. 그런데 이 실 길이가 얼마나 될까? 무게는 쓰여 있는데 길이는 없네."

"몰라요. 재 봐요."

"어떻게 재지?"

"……"

"대운동장에 가서 길게 늘어뜨려 놓고 재 보는 건 어때?"

"와, 진짜요? 빨리 가요!"

"아니, 지금 갈 수는 없고, 그렇게 재 볼 수도 있다고. 방에서도 재는 방법이 있을 것 같은데?"

"실을 방 끝으로 길게 늘어서 네모로 길게 해 놓고 재면 돼요."

"와, 그렇게 해도 되겠네. 또 다른 방법도 있을 텐데 더 찾아보자. 얘들아, 그런데 선생님 실 감는 거 봐 봐. 손이 안 보이지?"

"와, 진짜 빨라요! 선생님, 손은 보여요."

"으하하하"

"선생님, 도와줘요."

"이리 줘 봐."

"와, 내 실 공이 진짜 커졌다."

"선생님, 저도 도와주세요."

동그랗게 실을 감는 게 쉽지 않지만, 뜨개질 할 준비는 마쳤다. 쉬는 시간에 마루에 나가니 알찬샘 2학년 아이들이 뜨개질을 하고 있다.

"와, 너희들 뜨개질하는구나. 동생들은 이제 실을 감았는데. 와, 한 주 진짜 잘하는데. 와, 규태 진짜 잘한다. 와, 현서야, 뜨개질 잘하니까 선생님하고 동생들에게 가르쳐 주면 안 될까?"

"싫어요."

"왜? 고구마 순 껍질 벗기기 수제자가 스승님에게 뜨개질을 안 가르쳐 주다니! 가르쳐 주라, 응?"

　자꾸 웃으며 싫다는 현서에게 조르다가 옆에서 줄곧 보는데 정말 뜨
개질을 잘한다. 손을 부지런히 쓰고 놀며 배우는 아이들이라 모두 손끝
이 야무지다. 마당에서 공차며 노는 푸른샘 아이들을 불러 코 뜨는 연
습을 시작한다.

　"자, 선생님 손을 봐봐. 이렇게 엄지와 검지에 실을 걸치고 오른손에
대바늘을 잡고 이렇게 넣는 거야."

　"잘 안 보여요, 선생님."

　"자, 다시 이렇게 말이야."

　방향을 바꾸며 천천히 다시 또다시 코 뜨는 연습을 한참 한다. 코 뜨
는 게 기억이 안 나 어제 권진숙 선생에게 배운 대로 열심히 연습했더니
꽤 익숙해졌는데 우리 아이들도 선생만큼 시간이 걸린다. 그래도 금세
대바늘 넣는 방향을 잡아내며 성공해낸다.

　"와, 너희들 대단하다. 선생님은 한참 걸렸는데 순식간에 해버리다
니!"

　"선생님, 여기 봐 주세요. 성공이에요."

　"선생님, 저도요. 이렇게 하면 돼요?"

　아이마다 돌아가며 코 뜨는 손을 잡아 주고 다시 풀고, 아이들이 코
를 뜨고 다시 풀고 그렇게 한참을 익히니 모두 제법 손에 익는가 보다.
내일 한 번 더 연습하고 뜨개질로 들어가도 되겠다. 그런데 내일은 6학
년 아이들 데리고 영어마을에 가야 해서 아무래도 송순옥 선생에게 코
뜨는 연습 한 번 더 하도록 부탁해 놔야겠다.

달, 혜성, 우주 체험

9시 30분 과학관 서문이 열리고 스페이스관으로 가니 희주·민주 아버지가 미리 예약해 둔 덕에 바로 교육을 시작할 수 있어 좋다. 과학관에 올 때마다 아이들이 과학관 주인아저씨라 부르는 남경욱 님에게 늘 고맙다. 지난번 아이손 혜성 관측도 선생들에게 좋은 연수가 있다고 알려 줘서 교사 연수를 신청해 굴절 망원경과 태양, 혜성에 대해서 잘 배웠는데, 이번에는 우리 아이들이 즐거운 한때를 보내게 된다. 더욱이 과천시에서 지원되는 현장 학습 체험비로 과학관 프로그램을 신청할 수 있어 뜻이 있기도 하다. 먼저 달에 대해 공부하고 달의 위상 변화를 알 수 있는 모형을 만드는데, 준비한 영상과 설명도 잘 듣지만, 손으로 뭔가를 만드는 활동을 할 때는 아이들 눈이 빛난다. 보름달, 반달 노래도 불러 보고 필름 통에 지구와 달 모양 종이를 붙이면서 초승달, 상현달, 보름달, 하현달, 그믐달을 알아가며 달의 다양한 얼굴을 확인한다. 아이들은 쉬는 시간에도 달의 위상 변화를 붙인 필름 통을 돌리며 논다.

두 번째 수업은 우주 체험이다. 국내 최초 감성형 우주 체험관이라는 과천과학관 스페이스월드 우주 체험은 과학에 근거해 이야기를 구성하고 참여하는 순간부터 실제 우주여행을 하는 것 같은 프로그램이다. 전에 과학문화해설사 교육을 받을 때 체험한 적이 있는데 아주 색다른 느낌을 준 게 기억이 난다. 해설하시는 분이 정말 우주여행을 하는 것처럼 이끌어 준다. 실제 있었던 와우시그널에 대해 알아본 다음 우주로 가는 승강기를 타고 올라간다.

"자, 여러분 이제 우리는 우주로 가는 엘리베이터를 탈 거랍니다." 라는 해설사 말에 아이들이 웃는다.

"진짜 우주로 가는 엘리베이터예요?"

"네." 하는 해설사의 대답에 옆에 있던 아이들이 '에이' 소리를 낸다. 그러자 전에 와 본 적이 있다는 민주가 그런다.

"옛날에 와 봤는데 이거 그냥 엘리베이터야. 벽에 이렇게 빛 같은 거도 그려 넣고 따로 맞춘 걸걸."

그러자 3학년 아이들이 맞장구를 친다.

"당연히 그렇지. 이게 진짜 우주로 가겠어?"

아이들끼리 주고받는 이야기가 모두를 웃게 한다.

드디어 갤럭시스테이션에 닿아 엘피스라는 행성에서 보낸 말을 듣는 시간이다. 갤럭시스테이션은 세 대의 큰 프로젝터가 32m 원통형 벽면 화면에 영상을 띄우는데, 꼭 영화관 같다. 안내 책자에는 외계 행성 엘피스에서 온 우주 초대 메시지를 듣는 감성형 1,200인치 디지털미디어 쇼라고 설명되어 있다. 엘피스라는 행성은 지구에서 600광년 떨어진 케플러-22b라는 실제 행성을 가상으로 부르는 이름이다. 케플러-22b는 2011년 12월에 미국항공우주국이 케플러 위성 우주 망원경을 통해 태양 같은 항성을 도는 행성을 발견했다고 발표하면서 유명세를 탄 행성이다. 태양계 밖의 생명체 거주 가능 영역에 있는 지구처럼 표면에 물이 있고 생명이 살기 좋은 섭씨 22도쯤의 기온을 갖춘 것으로 추정되며, 지구의 2.4배 크기인 이 행성은 태양과 같은 항성의 주위를 290일 주기로 돌고 있다고 한다. 문득 지난해 과학책을 읽으며 감격한 기억이 떠오른다. 《코스모스》와 소설 《콘택트》를 쓴 칼 세이건이 그랬다. 이 넓은 우주에 우리뿐이라면 그것은 공간의 낭비라고. 천문학자들은 우리 은하에는 천억 개의 별이 있고, 우리 우주에는 그러한 은하가 천억 개 있다고 한다. 우리 은하의 총 질량을 구하고 그것을 태양의 질량으로 나누어 보면 천억이라는 수치가 나온다는 것인데 지금도 팽창하고 있는 우주에서 줄곧 은하가 새로 생기고 있다고 하니 우리가 우주에 대한 안다고 하는 것도 확신할 수는 없겠다.

엘피스 메시지를 확인하고 스타십이라는 4D 영상관으로 내려가 우주여행을 가상으로 체험한다. 스타십은 8미터 대형 입체 화면에다 바람, 안개 같은 것도 나오고 의자가 움직이는 4D 극장이다. 웜홀을 통과하여 영상으로 우주여행을 마친 느낌이 묘하다. 나무를 살리려는 엘피스인들을 도와 박자를 맞추어 북을 두드리는 것도 재미있고 자연에서 멀어진 문명이 반성하고 다시 자연으로 돌아간다는 이야기 구조도 좋다.

우주 가상 체험을 마치고 교육실로 돌아가 세 번째 수업으로 혜성 공부를 하고 역시 혜성의 핵과 꼬리를 볼 수 있는 재미있는 놀잇감을 만들었다. 뉴턴이 《프린키피아》에 쓴 방법으로 24개의 혜성의 궤도를 찾아낸 핼리의 이름을 딴, 76년 주기로 타원 궤도를 그리며 온다는 핼리 혜성을 아는 아이들도 있다. 그런데 사흘 전 12월에 눈으로 볼 수 있다던 45억 년 혜성이라는 아이손(ISON)이 태양열에 의해 소멸됐다고 나사에서 발표했다고 한다. 멋진 유성우 잔치를 볼 수 없다는 이야기를 들어 많아 아쉽다. 아이들과 아이손 혜성을 보려고 망원경도 만들어 보려고 했는데 안타깝다. 그래도 겨울 별자리 공부를 위해 쌍안경과 천체망원경을 따로 준비해야겠다.

12시 10분쯤 모든 체험 수업을 마치고 과학관을 나오며 아이들에게 물었다.

"얘들아, 오늘 과학관 공부 어땠어?"

"진짜 재미있었어요."

"정말?"

"네. 다음에 또 해요."

양손에 달과 혜성 공부하면서 만든 과학 교구들을 가득 들고 신 나는 체험을 마치고 학교로 돌아가는 아이들 발걸음이 정말 즐거워 보여 좋다.

오후 공부는 본디 텃밭인데 텃밭 농사 갈무리가 모두 끝나 과학관 가느라 못한 그림 그리기 공부를 한다. 1학년이 하기에는 아주 어려운 얼굴 그리기에 도전한다. 선생이 모델을 섰다. 얼굴을 다 그려도 되고, 눈, 코, 안경, 귀처럼 한 부분을 그려도 좋다고 하니 강산이와 승민이는 얼굴을 다 그리고, 정우는 반쪽 얼굴, 민주와 지빈이는 안경을 그린다.

"다 그렸어요. 선생님."

"와, 선생님 얼굴을 괴물로 만든 거 아냐?"

"와하하"

아이들이 얼굴 그림을 보고 웃고 야단이 났다.

2013. 12. 9. 달날.
겨울비가 온다.

부모로서 해 줄 단 세 가지

어제 경기남서부 대안학교 합창제에 다녀온 이야기로 아침열기가 후끈 달아오른다. 김상미 선생과 어제 공연에 참가한 다경, 희주, 지우, 민주, 정우, 성범, 성준이가 아이들 앞에서 다시 공연을 했다. 싱글벙글 상도 받아 왔다고 한다. 본디 겨울 자연속학교 일정과 겹쳐서 참가가 어렵다 생각하고 있다가, 자연속학교 기간이 바뀌었지만 따로 이야기를 하지 못하고 부모회에서 하는 활동으로 생각하고 말았는데, 몇 분이 애 쓰셨을 생각을 하니 미안하고 고맙다. 많은 사람이 모여 노래를 부르고 서로를 확인하는 자리는 늘 고맙고 기쁜데 다 함께 준비하는 과정은 참 어렵다. 수는 적었지만 참 좋았다는 뒷이야기를 들어서 참가한 아이들에게 또 하나의 배움으로 스며들었음을 확인한다. 어렵지만 우리 학교를 알리고 함께하는 자리를 위해 기꺼이 나서 아이들과 함께 공연을 하고 힘껏 서로 응원한 부모들이 있어 가능한 일이다.

신 나게 놀다가 뜨개질을 하는 순간은 늘 마음을 차분하게 한다. 노래와 이야기가 있고 조용한 명상이 이어지는 아침열기는 하루 흐름에서 아주 중요한 몫을 맡고 있기에 정성을 많이 들여야 한다. 늘 하던 대로 리코더를 불고 아침 공부를 시작한다. 아침 공부는 책 읽기다. 우리 학교에서 책 읽기는 아주 큰 공부이자 버릇처럼 애쓰는 것이고 책을 읽는 문화가 자연스레 자리 잡도록 선생들이 준비할 게 참 많다. 좋은 책을 준비해 놓고, 함께 읽고, 풍부한 독후 활동을 챙겨내는 것은 또 하나의 훌륭한 교육 과정을 만들어가는 일이다. 그래서 선생들은 어린이 책을 읽고 또 읽어야 한다. 겪어 보지 못한 수많은 세계로 상상의 나래를 펼 수 있고, 생각하는 힘을 길러 주는 데 책은 많은 노릇을 한다.

물론 책 읽는 즐거움이 늘 먼저다. 아이들에게 책 읽는 즐거움은 아이마다 때마다 발달 과정마다 다 다르다. 놀이와 생활이 먼저인 아이들에게 책을 읽는 건 더 크게 자라는 데 큰 도움이 된다. 만화책에 빠져있거나 줄글 책보다는 그림책을 더 좋아하는 아이라도 뭔가를 읽는 힘이 있다는 건 대단한 일이다. 차츰 관심을 바꿔내어 줄글 책을 많이 읽는다 하더라도 다시 그림책을 좋아하는 아이들도 많아야 한다. 컴퓨터와 인터넷, 스마트폰과 게임기가 넘치는 세상에서 책을 좋아하는 문화와 환경을 만들어가기가 갈수록 어렵기에 학교와 가정이 정성을 더 들이는 수밖에 없다. 늘 그렇듯 먼저 선생과 부모가 책을 읽는 모습을 보이는 것부터가 시작이다.

아이들이 고른 책을 모두 가져다 놓고 자기가 고른 책을 아이가 소리

내어 읽도록 하는데 아이들이 잘 읽어낸다. 책을 읽고 글 쓰는 활동은 아이들이 익숙하게 해 와서 다 함께 연극 놀이를 하자고 하는데 그다지 반응이 없다. 역시 놀자는 소리를 가장 좋아한다. 한참 논 뒤에 우리말 우리글 공부를 하는데 글을 쓰는 차례가 늘 어려운가 보다. 그래도 금세 다 쓰고 다시 확인하는 것도 쉽다.

오후 몸놀이는 비가 와서 모둠마다 공부를 한다. 아이들이 낮에 쉴 때 빙고 놀이를 하는 것을 봐서 잠깐 하자니 다들 좋아한다. 다섯 칸씩 판 그리는 것도, 자기가 좋아하는 숫자를 넣어 서로 부르는 숫자를 일치시켜 가장 빨리 가로와 세로, 사선으로 연결하는 놀이 과정도 모두 즐겁고, 수를 쓰고 부르는 재미가 좋아 두 판을 잇달아 한다. 민주가 두 번이나 가장 먼저 연결하고 한 번은 승민이가 두 번째로 손을 들어 아이들이 부러워한다. 그런데 아이들이 나누는 이야기는 늘 재미있다. 첫 판에 100 아래 숫자로 써넣고 할 때는 아무렇지 않더니, 둘째 판에서 50 아래 숫자를 쓰자니 하니 하는 말이 다르다.

"선생님 0부터 100까지 숫자 가운데 쓰고 싶은 걸 쓰면 쉬운데 50보다 아래로 쓰려니까 어려워요."

"가로세로 다섯 칸씩이니까 25개 숫자를 쓰면 되는 거라 같지 않을까?"

"아니 어려워요. 지하도 넣을래요."

"뭐? 지하? 아, 마이너스 말이야?"

아침 책 읽기 시간에 지하 100층이 나오는 그림책을 봐서 마이너스를 지하라고 말하는 강산이다.

"마이너스도 넣고 무한까지 다 쓸래요."

"그래도 좋긴 한데 너무 어렵지 않을까? 선생님 생각에는 0과 자연수만 쓰면 좋겠는데. 나중에 높은 학년 되면 마이너스랑 정수를 배우니까 그때 쓰자. 모르는 사람도 있잖아."

일부러 자연수와 정수란 말을 쓰는데 크게 물어보지는 않는다. 그런데 우리 아이들은 숫자를 셀 때면 무한이라는 말을 잊지 않고 즐겨 쓰며 엄청난 수와 말을 알고 있음을 뽐낸다. 1학년이 뭘 알고 쓰겠느냐 생각하지만, 우리 아이들은 언제 들은 건지 정확하게 기억은 안 나지만 과거와 현재, 미래를 넘나들며 듣거나 본 것들을 하나의 영상으로 만들어 버리는 놀라운 상상력을 지닌 대단한 외계인 속성을 가끔 드러내기에 전혀 이상하지 않다.

"그래도 마이너스 쓸래요."

"그럼 다음에 그렇게 쓰자. 진짜 모르는 사람도 있고 그러면 빙고 되기 힘들어 보여 그러는 건데, 한 판 먼저 하고 다음에 할 때는 다 넣고 하지 뭐. 어때?"

"좋아요."

내일 또 할 때는 써 보고 싶어 하는 마이너스를 넣어서 한 판 하게 될 것 같다.

빙고 놀이 마치고 아이들이 노는 동안 잠깐 새참으로 고구마 삶을 준비를 하고 교실에 모여 자연속학교 갈 준비를 하는데 공부가 아리랑이다. 겨울 자연속학교를 여는 곳이 원서·현서 할머니가 계신 진도라 낮은 학년은 진도 공부를 미리 하는 셈이다. 알찬샘 2학년도 마루에서 여러 가지 아리랑을 쓰며 공부를 하고 있다. 에너지 자립 섬으로 알려진 연대도로 겨울 자연속학교를 떠나는 높은샘 4, 5, 6학년은 날마다 30분씩 같이 연대도와 에너지 공부를 하고 있기도 하다. 낮은샘은 진돗개랑 진도아리랑을 먼저 공부하기로 해서 오늘은 아리랑 공부를 한다. 지난주에 1, 2, 3학년은 진도 아리랑을 부지런히 모둠에서 불렀는데, 1, 2학년 민요 시간에 아리랑에 대해 알아오기 숙제를 내줬다.

그런데 푸른샘 아이들은 집에서 알아오기가 어려운 거라 미리 공부를 하는 셈이다. 300개가 넘는 아리랑 노래 중에 가장 많이 부르는 강원도 아리랑, 정선 아리랑, 밀양 아리랑, 진도 아리랑, 경기 아리랑 다섯 개 아리랑을 배운다. 선생이 노래 가사를 다 알지는 못하지만, 들은풍월은 있어 나름 장단을 넣어 불러 보는데, 아이들이 잘 따라 한다. 구슬프게 신 나게 불러재끼는 아리랑 장단에 아이들도 신이 나는지 제법 흥이 난다. 지난 시간에 배운 진도 아리랑을 가장 크게 부르지만 신 나는 강원도 아리랑이나 밀양 아리랑, 구슬픈 경기 아리랑, 정선 아리랑 가락을 살려 자꾸 부르다 보니 아이들도 금세 따라 해서 아리랑 노래가 주는 힘을 새삼 느낀다. 다섯 개 가락이 조금은 달라서 마지막에는 선생이 노래를 부르면 무슨 아리랑인지 알아맞히기도 하고, 거꾸로 선생이 제목을 대면 아이들이 불러 보는 놀이를 하는데 그것도 재미있다.

역시 사람의 목소리만큼 멋진 음악은 또 없다. 내일은 지도에서 다섯 개 아리랑을 찾아봐야겠다. 깊은샘 6학년이 겨울 졸업 여행을 위해 청국장을 만들어 팔아서 그런지 위층은 냄새가 구수하다. 3학년 알찬샘은 나무판에다 시계를 만들려고 사포질을 하느라 바쁘고. 학년마다 풍성한 교육 활동이 보기 좋은 날이다.

학교 안팎으로 살필 게 많은 때이고 내 삶의 무게도 만만치 않아 생각이 여러 갈래로 뻗어 잠이 오지 않는 밤이다. 아이들과 선생들이 행복하게 사는 현장에 서 있으면 걱정하는 관계도, 어려움도 하나로 녹아드는데, 늘 삶이 그렇듯 어른으로 살아가기가 쉽지 않다. 어제도 주말에야 만나는 아들에게 해 준 말도 많이 부끄럽고 어른의 걱정과 불안을 담아 건넨 건 아닌지 자꾸 신경이 쓰인다. 문득 지난여름 글쓰기 강의 때 함께 한 분들과 나눈 박노해 시인의 글이 떠올라 다시 찾아 읽으니 부모 된 이로 그렇고 살고 있는지 자식들에게 많이 부끄럽다.

시인의 말처럼 아이를 위해서 내가 해야 할 유일한 것은 내가 먼저 잘 사는 것, 내 삶을 똑바로 사는 것, 아이에게 좋은 부모가 되고자 안달하기보다 먼저 한 사람의 좋은 벗이 되고, 닮고 싶은 인생의 선배가 되고, 행여 내가 후진 존재가 되지 않도록 아이에게 끊임없이 배워 가는 것임을 깨달을 뿐이다. 그리하여 시인의 말처럼 나는 그저 내 아이를 '믿음의 침묵'으로 지켜보면서 이 지구별 위를 잠시 동행하는 사람이고 싶다.

부모로서 해 줄 단 세 가지

박노해

·· (중략) ··

나는 내 아이에게 일체의 요구와
그 어떤 교육도 하지 않기로 했다
미래에서 온 내 아이 안에는 이미
그 모든 씨앗들이 심겨져 있을 것이기에
내가 부모로서 해줄 것은 단 세 가지였다

첫째는 내 아이가 자연의 대지를 딛고
동물들과 마음껏 뛰놀고 맘껏 잠자고 맘껏 해 보며
그 속에서 고유한 자기 개성을 찾아갈 수 있도록
자유로운 공기 속에 놓아두는 일이다

둘째는 '안 되는 건 안 된다'를 새겨주는 일이다
살생을 해서는 안 되고
약자를 괴롭혀서는 안 되고

물자를 낭비해서는 안 되고
거짓에 침묵동조해서는 안 된다
안 되는 건 안 된다! 는 것을
뼛속 깊이 새겨주는 일이다

셋째는 평생 가는 좋은 습관을 물려주는 일이다
자기 앞가림은 자기 스스로 해나가는 습관과
채식 위주로 뭐든 잘 먹고 많이 걷는 몸생활과
늘 정돈된 몸가짐으로 예의를 지키는 습관과
아름다움을 가려보고 감동할 줄 아는 능력과
책을 읽고 일기를 쓰고 홀로 고요히 머무는 습관과
우애와 환대로 많이 웃는 습관을 물려주는 일이다

- 박노해 시집 《그러니 그대 사라지지 말아라》에서

밤새 내린 눈이 아이들을 들뜨게 한다.
기온이 많이 떨어져서 춥다.

땅지, 그림도 같은데

어제 밤사이 눈이 내려 세상이 하얗다. 아침에 걸어오는 길에서 만난 종민이는 눈 뭉치를 만들어 우진이와 주고받고 선생을 맞추느라 바쁘다. 학교에 들어와서도 눈 뭉치 만들어 던지며 노는 아이들로 마당이 떠들썩하다. 아이들과 뒷산 오르는 길에도 눈싸움은 계속된다. 아무도 가지 않은 눈길에 첫 발자국을 새기며 가는 기분도, 누군가 눈 위에 남긴 발자국 흔적을 살리며 그 발자국 위에 내 발자국 포개는 느낌까지도, 추운 아침이 상쾌하다. 푸른 새싹이 자라서 잎이 되어 가고 잎이 모두 떨어져 앙상한 나뭇가지만 남은 귀룽나무 아래서 단체 사진을 찍는데 훌쩍 지난 세월이 새롭다. 알찬샘 3학년 아이들과 어울려 우면산 남태령 망루에 올라 푸른샘은 늘 가던 길을 따라 산속에 들어가 지름길로 내려온다.

모두 모여 낮 공부 열기를 하는 시간에는 아리랑 노래 부르기와 높은샘이 준비한 연대도 공부를 같이 나누는데 역시 배움은 나눌 때 삶이 되고 살아난다. 본디 풍물 시간이지만, 모두 한 해 공부를 갈무리하고 악기를 집에 보냈기에 모둠마다 공부를 한다. 쉬는 시간에 보니 알찬샘 나무 시계가 정말 예술이다. 세상에 하나밖에 없는 자기 시계를 만들며 시간의 흐름 속으로 들어간 아이들에게 귀한 활동으로 남겠다 싶다. 옹달샘 아이들이 만든 아리랑 책도 참 좋다. 다섯 개 아리랑을 모두 쓰고 아이마다 노랫말을 만들어 예쁘게 큰 묶음으로 만들어 놓으니 더 보기가 시원하다. 푸른샘 아이들은 지도 그리기를 한다. 본디 1학년이 하기에는 좀 어려운 과정이라 높은샘들이 하는 활동인데 자연속학교를 가는 곳의 위치와 지도 이야기를 하고 싶어 잡은 공부다.

"얘들아, 지도가 뭐지?"

"땅 지, 그림 도 같은데."

"헉! 정우야, 그걸 어떻게 알았어?"

"그냥 알아요."

"그렇구나. 정말 대단한데. 정우 말대로 지도는 땅 그림이지. 물론 그림을 그린다고 모두 지도라고 부르지는 않아. 약속이 필요하지. 조금 어려운 말이긴 한데 기호나 비율, 어느 쪽인지 그런 게 들어가야 해. 그런 건 나중에 알아보면 되고, 그런데 지도를 왜 만들까?"

"길을 찾으려고요."

"맞아."

"안전하게 가려고요."

"그것도 맞지."

"위험한 거 피해서 가려고요."

"그렇지."

"가려고 한 목적지에 잘 닿으려고 그렇죠."

"목적이란 말을! 그렇지, 그것도 맞아."

"불나면 피해서 가야 하니까요."

"그렇지. 와, 정말 지도를 만들 까닭이 많네."

"그럼 누가 지도를 맨 처음 만들었을까?"

"거… 거… 김정호요!"

"어? 김정호를 어떻게 알아? 대동여지도를 만든 분을?"

"들었어요."

"맞아, 김정호가 대동여지도를 정말 잘 만들었지. 정말 많은 걸 알고 있는 걸. 대단하다 너희들."

1학년 아이들이지만 정말 많은 것을 알고 있어 선생을 자주 놀라게 할 때가 많은데 오늘도 그렇다. 제도권 학교에서 보통 3학년, 4학년 때 지도의 뜻이나 지도의 쓰임새와 종류, 지도의 역사, 지리 정보들을 다루는데 1학년들이 할 만한 이야기와 그림으로 재미있게 풀어 가면 그만이다. 높은 학년들은 자신이 인식하는 가까운 곳, 학교 건물, 동네, 마을, 나라, 세계까지 넓혀 가며 지도를 그려 보는 활동을 자주 하는데, 낮은샘에게는 가장 가까운 집과 학교부터 오늘처럼 자연속학교를 가는 곳을 즐겁게 찾아보는 과정 또한 뜻이 있다.

1학년 아이들이라 거리와 공간에 대한 개념과 이해가 딱 자기가 인식하는 정도에서 즐겁게 하는 활동이면 알맞기에 다른 욕심은 필요하지 않다. 자연속학교를 가는 진도와 통영, 남해가 멀리 있다는 것, 가는 데 한참 걸린다는 것, 섬이고 모양이 이렇게 생겼다는 것이면 되기에 새로운 자극으로 즐거운 시간이면 족하다. 큰 지도를 걸어 놓고 하려는데 놔두었던 곳에 그 지도가 안 보인다. 아마 높은샘에서 쓰고 있는가 싶어 제도권 학교 사회과부도를 가져와 같이 펼쳤다. 우리나라 지도를 복사해서 한 장씩 나눠 갖고 선을 그려 보고 자연속학교 가는 곳을 찾아본다.

"선생님, 진짜 멀어요."

"진짜 멀지."

"정말 여섯 시간 걸려요?"

"그럴걸."

선 그리기를 줄곧 해온 힘이 있어 그림 공책에 오려 둔 우리나라 지도를 붙여 놓고 연필로 굵게 선을 따라 그려 보는데 힘들다 소리가 나온다.

"선생님 손이 아파요."

"그렇지. 지도 그리는 게 힘들어. 그래서 보통 1학년이 하지 않는 건데 너희들이 워낙 잘하니까 도전해 보는 거야. 그러니까 천천히 해도 되고, 연필에 힘을 꽉 주면 힘드니까 힘 빼서 희미해도 그냥 선 따라가면 돼."

"네."

"싫어요. 저는 굵게 그릴 거예요."

"자기 마음대로 해도 돼. 그런데 너희들 정말 선 따라 그리는 거 정말 잘하는데. 놀라워."

욕심이 있는 아이들이라 해냈다는 뿌듯함을 더 즐긴다.

"다 한 사람은 이제 색칠을 하세요. 진도가 있는 전라남도와 통영과 남해가 있는 경상남도에 자기가 좋아하는 색깔을 입혀 주세요."

"벌써 다했네. 그러면 마지막으로 옆에 붙어 있는 지도 그림을 보고 그대로 옆 빈칸에 그려 보는 거야. 이건 정말 어려워. 그래도 천천히 하면 되니까 잘 그리려고 하지 말고 눈을 따라 그냥 연필을 움직이면 돼."

"좀 어려워요."

"맞아, 정말 어려워. 선생님 초등학교 다닐 때 처음 했는데 진짜 어려웠어. 그런데 너희들은 더욱이 1학년이잖아. 선생님이 보기에는 진짜 대단해. 처음 하는데 이렇게 잘할 수가 없어 정말. 지도 모양과 비슷하지 않아도 되니까 천천히 해 봐. 와 대단하다. 선생님 처음 할 때보다 더 잘했는데. 형들만큼 잘하는데. 놀라워. 이건 1학년이 했다고 볼 수 없을 정도로 잘했는데."

쏟아지는 선생 칭찬과 격려에 저마다 아름다운 선과 그림으로 지도를 그림 공책에 담았다. 그냥 빈말이 아니라 정말 놀라운 솜씨다. 집중하는 힘도 좋아 힘들어하지도 않는다. 힘들지 않으냐는 선생 말에 재미있다는 말까지 넣어 가며 모두 마친 뒤에 그림 공책을 들여다보는 아이들 얼굴에 서린 자랑스러움이 멋지다. 교실을 오가며 3학년과 2학년 아이들이 부러워하는 말도 한몫을 해서인지 아주 즐겁게 해내어 고맙다.

마친 뒤에는 쏜살같이 마루로 달려나가 잡기 놀이를 하는 아이들 얼굴에 구김살이 없다. 그렇게 들숨과 날숨을 오가며 집중과 긴장을 풀어내며 살아있음을 뿜어낸다. 그 모습을 볼 때마다 선생의 자세를 가다듬는다. 이 아름다운 영혼들을 위해 선생이 할 일이 무엇인지, 그저 묵묵히 아이들에게 배우고 아이들 속에서 죄짓지 않고 살아가기를 빌 뿐이다. 내일은 오늘 그린 지도에 아리랑에 들어있는 밀양, 정선, 강원도, 경기를 찾아보고, 지도와 아리랑에 들어있는 옛이야기를 들려줘야겠다.

학교 마치고 새참을 먹는데 푸른샘 아이들은 새참을 먹지 않는 벌을 받는다. 어제 마침회 마치고 선생이 바깥 일 보러 나갔는데 아이들끼리 새참 먹다가 남은 음식을 어떻게 해야 할지 몰라 버린 일이 있었나 보다. 그리고 송순옥 선생이 그걸 알고 아이들에게 벌을 준 모양이다. 아이들도 그런 줄 알고 있어 참고 있는 게 보이는데 먹는 재미에 사는 아이들이 안쓰럽다. 그래서 오후 지도 공부할 때 감말랭이를 낮은샘 모두에게 나눠 주고 같이 먹긴 했는데 다른 학년이 다 먹는 고구마가 먹고 싶단다.

"너희들 어떡하니? 그래도 약속한 벌이니 지켜야지 뭐."

"알아요. 그래도 하루만 더 있으면 괜찮아요."

"왜?"

"모레 자연속학교를 가잖아요. 그때는 줄 거잖아요."

"그렇지. 학교에서 먹는 새참을 내일까지 못 먹는 거니까."

어서 빨리 자연속학교를 가자는 외침에 그런 뜻이 들어 있을 줄이야 생각도 못 했는데, 역시 늘 뭔가를 먹는 푸른샘 1학년답다.

살림일꾼 우진 어머니가 오늘도 잔뜩 장을 봐 왔다. 자연속학교 반찬 재료를 미리 사 놓고 집마다 나눠 주는 일을 맡아 애를 쓰신다. 푸른샘 아이들과 마루에서 놀다가 학교 밖에 나가 짐을 나르는데 1학년 아이들이 단단히 한몫을 한다. 아이들 덕분에 금세 짐을 다 옮겼다.

하루를 마치며 되돌아보니 가장 기억에 남는 건 역시 아이들과 몸을 같이 쓰며 놀 때다. 뒷산 오를 때며 마루와 교실을 뛰어다니며 잡기 놀이 하는 순간에 웃음 가득한 아이들 표정이 그대로 떠오른다. 그렇게 늘 웃고 행복하게 살아야지. 겨울 자연속학교 목표는 정해졌다.

2013. 12. 12. 나무날.
추운 겨울이다.
오후 늦게부터 눈이 펑펑 내려 아이들이 눈싸움하기 바쁘다.

따로 가는 자연속학교

뒷산 가서 줄 그네를 타고 내려오는데 날이 아주 쌀쌀해서 따듯한 차가 절로 생각난다. 같이 리코더를 불고 푸른샘 부모 일기와 마주 이야기를 읽어 준다. 주마다 한 집씩 돌아가며 마주 이야기와 부모 일기를 써서 서로의 삶을 가꾸어 왔는데, 아이들에게 살아있는 교육이 되고 있어 푸른샘 부모들에게 정말 고맙다. 승민 어머니가 쓴 마주 이야기와 일기를 아이들에게 들려주니 승민이 눈이 동그래진다. 자기 이름이 자꾸 나오니 눈을 떼지 않고 듣는다. 승민 어머니의 정성 어린 글 덕분에 아침열기가 따듯하다. 다음에는 승민이 이름이 많이 들어간 이야기를 만들어 자주 들려줘야겠다.

이번 주 하는 공부들은 모두 올해 마지막 공부들이라 하나라도 더 챙기려고 하는데, 마무리에 아쉬움도 있고 뿌듯한 것도 있고 그렇다. 1, 2학년이 함께 한 민요 부르기가 그 보기이다. 아리랑과 동지팥죽으로 마무리를 하며 동지팥죽 먹고 나이 한 살 더 먹어 한 학년 올라갈 준비를 하는 셈이다.

아침 공부는 알찬샘 3학년과 함께 고물상에 가기로 했다. 이번 주는 어렵겠다 싶어 20일 방학하는 날 생각하고 있다가 깜박 잊고 말았는데 최명희 선생이 챙겨 주어 마무리를 하고 자연속학교를 가게 되어 마음이 후련하다. 알찬샘 교실에 쌓아 둔 헌 옷들을 알찬샘 아이들이 챙기고, 푸른샘 1학년은 마당에 쌓아 놓은 종이 상자와 여러 쓰레기를 정리한다. 날이 추워 쌀쌀해도 몸을 부지런히 움직이니 그리 추위를 느낄 수 없다. 승민이 활동 보조를 하는 김동호 선생이 도움을 주고 아이들도 묶는 걸 도와주고 나르고 해서 빠르게 정리됐다. 마당이 깨끗해서 시원하다. 본디 고물상에 가면서 헌 옷은 양지슈퍼에 팔아 돈 대신 준다는 물건을 챙기려고 했는데 양지슈퍼가 문을 닫아 곧장 안양 고물상에 갔다. 아이들에게 요구르트를 안겨 주고 반갑게 맞아 주는 고물상 사장님 안내에 따라 차례로 짐을 내리고 무게를 재는데, 쓰레기 분류 방법을 또 배운다. 알루미늄 깡통과 철 깡통을 따로 잘 나눠야 하고, 병도 국산 병과 외국산 병을 나눠야 한다. 이번에는 헌 옷이 큰돈이 됐다. 모두 합쳐 53,100원을 벌게 됐다. 가장 많이 번 날이다. 2학기 세 번을 와서 번 돈을 모두 모아 보니 10만원이 넘는다. 태양광 발전기까지 고지는 멀지만, 그리 멀게만 보이지는 않는다. 아이들과 더 쓰레기를 나누는 공부를 정성 들여 해야겠다는 마음이 든다. 돌아오는 길에 최명희 선생이 아이들에게 안긴 불량과자 덕에 아이들은 신이 났다.

내일 자연속학교를 가는 날이라 모둠마다 낮 공부는 일찍 마치고 2시 30분부터 모두 모여 마침회와 자연속학교 이야기를 나눈다. 모둠마다 시간에 교실에 들어와 어제 그린 지도 위에 밀양, 정선, 강원도, 경기도, 진도를 표시한 뒤 자연속학교 준비 공부를 마무리한다. 진도와 진돗개, 진도 아리랑에 대해 알고 가는 셈이니 나머지는 진도의 자연과 어른들에게서 배울 몫이다. 가장 중요한 자연속학교를 갈 마음을 준비하는 이야기를 나누기 위해 차분히 명상을 하고 시작한다.

"자연속학교를 가서 가장 하고 싶은 것이 뭐지요?"

"노는 거죠."

"많이 놀 건데 어떤 걸 가장 많이 하고 싶으냐는 거지요."

"축구요!"

"눈싸움이요!"

"형들이랑 축구 하는 거요!"

"밤 탐험이요!"

"다 하고 싶어요!"

"그렇군요. 그런데 눈싸움은 눈이 와야 할 수 있는데. 그럼 자연속학교에서 가장 먹고 싶은 것은?"

"다요!"

"아이스크림요!"

"과자요!"

"아니, 이 추운 겨울에 아이스크림을? 불량 과자를 먹고 싶은 모양이네요. 선생님은 진도에서 나는 거 뭐든지 다 먹고 싶어요. 우리가 낚시를 할 건데 여러분들이 많이 잡으면 좋을 텐데."

"선생님 진짜 무인도에 가요?"

"그럼요. 갈 수 있어요."

"어떻게요?"

"아, 배 타고 가지요."

"우리가 배를 운전하고요?"

"아니요. 배 선장님한테 부탁해서 타고 가야지요. 그런데 파도가 높거나 날씨가 안 좋으면 못 갈 수 있어요."

"배 타고 가다가 죽을 수도 있잖아요."

"물론 그렇지요. 그래서 가장 안전한 곳을 확인하고 가는 거지요. 위험하면 절대 안 가요."

"무인도는 위험하잖아요."

"아아, 당연히 가장 안전한 섬을 확인하고 가는 거지요."

"무인도에서 뭐 먹고 살아요? 굶어 죽을 수도 있잖아요."

그러자 옆 동무가 그런다.

"야, 먹을 걸 갖고 가면 되지."

아이들 생각에 상상의 날개를 달아 주려고 일부러 모험과 탐험 이야기를 끄집어낸다. 사실은 잠깐 배 타고 갔다 놀고 낚시한 뒤 돌아올 곳을 봐 둔 것인데 말이다.

"우리가 힘을 합쳐 살면 되지요. 강산이가 물고기를 잡고, 정우가 불을 때고, 지빈이가 나무를 하고, 민주가 토끼를 잡고, 승민이는 조개를 캐고, 선생님은 낚시를 하면 돼요. 어때요? 재미있겠지요?"

"네에!"

"옛날에 6학년 형들은 섬진강에서 뗏목을 만들어 타고 놀기도 했어요."

"어떻게요? 뭘로 만들었어요?"

"대나무랑 물에 뜰 수 있는 도구를 엮어서 만들었어요. 진짜 멋있었는데. 나중에 그런 뗏목을 만들고 싶지 않나요?"

"만들고 싶어요. 그런데 바다에서 죽을 수도 있잖아요."

"강에서 해야죠. 바다에서 뗏목을 만들려면 나무랑 준비할 게 많아서 쉽지는 않지만 나중에 높은 학년이 되면 도전해 볼 수는 있지요."

아이들은 늘 안전과 상상의 날개를 같이 편다. 아이들에게 죽음은 대단한 이야기이며 옛이야기에서 가장 눈을 크게 듣는 대목이다.

"그럼 이번 자연속학교에서 자기 목표를 생각해서 말해 보기로 해요. 모두가 아는 것처럼 모두가 애쓰는 공부는 '말하는 사람 눈을 보고 귀기울여 듣고 뚜렷하게 말하고 부드럽게 말하자, 아껴 쓰고 나눠 쓰고 바꿔 쓰고 다시 쓰자, 서로 다름을 알고 함께 어우러지자'이지요. 물론 가장 중요한 건강을 위해서는 잘 먹고 잘 자고 잘 놀고 잘 씻고 잘 눠야 합니다. 또 사고는 순간이니 선생님 말에 집중하는 것도 중요해요. 모두 생각했으면 돌아가며 차례로 발표합시다."

"물건을 잘 챙기고 형들 말을 잘 듣자."

"안전하게 갔다 오자."

"오빠랑 언니 말을 잘 듣자."

"잘 먹고 잘 자자."

"물건을 잘 챙기자."

"와, 모두 자기 목표와 모두가 애쓰는 목표대로 살면 되겠네요. 그럼 자연속학교 갈 준비를 거의 다 마친 거네요. 자연속학교에 대해 물어볼 게 있거나 하고 싶은 말이 있는 사람은 말하세요."

"선생님 가방을 작은 거 가져와야 돼요?"

"짐이 많아서 되도록 작은 가방을 가져오면 좋은데 없으면 지금 가방 가져오면 돼요. 그런데 꼭 가방에 이름표를 붙여 주세요. 옛날에 진짜 가방이 바뀌어서 남해와 해남까지 오가며 가방을 찾은 일이 있었다니까요."

"전 벌써 붙여 놨어요."

"난 안 썼는데."

"꼭 이름표 붙이구요. 뜨개질도 가져오면 좋겠는데. 리코더는 선생님이 챙겨 갈게요. 그럼 자연속학교 이야기는 마치고 이제 그동안 승민이를 도와주러 온 김동호 선생님과 헤어지는 이야기를 나눌게요. 김동호 선생님에게 하고 싶은 말 돌아가면서 하세요."

"김동호 선생님 가지 마세요. 우리랑 놀아요."

"승민이가 내년에 미국 갔다 오니까 김동호 선생님도 이제 공부하러 가야지요."

"김동호 선생님 우리 맑은샘학교 선생님 하면 안 돼요?"

어제 글쓰기 공책에다는 김동호 선생님 짜증 난다고 써 놓은 아이들 마음의 진실이 이렇다. 장난치고 놀고 어울리며 벌써 정이 들어 같이 있자 하는 것이다. 승민이 활동 보조만 하는 게 아니라 우리 아이들과 정말 잘 놀아준 것을 알고 있기에 정말 고맙고 아쉽다. 좀 더 일찍 만났으면 얼마나 좋았을까. 승민이 교실 활동이나 학교 흐름에 안정된 힘이 정말 더 자랐을 텐데 하는 아쉬움이 많이 남는 분이다. 그리고 아이들은 김미성 선생을 기억해낸다. 1학기 승민이 활동 보조를 하며 함께 산 분을 기억하고 그 이야기를 꺼낸다. 그러더니 김미성 선생이 보낸 편지를 다시 읽어 달라고 한다. 그렇게 또 아쉬운 분과 헤어지는 인사를 나눴다. 자연속학교 마치고 돌아와서 하는 방학식 날 아이들은 고마운 편지를 쓸 것이다.

모두 모여 낮은샘 1, 2, 3학년이 가는 진도와 높은샘 4, 5, 6학년이 가는 통영 연대도와 남해 공부를 다시 마무리 짓는다. 이번 주 줄곧 공부해 온 것들을 다시 발표하고 정리하는 셈이다. 저마다 자연속학교 목표를 발표하고, 낮은 학년과 높은 학년이 떨어져 지낼 서로에게 해 줄 말을 하는데 높은샘은 높은 학년 아이들답게 역시 동생들 걱정을 많이 한다. 한 주를 서로 못 본다는 생각에 괜히 더 보고 싶은 분위기가 가득하다. 아이들도 선생들도 같은 마음이다. 그런데 사실 서로 아주 좋아하는 자연속학교가 떨어져 지내는 겨울이다.

형들은 동생들 챙기지 않고 마음껏 놀 수 있어 좋다고 하고, 동생들은 형들 때문에 못한 낮은샘 놀이를 실컷 할 수 있기 때문이다. 형들과 같이 있으면 형들이 하는 놀이를 따라 하고 싶어서 낮은샘끼리 하고 싶은 것은 잊어버리는 탓에 낮은샘끼리 가는 때면 낮은 학년만이 갖는 기운과 열기로 놀이가 새롭게 만들어진다. 그건 형들도 마찬가지다. 늘 언니 노릇 하느라 큰 책임감으로 자신을 자라게 하는 것도 있지만, 귀찮게 따라다니는 동생들 없이 비슷한 힘과 기운으로 마음껏 놀고 싶은 마음이 있는 것이다. 그래서 따로 가는 자연속학교는 아이들이 참 좋아할 때가 많다. 물론 함께 가는 자연속학교 재미는 또 남다르다. 형들과 같이 있으면 얼마나 신 나는 놀이가 많은 줄 알게 되고, 동생들이 같이 있으면 훨씬 더 많은 놀이를 할 수 있다는 걸 알기 때문이다.

학교를 마치고 선생들은 부지런히 짐을 싼다. 늘 이삿짐 수준으로 짐을 싸 본 경험들이 많기에 척척 준비가 된다. 부모님들이 정성껏 보내 준 반찬들을 담고 나니 8시가 넘어버렸다. 잠깐 점검하고는 쉴 새 없이 몸을 놀렸는데도 그렇다. 부모님들도 아이들 반찬 만들고 얼리느라 며칠 전부터 애를 많이 썼다. 그 사랑의 힘으로 아이들과 선생들이 훌쩍 자라곤 한다. 자연속학교에 가면 자연 속에서 아이들과 사는 일에만 집중하니 모든 세상일을 뒤로하게 되어 일찍 자고 일찍 일어날 수 있고, 가만히 대자연의 장엄함에 자신을 비추어 볼 수 있는 시간이 많아 시간 가는 줄 모르며, 많은 아이들의 부모와 선생이 되어 온 힘과 정성을 다하니 어느새 초인이 되어 가는 게 일상이곤 했다. 학교 안팎에 놓인 여러 일들도 잠시 내려놓고 오롯이 아이들과 자신, 자연에 흠뻑 빠져 지내는 맛을 알기에 이제는 돌아오면 부딪히게 될 세상과 어른이 감당해야 할 몫이 조금 두렵다. 지금은 이래도 아이들과 있으면 또 잊고 산다.

아이와 선생 모두 똑같은 건 집이 몹시 그리울 거라는 것이다. 아무리 신 나게 놀고 재미있어도 우리를 가장 사랑하는 사람들이 집에 있음을 알기 때문이다. 그 마음을 가득 담을 때쯤이면 어느새 집에 갈 시간이고 그 사이에 자신도 모르게 슬며시 쌓여 있는 성장의 힘은 아무도 눈치채지 못할 수도 있다. 그러나 아이나 어른이나 훌쩍 자라는 데 필요한 건 비슷하다. 아이의 굳은 의지를 믿고 용기를 주고 기다려 주는 것 말고 뭐가 있겠는가.

지금 우리 아이들은 무슨 꿈을 꾸고 있을까?

와! 방학이다!

어제 12월 13일부터 여섯 밤 일곱 낮을 함께 자고 먹으며 지낸 겨울 갯살림 자연속학교를 마치고 과천에 돌아온 여운이 그대로 남아 아침 늦잠이 어색하다. 보통 자연속학교를 다녀온 뒤에는 이틀쯤 쉬며 집을 떠나 지내며 쌓인 피로와 긴장을 풀곤 하는데 겨울 자연속학교 마치고 는 그럴 겨를이 없다. 학교 이사 계획으로 자연속학교 일정이 일주일쯤 늦춰졌고 자연속학교 마친 다음 날 바로 방학식을 하기로 했기 때문이 다. 아이들과 선생들이 자연속학교를 진도와 통영, 남해에서 여는 동안 부모들이 2층 짐을 모두 정리해서 1층으로 옮겨 놓아 자연속학교 마치 고 나서 바로 방학을 하기로 한 학교 흐름이다.

3, 4, 5학년 아이들은 아침나절 식생활 교육 센터에서 교육을 받고, 나머지 학년들은 바로 오후 12시 50분까지 학교에 모이기로 했다. 선생 들은 미리 만나 11시 갈현동 한때 터전 후보지에 가 봐야 한다. 후보지 두 곳 다 장단점을 갖고 있다. 한 곳은 공간과 시설이 모두 좋은데 주말 에는 쓸 수 없고 짐 배치도 좀 걸리고, 다른 곳은 작고 시설이 부족한 대신 눈치는 볼 필요가 없는 곳이다. 알맞은 후보지로 뜻을 모아야 하 기에 꼼꼼히 들여다보는데, 참 쉽지 않다. 우리 뜻대로 모두 되는 게 없 다. 잠깐이지만 삼 개월 봄 학기를 살아야 하기에 자꾸 살피게 된다. 어 서 영구 터전으로 들어가 안정된 교육 활동을 펼치고 싶은 마음이 간절 하다. 그렇게 간절함이 쌓일 때 고마움이 더 진한 법이긴 하다.

갈현동 한때 살 터전 후보지를 둘러보고 학교로 들어오니 마루와 교사실을 빼놓고는 2층집으로 빽빽하다. 어제 자연속학교 짐 정리하며 봤지만 다시 그걸 보니 부모님들이 얼마나 애를 썼을지 짐작이 되어 미안하고 고맙다. 대안학교 학부모로 살아가려면 이삿짐 세 번쯤은 싼다는 말을 우리는 정말로 할 만도 하다. 하지만 내년 영구 터전으로 가는 이사를 마치면 그것도 끝이다. 양지마을에서 안골로, 다시 양지마을로, 끝내 영구 터전으로 이삿짐을 싸고 나르는 모두가 고맙고 자랑스럽다. 크고 작은 일들에 품을 내고 뜻을 모아 학교를 세워 가는 살아 있는 역사가 아이들 교육으로 오롯이 이어질 생각에 흐뭇하다. 몸을 쓰고 시간을 내어 함께 일하고 땀 흘리는 사람들이 있어 학교가 굴러가고 아이들 교육 공간이 살아난다. 사실 학교 이사는 새로운 터전에서 살아갈 아이들과 선생들에게 아주 큰 영향을 주는 일이다. 그렇게 교육의 세 주체 아이, 선생, 부모가 학교를 만들어 가는 현장이 얼마나 고마운지 알기에 몸과 마음을 곧추세운다.

아이들에게 줄 방학 숙제장 챙기고 교사실과 마루 정리를 하다 보니 금세 아이들이 들어온다. 일주일을 못 본 높은샘 4, 5, 6학년 아이들이 얼마나 반가운지 달려가 안는다. 못 본 사이 더 자란 것 같고 더 달라진 것 같고 그저 반가울 뿐이다. 낮은샘 1, 2, 3학년과 높은샘 4, 5, 6학년이 따로 간 자연속학교라 서로가 더 반갑다. 그리고 조금 뒤에 2년 만에 만나는 반가운 사람들이 왔다. 2학년 마치고 미국으로 이민을 간 결이네가 학교에 온 것이다. 결이는 벌써 4학년이고 동생 율이는 수줍음을 알아버린 일곱 살이다. 멀리 가서도 학교와 식구들 걱정하던 결이 어머니는 정말 늘 함께 있던 분처럼 똑같다. 아이들과 선생들 줄 선물까지 가득 들고 오셨다. 결이를 반기는 아이들 소리로 학교가 떠들썩하다. 이럴 때는 멀리 떠나 살다 다시 만나는 삶의 일상이 고맙고 기쁜데, 떠나보낼 때는 얼마나 마음이 쓰리고 안타까운지 모르겠다.

만남과 헤어짐, 그리고 다시 만남과 헤어짐의 반복이 삶의 또 다른 모습임을 알면서도 그냥 같이 웃고 떠들며 행복하게 살고픈 마음이 가야 하는 사람들을 자꾸 가지 말라 잡게 만든다. 그래서일까 자꾸 아이들에게 우리 학교와 공동체만 한 환경이 없다고, 아이를 키우기에 우리 아이들과 선생, 부모들만 한 사람들 없다고 혼자 되뇌는 때가 많다. 사정이 있어 떠난 이들이 우리를 잊어버릴 만큼 참 행복하게 살기를 무척 바라면서도 자꾸 좋은 사람들과 함께 지내고 싶은 욕심이 든다.

드디어 방학식. 모둠마다 시간을 먼저 갖고 모두 모여 결이를 모르는 아이들에게 결이를 소개하는 시간을 갖고 자연속학교 이야기로 방학식을 시작한다. 높은샘이 먼저 통영 연대도와 남해에서 산 이야기를 들려준다. 통영 수산과학관 간 것, 낚시로 학꽁치 잡은 것, 연대도 해돋이, 가두리 양식장, 바닷가에서 로켓 화덕으로 라면 끓이기, 바다에 빠진 것, 마을 지도 그리기, 남해 굴과 시금치, 물메기탕, 그동안 먹고 보고 한 것들을 꺼내 놓는 아이들 얼굴에 자랑스러움과 즐거움이 가득 묻어난다. 형들에 이어 진도에 간 동생들도 날마다 낚시한 것, 진돗개 공원과 진도 아리랑 공연, 해양생태관과 신비의 바닷길, 첨찰산과 봉화대, 회와 전복, 굴, 새벽시장 호떡과 생과자, 축구까지 발표할 게 많다. 서로 맛있는 것 많이 먹었다고 자랑하는 아이들도 있다.

무엇보다 따로 떨어져 지냈지만 이번 겨울 자연속학교가 모두 아주 즐겁고 신이 나고 정말 좋았다 한다. 모험과 탐험, 도전과 자연, 불편함과 그리움, 신 나는 놀이와 한 식구가 되어버린 서로를 기억하는 이야깃거리가 넘친다. 함께 가고 따로 가는 자연속학교마다 아이들 삶이 크게 자람이 보여 즐겁다. 날마다 아침 인사를 가는 아이들을 언제나 반갑게 맞아주시고 하나라도 더 아이들 먹이려고 하시던 원서·현서 할머니, 주머니 잔돈까지 모두 털어 아이들 맛난 거 사 주라며 8천 얼마를 건네준 진도 할머니와 길은리 마을 분들, 연대도 선장님과 연대도 마을분들,

언제나 고마운 남해 큰어머니, 우리 아이들을 따듯하게 맞아 주고 품어 주신 분들이 있어 삶을 가꾸는 자연속학교를 열 수 있는 줄 알기에 고맙고 고맙다. 진도 답사 때부터 함께하고 아이들을 진도까지 데려다 주고 회와 굴, 전복까지 아이들에게 먹이고 올라가신 원서·현서 아버지와 어머니, 먼 진도까지 내려와 아이들과 밥을 하고 선생들을 챙기신 유정 어머니와 채원 어머니, 자연속학교 때 쓰라고 큰 차를 샀다며 자연속학교 때마다 차를 빌려 주는 성준네, 자원 봉사자로 함께한 이제형 선생, 아이들 먹일 반찬을 정성스레 준비해 준 부모님들이 있어 아이들과 선생들이 행복한 자연속학교를 열 수 있었음을 잊지 않는다.

겨울 자연속학교 이야기를 마치고 긴 겨울 방학 때 생활과 규칙, 목표와 약속을 말하는데 아이들이 모두 정리를 잘해 준다. 학교 공부를 그대로 집으로 가져가 쉬고 놀며 배우고 익히는 시간임을 잘 알고 있다. 1월 7일 흙 빚기 공부, 6학년 졸업 여행, 학교 이사, 식구 들살이 날을 확인하고 두 시간의 방학식을 마친다.

아이들의 우렁찬 외침이 학교에 울려 퍼진다.

"와! 방학이다!"

2013. 12. 23.

2013년 한 해를 되돌아보며

나는 올해 잘 살았을까? 스스로에게 묻는 물음이자 삶을 같이한 사람들을 생각하며 묻는 물음이다. 언제나 그렇듯이 미안하고 고마운 삶을 살았다. 한 해를 돌아보는 순간조차 미안하고 고맙다. 아이들과 함께 사는 선생의 삶이고 보면 아이들에게 가장 미안하고 고맙고, 식구들에게도 그렇다. 해마다 미안하다 고맙다 말을 달고 사는 삶이니 전생에 어떤 삶을 살았을까. 올해도 그 말을 달고 산다. 무엇이 미안하고 고마울까? 현재 내 모습을 있는 그대로 받아 주고 안아 주고 부족한 것을 채워 줘서 그렇겠지. 미안하고 고마운 게 많다는 건 반성하고 성찰할 게 많은 게다. 무엇을 반성하고 성찰할 것인가.

아이들을 생각하면 몸과 마음을 다했는지, 행복하게 살았는지, 선생으로 함께함이 부끄럽지는 않았는지 바로 세울 것투성이다. 부모님 병환도 가족의 생계도 아이들 주는 웃음과 기운으로 버티고 살았으니 더 미안하고 고맙다.

같이 사는 선생들에게도 그렇다. 아이들에게 쏟는 정성만큼 살피고 배려했는지, 도움말을 줬는지, 몸과 마음을 곧추세웠는지 미안하고 고마운 것투성이다. 아이들에게 정성을 다하고 몸과 마음을 다해 애쓰는 선생들을 보며 참 많이 배웠다. 동지들과 식구들의 배려와 사랑으로 뿌듯함과 보람을 느끼며 어느 때보다 행복하게 살았다. 아이들과 날마다 뒷산을 오르고 아이들 속에 빠져 참 즐거웠다. 내가 이렇게 행복하게 사는 데는 다른 이들의 그만한 배려와 뒷받침이 있었으리라. 밀양을 다녀오며 얼마나 내 삶이 편안함과 안락함으로 채워지고 있는지 알았다. 많은 사람들이 인간의 존엄성과 인권이 유린당하는 사회에 저항하고 외치며 사회를 더 낫게 만들고 있을 때 나는 무엇을 하고 있는가. 아이들과 따뜻한 사람들 속에 묻혀 둘레의 아픔과 상처를 모르쇠로 일관하고 살지는 않는지 죄스러울 뿐이다. 그런데도 아이들과 더 행복하게 살아야 할 까닭을 뚜렷이 세운다. 가고자 하는 내 길이 정말 맞는가.

아이들을 놓고 이야기하면 그저 미안한 것투성이다. 날마다 쓴 일기를 다시 읽어 볼수록 부족함에 어쩔 줄을 모르겠다. 승민이가 나에게 주는 되돌아보기는 그저 반성일 뿐이다. 활동 보조 교사를 핑계로 그냥 묻어가지는 않았을까.

교사회를 생각하면 반성할 게 참 많다. 삶의 자세를 바로 하고 늘 고마운 마음으로 살았는가. 잘 사는 동지들에게 누가 되지는 않았을까. 교사회 회의 구조와 문화, 대표 교사 노릇과 교사회 일 나누기를 잘하자는 말을 많이 했는데, 정말 그렇게 부지런히 몸을 썼는지 되돌아보게 된다. 대표 교사를 해 본 적이 있다고 말을 많이 하는 것처럼 비칠까 조심스럽고, 한 식구처럼 지내온 정이 있어 쓴소리를 못 하는 것도 있는 것 같아. 교사회 전체에서 살펴야 할 공과 사, 일 나누기에 대한 생각이 많았던 한 해였지만, 먼저 나서서 살피고 교사회와 학교에서 가장 집중해야 되는 지점을 찾아내지 못한 책임에 마음이 무겁다. 정말 동지들을 믿고 살지 못했을까. 저마다 온몸과 마음을 다해 살아감을 알기에 말하는 태도와 방식에도 조심스러울 수밖에 없었다.

언제나 부지런히 몸을 놀리며 학교 살림살이를 챙기는 권진숙 선생, 늘 새로운 교육 활동을 창조하며 부모님과의 상담에 정성을 다한 최명희 선생, 늘 밝은 웃음으로 선생들에게 힘을 주고 아이들과 어울린 조한별 선생, 여러 교육 활동 꼭지를 잡아내며 높은샘을 이끌어 갔던 김상미 선생, 깊은샘 아이들과 살면서 훌쩍 자란 손호준 선생, 온 힘과 마음을 다해 학교를 이끈 송순옥 선생, 아이들과 행복한 삶을 살아가는 동지들이 있어 내가 할 몫을 찾게 되고 부족함을 알게 되니 아이들과 동지들이 가장 큰 스승임을 깨닫는다.

부모들에게 나는 최선을 다했을까. 대안교육 동지로 정성을 다했는가. 서로 감동을 주고 고맙고 귀한 존재로 살아왔는지 많이 미안하다. 그래서 다시 나를 들여다본다. 아이들, 가족, 동지가 보인다. 함께함이 고맙고 그저 같이 있는 것만으로 행복한 사람들에게 부족한 성찰과 고민, 삶의 모습을 보여 죄송스럽다. 그런데도 용기를 낸다. 가르칠 수 있는 용기를 내고 함께 사는 사람으로서 마음가짐과 태도를 바로 잡는다. 공동체를 떠나가는 사람들의 문제의식을 받아 안아 더 행복하게 사는 꿈을 꾼다. 헌신과 행복은 꼭 비례하는 건 아니지만 정성을 다해 살고 싶다. 한 식구의 가장으로 대면하고 있는 생계 문제는 더 이상 회피할 수 없기에 방법을 찾으려 애를 쓰겠지만, 쉽지 않은 일이다. 대안학교 선생을 줄곧 하려면 늘 안고 가야 할 문제이기에 혼자 끙끙 앓지 말고 함께 풀어가고 싶은데 그것 역시 어렵다.

자본 사회에서 힘들지 않은 사람이 어디 있으랴. 행여나 꺼내는 살림살이 이야기가 무겁고 심각한 분위기를 만들어 서로를 가라앉게 하는 것 같아 말을 꺼낼 수가 없었다. 빚으로 버티는 대안학교 선생 노릇, 아내와 자식, 부모님을 생각하면 미치지 않고서야 그럴 수는 없다고 생각하면서도 줄곧 아이들과 살겠다고 고집을 부리고 있다. "어쩌겠는가. 그게 삶인 것을."

■

자연은
가장 큰 스승이자 학교다

- 자연속학교 이야기 -

과천 맑은샘학교 어린이들과 선생들은 봄, 여름, 가을, 겨울, 철마다 때마다 집을 떠나 남쪽으로 지리산과 섬진강이 있는 하동, 남해, 해남과 청산도, 진도, 동쪽으로 주문진과 오대산, 북쪽으로 원주와 인제, 서쪽으로 춘장대와 덕적도, 나라 가운데 괴산에서 짧게는 일주일, 길게는 열흘을 함께 사는 자연 속 기숙학교를 열어 오고 있다. 아이들은 자연에서 들살림, 산살림, 갯살림을 배우며 어린이 스스로 제 삶의 주인이 되어, 계절에 따른 자연과 삶의 변화를 겪고, 그 고장의 문화와 역사를 공부하며, 모둠살이를 깊이 느끼고 배운다. 집을 떠나 때론 불편하고 힘든 곳에서 어린이들 스스로 밥을 짓고, 빨래하고 청소하며 함께 자고 먹고 놀며 일한다.

가끔 어린이들이 그렇게 길게 자연속학교를 가는 까닭을 많이 분들이 묻기도 하고 여행과 다른 점이 무엇인지 궁금해한다. 우리는 어린이들은 부모와 함께 살아야 한다고 여기고 도시 속 대안학교에서 어린이 삶을 가꾸며 부모가 함께 자라기를 바란다. 그러나 경쟁과 소비의 유혹이 넘치는 도시 속 대안학교가 갖는 어려움을 뛰어넘고자 자연 속 기숙학교를 자주 가 자연 속에서 마음껏 놀고 일하며, 기숙학교의 장점을 살려 자연이 주는 건강, 감성과 버릇을 어린이 삶을 가꾸는 큰 힘으로 생각한다. 우리가 가는 자연속학교가 스쳐 지나가는 여행과 한 번 하고 잊어버리는 체험으로 끝나기를 바라지 않기에, 우리는 같은 곳에 줄곧 가서 우리 아이들을 따뜻하게 맞아주는 마을과 어른들이 있고 삶이 있는 곳에서 들살림, 산살림을 배운다. 뭐든지 줄곧 할 때 배움이 있고 삶이 있는 법이다.

봄
- 자연속학교 -

비가 부슬부슬 내리는데 남쪽으로 내려갈수록 비가 그친다.

평화롭다

1년 만에 자연속학교를 떠난다. "선생님 오랜만에 가니 어때요?" 옆에 앉은 조한별 선생이 묻는데 그 말을 들으니 정말 오랜만이다 싶다. 아주 익숙한 날처럼 다가오지만, 역시 오랜만에 함께 가는 설렘은 숨길 수 없다. 큰 고속버스를 빌려서 가는 것이 처음이라 더 새롭고 느낌이 다르다. 학교 차에는 짐만 가득 싣고 최명희 선생과 손호준 선생이 먼저 떠나고 아이들과 함께 큰 차를 타고 수학여행 가듯이 간다. 아주 옛날에는 학교 차 뒤 칸과 차 곳곳에 짐을 예술로 싣고 부모님 차 한 대를 더 빌려 아이들을 태우고 가곤하다가, 나중에는 15인승 차를 빌려 학교 차랑 두 대에 낮은샘 높은샘 나눠 타고 갔던 때가 얼마 안 된 것 같은데. 그것도 아이들이 늘어나면서 고속버스와 기차를 타야 했던 때를 뒤로 하고 채연 아버지 덕분에 한 차에 아이들과 선생들 모두 타고 부모님들 배웅을 받으며 떠나다니, 정말 세월도 좋고 기분도 좋다. 훨씬 더 편한 환경이 다 좋은 건 아니지만, 아이들 안전과 건강을 위해서는 늘 알맞은 준비를 해야 한다.

마침내 닿은 지리산 초록배움터. 아이들과 닷새를 함께 자고 놀 잠집이다. 본디 태양·바람·자전거 발전기가 모두 있는 곳이라 에너지 공부하기에 좋고, 학교를 다시 고쳐 만든 곳이라 식당과 자는 방도 널찍하고 운동장도 정말 커 자연속학교를 열기에 알맞은 곳이다. 다만 지난해 초록배움터를 관리하며 살던 이순규 선생이 옆 마을로 이사를 가서 여러 가지로 아쉽다.

가방을 정리하고 모두 모여 자연속학교 저마다 목표와 안전 규칙을 이야기하는 시간이다. 언니, 오빠 말을 잘 듣기, 선생님 말을 잘 듣기, 때에 맞게 행동하기, 안전하게 놀기가 푸른샘 아이들이 세운 자연속학교 목표다. 형들과 언니들 따라 금세 자기 목표를 잡아내는 푸른샘 아이들 순발력이 대단하다. 안전 규칙으로 문 닫고 다니기, 2층 올라가지 않기, 복도에서 뛰어다니지 않기, 남의 텃밭에 들어가지 않기, 문 꽝 닫지 않기, 밤에 다른 사람들 깨우지 않기, 불 쓸 때 조심하기, 풀숲으로 들어가지 않기, 물건 함부로 만지지 않기, 소리 지르지 않기처럼 날마다 살면서 서로 살필 것을 지난해 경험을 살려 말한다. 늘 그렇지만 자연속학교 잠집에 닿은 다음 가장 먼저 하는 일이 날마다 자고 먹고 씻고 놀고 누는 데 필요한 규칙을 정하고 안전을 살펴 서로 함께 살 계획을 세우는 일이라 아이들과 선생들 모두에게 중요한 시간이다. 더욱이 모둠 짜는 일에는 재미와 설렘, 도전과 함께 살기에 필요한 마음 내는 일이 뒤섞여 있다.

늘 모둠 짜는 방법이 다른데 이번에는 6학년이 동생들을 모셔 가는 시간이다. 다경이는 정빈이 형 모둠이 되어 3학년 유찬이와 함께 얼마나 좋은지 정말 재밌는 춤을 춘다. 밥 당번 차례를 정하는데 내 앞에 앉은 다경이는 눈을 감고 기도한다. 몇 번을 원할까? 2번, 3번 하더니 5번이 좋다고 한다.

가방 정리하고 자유 시간을 갖고 놀다가 4시쯤에 식당 앞마당에 모두 모였다. 로켓 화덕을 만들어 밥을 지어 먹어야 하기에 오는 날 바로 만들기로 한 것이다. 큰 콩기름 통 옆에 구멍을 뚫는데 가위로 자르기가 쉽지 않지만, 6학년부터 돌아가며 가위를 잡고 자른다. 종이 자르는 가위질과 다르게 힘을 줘야 해서 어렵지만, 뭔가를 만든다는 창조의 기쁨을 아는 아이들이기에 두 눈을 크게 끄고 집중해서 손을 놀린다. 윤영이가 가위질을 참 잘한다. 순식간에 로켓 화덕 두 개를 만들었다. 폴라이트를 넣고 흙으로 마무리하고 불을 붙이니 불이 잘 올라온다. 이어지는 쉬는 시간, 초록배움터 곳곳에서 자유롭게 놀고 뛰어다니고 흙 놀이하는 아이들과 어우러진 초록배움터가 평화롭다.

최명희 선생과 텃밭에 가서 밭을 둘러보고 나오는데 차가 비가 와 푹 팬 웅덩이에 빠지고 말았다. 한참을 땅 파고 돌을 괸 다음에야 차를 뺄 수 있었다. 역시 예상하지 못한 곳에서 일은 자꾸 생긴다. 이번에는 텃밭 둘러보고 모종 사러 남원 시내에 가는데 최명희 선생이 갑자기 돈이 없다고 한다. 분명히 송순옥 선생에게 돈을 받았는데 주머니에 없단다. 윗주머니, 바지 주머니를 다 뒤져도 찾는 세종대왕 님은 보이지 않아 잠집에 있는 김상미 선생에게 텃밭 둘레를 찾아봐 달라고 이야기해 놓고 우선 내 돈으로 호박 모종이랑 장을 보고, 정미소에서 생태 화장실에서 쓸 왕겨 한 가마니 구해서 잠집으로 들어왔다. 들어오자마자 텃밭과 마당을 두 눈 크게 뜨고 둘러보는데 돈은 보이지 않는다. 앗, 그런데 저쪽에서 김상미 선생이 최명희 선생을 부른다. 500원 달란다. 찾은 것이다. 어디에서 찾았느냐고 물으니 최명희 선생 겉옷 주머니에 들어있더란다. 겉옷을 놔두고 간 탓에 몸과 마음이 잠깐 애를 썼다. 큭큭.

식당에서 밥 먹을 준비하는 아이들 소리가 들리고 맛있는 저녁밥 냄새가 좋다. 낯선 곳이라 승민이가 밥을 먹지 않아 승민 어머니가 애를 쓰신다. 끝내 먹지 못하고 슬퍼서 우는 우리 승민이, 적응할 시간이 좀 필요하겠다.

밥 먹고 자유 시간, 벌써 잠옷으로 갈아입고 일기 쓰는 아이들, 씻고 생일 편지 쓰는 아이들도 있고 밖에서 흙 만지며 노는 아이들도 있다. 식당에서는 첫 밥 모둠인 근학이 모둠이 뒷정리를 한다. 아이들 식판을 검사하는데 다들 깨끗하게 잘했다. 호연이와 근학이가 식당 청소를 하는데 손놀림이 야무지다.

자연속학교에서는 금세 시간이 간다. 놀다 보니 벌써 8시 마침회 시간이다. 남자 방, 여자 방 저마다 청소를 함께하고 둘러앉아 시를 외우고 노래를 부르며 하루 마침회를 시작한다. 한주가 아침부터 저녁까지 하루 흐름을 자세히 잘 발표하고, 아이들이 덧붙이는 말을 하는데 아주 작은 것까지 생각해낸다. 하루를 기억해서 정리하고 발표하는 것은 참 큰 공부다. 짐 정리, 모둠 나누기, 물웅덩이에 빠진 것까지 자세히 말하는 아이들이 참 멋있다.

6학년들은 첫날 자연속학교 목표가 어땠는지 들어보는 시간을 가졌는데 어떤 일이 있어도 속상해하지 않고 화내지 않는 게 자연속학교 목표라며 발표하는 정빈이 목소리가 밝고 참 크다. 살찌는 게 목표라는 우진이도 밥을 많이 먹었다고 하고, 동생들을 잘 챙기는 게 목표인 운영이는 첫날이라 아직 잘 모르겠다고 한다. 수빈이는 '모든 일을 열심히 하자'가 목표인데 로켓 화덕 만들 때 뭔가 열심히 한 것 같다고 한다. 몸을 잘 챙기자는 유찬이는 코도 먹먹하고 몸이 좀 안 좋단다. 세영이는 '모든 일을 마음껏 즐기자'였으며 마음껏 잘 즐겼다고 한다. 근학이는 동생들을 잘 돌보는 것이 목표인데 잘 안 됐다고 한다. 형들이 발표하는 동안 배가 아프다던 규태는 권진숙 선생 옆에서 더 힘을 내듯 바르게 앉아 있다.

서로 하고 싶은 말을 하는 시간이다. 밀치지 말고 소리 지르지 않으면 좋겠다, 문을 세게 두드리지 말자, 걸레 빨 때 바늘이 있어서 놀랐는데 조심해라, 말을 하면 대답 좀 잘 해 달라며 누구에게 부탁하는 말을 하는데, 모두 망설임이 없다. 벗이 함께 살기 위해 필요한 말을 하는 아이들이 참 예쁘다. 고마운 이야기도 자꾸 나온다. 화장실 같이 가 줘서 고맙고, 도와줘서 고마운 이야기들이 아주 많다. 역시 마침회는 하루 흐름을 한눈에 알아볼 수 있는 난장이며 서로 마음과 몸짓을 살피는 예술이다.

마침회 마치고 그 자리에서 남자 선생들 편과 어린이들·여자 선생들 편으로 나눠 돼지 씨름을 한다. 역시 떼로 몰려오는 우리 아이들에게는 남자 선생들도 여지없이 쓰러진다.

마침회 마치고 잠 잘 준비를 한다. 미리 씻은 사람은 잠주머니를 깔고 이 닦을 사람은 이 닦고, 드디어 9시, 불을 끄고 눕는데 조금 시끄럽다. 조용해야 옛날이야기를 시작하는 줄 아는 형들이 동생들에게 조용하란 소리를 한다. 정우랑 강산이 옆에 누워 옛날이야기를 조용히 나지막하게 줄곧 하는데 정우는 벌써 잠이 들었다. 중간에 말소리가 나서 이야기를 중단했는데, 거의 다 자고 3학년 유찬이와 6학년 유찬이, 정빈이가 안 자고 있다. 시계를 보니 10시 30분, 에고 옛이야기를 40분 넘게 했나 보다. 끝이 없는 이야기 결말은 나도 모른다.

교사 마침회 시간이다. 아이들 건강, 하루 흐름 되돌아보기, 내일 계획 이야기를 나누는데, 시간이 휙 간다. 6학년 유찬이는 아침에 학교 떠날 때부터 코가 먹먹하고 막혀 있고, 규태는 어머니가 보고 싶어 배가 아프고, 종민이가 코가 조금 먹먹하다. 아무래도 6학년 유찬이는 몸을 잘 살펴서 약을 먹일 수도 있겠다 싶다. 녀석, 미리 약을 챙겨 오면 좋았을 것을 깜박했나 보다. 여자 방에서 같이 자는 승민이가 쉽게 잠들지 못하고 있다고 한다. 저녁밥을 먹지 않아서 배도 고플 텐데 어머니가 첫날 승민이 품고 애를 쓰고 있다.

마침회 마치고 정우랑 강산이 옆에 누워 자는데 방바닥이 따듯해서 좋다. 이렇게 자연속학교 첫날 하루가 가는구나. 내일은 또 얼마나 재미있는 일이 많을까? 그런데 옛날이야기 끝을 어떻게 하지? 모르겠다. 또 이어가고 이어가다 끝이 없이 하다 보면 잠이 들겠지 뭐.

2013. 4. 30. 불날.

해가 좋다.

일과 놀이로 자라는 아이들

부스럭거리는 소리, 아이들 소리에 눈을 떠 보니 6시다. 녀석들 7시 30분까지 자야 하는데 일찍도 일어났다. 종민이 목소리가 크다. 어느 틈에 따 온 건지 찔레 순을 들고 내 앞에서 자랑하며 먹는다. 근학이랑 동엽이가 밖으로 나가고 우진이와 성준이도 일어난다. 옆에 누워 있던 강산이가 깨더니 엎드려 있다. 더 자자는 내 말에 잠이 안 온다고 한다. 민철이랑 강산이가 화장실 간다고 복도를 뛰어가는 소리가 잠집을 울린다. 하나둘 깨서 이야기하는 소리와 한두 아이 큰 목소리에 여섯 시부터 잠이 달아났는데 줄곧 누워서 7시 30분까지 있는다. 그래야 허리가 더 나을 터이니 어쩔 수 없다. 아침 당번들이 밥하러 6시 30분에 나가고 뛰어다니는 아이들 때문에 아침 소리가 크다.

7시 30분, 모두 일어나 잠주머니를 정리하고 밖으로 나가서 운동장 한 바퀴를 천천히 걷는다. 식당 앞에 모두 모여 택견 체조와 품 밟기를 마치고 밥 먹을 때를 기다린다. 강산이와 정우는 혼자 옷도 잘 갈아입고 가방 정리도 잘한다. 안개가 깔려 자욱한 하늘이지만, 아침 공기가 상쾌하다. 6학년 유찬이 생일이고 그제는 성범이 생일이라 생일 축하

노래 부르고 미역국을 먹는다. 식판을 검사하는 일을 밤 당번인 6학년 정빈이에게 맡겼더니 정말 꼼꼼하게 잘한다.

"다시…"

"통과."

아침열기까지 자유 시간이라 방에 와서 리코더를 부는데 아이들이 모여든다. 알찬샘 아이들은 모두 리코더를 갖고 와서 최명희 선생과 함께 연습한다. 리코더 천재 소녀 서민주 손놀림이 정말 예술이다. '센과 치히로 행방불명'을 천천히 연습하는데, 옆에서 선생 기를 죽이는 서민주다. 줄곧 그 곡을 연습하는데 강산이가 오더니 리코더를 달라고 한다. 손 잡는 법을 가르쳐 주니 그대로 열심히 한다. 불콩 노래 연습까지 한다. 손 잡는 게 힘들지만 정말 금세 배운다.

"선생님은 한 달 넘게 걸렸는데 이렇게 빨리 배우다니!"

선생 칭찬에 더 열심히 부는 강산이 손이 힘차다. 남민주도 와서 불콩을 연주한 다음 다른 노래를 찾는다. 여름 학기 때 천천히 하려던 푸른샘 리코더 불기가 빨리 되겠다.

아침 열기 시간, 밤새 잘 잤느냐는 물음에 "더워서", "일찍 일어난 아이들이 시끄럽게 해서" 잘 못 잔 아이들이 가장 많고 선생들도 그렇다. 아침 7시 30분까지는 줄곧 누워 있어야 하는 규칙, 6시에 일어나도 옷을 조용히 갈아입고 밖으로 나가서 논다는 규칙을 다시 새긴다. 하루를 시작하는 아침열기는 역시 시끌벅적하다.

아침 공부는 에너지 공부다. 본디 계획한 마을 둘러보기는 길이 좋지 않아 안 하기로 했다. 에너지 공부를 마치면 짐 정리도 하고 빨래도 하고 자유 시간을 갖기로 한다. 아침 열기 마치고 식당 앞에 모이기 전에 자유롭게 노는 시간에도 아이들은 운동장 한쪽에서 흙을 쌓아 둑도 만들고 물길을 내며 논다. 벌써 운동화랑 옷에 흙이 많이 묻었다.

식당 앞에 모두 모여 에너지 공부를 시작한다. 이끎이는 김상미 선생이다. 모둠으로 흩어져 조사하러 가기 앞서 모두 햇빛을 받으며 5분쯤 서 있다 저마다 그 느낌을 발표하는데 여러 가지다.

"따듯해요."

"햇빛을 생각했어요."

"바람이 불어요."

"점점 더워져요."

자연속학교 생활을 함께 하는 여섯 모둠으로 초록배움터 곳곳을 다니며 에너지 장치와 설명을 담은 글을 읽고 문제를 내기로 한다. 바람·태양·자전거 발전기, 로켓 화덕, 셰플러 조리기, 빗물 저장 수도, 태양광, 복도에 있는 에너지 공부 거리들을 적고 문제로 만드는 아이들 눈빛이 좋다. 모둠마다 쫓아다니며 사진도 찍고 살피는데 지빈이가 복도에서 울려는 표정으로 서 있고 윤영이는 지빈이가 속상해 보인다고 한다. 지빈이를 부르니 나를 보자마자 눈물을 흘리며 가슴에 안긴다.

"성준이 오빠가 목을 세게 잡았어요."

무슨 일인지 알겠다 싶다.

"지빈이 많이 아팠겠다. 성준아, 이리 오렴."

저쪽에 서 있던 성준이를 부르는데 장난꾸러기 우리 성준이 얼굴이 굳어진다. 웃으며 "성준아, 선생님이 왜 불렀는지 알지. 사과할 게 있을 것 같은데." 그 소리에 우리 성준이,

"지빈아, 미안해." 한다.

"아니, 왜 미안한지도 이야기해야지."

"세게 잡아서 미안해."

가슴에 얼굴을 묻고 울던 지빈이 흐느낌이 잦아들고 금세 얼굴이 환하다. 여러 까닭이야 늘 있지만, 힘을 조절해서 몸을 쓰는 것은 아주 중요하다. 동생들 몸 쓰는 것과 달리 형들 몸 쓰는 것은 워낙 학교에서 겪은 일이라 아이들도 빠르게 이해하고 벌어진 일에 수습을 잘하는 높은 학년이지만, 높은 학년 아이들도 역시 동생들 때문에 속상함이 있다.

아이들 문제 내는 거 쫓아다니며 사진을 찍고 수빈이 모둠 아이들과 빗물 저장 장치로 가서 문제 내는 걸 도와주다 쏙 조금 뜨다 보니 어느새 모두 모여 발표할 시간이다. 땡땡땡 종이 울리고 모둠마다 흩어졌던 아이들이 모두 모였다. 모둠마다 다섯 문제를 내는데 서로 맞히겠다고 "저요. 저요." 소리가 정말 크다. 문제를 내는 사람이나 맞히려는 사람이 다 신이 났다. 정빈이가 "무적의 문제"라며 자세한 숫자를 내는데 아주 모르겠다. 3R 운동, 태양광, 축전지, 430, 쓰레기 분류법… 아이들 수첩에 문제가 가득하다.

성준이가 안 보여서 물어보니 윤영이가 교실에 있다고 한다. 무슨 일 있었느냐 물으니 성준이가 마음이 진정되면 나오겠다고 했단다. 무슨 일인지 궁금해서 교실로 가니 연재는 누워 있고 성준이는 혼자 앉아 있다. 가서 무슨 일이냐 물으니 동생들 때문에 속상해서 그런다고 눈물을 흘린다.

"여자 애들이 말을 안 들어요. 때릴 수도 없고… 2학년은 막 반말하고, 3학년은 리코더를 휘둘러요. 4학년 누구는 말을 기분 나쁘게 해요."

"진짜 속상하겠네. 낮 공부 열기 때 발표해서 혼내 주자. 그 녀석들 못 쓰겠네. 오빠 마음도 모르고."

더 눈물이 펑펑. 한바탕 울고 나면 마음이 풀어지고 진정되니 그대로 등을 토닥이는 것 말고 할 게 없다. 조금 뒤에,

"성준아, 그런데 너 기억나니? 너 2학년 자연속학교 때 용문산 갔을 때 너희들이 준영이 형 귀찮게 하고 발로 차고 때려서 준영이 형이 운 거 말이야. 너처럼 준영이가 엉엉 울었는데. 동생들이라 혼내 주지도 못하고 착한 마음에 울기만 했는데… 기억나니?"

"아니요."

"기억이 안 나는구나. 그때 진짜 준영이도 많이 속상해하고 울었는

데…"

"마음이 좀 진정됐니?"

고개를 끄덕끄덕한다.

"좀 더 진정되면 조금 뒤에 나올래? 지금 같이 갈까?"

"조금 뒤에요."

교실에 있던 연재는 이불을 둘러쓰고 쉬고 있다.

"야, 김연재, 지금 자면 저녁에 잠이 안 와. 일어나서 가자. 밥 먹게."

"조금 누워 있을 거예요."

녀석 뚜렷하게 의견을 말한다.

맛있는 자장밥을 먹고 톱 들고 대나무 숲으로 들어가 큰 대나무를 잘랐다. 아이들 칫솔을 넣을 통 여섯 개를 자르고 긴 물총 만들 대나무 두 개를 준비한다. 쭉쭉 뻗은 대나무 기운이 서늘하다. 잠깐 톱질하는 데도 힘이 한참 들어간다. 저절로 얻어지는 건 역시 없다.

평화로운 점심 쉬는 시간을 끝으로 낮 공부 열기를 한다. 오후 텃밭 일을 알려주는데, 똥도 퍼야 하고 거름도 넣어서 땅을 뒤집어야 한단다. 땅을 기계로 잘 갈아놔서 일이 별로 없다. 그래도 거름을 고루 섞는 게 중요하니 한참 걸릴 거다. 옛날 시골 똥 푸는 것은 냄새가 고약해서 아주 싫은 일이었다. 옛날처럼 똥통에서 똥을 푸는 게 아니라 생태화장실 똥 수레를 끌고 가는 것이니 아이들이 할 수 있는 일이긴 하나 쉽지는 않다. 텃밭으로 생태화장실에서 나온 똥거름을 끌고 가는데 6학년들이 번갈아 한다. 똥 수레 한가운데 누군가 잘 싸 놓은 강똥이 참 굵고 대단하다. 아이들이 냄새 때문에 코를 막고 끄는 모습이 웃기다. 옛날 시골 아이들도 잘 하지 않던 일을 하고 싫어하는 고약한 냄새까지 맡으며 크게 떠들고 웃으며 늘 하는 공부인 것처럼 잘한다. 정말 도시 아이들이 똥거름을 옮긴다. 근학이가 아주 열심히 일한다. 밭에 거름을 넣는데 대나무 자르던 아저씨가 고구마 심으려면 거름 넣지 말라고 한다.

척박한 땅에서 고구마가 잘 자라는 줄은 알지만, 땅에 거름을 넣는 게 좋다고 괴산 김용달 선생이 말한 게 있어 그냥 거름 넣고 뒤집는데, 비 온 뒤라 그런지 밭에 물이 많아 아주 고랑에 물이 넘친다. 질퍽거려 일하기 알맞지 않은 땅이 돼버렸지만 아이들에게는 그것도 벌써 놀이 터다. 아이들은 놀다 쉬다 그러는데 규태랑 성범이가 줄곧 삽질을 하고 흙을 깬다. 그만하고 쉬라는 말에,

"저는 일하는 게 안 힘들어요. 일이 놀이잖아요." 그런다.

성범이랑 규태는 정말 일꾼이다. 근학이도 땀을 흘리며 아주 열심히 일하고 선생들 칭찬하는 소리에 더 힘을 준다. 선생들도 참 열심히 일한다. 장화 신고 모자 쓰고 농사꾼 차림을 잘한 탓에 송순옥 선생과 조한별 선생은 부지런히 고랑 파고 흙을 뒤집는 데 앞장선다.

땅이 질어 좀 마를 때까지 두기로 하고 텃밭 일을 마친 뒤 텃밭 일을 글감으로 글쓰기 하는데 조한별 선생이 쑥 튀김을 새참으로 가져왔다. 어느 틈에 해 왔는지 음식 솜씨도 늘고 일도 잘하는 조한별 선생 얼굴이 환하다.

어제부터 틈날 때마다 쑥을 뜯었는데 그 양이 꽤 된다. 아이들에게 쑥 튀김 맛있느냐고 물으니 정말 맛있단다. 그 말에 "선생님이랑 쑥 뜯으러 갈 사람 모여라. 쑥 튀김 또 해 줄게." 하니, 규태, 우진, 민철, 정우, 호연, 성범이가 따라나선다. 희주랑 여자아이들도 와서 쑥을 뜯는다. 쑥 뜯다 놀다 쑥 듣다 놀다 편안하다. 도꼬마리를 옷에도 붙이며 놀다 쑥을 뜯다 보니 금세 두 봉지가 가득 찼다.

서둘러 부엌으로 와서 쑥 튀김 할 준비를 하는데 뭔가 이상하다. 분명히 저녁밥 할 때가 됐는데 아무도 채비를 안 하는 거다. 냉장고에 붙어 있는 식단표를 보니 내가 저녁 당번이다. 요새 자꾸 깜박깜박한다. 서둘러 수빈이 모둠을 불러 같이 하는데 서민주, 남민주, 지우, 연재,

지안이가 일을 참 잘한다. 숟가락 젓가락 놓고, 행주로 밥상 닦고 척척 일을 나눠 한다. 감자볶음은 수빈이가 맡았는데 아이들이 칼로 써는 것이 좋은지 서로 해 보려고 한다. 남민주랑 지안이가 밥을 하는데 쌀 씻는 손놀림이 야무지다. 물 맞추는 것만 거들었다. 배추된장국을 로켓 화덕에서 끓이는데 지우, 서민주, 지안이가 불 지피는 것을 맡았다. 최명희 선생과 밥 당번 아이들이 불을 지피는데 어느새 아이들이 몰려와 불놀이를 한다. 수빈이랑 나는 배추 잘라서 먼저 삶고 된장에 버무려 놓은 뒤 로켓 화덕에 멸치와 다시마를 넣고 끓이다 모두 넣는데 슬슬 풍기는 냄새가 구수하다.

밥 준비가 끝나갈 때 약속한 대로 서둘러 쑥 튀김을 하는데, 음식 잘하는 송순옥 선생이 튀기는 일을 거들며 쑥 튀김하는 법을 제대로 가르쳐 준다. 꼭 음식 달인 같다. 어느 틈에 식당에 들어온 아이들이,

"선생님 쑥 안 뜯은 사람도 줄 거예요?" 한다.

"그렇지. 우린 늘 나눠 먹으니까. 물론 쑥 뜯은 사람은 일을 했으니 더 먹어야 하구."

"안 뜯은 아이들도 주려면 더 뜯어야겠네요."

아이들과 나눠 먹으려는 마음이 예쁘다. 쑥 튀김을 하는데 쑥이 기름에 꽃처럼 퍼지면서 거품을 만들어내는데, 입에서 침이 고인다. 쑥내음이 물씬 풍겨 맛도 좋다.

깍두기, 감자볶음, 배추된장국, 쑥 튀김이 모두 준비되어 저녁밥을 먹는데, 아이들이 밥을 정말 많이 먹는다. 두 그릇, 세 그릇까지 먹는 아이도 있다. 정우랑 강산이를 보니 높은 학년보다 밥을 더 먹는다. 괜찮은지 더 먹을 수 있는지 물어보곤 하는데 늘 다 먹을 수 있다고 한다. 자연속학교에서는 아이들이 정말 밥을 잘 먹는다. 남긴 반찬이 거의 없이 다 먹고 식판이 깨끗하다. 새참이 늘 있지만 줄곧 움직이고 놀다 보

니 배가 고플 수밖에. 이렇게 놀고 일하고 잘 먹으면 아이들 건강은 걱정 없다. 쑥 튀김 더 달라는 아이들이 많다. 먼저 쑥 뜯은 아이들은 약속대로 하나씩 더 주는데 다른 아이들도 불만이 없다.

마침회 때는 역시 서로 하고 싶은 이야기 꺼내는데 저마다 부탁하는 말이 그치지 않는다. 이불 펴고 강산이랑 정우 옆에 누워 옛날 이야기 하는데 벌써 곯아떨어진 아이들 숨소리가 크다. 교사 마침회를 마치고 나오는데 별이 참 좋다. 오늘도 하루가 잘 간다. 방에 와서 자는 아이들 얼굴을 보니 누가 엎어가도 모를 만큼 깊이 자고 있다. 녀석들 무슨 꿈을 꾸고 있을까?

2013. 5. 1. 물날.
해가 쨍쨍, 저녁에는 비가 온다.

바래봉

아침이면 어김없이 일찍 일어나 가만히 누워 있거나 일어나 도란도란 이야기하는 소리, 복도 뛰어다니는 소리에 절로 잠이 깬다. 어제 아침보 다는 아이들이 일어나는 규칙을 잘 지켜준다. 일찍 일어나서 다른 사람 잠을 방해하지 않고 조용히 옷을 입고 나가 놀거나 방에 누워 있는 것 이 규칙인데, 차츰 나아지고 있는 셈이다. 사흘이 넘어가면 슬슬 함께 사는 게 익숙해간다.

김밥 싸는 모둠 부지런함 덕분에 맛있는 김밥과 물통에 물 가득 넣 고 아침에 빌려 온 차 두 대와 학교 차에 나눠 타고 바래봉으로 나선다.

지리산 철쭉제가 열리는 곳으로 1,165m 바래봉 가는 길이 가파르다가 편안하다가, 에고, 쉽지 않은 길이다. 어제 마침회에서 금세 갔다 3시쯤 올 수 있겠다 들었는데 바래봉 꼭대기까지 가는 것을 말한 게 아니라 철쭉제가 열리는 곳까지 말한 것이다. 꼭대기까지 가는 길이 제법 힘든 길이라 새참이 넉넉해야 하는데 사탕과 초콜릿을 사지 않아 걱정했지만, 올라가는 길에 엿을 파는 곳이 있어 얼마나 반갑던지. 그런데 엿장수가 화장실에 가버려서 엿을 사지 못했단다. 아이고 아쉬워라.

서민주와 성범이는 가는 길에 쑥을 뜯는 나를 줄곧 돕는다. 종민이도 거들고 희주도 줄곧 쑥 뜯다 걷다 한다. 올라갈수록 아래를 내려다보는 풍경이 좋다. 철쭉은 막 피기 시작하던 참이라 아직 절정은 아니다. 뒤에 처진 아이들과 올라가는데 올라가는 길에 만난 분들이 아이들 보고 멋있다 칭찬을 많이 한다. 점점 배는 고파 오고 아이들 걸음걸이가 늦을 때쯤 기적이 일어났다.

"얘들아, 이렇게 힘들 때 사탕이라도 있으면 힘이 날 텐데."

"맞아요. 사탕 먹고 싶어요."

"그럼, 우리 기도해 보자. 사탕이 '짠' 하고 우리에게 생길지 모르잖아."

"에이, 어떻게?"

"아니야, 모두 함께 기도하면 사탕이 생길지 몰라. 한번 해 보자."

앗 그런데 지나가던 아주머니 한 분이 우리 이야기를 듣고

"얘들아 사탕 줄까?" 그런다.

아이들이 머뭇거리고 있는 사이 내가 얼른,

"네, 사탕 주시면 정말 고맙죠. 우리 아이들이 방금 사탕 기도까지 했는데."

아주머니가 배낭에서 사탕 봉지째 다 주는 거 아닌가. 아이들 줄 생각에 염치없이 고맙게 그냥 받았다.

덕분에 뒤처져 걷던 아이들이 힘을 내어 걷는다. 산에서 늘 우리 아이들을 귀여워하고 새참을 건네주는 고마운 어른들을 만난다. 그래서일까 우리 아이들이 산에서 인사를 더 잘한다.

앞서 먼저 간 아이들은 배고파 짜증이 많이 나고 기다리느라 힘들었을 텐데 뒤처진 아이들이 모두 올 때까지 점심 먹을 자리를 잡고 기다려 준다. 정말 배고팠을 텐데, 많이 고맙다. 같이 뒤에서 걸어오던 승민 어머니 얼굴이 하얗다. 이렇게 긴 산길을 다니지 않다 갑자기 오르느라 얼마나 힘이 들까. 승민 어머니 얼굴 보니 걱정이 많이 된다. 승민이야 늘 아버지랑 관악산 골짜기에 자주 가고 아이들 근육이야 금세 풀리지만, 어른들은 다르기에 그렇다.

정말 맛있는 김밥을 먹고 쉰다. 배고픔에 더 맛있고, 맛있는 김밥 맛에 자꾸 손이 간다. 바래봉 3.4㎞ 표지판을 보니 아직 갈 길이 멀다. 다시 힘을 내서 걸어가는 아이들, 쑥 뜯는 아이들, 무리 지어 이야기를 하며 오르는 아이들 뒷모습이 참 예쁘다. 마침내 500m, 꼭대기가 보인다. 다리 아프다는 아이들도 잠시 쉬며 사진도 찍고 내려다보며 '좋다' 그런다. 동엽이랑 종민, 유찬이 무슨 이야기를 하는지 셋이 도란도란 이야기하며 올라가는 모습이 보기 좋다. 갑자기 종민이가,

"선생님 있잖아요. 누가 먹으라고 초코파이, 음료수, 사탕을 준다면 선생님은 어떻게 할 거예요? 다 나눠 먹어야 하는지, 여기 우리들 셋이만 먹어도 돼요?"

"음, 나눠 먹어야지."

"조금밖에 안 되면요?"

"콩 조각도 나눠 먹잖아. 그러면 좋다는 거지."

아이들 표정을 보아 하니 진짜 누군가 지나가다 먹으라고 새참을 준 모양이다. 고민하는 모습이 진지해서 한마디 거들었다.

"그런데 정말 조금밖에 없으면 같이 가는 동무들하고 나눠 먹으면 되지."

앞서 걸어가면서 나눠 먹었는지 궁금하다.

멀리서 먼저 닿은 아이들이 손을 흔들고 마지막 가파른 길을 올라 끝내 닿은 바래봉 꼭대기 1,165m, 확 트인 풍경, 지리산 천왕봉, 촛대봉이 보이고 사방이 눈에 가득 들어온다. 땀을 닦고 쉬며 뒤에 오는 아이들에게 힘내라는 말을 하며 산 아래 굽이굽이 펼쳐진 바래봉 자락을 보니 가슴이 뻥 뚫린다. 뒤처진 아이들도 모두 올라오고 떡도 먹고 사진을 찍으며 정상에 오른 기쁨을 즐긴다. 힘듦을 이겨내며 산 아래를 내려다보며 또 놀고 노는 아이들이 있어 선생들은 힘이 난다.

오래 쉬면 땀이 식어 쌀쌀할 수 있어 서둘러 내려가는데 아이들 발걸음이 날아간다. 내려갈 때 더 힘이 든다는 걸 한참 내려가다 보면 알 텐데, 지금은 아니다. 다리가 많이 풀린 지은이를 얼른 송순옥 선생이 엎고 내려간다. 허리가 부실해서 도움을 못 줘 미안하다. 빠른 아이들은 벌써 내려가고 내 주위에는 낮은샘 아이들이 많다. 태인이랑 지안이랑 손잡고 가다가 민주랑 손잡고 가는데 아이들이 자꾸 우주와 지구, 세상의 시작을 물어본다. 자꾸 묻고 답하니 내려가는 지루함과 다리 아픔도 잊는 효과가 있어 좋다. 그래도 다리가 아픈 남민주가 중간에 자꾸 쉬자 해서 쉬다가 앉았다 한다. 선생이 조금만 업어 준다 해도 끝내 거절한다. 선생 허리 걱정하는 아이 마음에 부실한 선생이 많이 미안하다. 그럼 권진숙 선생님에게 업혀 가라 해도 힘내서 줄곧 걸어간다. 정우랑 강산이는 승민 어머니랑 뒤에서 오다가 똥도 누고, 지안이, 현서, 소현이, 유정이도 내려오는 길에 성공했나 보다. 지리산이 맺어 준 똥세 자매라 말하니 놀리지 말라고 한다.

가다 멈추고 가다 걷고 끝내 다 내려와서 먹는 아이스크림 맛이 꿀맛이다. 오르다가 아이들 대단하다며 어른들이 건네준 사탕과 새참거리가 아이들을 즐겁게 한다.

하루 종일 산에서 놀고 잠집에 와서 밥 먹고 쉬며 놀면서 하루를 마칠 준비를 한다. 산 오르내리느라 힘들었을 아이들 입을 즐겁게 해 주려고 바래봉 가는 길에 뜯은 지리산 쑥으로 쑥 튀김을 했는데, 마침회 마칠쯤 줄 수 있어 다행이다. 정말 맛있다는 아이들을 보니 절로 힘이 난다.

손호준 선생이 틀어 놓은 음악 소리에 아이들이 금세 곯아떨어진다.

2013. 5. 2. 나무날.
봄 햇살이 따갑고 덥다.

광한루, 밤 탐험

아이들 소리에 절로 잠이 깨는 아침, 운동장을 세 바퀴 산책하는데 다리 아픈 건 다 어디 갔는지 아이들이 뛰고 달린다. 택견 하고 밥 먹고 광한루에 간다.

광한루 만월정에서 이야기를 나누고 모둠마다 춘향전 연극을 하는데 여섯 모둠이 모두 다르다. 다른 아이들과 어른들도 오는 관광지이지만, 우리 아이들이 놀기에 더없이 좋은 광한루다. 근학이 모둠과 수빈이 모둠에서 함께 연극 연습을 하는데 아이들이 금세 배우도 정하고 이야기를 짠다. 호연이는 이몽룡을 맡고 유정이가 춘향이를 맡아 현대극처럼 대사를 바꾸어 하는데, 호연이가 자꾸 "왜 내가 이몽룡을 해야 하느냐고요." 이런다. 주인공이긴 한데 배우들이 마음에 안 들었거나 쑥스러워서 그런 것 같다. 아이들이 하는 장면이 이렇다.

그네 타는 춘향이와 향단이를 보고 지나가던 몽룡과 방자가 다가가서,

"야, 정말 예쁘다. 야 나랑 사귀자."

"음, 너도 멋있다. 그래 사귀자." 뭐 이렇다.

쑥스러워하면서도 아주 서로 웃고 즐기느라 금세 발표 시간이다.

모둠마다 연기도 좋고 설정도 잘했다. 역시 목소리가 크게 전달이 안되니 앞뒤 상황으로 짐작하는 수밖에 없다. 아이들 웃는 모습에 절로 웃음이 나온다. 역시 아이들이 웃을 때 선생도 웃는다.

점심 먹고 자유 시간, 그네도 타고 곤장도 맞고 때리는 흉내도 내고 투호도 던지고 쇠고리를 던지며 널뛰기를 하는 풍경이 여유롭다. 수빈이와 우진이가 널뛰기를 하는데 볼만한 풍경이다. 몸놀이로 닭싸움도 하고 수건돌리기도 한다.

한참 노는데 갑자기 한 아이가 왔다. "선생님, 바지에 똥이 묻은 거 같아요." 한다. 크게 부끄러워하지 않고 당당하게 말하는 게 어찌나 이쁜지. 화장실로 가서 바지 벗고 씻는데 다행히 겉 바지는 괜찮다. 화장실 청소하는 아주머니가 그 광경을 보더니 웃으며 도움말을 준다.

그런데 한참 또 놀고 한 번 더 아이가 와서 "선생님, 조금 나온 거 같아요." 한다.

"바지에 묻은 거 같니?"

"아니요."

"그래, 그러면 화장실 가서 닦고 올 수 있겠어?"

"네."

화장실 쪽으로 걸어가는 아이들 줄곧 보고 있는데 가다가 다시 돌아온다.

"왜? 선생님이 같이 갈까?"

"네."

많이 묻었을까 봐 걱정하다 돌아온 모양이다. 같이 화장실에 갔더니 다행히 조금 지렸을 뿐이다. 옷에도 묻지 않았다. 다행이다 싶어 서로 기쁜 얼굴로 화장실을 나오는데 아이 얼굴이 편하다.

재미있게 놀다가도 속상하거나 불편하면 선생에게 달려오는 아이들에게 선생이란 자기를 지켜주고 보호해 주는 부모요 자기편이다.

승민 어머니가 처음 겪는 활동들 때문에 몸이 힘들 때가 되지 싶어 오늘은 좀 쉬시라고 미리 말씀드렸다. 승민이도 학교에서처럼 3시에 어머니와 만나기로 해서 그런지 혼자 잘 논다. 정자에도 가고 호숫물 흐르는 것 줄곧 보고 논다. 앗, 호수에 오줌을! 뛰어갔으나 이미 늦었다. 아까 일부러 화장실에 가서 누자고 하니 가서도 안 나온다고 해서 왔는데 바로 호수에… 말릴 틈이 없다.

모둠별로 지도를 그리는 활동을 하는데 광한루 곳곳을 돌아다니며 그리는 자세가 관찰가, 탐험가들 같다. 모둠마다 무리를 지어 그린 다음 모두 모여 발표하는데 다들 잘 그리고 발표도 잘한다. 모둠마다 지도 모양도 조금 다르고 발표하는 것도 다르다.

잠집으로 돌아와 아이랑 몸을 씻고 나오는데 높은 학년은 통발을 놓으러 가고 없다. 낮은 학년은 대나무를 잘라 주는데, 한참 걸린다. 쭉 뻗은 대나무 기상이 좋다. 저마다 자르고 싶은 크기로 자르고, 자르고 싶은 대나무를 골라 잘라서 갖고 노는데 저절로 놀이가 된다. 역시 속상한 일도 있다. 칼처럼 부딪치며 놀다가 아프고 다시 놀고 그러다 또 그러고 여기저기서 자유롭게 마음껏 논다.

저녁밥 하는 로켓 화덕 둘레에서 청국장도 끓이고 콩나물도 데친다. 대나무 잘라 주고 아이들 노는 거 구경하는데, 앗, 우리 승민이가 쓰지 않고 세워 둔 로켓 화덕을 넘어뜨렸다. 폴라이트가 쏟아져 나오고 진흙이 깨졌다. 다시 넣고 찰흙으로 붙이니 더 좋은 로켓 화덕이 됐다. 어느새 저녁 먹을 시간이다.

갑자기 부엌에 있던 승민 어머니가 달려와서 바깥 지원 공모 사업에서 우리가 넣은 사업안이 선정됐다고 알려준다. 손뼉을 치시며 밝은 목소리로 좋은 소식을 알려 주시니 절로 기분이 좋다. 좋아할 부모님들 얼굴이 떠오른다. 해물파전, 청국장이 맛있어서 아이들이 밥을 잘 먹는다.

밤 탐험 전에 현서·원서 부모님이 왔다. 집안일로 아이들을 데리고 가기 위해서인데, 아이들 일기 봐 주느라 인사도 못 했다. 강산이는 어제 일기까지 두 바닥을 불러 준다.

밤 탐험은 낮은샘은 모닥불 놀이와 횃불 놀이를 하고 높은샘은 남원천문대에 간다. 선생들 저마다 알맞게 틈날 때마다 쉬고 일하고 곳곳에서 아이들과 어울린다. 오롯이 아이들이 놀고 놀고 놀고 일하도록 끊임없이 일과 놀 거리를 만드는 사람들이 선생이다. 자연속학교는 이런 선생들이 없으면 할 수 없는 교육 활동이다. 24시간 아이들과 지내는 걸 기쁨으로 즐거움으로 느끼며 행복한 사람들, 하나의 교육 과정은 그 실천자인 선생이 준비되지 않고는 할 수 없음을 다시 생각한다.

높은샘은 남원천문대로 떠나고 낮은샘은 운동장에서 밤 탐험을 한다. 최명희 선생이 이끎이라 미리 준비를 해 놓아 아이들은 밤 탐험 규칙과 안전을 이야기하고 모두 모였다. 모닥불을 피우고 뛰어넘기도 하고 횃불을 세 모둠으로 나눠 보물찾기를 하러 떠난다. 어두운 밤에 횃불 하나 의지해서 보물을 찾는 아이들뿐 세상이 고요하다. 전태일 동상에서 보물로 놓인 사탕을 하나 찾고 나머지 하나를 찾으려 그 넓은 운동장 곳곳을 돌아다닌다. 끝내 흙집 앞에서 나머지 보물을 찾은 아이들 소리가 밤하늘에 울려 퍼진다. 모닥불 둘레에 모여서 다시 대나무숲 옆에서 마을까지 내려가며 밤을 느낀다. 어둠을 밝히는 별빛이 아이들과 잘 어울린다.

다시 모두 모닥불 둘레에 모여 앉아 꺼져 가는 모닥불 속 나뭇가지를 주워 혹 불어서 불 꺼뜨리지 않고 불어서 옆 사람에게 전달하는 놀이를 한다. 불이 꺼진 나뭇가지가 걸린 아이들은 춤도 추고 시도 외우고 노래를 부르는 벌칙을 받는데, 어둠 속에서도 쑥스럽고 수줍은 얼굴도, 씩씩한 얼굴도 모두 빛이 난다.

보물로 찾은 사탕을 맛있게 나눠 먹고 최명희 선생이 남은 사탕을 더 먹고 싶은 사람들은 장기자랑을 하라고 하자 아이들이 망설이지 않고 나온다. 강산이와 한주는 개다리춤과 한 손으로 땅 짚고 한 바퀴 돌기를 한다. 한주가 개다리춤을 추자 성범이도 개다리 춤을 춘다. 얼굴 표정까지 거의 완벽하다. 지안이와 서민주가 다리 찢기를 하고 역시 땅 짚고 한 바퀴 돌기를 한다. 다들 열심히 해서 보물로 받은 사탕을 모두 나눠 먹었다.

밤 탐험 마치고 바로 씻고 잔다. 밤 탐험 하기 전에 미리 마침회를 해서 얼른 자면 된다. 최명희 선생이 옛날 똥 싼 이야기를 들려주는데 아이들이 금세 잠든다. 조금 있다 천문대 간 높은샘 아이들이 조용히 들어와 옷 갈아입고 잔다. 밤 탐험까지 하는 날은 하루가 길다. 그래서 좋다.

2013. 5. 3. 쇠날.
아침, 저녁으로 지리산 자락 바람이 겉옷을 찾게 하지만
낮에는 해가 쨍쨍 덥다.

족대질, 고구마 순 넣기

"선생님 내일 집에 가요. 하룻밤만 자면 가요."

내일이면 집에 간다고 웃으며 말하는 3학년 유찬이 얼굴이 환하다. 곁에 있던 아이가, "선생님도 집에 가서 좋아요?" 하고 묻는다.

"그럼. 그래도 우리 더 놀다 가면 좋겠는데 어떠니?"

"안 돼요. 교회도 가야 하구요. 어린이날 선물도 받아야 해요."

아침 당번이라 일찍 일어났는데 6시다. 벌써 다경이와 호연이는 일어나서 어제 못 쓴 일기를 쓰고 있다. 참 녀석들 높은 학년 되더니 많이 의젓할 때가 많은데, 자기 일 처리도 야무지게 한다. 수빈이 모둠이 선생을 도울 차례라 수빈이를 깨워 놓고 식당으로 가서 아침 준비를 한다. 콩나물국, 오징어채볶음, 달걀장조림, 깍두기가 반찬이다. 수빈이가 지안, 남민주, 서민주, 지우를 데리고 와서 일 나누기를 한다.

"지난번에도 너희들이랑 같이 밥 당번을 했는데 오늘도 선생님이랑 하네."

"선생님이 우리 모둠인 줄 알았어요."

"그건 아니고 선생님들도 돌아가며 하는데 어쩌다 또 만난 거지."

아이들이 콩나물도 다듬고, 남민주랑 지안이가 밥을 하고, 지우와 서민주는 상에서 의자를 내리고 행주로 닦고 척척 일을 한다. 달걀장조림 데우고, 다시마와 멸치 육수에 콩나물을 넣고 새우젓으로 간을 하니 아침 준비가 끝난다.

아침열기 마치고 잠집 근처 묘천으로 가서 물고기를 잡는데, 물은 차지만 햇살이 따스해서 아이들이 신이 났다. 통발 놓고 족대질 하고, 돌갖고 놀고 저마다 잘 논다. 족대로 미꾸라지를 잡아 저녁상을 차리자며 열심히 족대질 하는데 미꾸라지가 잡히지 않는다. 진흙이 밟히는 곳에 다시 족대를 대고 발로 쿡쿡 밟아 올리니 앗, 엄청 큰 미꾸라지가 잡혔다.

"얘들아! 미꾸라지 잡았어!"

아이들이 몰려오고 종민이와 소현이가 들고 온 통에 미꾸라지를 담았다. 미꾸라지가 아주 커서 튀어나갈 것 같고 뚜껑 갖고 오는 아이가 오지 않아 민철이가 갖고 있던 족대 그물로 덮어 놨는데, 아이고 어쩌나, 걱정하던 대로 미꾸라지가 빠져나가고 말았다. 아이들 아쉬워하는 소리가 크다.

"괜찮아, 다시 잡으면 돼. 그래도 진짜 컸는데 아깝긴 하다."

그러고 나서 다시 족대질 하는데 미꾸라지는 나오지 않고 팔과 허리만 아프다. 저쪽 갈대밭에서 규태와 족대질 하던 최명희 선생이 "잡았다!" 한다. 금붕어란다. 그쪽으로 아이들이 몰려가고 다시 족대질을 하는데 붕어들이 계속 나온다. 다슬기, 우렁이, 재첩도 있다. 누가 놓은 건지 버려진 통발을 최명희 선생이 찾았는데 물고기가 많이 들어 있다. 한참 족대질 하고 나오는데 아이들 몸이 다 젖었다. 슬슬 걸어 나오는데 맨발이라 발이 미끄럽고 힘이 없다. 발바닥이 아프다. 물살이 빠른 곳에 승민이가 중심을 잡고 서 있다. "물고기"를 말하는데 "형들이 물고기 가져올 거예요." 그러니 저쪽으로 건너가고픈 눈치다. 최명희 선생이 건너기를 도와주는 걸 보고 물 밖으로 나오니 한주와 성범이가 옷이 다 젖어 춥다고 몸을 떤다. 윗옷을 다 벗기고 송순옥 선생이 건네준 옷을 입히고 숄로 몸을 감싼 후 차를 타고 낮은샘 모두 불러 잠집으로 돌아왔다. 아이들은 오자마자 옷 다 벗고 목욕하고 승민 어머니가 준비해 놓은 따뜻한 매실차 마시고 잠주머니 속으로 들어가 쑥 들어가 몸을 덥힌다.

저녁에 먹을 추어탕은 사 온 미꾸라지로 할 수밖에. 선생들이 사 온 미꾸라지에 소금을 뿌려 흙을 토해내게 한다. 로켓 화덕에 불을 붙이는 아이들과 여러 아이들 먹일 생각에 미꾸라지를 만지고 추어탕을 끓이는 선생들이 아름답다.

낮은샘은 점심 먹고 한 시간 낮잠을 자는데 형들처럼 놀고 싶다더니 금세 잠을 잔다. 왜 자야 하느냐는 녀석들이지만, 역시 몸은 쉼과 잠이 필요하다. 한주랑 지안이, 3학년 민주는 안 자고 말똥말똥 눈 뜨고 서로 소곤대며 이야기하다 빨리 자라는 선생 말에 눈을 감는다. 푹 자고 나니 3시다. 3시 넘어 고구마 순을 넣는데 밭 흙이 굳어서 애를 먹는다. 아이들이 달라붙어 심으니 금세 다 심긴 했는데 땅이 굳어 불량이 많다. 다시 심고 일어서는데 근학이와 송순옥 선생은 따로 한 고랑을 열심히 심는다. 일하며 따로 많은 이야기를 나누는 까닭이 있긴 하다.

자유 시간에는 옷도 미리 정리하고 가방 싸고 내일 집에 갈 준비를 한다. 한참 쉬다 방 청소를 여자 방, 남자 방 따로 하는데 아이들이 서로 나서서 쓸고 닦고 하는 모습이 얼마나 예쁜지 마음이 즐겁다.

아이마다 옷 챙기고 정리하는데, 도움이 필요한 아이들도 있지만 대체로 잘하는 편이다. 1학년들 짐 챙기는 것 다시 보고 아이마다 옷 찾아 주니 기다리던 추어탕 먹을 시간이다. 갑자기 바람이 불더니 비가 한두 방울 떨어진다. 이번 자연속학교는 날씨가 좋다. 저녁에만 잠깐 비가 오고 낮에는 줄곧 날씨가 좋다. 아이들과 송순옥 선생, 최명희 선생이 끓인 추어탕 맛이 좋아서 다들 더 떠다 먹는다.

밥 먹고 쉬는데 아이가 와서 화장실에 같이 가자고 한다. 집에서 쓰는 화장실처럼 누는 자세가 편하지 않아 옷에 혹시 묻을까 봐 다 벗고 볼일을 보는 아이의 마무리를 도와준다. 화장실 때문에 서로 더 친해져서 좋다.

방에 와서 일기 쓰고 짐 정리하고 씻고 마침회를 한다. 하루 되돌아보기, 자연속학교 때 줄곧 애써 온, 서로 돕는 이야기를 한다. 선생님들에게 고맙고 서로 도움 받아 고맙다고 발표하는 아이들 덕에 마음이 좋다. 그리고 서로 부탁하고 싶은 이야기도 많다. 주로 말투, 기분 나쁜 것, 놀림 말, 누구에게 너무 대드는데 그러지 말라는 것, 몸짓, 노는 데 방해하지 말라는 것들이 많다.

자연속학교 때는 모둠 선생보다는 모든 아이들을 살피고 챙기는데, 그래도 낮은 학년들은 모둠 선생을 주로 찾는다. 이 닦을 때, 화장실 갈 때, 무슨 일이 있을 때마다 그렇다. 아이들이 빨기에 힘든 빨래는 선생들이 주로 한다. 화장실이 좀 멀고, 놀다가 잊어 먹고 가다가, 또는 불편해서 그런 일도 있어서 전혀 문제 될 것은 없다. 자연속학교에서 선생은 부모가 된다. 부모 대신 먹이고 입히고 함께 놀고 자고 씻는다. 그래서일까, 가는 곳마다 아이들 데리고 다니는 선생들 보고 고생한다는 말을 건네는 분들이 많다. 아이들과 줄곧 사는 노릇이 쉽지 않음을 경험으로 알기 때문이리라. 물론 아이들과 행복한 삶을 살아가는 선생들을 만나 보지 못한 탓도 있다.

아이들과 누워 잠을 청하는데 이것저것 떠오르는 게 많다. 틈날 때마다 뜯은 쑥이 꽤 된다. 날마다 조금씩 뜯었는데 떡 해 먹을 만한 양이 되나 모르겠다. 매실차 한 잔에 아이들이 다들 줄을 선 것도 기억나고, 푸른샘 동생들을 챙기는 누나, 언니들 손길이 참 살뜰하다는 생각도 든다. 얼굴에 자외선 차단제도 발라 주고, 칫솔이 없어졌다고 걱정하고… 참 부러운 형제들이다. 옛날이야기 들으며 내일 만날 부모님 생각에 일찍 잠이 든 아이들 숨소리가 더 편안하게 들린다.

9시 30분, 아이들이 모두 잠들고 교사마침회를 준비하는데 김상미 선생이 급히 뛰어온다. 승민 어머니가 뭔가에 물렸단다. 선생들이 부리나케 달려가 보니 복도에서 승민 어머니가 울고 승민이가 울고 있다. 잠자는데 뭐가 갑자기 손을 물었다 해서 손을 보니 부어올랐다. 여자 방으로 들어가니 잠이 깬 몇몇 아이들이 "저쪽이 뭐가 있어요." 한다. 보니 지네가 장판 밑에 숨어 있다. 최명희 선생이 수건으로 눌러 지네를 잡아 밖으로 나오니 승민 어머니가 많이 놀라서 울음이 그치지 않는다. 엄지손가락이 부어오르고 아프다고 이야기한다. 시골에서는 흔히 보는 지네지만 처음 당한 어머니가 얼마나 놀라고 아팠을지 짐작이 된다. 시골 산 경험이 있는 사람들이야 조금 아프고 하루 지나면 가라앉을 줄 알지만, 처음 온 자연속학교에서 큰일을 당한 셈이니 얼마나 놀랐을까. 혹시 몰라 가까운 병원 응급실에 가서 진통제와 치료를 받으러 가는데 승민이도 같이 간다. 어머니 우는 모습에 승민이가 많이 놀라 울었지만, 금세 어머니랑 학교 차 타고 병원에 같이 가는 모습이 대견하다.

조금 뒤에 지난해까지 초록배움터에서 살다 둘레 동네로 이사 간 이순규 선생이 부인과 함께 선생들을 만나러 왔다. 지네 이야기 듣고 시골 분 아니면 많이 놀랐을 거라고, 일찍 왔으면 치료해서 병원에 안 갔을 텐데, 하면서 함께 걱정해 준다. 10년 전에 이곳에 내려와 사는 부부라 생협에서 일하는 이야기며 농촌 생활 이야기가 모두 살갑다. 그런데 사모님 이야기가 재미있다. 지네에 물린 어머니가 얼마나 놀랐을지 안다고,

"그런데 지네 처지에서는 또 얼마나 놀랐을까요. 심지어 죽임을 당했는데." 한다.

웃으시며 말하지만, 생명과 생태, 자연을 생각하는 말이 절로 나옴을 안다.

"아이들이 물리지 않아 얼마나 다행이에요."

승민 어머니가 아이들 대신 큰일을 겪은 밤, 밤비가 내린다. 고구마 순을 심은 뒤라 오는 비가 참 반갑다. 하늘이 농사를 돕는구나. 이순규 선생 부부가 돌아가고 교사들끼리 자연속학교 마지막 교사 마침회를 한다. 아이들 건강, 자연속학교 되돌아보기, 교사들 건강과 속내 이야기까지 시간이 훌쩍 간다. 교사들 호흡이 얼마나 귀한지 서로에게 배우고 함께 가꿀 게 많아 좋다.

집에 간다

어김없이 일찍 일어나는 아이들과 부지런히 집에 돌아갈 준비를 하는 아침이다. 짐 정리해서 밖에 내놓고 모둠마다 청소할 곳 나눠 청소하고, 선생들은 아침밥과 점심밥을 챙기고 저마다 자기 맡은 곳에서 마무리를 한다. 모두 정리 달인들이 되어 간다.

아침열기이자 자연속학교 마무리 마침회를 앞두고 정우랑 같이 화장실에 가다가 어제 정우랑 나눈 이야기가 떠올랐다.

"정우야 내일이면 집에 가는데 어때? 좋지? 그런데 여기도 재미있으니 조금 더 살다 갈까?"

"응."

"아니, 집에 가는 게 안 좋아?"

"아뇨. 좋긴 한데 이제 많이 익숙해졌는데 가야 돼서 그러죠."

정우의 재미있는 대답이 즐겁다.

집에 가면 가장 좋은 게 뭐냐는 물음에 어머니 보고 싶어서 그런다며 3학년 유찬이와 강산이가 벌써 어머니 볼 생각에 웃음이 그치질 않는다.

이윽고 모두가 둘러앉아 마침회를 시작한다. 자연속학교 되돌아보기, 저마다 공부 목표와 자연속학교 모두 목표가 잘 됐는지, 가장 재미있던 것과 힘들었던 것을 이야기한다. 밤 탐험, 바래봉, 족대질과 통발, 로켓 화덕, 광한루, 물고기, 텃밭까지 아이마다 좋았던 것과 힘든 것들이 뒤섞여 있다. 선생들이 힘들다 생각한 건 재미있다고 하고, 불편하다 싶은 건 크게 생각하지 않는 아이들도 있다.

2013년 첫 자연속학교를 마치며 다시 새기고 배워야 할 것들을 찾아본다. 자연속학교는 불편함과 힘듦을 이길 수 있는 방법을 배우는 곳이다. 함께 먹고 함께 자고 함께 놀고 일할 때 힘듦과 불편함도 즐거움과 기쁨, 이겨내는 힘으로 바뀐다는 걸 아이들과 나누며 아름다운 추억과 감성을 가득 담고 간다. 돌아가면 언제나 그 자리에서 나를 믿어 주고 내 마음을 읽어 주려 애쓰는 어머니와 아버지가 있기에 아이들은 집과 편안한 환경을 찾고 그리워한다. 그래도 넉넉하게 아이들을 품어 주는 자연과 동무들이 있어 놀고 일하며 즐거운 한때를 보냈으리라. 그 곁에 함께한 선생들도 참 행복한 시간이었다. 줄곧 살려가야 할 활동과 24시간 아이들과 함께 사는 선생들을 돕는 구조와 자원 교사 노릇, 자연속학교를 여는 데 알맞은 환경들을 잘 찾아 더 신 나고 행복하고 설레는 자연속학교를 꿈꾼다.

매실
- 자연속학교 -

매실 따러 지리산과 섬진강에 간다

높은샘 4, 5, 6학년은 지리산 초록배움터, 낮은샘 1, 2, 3학년은 섬진강 어류생태관에 들렀다가 하동 수채화 마을에서 만난다. 어류생태관에 들러 섬진강의 생태와 어류에 대해 공부하고 악양 들판에 들어서기 앞서 섬진강 쉼터에 내려 쉬며 놀다 오디를 따 먹는다. 뽕나무가 섬진강 내려가는 길 안쪽에 있어 오디 따기가 쉽지 않아 최명희 선생과 같이 들어가 따는데 조심조심해야 한다. 덕분에 아이들 입술이 까많다.

잠집으로 쓰는 성두 마을이 내려다보이고 지리산 자락을 볼 수 있는 수채화 마을 전망이 좋다. 열리는 어린이집 식구들도 같이 매실을 따러 와서 반갑다. 가까운 대나무숲에 들어가 죽순을 한두 개 따서 삶아 아이들에게 주니 맛이 좋다 한다. 첫날이라 일찍 온 부모들만 매실을 따고, 아이들과 같이 온 부모들은 매실은 따지 않는다. 밤에는 매실 따러 온 부모들이 잠집으로 쓰는 곳에 가서 잠깐 함께하는 자리를 가졌다. 늘 즐겁고 고마운 자리다.

덥다. 오후엔 바람이 많이 불고 선선하다.

매실을 따고, 따고, 따고...

아침 당번이라 일찍 일어나서 충무김밥을 싸고 떡국을 끓인다. 권진숙 선생이 떡국을 맡고 내가 충무 김밥을 맡았다. "요리의 세계에서는 쫓겨 날 수 있다, 진정한 고수의 길은 어렵다, 정성으로 싸는 거다, 요리사는 먼저 먹지 않는다, 끝까지 마무리를 한다." 따위 이야기로 세영이와 수빈이네 모둠 아이들 웃음 짓게 하며 하루를 시작한다. 강산, 한주, 민철, 세영, 호연이랑 충무김밥을 싸는데 한주랑 강산이가 밥을 꽉꽉 누르고 가늠을 하지 못한다. 그래서 둘러보니 다들 그렇다. 다시 시범을 보이고 함께 서너 번 하니 김밥 모양이 나온다. 밥을 알맞게 넣어야 하는데 양 조절이 쉽지 않다. 그래도 자기가 싼 김밥을 한 입 먹고 나니 힘이 나나 보다. 좀 지칠 때쯤 되어 마무리했다.

매실밭과 매실 산에서 매실을 딴다. 열리는 어린이집 두 식구도 같이 딴다. 나무에 올라가서 따고 땅에서 줍고 여기도 매실 저기도 매실뿐이다. 매실 딸 때마다 아이들은 다르다. 매실 따는 데 정말 열심인 아이들, 이 나무 저 나무 옮겨 다니며 매실을 따는 규태, 매실 산에서 새참 먹고 쉬지도 않고 바로 올라가는 희주, 높은 학년들은 매실나무에 올라가서 따고 동생들은 낮은 곳에서 따고 줍는다. 새참으로 인절미랑 참외를 먹는데, 정말 꿀맛이다. 새참 먹고 또 한 시간 더 따고 점심밥으로 아침에 싼 충무김밥을 먹는다. 옛날에는 자장면을 배달시켜 먹은 적이 있어 아이들이 이 세상에서 가장 맛있는 자장면으로 기억하기도 한다. 어른들이 보기에는 그 맛이 그 맛인데 아이들에게 일하고 먹는 자장면은 보통 이상의 특별한 맛이 있는 모양이다.

낮에는 섬진강으로 물놀이를 하러 갔다. 모두 빠져서 신 나게 헤엄치고 물놀이를 한다. 섬진강을 건너면 전라도다. 경상도와 전라도를 가로지르는 섬진강을 실컷 즐긴다. 바람이 불긴 해도 날씨가 덥다. 물속이 따듯하다. 동엽이가 물을 뿌리며 공격한다. 다 젖어서 풍덩 몸을 담갔다. 신 나게 물장난하고 놀고 수박 먹고 모래찜질을 한다. 한주, 강산, 3학년 유찬, 정우, 유정이는 모래찜질 맛에 신이 났다. 씨름을 하려고 했는데 날씨가 추워져서 멈추고 옷 갈아입고 바쁘게 잠집에 돌아왔다. 세 곳에서 아이들을 씻기는데 혼자 씻는 것보다 선생이 들어가서 한 사람씩 씻기면 속도도 빠르고 아이들과 정이 들어 더 좋다. 아이들 머리를 감기고 온몸을 씻기는데 아이들 몸이 단단하다.

일찍 밥 먹을 준비를 하고 죽순을 따와서 삶는데 찐 고구마, 찐 밤, 옥수수, 단호박 냄새가 골고루 난다. 네 가지 냄새가 어우러진 죽순을 들고 아이들에게 '냄새 먹을 사람 모여라' 하니 달려오던 아이들이 냄새를 맡고 입맛을 다신다. 다시 '초장 없이 먹을 사람 모여라' 하니 달려온 아이들이 참 잘 먹는다. 다경이와 태인이는 정말 여러 번 집어 먹는다.

부모들은 섬진강에서 놀지도 못하고 매실을 고르고 포장하느라 애를 썼다. 저녁 먹고 바로 올라가는데 많이 아쉽다. 마침회를 정자에서 하는데 약간 바람이 많이 불어 쌀쌀하다. 선생들이 참 바삐 움직인 날이다. 매실 따는 거 챙기고 새참 먹이고 섬진강 물놀이 함께하며 안전 챙기고, 다시 아이들 옷 갈아입히고 새참 먹이고 모두 씻기고 옷 갈아입히고 새참 먹이고 밥 준비하고… 선생들 체력이 대단한 하루다. 이런 선생들이 있어 자연속학교가 가능하다. 함께 선생으로 온 성준·성범 아버지 박종한 선생이 쉬지 않고 부지런히 일을 해서 그 덕분에 선생들이 쉴 수 있어 좋다. 참 고맙다.

매실 따고 놀고 그리고

아침에 매실 200kg을 땄다. 날마다 매실을 따는 아이들 손이 야무지다. 매실 따는 명상은 이런 경험이 있어 할 수 있는 것이다. 눈을 감고도 매실을 따는 생각을 할 수 있는 건 사흘간 날마다 매실을 따기에 나올 수 있다.

점심 먹고 질경이 풀을 뜯어 서로 대고 잡아당기는 놀이를 한다. 희주와 종민, 동엽이와 유찬이가 서로 질경이를 잔뜩 뜯어서 온다. 가느다란 질경이로도 맞대어 잡아당기는 기술을 쓰면 상대편 질경이를 끊어낼 수 있다는 걸 선생이 보여 주는데, 바로 알아채지 못하던 아이들이 하면 할수록 손놀림이 익어 간다.

지리산 생태과학관이 문을 닫는 날이라 하동 학생야영수련원에서 축구를 하기로 했다. 아이들이 축구 하는 동안 천연물감을 만들기 위해 버찌를 줍는데, 수빈, 유하, 소현, 채연, 3학년 유찬, 서민주, 지빈이가 버찌 줍는 것을 돕는다. 버찌로 물감을 만들어 탁본을 뜨기 위해서다. 웬만큼 주워 놓고 선생 편과 어린이 편으로 나눠 축구를 한 판 하는데, 끝내 어린이들이 4:3으로 이겨서 아이스크림을 먹는다. 아이들에게 일부러 져 주는 것은 대단히 어려운 일이다. 아주 열심히 하지 않으면 금세 티가 나기 때문이다. 오늘처럼 선생 편과 어린이 편으로 나눠 할 때는 선생들은 힘 조절을 알맞게 잘해야 한다. 공을 세게 차서 어린이가 공에 맞는 일이 나와서도 안 되고 어른들과 하는 것처럼 달려서 골을 많이 넣으면 안 된다. 그래도 막상 뛰다 보면 온 힘을 다해 달리고 축구에 푹 빠져버리기에 아이들과 같은 마음이 된다. 그렇게 열심히 뛰다 보면 부실한 체력이 들통 나고 아이들 기세가 오른다. 그래도 힘 차이가 있어 삼 대 삼까지 갔는데 성준이와 우진이 달리기와 공차는 솜씨, 아이들이 떼로 달려들어 하는 개떼 축구 힘이 좋아 아이들이 이기고 말았다. 선생 편이 이기면 아이들이 선생들에게 오디를 따 주기로 했는데, 아쉽다.

잠집으로 돌아가는 길에 오디를 따서 먹었다. 축구 하다 흥분한 진서와 성준이는 마음을 다스리려고 박종한 선생이랑 같이 한참을 걸어서 잠집에 왔다. 오자마자 씻고 쉬다가 아이들은 매실과 오디를 놓고 그림을 그린다. 감나무 잎, 밤 잎, 매실 잎, 뽕잎 가운데 골라 그리는 아이도 있고 오디는 다 그리고 먹는다.

앞서 주운 버찌로 물감을 만들었다. 소현, 서민주와 현서, 정빈, 희주가 같이 버찌를 모아 손으로 짜서 즙을 만들었다. 먹을 수도 있는 거라 짜면서 맛도 보고 뭐든지 생산하는 놀이는 아이들을 더 기쁘게 한다.

저녁 먹을 때쯤 근학이랑 채연 아버지가 왔다. 6학년 우진이는 아파서 끝내 오지 못해 아쉽다. 마침회에서는 매실 딴 이야기가 많이 나온다.

"높은 데 올라가서 매실을 따니 좋았어요."

"매실밭에 도롱뇽이 살아서 신기했어요."

"1, 2, 3학년 때 나무에 못 올라가다 높은 학년이라 나무 위에 올라가서 따니 바람이 불고 매실을 많이 따서 좋았어요."

그런데 2학년 동생도 나무 위에 올라간 걸 보고 4학년들이 속이 상했다. 우리는 오랫동안 기다려서 나무에 올라갔는데 동생들은 그냥 나무에 올라가서 약이 오른다고 한다. 그 마음이 이해가 되어 선생들이 사과와 함께 그럴 수밖에 없던 처지를 설명해야 했다. 아이들 세계에서는 아주 중요한 일임을 선생들이 또 까먹은 거다. 6학년 한 아이는 줄곧 딴 이야기를 하다가 웃으면서 엉덩이로 이름을 쓰는데, 무대 체질인 것처럼 잘 쓴다. 마침회 때는 늘 함께 사는 데 필요한 말과 행동, 설거지, 신발 정리, 장난 이야기가 많이 나온다. 마침회를 일찍 마치고 밤 탐험을 갔다. 아이들은 어둠을 즐기고 늦게 자는 것을 좋아한다. 지리산 자락 밤하늘을 올려다보며 별을 찾고 어둠에 익숙한 눈으로 잠집 뒷산 작은 산책길을 걷는 아이들에게 밤이 주는 선물이 많다.

2013. 6. 11. 불날.
안개가 자욱하더니 구름 끼고 바람이 솔솔 분다.
오후에는 가는 비가 내리다 저녁때까지 줄곧 온다.

매실, 생태과학관 그리고 고소 산성

아침 일찍 매실을 따러 간 6학년 아이들이 아침밥 먹을 때 들어온다. 모두 피곤해 보이는데 동생들이 자고 있을 때 6학년끼리 매실을 딴 뿌듯함이 엿보이는 아이들도 있다. 예전에도 6학년들이 아침 먹기 전에 매실을 따고 온 적이 있다. 올해는 일하는 힘을 더 길러 주려고 준비했는데, 선생들의 칭찬과 격려가 많이 필요한 때다. 그런데 아침 먹고 모두가 매실 따러 가려던 차에 일이 났다. 선생들끼리 미리 이야기가 되지 않은 탓이다. 갑자기 6학년은 오전에 매실을 따지 않기로 했다는 말을 해서 전체를 이끌던 이끎이 선생을 당황하게 한 것이다. 그렇게 되면 더 일을 많이 해서 일하는 힘을 길러 주려고 기획한 아침 매실 따기 성격이 바뀌는 것이라 이끎이 선생은 6학년도 가야 한다고 이야기한다.

그런데 6학년 아이들에게 다른 이야기를 한 선생이 아이들 앞에서 그러면 안 된다고 말을 해서 다른 선생들을 당황하게 만들어 서로 어색

한 상황이 생겨버렸다. 끝내 선생들이 이야기를 나눠 모두가 같이 가서 매실을 따는 것으로 정리가 되었는데, 이끎이 노릇을 하는 선생들끼리 충분하고 세심하게 이야기를 나눌 필요를 확인한 사건이다. 두 가지 다 뜻이 충분히 있는 것이기에 미리 조율만 됐더라도 아무 일도 아닌 것을. 짧은 순간 서로 의견이 달라 이야기를 풀어 가는 선생들을 지켜보면서 든 생각이 참 많았다. 보통은 이끎이에게 맡기고 눈빛으로 호흡을 맞춰 왔는데 이제는 조금은 확인이 필요한 분위기라 선생들이 애쓸 게 많은 걸 느끼게 된다. 선생이 보여 줘서는 안 되는 모습을 본 것처럼 마음이 철렁했는데 시간이 흐르고 더 익숙한 호흡과 세심한 일 나누기와 충분한 이야기면 잘 넘어갈 일이다. 모두 아이들을 위한 말과 행동이지만, 그 뜻과 영향력은 선생이 예상치 못한 수준으로 퍼지는 아이들 세계인지라 늘 조심하고 안팎으로 살필 게 많은 게 선생의 운명이다.

아침 먹고 쉬는 때에 어제 만들어 놓은 버찌 물감으로 탁본을 뜨는데 감잎, 매실잎, 밤잎, 뽕나무잎을 떴다. 밤잎이 조금 다르게 나오고 나머지는 비슷하다. 그래도 탁본을 뜨면서 한 번 더 살피게 되니 좋은 공부다 싶다.

매실 따다 새참으로 먹은 참외와 인절미가 꿀맛이다. 잘 안 먹던 아이들도 더 먹는다. 매실 따기를 마치고 잠집으로 돌아와 점심으로 자장밥을 해 먹고 지리산 생태과학관에 갔다. 새로 생긴 곳인데 지리산과 섬진강의 식물과 동물, 표본, 과학 이야기가 가득하다. 가을 자연속학교를 올 때 공부를 많이 할 수 있는 좋은 곳을 찾은 셈이다.

고소 산성에 오른다. 가는 비가 내리지만, 비옷 입고 나섰다. 지난해 자연속학교 때는 한 번도 오르지 못했다는 이야기를 듣기도 했지만, 가는 비라 충분히 오를 수 있어 길을 나선다. 나무 밑 길이라 땅은 부드러웠지만, 가파른 길을 조심해서 걷는다. 산딸기 따 먹으며 올라가는 재미가 좋다. 구름 속 하늘길을 걷는 것 같다는 고소 산성에 올라 한참을 거닐다 사탕을 먹고 시를 쓰고 내려왔다. 6학년은 고소 산성에 같이 가지 않고 섬진강 낚시를 하러 갔다.

굵은 비는 아니지만 옷이 젖을 만큼은 된다. 고소 산성에서 내려다보는 악양 벌판은 정말 멋있는데, 구름 속에 있어서 섬진강과 악양 벌판이 잘 보이지 않는다. 내려와 바로 씻고 목욕을 차례로 한다. 방 정리하고 짐도 잘 싼다.

단오 씨름 대회에 나갈 예선을 섬진강 모래사장에서 하기로 했는데 못 했다. 그래서 마침회 때 하고 싶은 사람이 나가기로 했는데 성범이와 종민이, 남민주가 손을 든다. 높은샘은 다경이와 근학, 호연이가 손을 들고 여자는 유하가 추천을 받았다.

그런데 매실 딸 때 먹으면 배 아프니 먹지 말라고 하는 선생 말은 아랑곳하지 않고 먹더니 강산이가 배가 아파 울고 만다. 끝내 화장실에 가서 똥 누고 배 아파 어머니 찾고 우는데 많이 안쓰럽다. 씩씩한 1학년이지만, 얼마나 어머니가 보고 싶겠는가. 안아 주고 주물러 주고 선생이 애쓸 게 많다.

방 쓸고 짐 정리를 자주 한다. 아이들이 당번을 맡아 돌아가며 하는데 아무래도 선생이 나서서 할 몫이 크다. 아이들 세계에서는 아주 작은 일이 정말 중요하고 큰일이다. 신발 밟고 다니는 것, 식판 닦기, 방에 모래가 많은 것… 모두 아이들 세상에서 중요한 일이다. 마침회에서 늘 다루는 이야기 속에 동생이 형이 되고 학교 전통을 만들어간다.

고맙다

7시에 일어나서 짐 정리를 시작한다. 몇몇은 5시, 6시부터 일어나 앉아서 도란도란 이야기한다. 잠주머니 개서 가방에 넣고 누룽지를 먹고 식판도 넣고 잠집 청소를 마친 뒤 마침회를 위해 모두 둘러앉았다.

"선생님. 저기요. 비가 오잖아요. 비가 떨어지는 곳에 모를 심으면 논이 되잖아요."

정우가 갑자기 던진 말에 웃음이 절로 난다. 되돌아보니 졸업하는 6학년들이 매실을 따며 일에 빠져 자기 힘을 기르도록 도우려는 선생들 도움말이 줄곧 이어진 자연속학교다. 또 자원 교사로 함께한 박종한 선생님 덕을 크게 봤다. 매실을 딸 수 있도록 매실산과 밭을 내주고 늘 애를 써 준 왕규식 선생님에게도 언제나 고맙다. 늘 아이들을 품어 주고 안아 주는 지리산과 섬진강을 바라보며 매실을 딸 수 있어 정말 좋다. 이제 집집마다, 학교에서 매실 효소를 담가야겠지. 시원한 매실차를 생각하니 입에 침이 고인다.

여름
- 자연속학교 -

2013. 7. 5. 쇠날.
비가 온다고 했지만, 구름 끼고 맑아 가는 하늘이더니 주문진에 오니 해가 쨍쨍 나서 바닷가에 뛰어들기 좋다. 햇볕이 뜨겁다.

할머니, 할아버지가 있어 아이들은 행복하다

큰 버스를 빌려서 자연속학교를 오는 것도 벌써 두 번째다. 학교 차와 빌린 차를 선생들이 몰고 부족하면 고속버스를 타곤 했는데 모두가 탈 수 있는 큰 버스를 빌려 오니 참 편하다. 잠집에 닿아서 모둠 짜기를 하는데 6학년 뒤로 동생들이 서는 방식이다. 모둠 짜는 것도 늘 다르지만, 그때마다 아이들은 누구랑 모둠을 하게 될지 설렌다

학교 차만 있어서 바닷가는 높은샘이 먼저 가고 낮은샘은 뒤따라갔다. 본디 바다에 들어가지 않고 놀기로 했는데 해가 쨍쨍 정말 더워서 벌써 높은샘 아이들이 물속에 빠져 환호성을 지르고 있다. 이 더운 날 파도가 넘실대며 유혹하는데 들어가지 말라는 건 할 수 없는 일이다. 파도 타고 안전선 만들고 아이들 고함소리가 파도에 실려 바다 놀이터가 만들어진다. 낮은샘 아이들 가운데 좀 아픈 기색이 있는 채 과천을 떠난 강산이와 한두 아이들을 물에 들어가지 못하게 했는데 그것도 막기 어렵다.

강산이는 몸이 안 좋은지 아주 들어가지 않고 모래에서 노는데, 다른 아이들은 모두 빠져서 선생들을 잡아당겨 빠뜨리고 신 나는 물놀이 자연속학교가 시작됐음을 알린다. 파도에 쓸려 내려가는 모래 위에 서서 모래성을 쌓고 방어선을 만들고 신 나는 놀이를 한다. 애써 만든 모래성도 파도 한 방에 무너진다. 인간이 아무리 애를 쓴다 해도 자연의 힘 앞에서는 힘없는 존재인 것처럼 우리네 삶도 그렇겠지.

낮은샘 먼저 차에 타고 잠집에 들어오자마자 모래 털고 옷 가져와 모두 한 사람씩 차례로 씻기다 보니 속도가 붙어 높은샘 아이들이 오기 전에 몸 씻고 옷 갈아입기를 마칠 수 있다. 욕실이 너무 좁아 빨래는 선생이 바닷물 빼고 헹구는 정도에서 모두 마치고 아이들이 잠집 밖에 널어 놓는다. 곧 높은샘 아이들이 들어오고 손호준 선생이 아이들 씻는 것을 맡아 씻겨 주니 아주 빠르게 끝나고 높은샘 아이들은 빨래도 스스로 해서 넌다.

쉬면서 일기 쓰고 밥 모둠은 밥 하고 쉬다 청소 모둠이 청소하는 동안 모두 밖으로 나와 최명희 선생 집에 갔다. 언제나 아이들은 환한 웃음으로 반겨 주시는 할머니, 할아버지가 있어 아이들은 행복하다. 자두 따서 먹으라고 아이들 챙기시는 마음이 정말 고맙다. 저녁에 같이 식사하자고 해도 집에 밥 많다며 건너오시지 않는다. 오이를 잔뜩 따서 아이들 먹으라고 챙겨 주시며 아이들 데리고 다니느라 선생들이 고생 많다고 어깨를 두드려주신다.

저녁 먹을 준비를 하는데 정우가 열이 많이 난다고 누워 있다. 승민 어머니가 정우 옷을 벗기고 찬 수건으로 몸을 덮고 닦아 주신다. 곁에서 열 내리도록 수건 갈아 주고 있는데 아이들이 정우가 걱정되어 한 마디씩 건네고 정우 머리를 만져 준다. 38도가 넘었지만, 해열제를 먹이고 찬 수건을 갈아 준 덕에 조금 괜찮은지 정우가 일어선다. 강산이도 바다에 들어가지 않고 몸을 잘 챙겼다. 강산이 약 챙겨서 먹이는데, 늘 노느라 바쁜 두 아이가 아파 놀지 못하는 것을 보고 아이들이 안쓰러워하고 두 아이도 놀지 못함을 아쉬워한다. 저녁 마침회는 칭찬과 손뼉 치는 행복한 시간이 한참 이어졌다.

2013. 7. 6. 흙날.
해가 쨍쨍 난다.

몸과 마음이 따로 논다

8시 아침열기 앞서 아이들이 아침 산책을 마치고 잠집 밖에서 무궁화꽃이 피었습니다를 한다. 쉴 새 없이 노는 자연속학교가 시작됐다. 갑자기 어머니가 병원에 입원하셨다는 연락을 아침에 받고 마음은 병원에 가 있는데, 누나가 먼저 내려가면서 차례로 내려가기로 했어도 마음이 무겁다. 이를 어찌할꼬. 선생들과 이야기를 나눈 끝에 아침 먹고 바로 강릉에서 광주 가는 버스를 탔다. 다섯 시간 걸려 화순 병원에 들러 아버지 뵙고 광주 조대병원으로 넘어와 어머니를 만났다.

병원에 누워 있는 어머니 손을 잡으니 여전히 따뜻하다. 주문진에서는 바닷가 물놀이를 하고 낮은샘은 낮에 낮잠을 자고 높은샘은 초등학교에 가서 축구를 했다 한다. 여기든 저기든 몸과 마음이 따로 논다.

가자미 낚시

병원에서 자고 아침 일찍 강릉행 버스에 몸을 실었다. 낮에 강릉에 닿아 하조대로 가는데 날이 좋아 하루 종일 아이들이 물놀이하기에 좋다. 점심 먹기로 예약한 하조대 식당에 닿으니 아이들이 보인다. 하루 만에 만나는데 얼마나 반가운지. 아이들이 세상에서 가장 맛있는 매운탕이라고 말하는 곳인데, 주문진 올 때마다 밥을 먹는다. 주인도 비싸지 않은 값에 아이들 밥상을 차려줘 늘 고맙다. 한 번 가면 줄곧 가서 관계를 맺으니 한 번 들르고 마는 뜨내기 관광객이 되지 않아 좋다. 식당 주인과 선장님 모두 아이들을 따뜻하게 품어 주는 어른이기에 해마다 아이들의 추억은 켜켜이 쌓여간다.

선장님이 가자미 낚싯배를 타기 힘든 조건이라고 하셨는데, 아침에 나가니 그래도 가까운 곳에서는 잡히더란다. 그래서 수온이 알맞다 해서 낚싯배를 띄우긴 하는데 얼만 잡힐지 모르겠다. 해마다 6학년만 가거나, 5, 6학년만 가는 가자미 배낚시라 이번 5, 6학년은 모두 처음이다. 지난해 폭풍 때문에 가지 못했기에 더 새롭다. 6학년은 가자미 낚시가 정말 남다르다. 가까운 곳에 가지 않고 깊은 바다로 한참을 배 타고 나간다. 세 번 이동해서 낚시를 나니 가자미, 해뜨기를 꽤 잡았다. 연재는 놀래기를 낚아 올렸는데 김상미 선생이 더 신이 나서 싱글벙글이다. 아이마다 손맛을 모두 보도록 부지런히 지렁이를 갈아 주고 던지고 끌어올리도록 돕는다. 가자미 낚시는 지렁이를 끼워 바닥까지 낚싯줄을 내린 다음 다시 조금 들어 올린다는 기분으로 잡고 있으면 느낌이 온다.

그럼 걷어 올리는 데 한참이 걸리지만, 가자미가 두 마리가 올라오기도 한다. 지지난해는 참가자미와 물가자미를 100마리 넘게 잡았다. 이번에도 기사문항 남해호 선장님과 같이 아이들 낚시 도와주느라 손이 바쁘다. 돌아와 아이들은 해수욕장 샤워실에서 씻게 하고 잡은 가자미를 회를 떠서 탕거리를 챙겼다.

잠집 돌아와 저녁 먹기 전에 아이들이 둘러앉아 회 한 접시 먹는다. 어찌나 잘 먹는지 잡은 아이들의 뿌듯한 표정과 잘 어울린다. 자연속학교 때면 아이들은 늘 자연산 물고기를 잡아 회로, 튀김으로, 매운탕으로 먹는다. 그렇게 자연산에 길든 입맛이라 아이들이 회 먹는 게 까다롭다는 말을 부모님들이 할 때도 있다.

정우와 강산이 둘 다 약을 먹고 있지만, 물놀이하고 난 뒤에도 몸이 괜찮아 다행이다.

2013. 7. 8. 달날.
아침에는 비 한두 방울 내리고 그치고를 반복하더니
낮엔 예쁜 무지개가 떴다.

하조의 주문

아침마다 마을회관에서 나와 논길을 걷는 산책을 한다. 같이 가는 지우에게 '어제 밥그릇을 닦아 줘서 고마워' 하며 산딸기 한 움큼을 따 주는데 지우가 하는 말이 감동이다.

"엄청 많은 산딸기를 동생들에게 나눠 주니까 더 좋아요."

먹으라고 준 것을 동생들 나눠 주는 마음이 참 예쁘다. 자원 교사로 함께 온 박종한 선생이 먼저 돌아가야 할 사정이 있어 먼저 원서를 데리고 떠난다. 아침나절 공부로 바닷가에서 주워 온 조개를 놓고 그림을 그린다. 상 둘레에 앉아 조개를 관찰하고 그림을 그리는 모습이 정말 진지하다.

낮 공부로 혹시 몰라 비옷 챙겨서 참소리박물관을 간다. 해설사 설명을 따라 에디슨의 발명품들을 둘러본다. 창의재단 현수막을 안 챙겨와서 원서 아버지가 택배로 보내 준 현수막을 찾아 같이 사진을 찍는다. 마을회관으로 돌아와 씻고 저녁을 준비하는데 밖에 아름다운 풍경이 만들어졌다. 쌍무지개가 떠서 모두 신이 나서 사진 찍고 한참을 바라본다. 자연의 경이로움은 늘 인간을 겸손하게 한다. 부모님에게 사진 찍어 보내달라는 아이들 마음이 예쁘다. 자연스레 햇빛이 공중에 떠 있는 물방울 때문에 굴절되어 나타나는 현상을 말하게 된다. 비가 멎은 뒤 해의 반대편에서 뜨니 무지개 뜨는 곳이 어느 쪽인지 알 수도 있다는 말을 덧붙여 문제를 내니 아이들이 맞히는 데 열심이다.

밤 탐험은 주문진 바닷가 등대로 가기로 했다. 앗, 그런데 반짝이는 폭죽을 가져온다는 것이 향을 피우는 초를 가져온 바람에 부랴부랴 가까운 가게에 가서 폭죽을 샀다. 등대까지 이어달리기도 하고 밤바다 파도 소리를 실컷 듣고 잠집으로 돌아간다. 잠자리에 들면 옛이야기가 이어진다. 엉성한 이야기라도 아이들은 참 재미있어한다. 옛날 주문진 하조대 바닷가 마을에⋯ 바다와 우주, 뱃사람과 전설 이야기가 버무려진 하조의 주문이 만들어졌다. "째째꼬레 째 고레샤 으샤샤망고 으샤샤망고 오마이째째"

해가 쨍쨍 난다. 오대산 진고개에 오르니 빗방울이
떨어지기 시작하고 바람이 세차다.
다시 아래로 내려오니 날씨가 좋다.

오대산 소금강

아침 일찍 도시락을 싸서 높은 학년을 이끌고 진고개까지 차를 타고
가서 오대산 노인봉에 오르는데, 바람이 세차고 비가 조금 내리기 시작
해 춥다. 바로 산속으로 들어가니 괜찮을 듯싶기도 한데 조금 걱정은
되지만 아이들 내려주고 다시 잠집으로 돌아와 낮은샘 1, 2, 3학년 아
이들과 구룡폭포 갈 준비를 한다. 승민이와 근학이는 일이 있어 먼저
돌아간다.

낮은샘 아이들은 무리를 지어 구룡폭포 올라간다. 소금강 골짜기를
따라 구룡폭포까지 한 시간 반쯤 걸리는데, 모두가 잘 걷는다. 초코파
이와 호박엿도 맛있고 구룡폭포를 바라보며 먹는 점심이 꿀맛이다. 아
마 형들은 노인봉에서 점심을 먹고 내려오고 있을 거라는 말에 낮은 학
년 아이들도 가고 싶어한다. 폭포 아래 시원한 물에 발을 담그고 사진
도 찍고 놀다 시를 쓰고 천천히 내려간다. 일찍 내려온 덕에 시간이 남
아 다시 주문진 바닷가로 가서 물놀이를 하고 바닷가 샤워장에서 씻는
다. 산을 타다 바닷가에서 물놀이하다 아이들은 쉬지 않고 논다. 이런
날은 무조건 일찍 자야 한다.

나중에 만난 높은샘 아이들과 조한별 선생이 노인봉은 껌이라며 자
랑한다. 진고개에서 1,363m 노인봉까지는 정말 쉽고 좋았는데 구룡폭
포 쪽으로 내려오는 게 정말 힘들다는 말을 잊지 않고 보탠다. 해마다

노인봉에서 구룡폭포까지 내려오곤 하는데 정말 지루하고 긴 길임을 잘 알고 있기에 고생했다고 어깨를 두드려 줬다. 노인봉 꼭대기 다람쥐와 바람에 날려가는 구름이 선하다.

저녁 먹기 전에 망원경을 마을회관 밖에 설치하고 구름을 본다. 그믐이라 구름 모양을 살폈다. 태인이가 구름 모양을 살피는 모습이 참 예쁘다.

2013. 7. 10. 물날.
구름이 끼고 빗방울이 내리지만
놀 때마다 날씨가 도와줘 놀기 좋다.
새벽에 후두둑 세찬 비가 내리더니 그친다.

먹고 보고 놀며 배우고

아침밥 당번이라 미역국 끓이느라 바쁘다. 새벽에 높은샘 4, 5, 6학년이 주문진 어시장에 가서 오징어회를 떠 와서 아이들이 아침부터 오징어회를 먹게 됐다. 늘 주문진에 오면 오징어회를 실컷 먹는 아이들이라 주문진 자연속학교는 해마다 오징어회를 찾아 새벽 어시장을 간다.

신재생에너지전시관에 가서 바람을 주제로 공부했다. 신재생에너지전시관이 생길 때부터 다닌 곳인데, 갈수록 관리가 안 되어 이제는 바람 체험 도구만 남아 있고 그것도 형편없어져 간다. 그만 갈 때가 된 것 같다.

점심 먹고 쉬는데 마을회관 뒤에 자리한 동네 어른 집에서 잔치를 한다. 새로 집을 지어 동네 어른들 모시고 집들이 잔치를 해서 3, 4학년 아이들이 가서 노래를 불러 주니 동네 어른들이 좋아한다. 아이들 먹으라고 음식도 내오셨다. 할아버지 할머니 따듯한 눈길과 맛있는 새참에 아이들도 신이 났다.

낮에는 주문진 바닷가에서 모래 속 자석놀이를 했다. 모래 속에 구슬을 넣고 모두 갖고 온 자석으로 구슬을 찾는 놀이를 하며 자석의 성질과 고체, 기체, 액체를 배운다. 한편에서는 멋진 축구장에서 축구를 하고, 모래성 쌓는 아이들은 정말 큰 모래성을 쌓으며 논다. 민철이와 규태, 한주, 남민주와 서민주, 유하랑 같이 모래성을 쌓으며 집과 밭, 논을 짓고 이야기를 만들어 가며 모래 놀이를 했다. 6학년 정빈이랑 졸업 작품과 지리산 종주 걱정도 같이 이야기하니 금세 돌아갈 시간이다.
마침회 앞서 아이들은 369놀이와 춤 대회를 열어 안에서 놀이를 즐긴다. 그리고 드디어 돌아갈 준비를 한다. 짐 정리를 하고 부지런히 몸을 놀리는 선생들의 조화가 돋보이는 날이다.

2013. 7. 11. 나무날.
구름이 끼고 흐리다.

모두 건강하고 안전하게

마을회관 청소와 짐 정리를 마치고 모두 둘러앉아 자연속학교 전체 마침회를 한다. 오대산과 동해 바닷가에서 실컷 놀고 몸과 마음을 튼튼하게 가꾸고 돌아가는 아이들 얼굴이 까무잡잡하다. 아이들이 가장 좋아하는 물놀이를 실컷 하는 여름 자연속학교는 언제나 신이 나고 아이들 기운도 넘친다.

먹을거리도 많고 놀 거리, 볼거리가 풍성할 뿐 아니라 아이들을 따뜻하게 품어 주고 안아 주는 어른들과 마을이 있는 자연 속에서 살다 도시로 돌아가는 날이 되면 아쉽기도 하고 좋기도 하다. 부모님 사랑이 가득한 집이 그리운 아이들도 더 놀자는 말에 눈을 반짝이지만, 부모님 보고 싶은 마음에 부지런히 짐을 싸고 편안함과 맛있는 음식이 기다리는 집으로 달려갈 준비를 한다. 아이들에게 사랑이란 먹는 것으로, 때로는 놀이로, 화장실과 내 침대로, 부모님 곁에 있는 것으로 다가오지만, 늘 사랑을 확인하는 마음은 한결같다. 자연 속 일과 놀이, 여행이 주는 기쁨을 잘 누리고 다시 일상으로 돌아간다. 모두 건강하고 안전하게 자연속학교를 마칠 수 있어 고맙다.

가을
- 자연속학교 -

아침나절 과천에는 해가 떴는데 부안 밤에는 가랑비가 내린다.

내년에는 꼭 글자를 잘 새겨 넣을 거예요

2학기 첫 자연속학교라 학교를 떠나 전라북도 부안으로 가는 게 왠지 낯설다. 2011년 봄 자연속학교에서 갔던 부안 시민발전소를 잠집으로 하고 사흘 밤 나흘 낮을 아이들과 살면서 삶을 가꾼다. 넉 대의 차에 예술로 짐을 싣고 떠나는데 아이들도 오랜만이라 그런지 들떠 있다. 다섯 아이가 사정이 있어 늦게 내려오기로 했는데, 아이들이 모일 때마다 빈자리가 티가 난다.

부안 시민발전소에 닿으니 코를 자극하는 구린내가 우리를 반긴다. 아마 마을에 축사가 있나 보다. 시민발전소는 널찍한 방이 네 개, 마루, 남자와 여자 화장실 두 곳, 방에 딸린 화장실 하나, 부엌이 다른 건물에 따로 있어 60명이 넘는 사람이 자고 먹을 수 있다. 아이들도 잠집이 좋다 한다.

"선생님, 화장실이 정말 좋아요."

시골 마을 자연 속에서 아이들과 일과 놀이로 삶을 가꾸는 자연속학교에서 먹고 자고 쉴 잠집은 아주 중요하다. 일부러 불편하고 부족한 곳을 찾기도 하지만, 아이들 건강과 안전을 위해 충분하게 살펴야 할 게 많은데, 화장실은 집과 부모를 떠난 아이들이 참 불편함을 많이 느끼는 곳이다. 생태화장실을 쓸 때도 있지만, 도시 아이들에게 쉬운 일은 아니다. 요즘은 아이들 수가 많아지면서 차츰 넓은 잠집을 찾다 보니 시설과 환경이 좋은 곳들이 많아서 잠집은 시골과 도시 차이가 크게 나지 않는다. 더욱이 우리가 누는 똥과 오줌이 거름으로 쓰이지 않는 도시 문명의 수세식에 익숙한 아이들에게 시골 잠집 화장실은 구린내와 무서움을 줄 때도 있다. 지리산 초록배움터에서는 아이들이 생태화장실 똥을 거름으로 쓴 적도 있지만, 편안하고 냄새 없는 화장실에서 볼일을 봐 온 아이들에게 자연속학교 잠집 화장실을 늘 관심의 대상이다. 그렇기에 화장실이 정말 좋다는 이야기는 잠집의 불편함은 뒤로하고 놀이와 관계 이야기가 훨씬 더 많을 것을 예상하게 한다.

이곳은 에너지 자립 마을로 선정되어 태양광, 태양열, 풍력, 자전거, 지열, 화목 보일러 따위의 재생 에너지로 전기를 만들어 살아가는 곳이라 아이들이 배울 게 많다. 남원으로 내려가다 우리 때문에 부리나케 달려온 이현민 소장님이 오느라 고생했다며 즐겁게 지내고 축사에서 나는 구린내도 시골 냄새려니 생각하라고 환영 말을 해 주신다. 짐 내리고 모두 모여 6학년부터 1학년까지 섞어 모둠을 짠다. 가위바위보로 짜고 밥 당번, 청소 당번을 정한다. 물론 먼저 안전 규칙부터 확인한다. 아이들이 보고 살핀 것을 먼저 발표하고 선생들이 덧붙이며 꼭 필요한 안전 규칙을 만들었다.

곧바로 어제 한글날을 맞아 준비한 한글날 잔치 마당을 시작한다. 세 모둠으로 나눠 하는데, 한 모둠은 면 옷과 면 가방에 순우리말을 물감으로 칠해 아름다운 한글 옷을 만들어 가진다. 둘째 모둠은 한 낱말을 같이 한번에 말하고 다른 아이들이 맞히는 놀이를 하며 우리말을 익힌다. 셋째 모둠은 빠르게 낱말 맞히기다. 낱말을 말과 몸짓으로 설명해 낱말을 맞히게 하는 거다. 아름다운 순우리말로 새겨진 옷을 만들며 우리말을 배워 가고 낱말을 맞히는 놀이로 한글날 잔치를 즐긴다. 지난해 아이들이 아주 좋아해서 다시 하는데 역시 즐거운 잔치가 된다.

지우가 옷에 쓴 글자 물감이 번져서 아쉬워한다.
"내년에는 꼭 글자를 잘 새겨 넣을 거예요."
온새미로, 시나브로, 깜냥, 높새바람, 하늬바람, 별똥별같이 예쁜 우리말이 아이들 옷에서 반짝인다.
성준이는 수빈이가 가방을 끄는 몸짓으로만 낸 '자연속학교'를 맞혀서 모두를 놀라게 한다. 가방을 끌고 가는 흉내만 보고 바로 자연속학교를 외치는 걸 보니 웃음이 나왔다. 참 많이도 가방을 끌고 다니고 싣고 내리고 했기에.
잔치를 마치고 모두 둘러앉아 즐거운 한글날 잔치 느낌을 발표하는데, 재미있다는 이야기가 가장 많다. 모둠마다 청소를 금세 마치고 일기 쓰는 아이, 장기 두는 아이, 책 읽는 아이, 저마다 자유 시간을 즐긴다. 밖에 가랑비가 내려 안에서만 노는데도 공간이 넓으니 뛸 수도 있어 아주 신이 났다. 아이들끼리 잡기 놀이하느라 잠집이 웃음소리로 왁자지껄하다. 선생들도 아이들과 수건돌리기를 하며 즐겁게 노래를 부른다.

저녁때는 시민발전소 이현민 소장님이 아이들에게 등용 마을 전설, 부안 갯벌 영상과 새만금 이야기를 들려주셨다. 첫날부터 배우고 느낄 게 많다.

안개 끼고 바람이 불지만 따듯하다. 해가 쨍쨍 난다.

채석강의 노래

일찍 일어난 아이들 소리에 잠이 깨는 걸 보니 자연속학교가 시작이 구나 싶다. 아침 모둠은 6시 30분에 밥하러 먼저 나가고, 모두 7시 30분에 일어나 몸을 푸는 체조를 하고 동네 한 바퀴를 걷는다. 아침 운동 마치고 아이들이 소고기미역국이 맛있다며 밥을 많이 먹는다.

아침나절 공부로 시민발전소 이현민 소장님이 에너지 이야기를 들려 주었다. 생명의 근원 태양 이야기부터 탄소 동화 작용, 우리가 에너지를 만들어내는 종류들을 하나하나 풀어 주는데, 아이들 귀가 쫑긋하다. 태양광, 태양열, 지열, 풍력, 바이오매스, 소수력, 조력, 일곱 가지 에너지 종류 가운데 태양열, 태양광, 바이오매스, 지열, 풍력이 시민발전소에 있다. 시민발전소 둘레를 돌아다니며 에너지 공부를 한다.

수력이란 말은 댐을 만들어 환경을 파괴하기 때문에 물레방아 같은 소수력을 재생 에너지로 말한다는 것, 태양열 전기란 말은 없고 태양광 전기, 태양열 집열판으로 말을 정확하게 쓸 것, 시화호 같은 조력 발전소가 있는데 바다를 메꿔야 하기에 반대하고 프로펠러를 바다 밑에 꽂는 것과 같은 다른 방식을 찾는다는 것, 자전거 발전기 한 대로 한 시간에 500와트 전기를 만들어 내는데, 노트북을 한 시간 쓰는 데 300와트, 빔 프로젝터 한 시간 쓰는 데 400와트의 전기가 필요한 것, 시민발전소에 있는 풍력 발전기 한 대가 제대로 돌아가면 한 시간에 1킬로와트 전기를 생산하는데, 대관령에 있는 풍력 발전기 한 대가 750킬로와트 전기를 만들어낸다는 것, 땅속 평균 온도가 15도인데 여름에 시원하고 겨울에 따듯한 지열 보일러 이야기, 나무 펠릿 보일러를 모두 보면서 설명을 들었다.

　마지막으로 드럼통으로 만든 초효율 난로를 보며 완전 연소와 불완전 연소를 배운다. 등용 마을 시민발전소에는 30킬로와트 전기를 생산하는 태양광 전지판이 설치되어 있고, 온수와 온풍기를 돌리는 태양열 집열판도 있다. 한 시간 반쯤 시민발전소를 돌며 교육을 받고 마루에 모여 이현민 소장님이 가르쳐 준 에너지 공부를 주제로 문제를 내고 맞히는 시간을 가졌다. 맞히는 아이들에겐 밀양 할머니가 준 사탕을 선물로 주는데, 손을 들었는데 발표를 못 한 아이들이 아쉬워한다. 아이들이 참 기억도 잘하고 정리도 잘한다. 아침 공부를 글쓰기로 정리하는 시간을 가진 뒤 모두 모여 발표하는데, 작은 것도 소중히 기억하는 아이들이 고맙다.

　어젯밤 이현민 소장님이 들려준 도요새 이야기도 잘 기억하고 있다. 호주에서 시베리아로 날아가는 철새들이 호주에서 한반도까지 날아오면서 체중이 3분의 일로 줄어드는데, 새만금 갯벌에 들러 먹이를 구해야 시베리아까지 날아갈 수 있다고 한다. 그러니 갯벌이 없으면 모두 죽을 수밖에 없다는 슬픈 이야기와 새만금 어민들의 아픈 이야기를 담은 영상도 글로 풀어내는 아이들을 보며 희망을 품는다. 그런데 글을 쓰다가 한 아이가 새만금 방조제를 폭파하고 방조제를 만든 사람 혼내 주자는 무서운 이야기를 해서 깜짝 놀라게 한다. 학교 들어올 때부터 무기, 폭탄, 전쟁 같은 말을 자주 하고 비행기, 탱크, 총 장난감을 좋아하는 아이라 그런 말을 꺼낼 때마다 아이의 머리에 손을 대며 그런 말이 모두 머릿속에서 사라지고 평화로운 마음만 가득하게 해 주라는 웃음 기도를 같이 하곤 한다. 아이도 선생도 웃고 말지만, 아이가 그런 말을 쓰지 않도록 어찌 도울까 생각이 많다. 생명과 평화 이야기와 안팎으로 챙길 것을 많이 찾아야지 싶다.

낮 점심 당번인데 오늘은 콩나물비빔밥이다. 부모님들이 재료를 모두 준비해 보내 줘서 밥상 닦고 숟가락, 젓가락 놓는 일이 전부다. 유찬이가 이끌고 성범, 규태, 소현, 승민, 연재가 같은 모둠이다. 함께 일을 하다 보면 아이들 기운과 결을 더 깊이 느낄 수 있어 좋다.

낮 공부는 채석강에 가는 거다. 그래서 낮 공부 열기 시간에 자연에서 생긴 물질인 광물과 암석 이야기를 들려주었다. 화성암(화강암, 현무암), 퇴적암(사암, 이암, 역암), 변성암(규암, 대리암, 편암, 편마암…)으로 나눈다는 것, 제주도의 돌하르방은 현무암, 6학년들이 경주에서 본 다보탑 석가탑은 화강암으로 만들었다는 것, 수만 권의 책을 쌓아 놓은 듯한 퇴적암을 보러 채석강에 간다는 것, 풍화와 침식까지 지층과 화석에 대해 공부한 셈이다.

격포 해수욕장 들머리로 들어서자 아이들이 와 본 기억을 떠올린다.

"선생님, 기억나요. 와 봤어요."

넓은 바닷가 바위에 들어서자마자 물고기와 게, 고동이 아이들 손에 잡힌다. 채석강은 전라북도 변산반도 맨 서쪽에 있는 해식 절벽과 바닷가를 말하고, 지형은 선캄브리아대의 화강암, 편마암을 기저층으로 한 중생대 백악기의 지층이다. 정말 바닷물에 침식된 퇴적암층 절벽이 마치 수만 권의 책을 쌓아 놓은 듯 대단하다. 병풍처럼 둘러선 퇴적암층을 배경으로 갯바위 생물들과 놀고 파도 부딪히는 소리를 들으며 명상을 한다. 갑자기 철썩 파도가 높이 치더니 아이들이 앉은 곳까지 물이 올라와 아이들이 벌떡 일어선다. 아이들과 고동을 갯바위 틈에서 잔뜩 주워 놨는데 파도가 쓸어 가버려 얼마나 아쉬운지 모르겠다. 종민이는 큰 게를 잡아 모두에게 보여 준다. 아름다운 자연에서 배우며 노는 아이들이 자연과 참 닮았다. 승민이는 활동 보조 교사로 함께 온 어머니를 잠집에 두고 왔지만, 아주 씩씩하게 잘 논다.

학년마다 사진 찍고 갯바위에서 나오는데 삶은 고동을 파는 할머니를 만났다. 파도가 쓸어 간, 우리가 주운 고동이 자꾸 생각나서 다들 입맛을 다신다. 1, 2학년이 같이 차를 타고 가는데 아이들이 다시 잡으러 가자고 한다. 밀물이라 들어갈 수 없다고 하니 새벽에 오자고 해서 밀물과 썰물 공부를 하게 됐다. 오는 길에 새만금 방조제를 축으로 왼쪽은 바다, 오른쪽은 죽어가는 갯벌이 보인다. 아이들이 어제 본 새만금 영상과 이현민 소장님 말씀이 생각나는지 들렀다 가자고 한다. 잠깐 방조제 어귀까지 갔다 오는데 모두 갯벌이 다시 살아나길 빈다. 어른들의 잘못된 판단과 인간의 욕심이 참 부끄럽다. 사람들은 이 세상이 인간을 위해서만 있는 게 아니라는 사실을 자꾸 잊고 산다.

잠집에 와서 저녁 모둠은 밥을 짓고 아이들은 자유롭게 놀다 일기를 쓰고 방마다 쓸고 닦고 몸을 씻는다. 하루를 마칠 준비를 하는 셈이다. 틈만 나면 수건돌리기와 춤과 노래가 어우러지는 잠집, 마침회에서는 고마운 사람들에게 고맙다 칭찬하고 고치기를 바라는 부탁 말을 하며 하루를 닫는다. 최명희 선생은 아이들과 장난도 많이 치고 많이 놀아서 그런지 심하게 장난치지 말라는 부탁 말과 도와줘서 고맙다는 말을 모두 듣는다. 정빈이는 청소를 혼자 다해서 동생들에게 칭찬을 많이 받는다. 다시는 안 한다면서도 씩 웃는 정빈이 얼굴에 뿌듯함이 이미 들어 있다. 코가 막히고 목이 아픈 아이들은 자기 전에 소금물로 코를 씻고 따뜻한 배즙을 먹는다.

모두 자리에 누우면 아이들이 좋아하는 옛날이야기를 들려준다. 오늘은 '채석강의 노래' 이야기다. 아주 옛날 변성족, 화성족, 퇴적족이 살았는데 채석강의 노래를 함께 부르며 다툼과 위기를 이겨낸다는 말도 안 되는 이야기인데, 아이들은 참 좋아한다. 암석의 종류와 지층과 화석 공부를 웃으며 무서운 이야기처럼 들려준 것이니 줄거리도 엉성하고 그럴듯하지 않을 법도 한데 아이들은 그럴듯하게 듣는다. 그래서 채석강의 노래가 태어나고 아이들은 지난여름 자연속학교 때 들려준 하조의 주문처럼 늘 외우고 다닐 것 같다.

2013. 10. 12. 흙날.
어제저녁에는 서늘하더니 다시 해가 쨍쨍 나서인지 따듯하다.

모든 것이 소생한다

아침나절에는 누에타운에 있는 누에곤충과학관에서 놀고, 낮에는 내소사에 들러 곰소 젓갈을 먹는다. 밤에는 천문대에서 별자리 공부와 밤 탐험을 하는 날이라 하루가 길다. 지지난해 아이들이 가 본 적이 있는 누에곤충과학관은 전시관과 탐험관, 체험관으로 이루어져 있는데 누에의 한살이를 배우고 누에고치에서 실을 뽑는 체험을 모두 할 수 있다. 그런데 그때도 그랬지만, 누에마을 하면 될 것은 왜 누에타운이라고 하는지 마음에 안 든다. 먼저 전시관에서 여러 곤충과 세계 여러 나라 누에나방도 보고, 알-애벌레-번데기-나방으로 이어지는 누에의 한살이, 나방과 나비의 차이들을 배웠다. 전시관에서는 시간이 맞지 않아 해설사 강의를 듣지 못해서 아쉬웠는데 뒤늦게 해설사가 뒤쪽에 있는 아이들에게 해설을 해 줘서 다행이다. 탐험관에서는 앵무새가 인기가 많다. 체험관에서는 역시 누에고치에서 실을 뽑아내는 체험을 가장 좋아한다. 누에고치 한 개에서 1,500~1,800m 실을 뽑는다는 사실에 아이들이 놀라고, 전에는 뽕잎으로 만든 차와 과자를 나눠 주곤 했는데, 지금은 없어졌다며 아쉬워한다. 누에곤충과학관 앞에서 사진 찍고 차를 타고 잠집으로 돌아오는데, 함께 차를 탄 6학년과 1학년이 같이 어울려 말하고 다투는 모습이 어찌나 웃기는지 박선경 선생님과 같이 웃었다. 아이들 주라고 박선경 선생님이 산 뽕잎 초콜릿이 참 맛있다.

점심 먹고 부엌에 있는데 어디서 많이 뵌 분이 문을 연다. 앗, 사람들이 '길 위의 신부'라 부르는 문규현 신부님이다. 제주도 강정 마을에 계신 걸로 알아서, 아니 신부님이 여기 어쩐 일이시냐 물으니 여기가 신부님 집이라고 하며 집주인에게 그 말을 하면 어찌하느냐며 웃으신다. 그렇지. 문규현 신부님이 여기 등용 마을에 사셨지. 깜박한 것이다. 평화와 통일을 위해 애쓰시던 홍근수 목사님 장례식에 참석하고 제주로 돌아가는 길에 들른 거라며 바로 나서신다. 우리 아이들과 선생들 보면 참 좋은 이야기 들려주실 것 같아 잡으려는데 바로 다음 일정이 있어 서둘러 가시니 참 아쉽다.

낮에는 600m 전나무숲길로 유명한 능가산 내소사를 갔다. 지지난해에는 능가산을 넘어 직소폭포를 보고 왔는데 이번에는 내소사만 둘러보기로 한다. 주차장에 차를 세우고 일주문에서 천왕문까지 걸어가는데, 정말이지 700그루가량 되는 전나무가 뿜어내는 기운이 참 좋다. 침엽수 피톤치드가 몸으로 막 들어오는 것 같다. 아이들과 손잡고 도란도란 이야기를 나무며 천천히 걸어가니, 한국의 아름다운 길 100선에 들 만하다 싶다. 내소사는 "모든 것이 소생한다."는 뜻을 담고 있는데, 백제 시대의 조화와 균형을 간직하고 있다. 우리나라 절들이 거의 다 그러하듯이 임진왜란 때 불타서 조선 시대에 다시 지었다고 한다. 못을 쓰지 않은 나무집으로 배흘림 형식의 모서리 기둥을 지닌 대웅보전과 장식 무늬로 정말 뛰어나다는 아름다운 문살, 삼층석탑, 보물인 고려동종을 자유롭게 둘러보고, 천 살 먹은 군나무인 느티나무 앞에서 사진을 찍고 내소사 경치를 즐긴다. 토요일이라 사람들이 아주 많다.

아이들 부르고 챙기느라 입이 바쁘지만 편안함과 느긋함을 숨길 수 없다. 한 바퀴 돌고 내려가는데 조한별 선생이 지은이를 업고 천왕문을 들어선다. 멀리서 송순옥 선생이 목발을 짚고 오던 길을 돌아 내려가고 있다. 다리가 불편해 차에서 쉬고 있었는데 다시 올라온 모양이다. 일주문 밖에서 아이들을 기다리다 올개쌀 먹을 사람 모이라니 금세 아이들이 달려온다. 새참으로 내소사 들어서는 길에 산 건데 맛있다며 더 달라는 손들이 신이 났다. 어디를 가더라도 아이들에게는 늘 맛있는 새참이 있으면 참 행복하다. 아름다운 경치보다 맛있는 새참을 더 좋아하는 아이들이라 늘 챙겨야 한다. 또 이런 곳 아니면 먹일 수 없는 것들을 찾아 일부러 맛을 보게 한다. 내려가는 길에 산 꾸지뽕도 그렇다. 어릴 적 산에서 많이 따 먹었던 꾸지뽕을 밭에서 재배해서 아주 많은 양을 파는 것이 새롭다. 개량종이라는데 맛은 어릴 적 먹던 맛과 비슷하다. 곰소 젓갈 먹고 함께 먹으면 좋겠다 싶어 한 뭉치를 샀다.

곰소 젓갈을 먹으러 갔는데 지지난해 갔던 명인젓갈이라는 가게다. 사장님이 친절하게 아이들에게 젓갈에 대해 설명도 해 주고 아이들 먹으라고 푸짐하게 젓갈을 내놓은 기억이 있어 일부러 찾아갔는데 이번에도 아이들이 참 좋아한다. 낙지 젓갈을 줄을 서서 받아먹는 아이들 모습을 보는 어른들 눈길이 재미있다. 짠데도 아이들은 몇 번이나 낙지 젓갈을 먹는다. "정제염이 문제지, 천일염은 괜찮다, 짜게 먹는 게 몸에 나쁜 게 아니다. 천일염은 물 먹으면 모두 빠져나간다."는 명인젓갈 사장님 말씀이 있어 아이들을 말리지 않는다. 젓갈에 대해 아이들의 질문을 받아 잘 설명해 준 어른이 있어 아이들은 다시 강렬한 짠맛과 함께 곰소 젓갈을 기억한다. 부안과 변산반도 하면 아이들은 곰소 염전의 천일염과 곰소 젓갈을 떠올릴 것이다.

짭짤한 젓갈을 먹은 뒤에 내소사 내려오는 길에 산 꾸지뽕을 먹으니 짠맛이 좀 가신다. 꾸지뽕 더 달라는 아이들도 있지만 밋밋한 단맛을 내켜 하지 않는 아이들도 있다.

올개쌀과 젓갈, 꾸지뽕으로 새참을 먹고 잠집으로 돌아오는데 하루가 훌쩍 지나는 것 같다. 저녁 당번이라 운영이 모둠과 떡국을 준비하는데, 크게 할 일이 없다. 아이들이 일 잘하는 최강 모둠이라며 자랑하는데 육수 만들고 떡만 넣으면 되는 일이라 지우, 수인, 지빈, 유정이가 김치 써는 일과 상 차리는 일을 나눠 한다. 저녁 먹고 놀다 일찍 하루 마침회를 연다. 오늘도 하루를 닫으며 쏟아지는 칭찬과 부탁 말은 서로를 살찌운다. 잘 도와줘서 고맙고, 빌려 줘서 고맙고, 놀아 줘서 고맙다는 말이 가장 많다. 부탁 말은 함께 살면서 서로 고치기를 바라고 함께 살기에 필요한 규칙을 만들어가고 솔직하게 자기 마음을 내보이는 게 많다.

"신발 밟지 마세요."

"자꾸 쫓아다니지 마요. 귀찮아요."

"'뭐 하면 얼마 줄 건데' 그러는데 안 그랬으면 좋겠어요."

"코 만졌는데 코딱지 먹었다고 하는데 안 그랬으면 좋겠어요."

아무리 작은 일이라도 중요하지 않은 게 없다. 맺힌 것 없이 마음껏 말하고 뚜렷하게 말하는 아이들이 건강하다는 생각을 한다.

밤 탐험으로 8시 부안 청림청소년수련시설 천문대로 간다. 가는 차 안에서 아이들에게 아는 별자리를 모두 말하라 하니, 1학년 정우가 가을철 별자리를 제대로 알고 있다. 페가수스 대사각형을 말한다. 밤하늘을 보니 가을 별자리 공부를 제대로 할 만큼 맑다. 그런데 우리나라에서 가장 크다는 8m 개방형 돔에 설치되어 있는 1,000mm 나스미스식 반사 망원경이 어젯밤 관측하다 고장 났다고 하는 것이 아닌가. 기초 과학을 버린 우리나라 현실에서 망원경 부품을 모두 수입해서 쓴 탓에 고장이 나도 바로 고칠 수가 없다고 말하며 오늘 일로 기초 과학을 버리지 말라는 담당자 말을 듣고도 아쉬움이 남는다. 할 수 없이 우주와 별을 다룬 영상을 보고 밖으로 나가 해설사 이야기를 듣는다. 밤하늘 별자리를 레이저로 가리키며 가을 별자리 공부를 한다. 가을의 대사각형이라 부르는 페가수스의 몸통 부분을 찾고 가을철 대표 별자리인 안드로메다자리, 페르세우스자리, 도마뱀자리, 삼각형자리, 양자리, 물병자리, 염소자리들을 그려 본다. 견우와 직녀성 찾기, 카시오페이아로 북극성 찾기도 쉽다. 마지막으로 쌍안경으로 달을 보는데 크레이터까지 뚜렷하게 보인다.

9시쯤 되니 추워서 서둘러 잠집으로 돌아오니 9시 30분이다. 알맞게 밤 탐험까지 마치고 잠자리에 드니 어느새 부안 자연속학교 마지막 밤이다. 내일은 하동으로 가야 하니 가방을 싸고 짐을 정리해야 한다. 짐을 싸고 싣는 게 익숙하건만 아이들과 잠집을 옮길 때는 챙길 게 많다.

밤늦게 남원에서 일을 마치고 돌아온 시민발전소 이현민 소장님 이야기를 들었다. 반갑게 맞아 주고 선생들에게 좋은 속내 이야기와 직접 담은 솔방울 술을 내어주신 이현민 소장님이 있어 부안의 밤이 깊어간다. 또 덕분에 선생들이 금주를 실천하게 되어서 고맙다.

2013. 10. 13. 해날.
따듯한 가을 햇살이 참 좋다.

다 같이 생활할 때는 자기만 생각하지 마요

아침 먹고 등용 마을 비녀봉에 올랐다. 높은 봉우리가 아니라 마을 옆 작은 언덕인데 널찍한 게 공차기 좋다. 비녀봉에서 9시에 이현민 소장님이 아이들에게 좋은 이야기를 들려준다. 이렇게 좋은 말씀 들려주는 어른이 있는 마을에서 아이들은 또 다른 배움과 스승을 만난다. 기억에 남는 말씀이 많다.

"새만금 방조제를 폭파하자고 하는데 그렇게 해서는 안 된다고 말씀하시는 분이 있어요. 갯벌과 자연의 생명들에게 반성하고 사죄하는 마음으로 사람들이 하나씩 돌을 빼서 허물자는 이야기입니다. 그래야 돌을 뺄 때마다 반성하게 될 것 같다고 하시더라구요."

"여기 와서 농사를 줄곧 짓는데 농사는 늘 1학년이야. 농사는 기다릴 줄 알아야 한다."

아침열기 한 뒤 청소를 하는 동안 선생들은 짐을 싣고 점심 김밥을 싸느라 바쁘다. 승민이와 승민 어머니 박선경 선생님과 경현이는 서울에 사정이 있어 먼저 올라간다. 경현 어머니가 포도와 무화과를 들고 아침 일찍 오셨다. 아침에 닿으려면 새벽에 떠나서 많이 피곤하실 텐데 그 와중에 아이들 새참까지 들고 오셔서 고맙다. 경현이가 부안에서 사흘 동안 혼자서 아침, 저녁으로 목욕을 잘하는 걸 보니 정말 많이 자랐다 싶고 대견하다. 부모님과 선생들에게 의존하지 않고 혼자 힘으로 자기 앞가림을 잘해냈다.

부안성당 신부님이 오셔서 아이들 잘 가라며 좋은 말씀을 들려주신다. 어제는 문규현 신부님이 들렀다 갔는데 좋은 분들을 뵐 수 있어서 기분이 좋다. 이현민 소장님 배웅을 받으며 4, 5, 6학년은 남원 지리산 초록배움터로 고구마와 수세미를 거두러 떠나고, 낮은샘 1, 2, 3학년은 하동으로 길을 잡았다.

춘향휴게소에서 점심을 먹고 악양에 들어서는데 섬진강은 변함없이 아름답게 흐른다. 악양 동정호에서 가을 햇살을 받으며 한참을 뛰어놀다 가는 실뱀도 보고 반딧불이를 만났다. 동정호 정자에서 전기 놀이를 하는 아이들 얼굴에서 빛이 난다.

지리산과 섬진강이 주는 기운은 언제나 참 좋다. 하동 수채화 마을에 짐을 풀고 3학년이 저녁밥 준비를 하고 1, 2학년은 성두 마을에 간다. 마을 둘러보는데, 준영·인지 할아버지가 지난해 돌아가셔서 안 계시니 많이 허전하다. 감이 모두 떨어지고 달린 게 거의 없다. 마을을 둘러보며 할아버지네 감밭에 가니 역시 감이 없다. 병이 돌아서 감이 모두 일찍 떨어진 게다. 단감은 아이들이 하나씩 먹을 정도만 달려 있다. 어르신 산소 옆에서 밭에 떨어진 대봉시를 주웠는데 크고 빨간 것이 먹음직스럽다. 아이들이 먹고 싶은 것을 참고 형들과 나눠 먹는다고 갖고 가다 단감 몇 개를 서로 나눠 먹는데 신이 났다.

날이 어두워질 무렵 남원 갔던 높은샘 4, 5, 6학년 아이들이 고구마를 한 자루 캐서 들고 왔다. 땡볕에 고구마 캐느라 애를 많이 썼겠다 싶다. 저녁 김치찌개가 정말 맛있다며 매운 찌개를 다 비워내는 아이들을 보니 자연속학교가 감처럼 익어 간다는 생각이 들었다. 이렇게 자연 속에서 실컷 놀고 일하며 밤에는 부모님을 그리며 살아간다. 선생이 부모가 되는 자연속학교이기에 더 살뜰하게 살피고 챙겨야 한다. 부안에서 에너지, 암석, 젓갈 공부를 많이 했으니 하동에서는 자연 속에서 일하고 놀며 지리산과 섬진강이 주는 가운을 가득 담아야지 싶다.

선생들도 더 깊은 속내 이야기를 나누며 성찰하고 훌쩍 자라는 자연속학교는 일놀이를 바탕으로 어린이 삶을 가꾸는 글쓰기 교육과 함께 맑은샘 교육의 큰 줄기이다. 자연속학교에서 모든 선생이 아이들 모두를 보게 되니 할 이야기가 참 많다. 모둠이 아닌 통합 모둠 선생으로 학년을 나누지 않고 살아가니 아이들을 더 깊이 들여다보고 돕거나, 살필 아이들 결과 기운을 느낀다. 아이들도 날마다 서로 하는 말과 몸짓을 보며 도움말을 주기에 함께 살아가는 데 필요한 버릇과 감성이 쌓인다.

자연속학교 역사와 과제가 자꾸 떠오른다. 늘 그래 왔지만, 낮은샘과 높은샘에 맞는 활동 내용과 기간, 모험과 도전이 살아나고 스스로 삶을 가꾸는 자연속학교를 위해 나누고 성찰할 게 많다. 혼자만의 생각이지만, 낮은샘에게는 짧은 기간의 자연속학교도 필요하고, 높은샘에게는 학년 통합 효과가 넘치는 자연속학교가 필요하다. 좋은 곳을 찾아 차로 돌아다니는 활동과 체험도 필요하지만, 한곳에 머무르며 오롯이 시골 마을 속의 작은 학교처럼 살아가는 자연속학교도 좋겠다. 많은 것을 보여 주고 느끼게 해 주려고 하는 게 아니라 오후 3시면 학교를 마치고 아이들 마음껏 놀고 지내도록 충분한 시간과 여유가 있는 자연속학교를 열려면 아이들의 건강과 안전에 알맞은 공간이 참 중요하겠다 싶다. 여행과 기숙학교가 갖는 장점을 살리며 자연, 고장, 어른들의 삶이 있는 곳에서 자연속학교를 열어 우리 아이들이 살면 참 좋겠다. 그러려면 살피고 챙길 게 많다.

마침회에서 하루를 되돌아보는데 남원에서 고구마 캔 이야기로 신이 난다.

"아주 큰 고구마를 손호준 선생님이 부러뜨렸어요. 이렇게~"

"옆에서 캐고 있는데 '우리가 캔 게 이 정도야' 하면서 막 자랑해요."

"꽃뱀이 죽어 있어서 묻어 주고 싶었는데 너무 잔인하게 죽어 있어서 무서워서 그러지 못했어요."

"안 캔 것도 많아요."

"어? 그러면 올라갈 때 캐고 갈까요?"

"아니요."

3학년이 형들과 동생들을 위해 밥을 준비해서 모두에게 칭찬을 받는다. 수채화 마을에서 닷새를 살아가는 데 필요한 안전 규칙을 발표하는데, 아주 자세히 보고 모두를 위한 규칙을 말하는 아이들 힘이 놀랍다. 현관 물 열 때 조심하기, 흙벽 만지지 않기, 유리창과 난간 조심하기, 신발장에 신발 넣기, 텃밭 식물 만지지 않기, 돌 던지지 않기까지 모두 나온다. 아이들은 어디서든 함께 사는 데 필요한 마음과 규칙을 자연스레 익히고 서로를 살찌우려 애쓰고 있다. 자연속학교의 힘을 다시 확인한다.

"공동생활 중요하잖아요. 잘 때 잠이 안 온다고 이야기하면 안 돼요."

"다 같이 생활할 때는 자기만 생각하지 마요."

2013. 10. 14. 달날.
가을 햇살, 적당한 바람,
서늘한 기운과 따듯함이 알맞아 놀기 좋다.

그리움은 어찌할 수가 없다

아침 체조하고 걷다가 길에서 대봉시 세 개를 주웠다. 아이들이 어젯밤 들려준 진강이와 이산이 이야기랑 부안에서 들려준 채석강의 노래를 우리도 들려달라며 달라붙어 조른다.

"선생님, 우리 방에 와서 이야기해 주세요."

"거기서 자는 선생님이 해 주실 텐데."

"안 해 준단 말이에요. 그러니까 선생님 꼭 와요. 네?"

"선생님 채석강의 노래2, 다음 이야기는 언제 들려줄 거예요? 오늘 해 줘요. 네?"

호연이가 손을 잡고 자꾸 묻는다.

"얘들아, 부안에서 들려준 채석강의 노래 같이 불러 보자."

"쮸알라기 쮸알라기 쮸쮸쮸…"

재미있는 낱말과 장단에 아이들이 키득키득 웃으며 노래를 부른다. 지난여름 하조대 하조의 주문도 덩달아 한다. "째째꼬레 째 꼬레샤…" 초등학교 1학년 때 선생님이 가르쳐 준 노래를 옛날 이야기하면서 하조

369

의 주문으로 바꿔 가르쳐 줬더니 아이들이 아주 좋아한다. 채석강의 노래는 어디에서 들은 구호를 이야기 속에 넣은 것인데 아이들에게 인기가 있다. 다음에는 뭘 해야 하나 하는 부담을 자꾸 아이들이 준다.

아침 먹고 정자에서는 아이들이 전기 놀이를 하고, 서민주와 남민주는 개구리와 여치 잡느라 풀밭에서 나오지를 않는다. 정자에서 전기 놀이를 하는 아이들이 아주 신이 났다. 벌칙에 걸린 아이들이 개다리춤을 추는데 망설이지 않고 모두를 웃긴다.

아침열기 때는 거친 말과 거친 몸짓으로 말하는 아이가 있다면 서로 도움말을 줘서 버릇이 되지 않도록 돕자는 부탁을 했다. 나흘쯤 지나니 아이들 놀이와 관계에서 슬슬 말과 몸짓 이야기가 많이 나와서 그렇다. 학교와 집에서 보이지 않던 것들이 적나라하게 드러나니 서로 도움말을 줄 게 많다. 그렇게 아이들은 서로 관계와 놀이에서 배우며 고칠 것을 찾고 자기 모습을 알아간다.

아침나절에는 하동 학생야영수련원에서 축구 한 판을 했다. 선생들 편이랑 아이들 편으로 나눠 하자며 아이들이 내기를 건다. 선생들 편이 이기면 아이들이 감을 따 주고, 아이들이 이기면 불량 얼음과자를 사라는 것이다. 수가 적은 선생들이 부지런히 뛰지만, 지난해 대안학교 축구대회를 치른 아이들 실력이 상당하다. 가까스로 후반전에 따라잡아 5:5로 비겨서 승부차기까지 갔는데 아이들 열기가 장난 아니다. 보통은 선생들이 체력은 힘들지만, 적당히 져주곤 하는데, 아이들이 공을 너무 세게 차서 기회를 놓친다. 더욱이 선생들이 넣지 않으려고 찬 공이 골대에 들어가 버려 선생들이 이기고 말았다. 실망하는 아이들에게 다시 한판 승부차기를 하자고 해서 끝내 2:1로 선생들이 지고 말아 기다리던 불량 얼음과자를 먹게 됐다. 응원도 대단하고 넓은 운동장에서 온 힘을 다해 뛰고 달리니 제대로 몸이 풀린 아이들 얼굴에서 빛이 난다. 선생들이 일부러 져 줬다는 걸 아는 높은 학년 아이도 있지만, 1년에 학교에서 몇 번 못 먹는 얼음과자 맛이 더 좋다.

빨래하고 쉬다 점심 먹고 모두 다 성두 마을 둘러보기를 한다. 먼저 왕규식 선생님 시골집에 들렀다가 감나무밭에 가서 감 하나씩 따 먹고 늘 가던 추자 줍는 곳으로 올라가다 밤도 줍고 탱자도 딴다. 성준이와 우진이가 으름 딴다고 달려가는데 정확한 위치를 찾지 못한다. 제각 옆에 가서야 기억이 나는지 으름을 찾아낸다. 덩굴식물이라 나무를 타고 올라가 있어 아이들이 들어가 따기가 위험해 보여 선생이 들어가 따는데, 올해는 정말 많이 열려 있어 아이들이 신이 났다.

땀을 뻘뻘 흘리면서 으름을 따는 선생도 즐겁고 아이들 입도 즐겁다. 처음 먹는 아이들은 그저 신기할 뿐이다. 아이들이 바나나 같다고 말하는데 잘 맞힌 거다. 으름은 한국의 바나나로 부르며 이뇨와 부인병에 좋다. 해마다 씨를 가져가서 학교 둘레에 심겠다고 했는데 그러지 못해서 이번에는 꼭 챙겨야지 마음먹는다. 으름을 잔뜩 따고 추자 줍는 곳에 가서 추자와 밤을 줍고 나오는데 길옆 논에서 벼 베기를 하고 있다. 옛날에도 만난 할아버지 할머니 두 분이 벼를 베고 있어 김상미 선생과 권진숙 선생이 벌써 거들고 있다. 낫을 찾아 논에 들어가 함께 베는데 할머니 할아버지가 고마워한다. 벼 베는 권진숙 선생에게는 꼭 학생 같다고, 낫질을 잘한다고 하시기에 농담으로 선생 뽑을 때 낫질 시험을 본다고 하니 모두 크게 웃는다.

다 베고 나니 땀이 주르르 흐르는데 마음이 시원하다. 할머니가 자꾸 고맙다고 대접할 게 없어서 어쩌나 하신다. 주머니 가득 밤이 들어 있고 으름을 두 손으로 들고 내려가니 걷기가 여간 불편한 게 아니다. 아이들이 그림을 그리도록 몇 개를 챙겨 가는데 으름에서 수박 냄새가 난다.

성두마을에서 바로 섬진강으로 가는데 한주와 강산이는 잠집에서부터 헤엄옷을 입고 왔다. 섬진강 물이 많이 불어 있다. 섬진강에 뛰어든 아이들은 물장난에 신이 나고 재첩 주우러 위로 올라가는데 물 밖 모래에는 재첩 숨구멍이 보이지 않는다. 저 위쪽에서 할아버지 할머니가 재첩을 가득 담고 내려오는데 소현이가 망설이지 않고 묻는다.

"뭐 잡으셨어요? 재첩 있어요?"

어른들이 깊은 곳에 있다고 알려줘서 못 잡겠다 했는데 아이들과 김상미 선생이 무릎 높이에서 재첩을 잡았다. 지빈, 현서, 서민주, 강산, 정우, 남민주랑 여러 아이들이 재첩을 잡으니 꽤 양이 많다. 아이들 잡는 거 보니 욕심이 나서 신발을 벗고 물속으로 들어가 잡는데, 아이들 눈과 손이 선생보다 더 야무지다. 아이들에게 맡기고 물 밖으로 나와 아래쪽으로 오니 권진숙 선생과 조한별 선생이 모래에 누워 쉬고 있고 둘레에는 아이들이 모래 놀이를 하고 있다. 손호준 선생은 족대를 들고 아이들과 족대질을 한다. 새참으로 포도를 먹고 가는데 성준이 팔이 아프다고 한다. 가서 어찌 된 일인지 물으니 혼자 모래 위에서 오버헤드킥 차다가 넘어져서 그렇단다. 끝내 병원 가서 엑스레이를 찍고 살펴봤더니 다행히 팔이 빠지지는 않고 근육이 조금 놀라고 빠져나와 다시 맞춰서 괜찮다고 한다. 역시 사고는 늘 순간이다.

섬진강 물놀이를 마치고 잠집에 들어서는데 원서와 근학이, 원서 부모님이 우리를 반긴다. 원서·현서 부모님은 늦게 내려오는 원서와 근학이를 데려다 주러 먼 길을 와서 곧바로 올라가신다. 물놀이한 아이들은 씻고 저마다 자유롭게 쉬면서 원서와 근학이를 반갑게 맞는다. 며칠 못 봤다고 어찌 그리 반가울까. 괜히 한 번 더 말을 걸어 보고 장난을 거는 아이들 속에 원서와 근학이가 금세 빠져든다. 수건돌리기를 하고 일기 쓰고 저마다 알맞게 놀고 쉬면서 하루 닫을 준비를 한다.

날마다 감을 먹고 노느라 바쁜 아이들이 자연속학교에 푹 빠져 있다. 그렇지만 어김없이 돌아갈 날을 꼽는 아이들도 몇 보인다. 집을 떠나 자연 속 시골 마을에서 혼자 힘으로 빨래하고 청소하며 서로 도와 밥을 하는 아이들은 집과 부모를 그리워한다. 놀 때는 잊고 있다 불편하고 힘들 때, 자려고 할 때 어머니와 편한 집을 찾는다. 아이들과 놀고 일하며 삶을 가꾸는 선생이 부모가 되지만, 그리움은 어찌할 수가 없다. 다만 즐거운 추억이 가득하도록 놀 거리 일거리 먹을거리를 부지런히 찾을 뿐이다.

푸른샘 1학년 아이들이 부모님께 전화하도록 돕는데 모두 맛있는 거사 달라는 말을 부모에게 건넨다. 첫 자연속학교를 온 4학년 수인이도 전화하고 싶다고 해서 전화를 건네주었다.

마침회 하는데 하루 종일 놀아서 많이 피곤하다고 규태가 졸린다 한다. 그런데 어쩌나. 마침회에서 무슨 할 말들이 그리 많은지 아이들이 줄곧 손을 들고 발표를 한다. 속으로는 "얘들아, 그만. 내일 말하면 안 돼?" 그러는데 함께 살기에 필요한 이야기를 펼치니 그 또한 흐뭇하다.

2013. 10. 15. 불날.
아침에서 서늘한데 낮에는 따듯하다.
밤에는 소나기처럼 가을비가 와서 공기가 차갑다.

얼마나 힘든지 알았어요

아침 당번이다. 민철이 생일이라 미역국을 끓인다. 또 윤영이 모둠을 만났다. 선생을 아버지라 부르는 걸 좋아하는 아이들이라 더 반갑다. 오늘부터 6학년이 하루 선생 노릇을 하기로 했는데 오늘 하루 선생은 윤영이와 정빈이다. 어젯밤 교사들과 함께 마침회를 하며 내일 흐름을 나누던 최윤영 선생님과 임정빈 선생님의 진지한 표정이 생각나 하루가 설렌다.

아침나절에 600살이 넘은 문암송을 만나러 간다. 바위틈으로 뻗어 나와 자란 소나무가 참 아름다운 곳이라 하동에 오면 꼭 들러 악양 벌판을 바라보며 명상도 하고 소나무를 보고 자연의 기상을 배우고 시를 쓴다. 문암송 올라가는 길옆으로 대봉시가 가득 있어 대봉시 마을 같다. 길에 떨어진 대봉시를 아이들이 주워서 나눠 먹고 밤도 줍고 한참을 재미나게 논다. 명상과 시를 쓰고 잠집으로 돌아와 그림을 그린다. 어제 따 온 으름과 남원에서 따 온 호박을 그린다. 일찍 그림을 그린 강산이랑 대봉시밭에 감을 주우러 가는데 종민이가 얼른 따라나선다. 대봉시를 모든 아이들이 하나씩 먹을 수 있도록 개수를 맞추려고 주우러 가는 거다. 강산이와 종민이가 선생을 잘 돕는다. 물론 주운 대봉시를 둘이서 나눠 먹는 기쁨도 있다. 최명희 선생은 어제 축구 하다 허리에 무리가 간 모양인지 병원에 갔는데 시골 어른들이 많아 한참을 기다려서 검사한다고 연락이 왔다. 아무 이상 없기를 빈다.

잠집으로 돌아와 아이들이 그린 으름 그림을 보니 1학년 지빈이가 그린 그림이 눈에 띈다. 손전화로 찍어서 밴드에 올리는데, 문득 손전화로 사진을 자꾸 찍고 뭔가를 자꾸 올리는 모습을 다시 생각하게 된다. 좋은 점도 많겠지만, 되도록 손전화(스마트폰)를 멀리해야겠다는 생각이 든다.

점심 먹고 원서, 유정, 민철이 생일잔치를 했다. 생일잔치와 아이들 소리, 생일 음식으로 모두가 즐겁다. 낮 공부는 지리산 생태과학관에서 노는 거다. 최 참판댁 가는 길로 가서 악양 벌판을 내려다보고 과학관에서 지리산의 꽃, 곤충, 풀, 생명과 우주과학까지 체험관과 전시관을 두루 둘러본다. 지난 6월에는 괜찮더니 우주과학 체험관은 기계가 고장 난 게 많다. 관리가 필요한데 참 아쉽다. 지리산 생태와 여러 과학 공부들을 아이들과 할 수 있는 곳이라 한 번 가는 게 아쉬워 두 번쯤 가고 싶다는 생각을 했는데, 문을 연 지 얼마 되지 않아 시설이 망가지는 게 괜히 속상하다. 아이들은 꽃과 풀, 동물 발자국을 탁본으로 뜨고, 저마다 수첩에 기억하고 싶은 것을 가득 적는다.

잠집으로 돌아와 1, 2학년은 따로 한 시간 모두 누워 쉬는 시간을 갖는데 잠을 안 자고 놀려는 아이들은 귀찮은 시간이다. 참고 누워 있으려니 근질근질 몸이 쑤시던 아이들도 어느새 잠이 들고 곁에 누운 선생도 잠이 들었다. 깨어 보니 아이들은 벌써 짐 정리하고 일기를 쓰고 있다. 지빈이가 선생에게 오더니, "선생님, 코 골았어요." 한다.

밤비가 내려 저녁밥은 방마다 따로 먹고 청소를 한다. 형들이 일을 나눠 쓸고 닦고 걸레를 빨고 척척 해낸다. 이곳저곳 부지런히 다니며 아이들과 함께 방을 정리하는 권진숙 선생이 오늘 하루 이끎이인데, 살뜰하게 아이들을 챙기고 이끄는 힘이 좋아 보기 좋다.

호연이는 어제부터 집에 갈 날을 선생에게 확인한다. 선생도 집에 가고 싶은 마음이 있다는 걸 아이는 알까? 마침회 준비하면서 쉬는데 팔씨름 대회가 열린다. 우진이랑 원서가 왼손으로 하는데 원서가 우진이랑 성준이 팔을 넘겨버렸다. 정식으로 다시 할 때는 원서가 지긴 했는데 아이들이 모두 놀랐다. 이제 남자아이들은 모두 팔씨름을 한다. 원서랑 동엽이도 한 판 하는데 서로 힘에 비슷하다. 성준이가 원서에게 쩔쩔매는데 우리 성준이 가볍게 웃으며, "나는 팔심이 약해." 그런다. 연재가 비염 때문에 잠잘 때 콧소리 낼 때 빼고는 아주 생활을 잘하고 있어 보기 좋다.

마침회 때 하루 선생 노릇을 한 6학년 윤영이와 정빈이가 느낌을 발표하는 시간을 가졌다. 정빈이는 아주 진지한 표정과 특유의 높은음 목소리로 아이들에게 부탁 말을 했다. "동생들이 형들을 만만하게 보지 않으면 좋겠어요."

윤영이는 조금 길게 발표를 했다.

"선생님들이 힘드신 걸 깊이깊이 느꼈어요. 아주 조그만 것들까지 신경 써야 해서 얼마나 힘든지 알았어요. 아이들에게 하고 싶은 말은 거친 말과 거친 몸짓을 쓰지 말라는 거예요. '바보 같아' 같은 말이 버릇이 되지 않도록 모두가 도움말을 줘요. 동생들이 깨끗하게 청소를 해서 고마워요. 힘들지만 보람찬 하루였습니다."

집을 떠난 함께 살아온 날이 엿새쯤 되니 아이들 몸이 마침회 할 때쯤에는 시골 어른들처럼 일찍 잠이 쏟아진다. 모두 잠주머니 펴고 자리에 누웠는데 밤늦게 왕규식 선생님이 다경이와 태인이를 데리고 왔다. 아이들이 얼마나 반가워하는지 웃음꽃이 핀다.

2013. 10. 16. 물날.
파란 하늘에 햇살이 따듯한 가을날, 산에는 찬 기운이 있다.

노고단, 정말 쉬워요

아침 일찍 감밭에 들러 감을 따서 저마다 새참으로 들고 성삼재로 방향을 잡는다. 지리산 노고단에 가는 날이라 점심도 싸 간다. 5, 6학년은 화엄사에 학교 차를 두고 성삼재 가는 버스를 타고, 다른 학년은 빌린 차에 나눠 타고 성삼재 주차장까지 갔다. 굽은 길로 높이 올라갈수록 곱게 물든 지리산과 파란 하늘과 산자락에 눈이 부시다. 노고단

가는 길 어귀에 모두 모여 안전 규칙 다시 확인하고 올라가는데, 빠르게 움직이는 구름을 담은 하늘이 정말 파랗다. 날씨가 정말 좋다.

높은 산이라 울긋불긋 물들어가는 풍경을 일찍 본다. 1,507m 노고단 가는 길은 편안해서 성삼재에서 1시간 10분 만에 노고단 대피소에 닿았다. 두 번 쉬면서 초콜릿과 사탕을 먹는 즐거움도 누렸다. 성삼재에서는 최명희 선생과 송순옥 선생, 유하와 남민주가 쉬기로 하고, 천천히 오르는 아이들은 오를 수 있는 만큼만 걷고 알맞게 내려가기로 약속했다. 되도록 1, 2학년은 대피소까지만 가고, 노고단에는 높은 학년 중심으로 가고 싶은 사람만 선택해서 가기로 했는데, 그리 어려운 길이 아니라 낮은 학년 아이들이 노고단에 가겠다고 한다.

대피소에 닿은 6학년은 스페인 가 있느라 지리산 종주에 참여하지 못한 세영이를 위해 함께 졸업 여행 사진을 다시 찍는다. 가장 즐거운 점심시간, 충무 김밥 종류가 여러 가지다. 멸치, 우엉, 김치, 햄, 모두 정말 맛있게 먹고 초콜릿을 또 받는다. 약속대로 대피소에 남고 싶은 아이들은 모두 남고 노고단으로 가는데, 1학년 지빈이와 2학년 규태도 가고 싶어 한다. 갈 줄 알았던 강산이와 정우는 한주랑 대피소에서 숨바꼭질하며 놀겠다고 한다. 노고단 가는 길은 정말 아름답다. 파란 하늘, 울긋불긋 사람들 옷, 물들어가는 단풍, 멀리 자태를 드러내는 수많은 봉우리와 산자락을 배경으로 저 멀리 마을과 섬진강이 보인다. 가슴이 팍 뚫린다는 게 이런 것이다. 확 트인 전망이 그야말로 시원하다.

앞에 가는 규태에게 물었다.

"규태야, 대피소에서 쉬지, 힘든데 왜 올라온 거야?"

"힘들지만 올라오고 싶었어요. 선생님, 사진 찍어서 어머니한테 보내 줘요."

노고단을 배경으로 파란 하늘을 담아 규태 사진을 손전화로 보냈다. 아름다운 경치를 사랑하는 사람들과 나누고 싶어 하는 아이 마음이 예쁘다. 가고 싶은 사람들만 선택해서 가는 길이라 가고 싶은 만큼 오르고 산 타는 즐거움을 저마다 맛본다.

"선생님, 노고단 정말 쉬워요."

힘들 줄 알았던 산길이 편하고 쉬워서인지 지리산 기운 탓인지 아이들이 모두 씩씩하다. 노고단에서 212㎞ 섬진강을 내려다보며 아이들은 무슨 생각을 할까? 선생들이 보여 주고 싶고 길러 주고 싶은 기상과 기운을 아이들은 저마다 들숨과 날숨으로 자기 기운껏 자기 것으로 만들겠지.

2시 40분 차를 타기 위해 먼저 내려가는 5, 6학년 아이들 뒷모습이 산과 잘 어울린다. 천천히 뒤에서 내려가는데 앞에 가던 아이가 부리나케 달려간다. 아까 화장실 가고 싶다던 아이다. 가는 길에 눌 곳이 마땅치 않아 참고 가는 모양인데, 발걸음이 아주 빨라지더니 이제는 달리는 거다. 그런데 한참을 달리던 아이가 한 자리에 멈추어 서 있다. 선생이 가자 "선생님, 묻었어요." 그런다. 잘 참았는데 화장실을 얼마 남기고 누고 만 거다. 성삼재 주차장 화장실에서 물휴지로 모두 닦아내고 차에 탄다. 멋쩍어하는 표정이 귀엽다.

하동 수채화 마을로 돌아와서 모두 방에 누워 쉬고 잠을 잔다. 30분 쉬다 네 시쯤 단감밭에 가서 왕규식 선생님과 5, 6학년 아이들이 단감을 두 상자 따고 대나무도 잘라 왔다. 병이 들어 단감이 얼마 없지만, 아이들 새참 먹을 만큼 나와 주었다. 바쁜 회사 일 뒤로 하고 아이들에게 감과 밤을 먹이려고 달려온 왕규식 선생님이 있어 아이들 입과 몸이 신 날 수 있고, 하동 자연속학교가 풍성하다. 늘 고마운 분이다.

오늘 하루 선생 노릇을 하는 수빈이와 근학이가 부지런히 움직인다. 방마다 뒷마무리를 하고 늦게 나오는 동생들을 챙겨서 차에 태우는 등 할 일이 제법 많은데 아주 잘했다. 긴장되고 부담되는 것도 이야기하고 하루 선생님 노릇을 하게 돼서 좋았다는 수빈이의 평가가 고마운 날이다. 본디 밤 탐험을 할 계획이었는데 아이들 몸 상태를 보고 뒤로 미루거나 하지 않기로 했다. 노고단 파란 하늘과 구름이 자꾸 생각난다.

2013. 10. 17. 나무날.
구름이 해를 가리지만 따뜻한 햇살을 막을 수는 없나 보다.

1학년들이 낚시 가서 진짜 다행이에요

고소 산성에 올라 시를 쓰는 날이다. 유하, 성준, 남민주는 왕규식 선생님과 낚시를 하러 가고 다른 아이들은 모두 고소 산성에 오른다. 40분이면 오르는 곳이라 크게 부담은 없는데 가파른 길이 있어 천천히 간다. 하동 8경 가운데 하나인 고소 산성에서 내려다본 악양 벌판과 섬진강은 언제 봐도 좋다. 시원하고 그냥 좋다. 아이들과 고소 산성을 한 바퀴 둘러보고 시를 쓴다. 아이들은 같은 시를 쓰지 않는다. 늘 새롭다. 시를 다 쓴 아이들은 준비해 간 새참을 먹고 명상을 하며 섬진강과 악양 벌판을 가득 담았다. 이번에는 고소성 가는 길에 주운 밤이 많지 않은데, 그래도 강산이는 주머니 가득 밤을 주웠다.

내려와서 점심 먹고 1학년은 낚시하러 가고, 다른 아이들은 성두 마을 밤산으로 밤을 주우러 간다. 오후에 밤 음식 만들기 대회가 있어 밤을 주우러 가는 거다. 학년마다 하기로 해서 1학년은 밤 갈비찜으로 정하고 고소 산성에서 내려올 때 고기 두 근을 사 와서 핏물을 빼 둔다.

그런데 지금껏 자연속학교 역사에 있어본 적이 없는 큰일이 벌어졌다. 늘 가던 성두 마을 밤산에서 갑자기 벌이 아이들에게 달려들어 한바탕 밤산을 뒤흔들었다. 밤산 들머리부터 큼지막한 밤들이 가득해 아이들이 신이 나서 밤을 줍다가 더 들어갔는데 그곳에도 밤이 아주 많았다. 서로 신 나서 밤을 부지런히 줍는데 갑자기 아래쪽에서 "벌이야!" 하는 소리가 들리더니 아이들 고함소리가 들려오는 게 아닌가. 벌은 보이지 않고 아래쪽에 있던 지안이 소리치는 소리와 울음소리, 다른 아이들 소리가 울려 퍼지더니 먼저 벌을 본 선생들의 빨리 내려가라는 외침에 아이들이 쏜살같이 밤산을 내려가는 게 보였다. 지안이가 울면서 올라오고 곁에 있던 김상미 선생과 권진숙 선생이 달라붙어 지안이를 보호하는데 이놈의 벌들이 막 달려든다. 모자를 벗어들고 정신없이 벌들을 쫓는데 머리 뒤가 따끔하다. 지안이 머리와 권진숙 선생 머리에 벌들이 달라붙어 있어 막 내리치는데 놀란 지안이 울음소리에 하늘이 노랗다. 아이들은 저 멀리까지 피하고 지안이를 데리고 세 선생이 밤산을 빠져나오는데도 이놈의 벌들이 달려든다. 하필이면 긴 머리카락 속에 벌들이 들어 있어 야단이다.

큰길가에 나와서야 권진숙 선생과 지안이 머리카락에 붙은 벌들을 떼어 내고 살펴보니 아이들이 저 멀리 아래쪽에 있다. 잘 피한 것이다. 아래쪽에 있던 서민주가 울면서 내 쪽으로 달려와서 보니 역시 머리카락에 벌이 붙어 있다. 벌을 떼어 내고 우는 아이들 달랬다. 김상미 선생과 최명희 선생이 지안이를 안고 학교 차로 들어가고, 빌린 차에 벌에 쏘인 아이들을 태우고 서둘러 마을 보건소로 달렸다. 산 아래 멀리까지 달려 내려온 아이들은 다행히 진정이 되어 옷을 벗고 쏘인 곳을 살펴보기도 하는데, 쏘인 동생들이 걱정되어 눈시울이 빨갛다. 선생들이 지안이를 안고 가는 것을 본 아이들이 지안이 괜찮으냐며 아주 걱정이다.

마을 보건소에 닿으니 우리 아이들 소리로 보건소가 왁자지껄하다.

여덟 아이가 바로 소독을 하고 주사를 맞았는데, 어느 정도 진정이 되어 다행이다. 종민이와 지안이가 많이 쏘인 듯한데 다행히 쏘인 곳이 조금이다. 아이들이 얼마나 놀랐을까 걱정이 되어 진정시켜주려 애쓰는데 다행히 보건소 의사와 간호사들이 빠르게 도와주고, 일 도와주는 마을 분들이 토봉벌이라며 괜찮다고, 일부러 벌침 맞는 사람도 있다며 걱정하지 말라고 안심을 시켜 준다. 그제야 선생들도 쏘인 곳을 소독한다. 아이들이 자연속학교 마지막 날 잊지 못할 일을 겪는다. 다시는 겪고 싶지 않은 사고이다. 사고는 순간이라고 늘 외치건만, 이렇게 벌에 많이 쏘인 적은 처음이다. 역시 산에 갈 때는 머리를 단정하게 묶고 모자를 쓰는 규칙을 잘 지킬 필요가 있다.

벌 때문에 밤 음식 만들기는 못 하게 돼버렸다. 선생들도 놀라고 지쳐서 이끌 힘이 없다. 벌 때문에 밤산에 놓고 온 밤 자루가 그제야 생각났다. 우진이와 성준이가 따라 가겠다 해서 벌 나오면 어쩔 거냐며 말리는데, 차에 있겠다면서 탄다. 옷을 단단히 입고 모자를 눌러쓰고 밤산에 올라가니 벌들은 사라지고 밤 자루만 남아 있다. 밤 자루 챙겨서 수채화 마을로 와서 밤을 깎는다. 밤 음식 만들기 대회는 못 열지만, 선생들이 아이들을 위해 맛있는 밤 갈비찜을 하기로 했다. 마당에서 밤을 깎으니 아이들이 몰려들어 거든다. 손이 아플 정도로 많이 까는데 밤벌레가 정말 많다. 밤벌레가 귀엽다며 모으는 아이들이 서로 밤벌레 달라며 손을 내민다. 머리 쪽을 벌침에 쏘여 방에 누워 있던 종민이가 괜찮아졌는지 나와서 말을 건넨다.

"선생님, 1학년들이 낚시 가서 진짜 다행이에요. 그죠?"

참 예쁜 마음을 가진 아이다. 다른 아이들도 모두 1학년들이 낚시 가서 정말 다행이라며 가장 많이 놀란 지안이를 찾는다. 다행히 지안이도 마음이 진정되어 김상미 선생 등에 업혀 선생이 깎아 준 밤을 받아먹는다. 몸과 마음이 회복되어 참 고맙다.

아이들이 기대하던 밤 갈비찜 맛에 모두 밥을 많이 먹고 마침회 까지 쉬는 시간을 갖는다. 남자아이들 방에서 마침회를 하기로 해서 가서 쉬는데 아이들에게 369 놀이를 하자고 했다. 마침회 할 때까지 신 나게 369 놀이에 빠졌는데 다경이가 무려 두 번이나 우승했다. 다경이 기분이 최고다.

규태는 369 놀이를 하는 아이들을 바라보며 설거지대에서 설거지를 열심히 한다. 아이들 설거지를 자기가 다 하겠다며 어제부터 줄곧 식판을 씻는다. 참 일을 좋아하는 건강한 아이다. 아이들이 규태가 세 번이나 식판을 씻어 줬다고 모두 마침회에서 칭찬을 한다.

낮에 식판 씻다가 몸싸움을 벌인 두 어린이는 서로 마주 보며 절을 열 번 했다. 차례로 줄을 서서 식판을 씻는데 한두 아이가 줄에 끼어들자 놀이하는 것을 본 아이가 말로 하지 않고 그만 몸을 쓰며 하지 말라고 한 것이다. 그러자 화가 난 상대편 아이가 갑자기 가방을 들고 왔고, 가방을 막으려던 아이 발에 가방이 고장 나자 아이가 더 화가 나 소리를 크게 지르는 일이 있었다. 말로 하지 않고 거친 몸짓으로 말한 잘못에 대한 벌로 두 아이 모두 명상하고 글쓰기를 하며 마음을 다스리는 시간을 가졌다. 아이들 다툼은 늘 말과 몸으로 온다. 그래도 고칠 것을 알고 서로 웃으며 같이 노는 아이들에게 늘 배운다. 화가 난다고 삐쳐서 말도 않고 쳐다보지도 않는 어른 세계에서는 상상도 하지 못할 일을 아이들은 날마다 서로 풀어간다.

마침회 때는 고마운 이야기로 활기가 넘친다. 수인이와 수빈이, 윤영이와 지우가 아이들 앞에서 왈츠 같은 춤을 추었는데 덕분에 정말 즐거운 마침회가 되었다. 즐거운 놀이가 끝나고 하루 선생 노릇을 한 유찬,

우진, 세영이가 한마디씩 하고, 발표하고 싶은 아이들 이야기를 들었다. 그런데 수빈이가 말하다 눈물을 펑펑 쏟는다. 벌 쏘인 아이들 챙기는 선생들을 보며 고맙고, 고마워서 갑자기 처음으로 부모님이 보고 싶었다며, 곁에 앉아 있던 김상미 선생에게 안겨 운다. 하루 선생 노릇을 해서 그런지 선생들 마음을 이해하려 한다. 녀석 우는 모습도 예쁜데 선생 눈시울을 붉게 만든다. 그렇게 하루 큰일을 겪고 아이들은 또 자라는구나. 동생들 챙기는 부담과 긴장이 아이들과 춤추면서 오롯이 풀어지고 터져 나오는구나. 그것을 부끄러워하지 않고 모두 앞에서 울 수 있는 맑은 아이가 정말 고맙다. 정직하고 순수한 우리 아이들 삶과 영혼을 지키고 가꾸기 위해 선생이 무엇을 해야 할까 하는 생각에 마음이 뭉클한다.

긴 자연속학교가 끝났다. 선생은 무엇을 배우고 돌아가는가? 반성과 성찰도 가득하지만, 아이들과 함께한 소중한 추억과 아름다운 모습이 가슴에 남는다. 이제껏 누린 행복을 다시 떠올리며 선생들이 곱씹고 나눠야 할 이야깃거리와 아이들과 함께 애써야 할 것을 찾아야겠다.

겨울
- 자연속학교 -

2013. 12. 13. 쇠날.

과천 아침은 미끄러운 길을 조심조심 걸으며 춥다고만 생각했는데
충청도 내려오는 길에는 눈보라가 몰아친다.
끝내 진도에 닿으니 바람이 세차게 불지만
과천만큼 춥지는 않다.

선생이 부모가 되어

아침 일찍(7:20) 높은샘 4, 5, 6학년 아이들이 통영으로 떠나야 해
서 부지런히 학교에 가니 아이들이 하나둘 학교에 들어선다. 동생들과
따로 가니 오붓해 보이는 규모만큼 아이들도 들떠 있다. 동생들 없이 가
는 자연속학교라 형 노릇을 해야 하는 책임에서 훨씬 자유로운 게다.
네 사람의 선생이 자연속학교를 지내기에 20명 안팎의 아이들 수는 선
생들과 아이들 서로에게 편안하다. 50명에 가까운 사람들이 살 때와 견
주어 보면 움직임과 몸놀림이 빠른 높은샘 아이들에게 동생들과 떨어
져 오붓하게 높은 학년 기운대로 살 수 있는 겨울 자연속학교는 어떤
활동이든지 더 마음에 든다고 했다.

학교 차에 짐을 예술로 쌓은 뒤 4학년 아이들이 탔고, 5, 6학년 아이
들은 고속버스터미널로 간다. 통영 달아항에서 연대도 가는 배를 타야
해서 일찍 서두르는 것이다. 아이들을 배웅하고 나니 낮은샘 1, 2, 3학

년 아이들이 오기 시작했다. 높은 학년 아이들을 보내고 낮은 학년 아이들을 보니 역시 형들처럼 우리들끼리만 간다는 설렘이 있다. 9시 30분 과천을 떠나서 충청도를 거쳐 서해안고속도로에 들어서는데 눈보라가 몰아치고 함박눈이 펑펑 내린다. 군산휴게소에서 점심을 먹고 나설 때까지도 줄곧 함박눈이 내려 운전 길이 조심스럽다. 원서·현서네 차, 빌린 차, 성준네 차에 나눠 타고 가는데 아이들이 들떠서인지 잠을 자지 않는다. 함께 못 오고 다음 주에 오는 채원이를 벌써부터 기다린다.

예상보다 일찍 3시쯤 진도 길은리 푸르미 체험관에 닿았다. 오는 길에 목포 앞바다에 잠깐 들러 바다를 바라보는데 어찌나 바람이 세찬지 한주가 뒤로 날아갈 정도였다. 알찬샘 3학년은 진도다리를 넘어 이순신 장군 동상을 보고 오느라 조금 늦는다고 했다. 푸르미 체험관은 답사한 대로 시설이 좋고 넓은 잔디운동장과 나무마다 달린 그네가 아이들을 흥분하게 한다. 짐 넣고 그네 타고 쉬는데 운동장이 늘 아쉬운 아이들이라 벌써부터 축구공 꺼내 달라고 아우성이다.

모둠살이 규칙을 정하고 청소, 밥 당번 차례를 확인하고 원서·현서 할머니 집에 가서 인사를 드렸다. 자연스레 동네 한 바퀴를 돌아보게 된다. 3학년이 가장 높은 학년이라 이끎이 노릇을 하는데 놀이와 생활에서는 1, 2학년과 비슷하다가도 어느 순간에는 책임감과 순발력을 발휘한다. 원서·현서 할머니께 큰절로 인사를 하고 잠집으로 돌아와 자유 시간을 갖는다. 그네 타는 아이도 있고 축구 하는 아이도 있다.

그런데 바람이 아주 세차서 옷을 입고 뛰다 보니 금세 땀이 나고 또 마르기가 반복된다. 어린이 편과 선생 편으로 나눠 한 판 하는데 종민이가 재미없다고 줄곧 투덜대더니 나중에는 어린이 편으로 공을 몰고 가서 편을 바꾸어버린다. 정확하게 편을 짜서 하자고 조르더니 끝내 아이들을 제치고 골 넣는 재미에 빠진다. 형들이 없으니 종민이가 펄펄 난다. 지안이가 문지기를 보는데 괴상한 소리와 웃음을 날리며 골을 막아

내서 선생들이 칭찬을 쏟아붓는다. 장형근 선생도 땀이 나도록 뛴다. 그렇게 한참 축구를 하니 몸이 살아나는 것 같다. 저녁 모둠을 맡은 원서 모둠이 밥 준비를 하는 동안 모두 방으로 들어와 쉬면서 또 놀이를 이어간다. 수건돌리기, 눈 감고 사람 찾기 놀이에 말소리와 웃음으로 방 안이 왁자지껄하다. 환호성 소리에 잠집이 들썩거리고 하루 종일 신 나고 즐거운 놀이가 이어지는 아이들 세상, 겨울 자연속학교가 시작됐다. 집 떠난 생각은 할 겨를도 없이 놀고 웃고 달린다. 다들 저녁을 얼마나 잘 먹는지 널찍한 식당이 정겹다.

저녁 먹고 이 닦고 일기를 쓰는 아이들이 있고, 일기를 다 쓴 아이들은 최명희 선생과 돼지 씨름을 벌인다. 아이들이 모두 달려들어 소리를 지르며 돼지 씨름에 빠진다. 낮은샘 모두 일지를 가장 먼저 쓰는 성범이는 처음에는 아이들 노는 거 신경도 안 쓰고 큰 글씨를 써 내려가더니 나중에는 "시끄러워서 집중이 안 되네."를 읊조린다. 그러다 다시 집중해서 써 내려가다가 갑자기 돼지 씨름 하는 아이들에게 "조용히 좀 하라고." 하며 큰 소리로 말하더니 다시 일지를 쓴다. 시끄러운 둘레 환경에도 굴하지 않고 글을 써 내려가는 아이들 능력이 참 대단하다 싶고, 역시 글을 쓸 때는 집중할 수 있는 환경이 필요함을 느낀다.

세 시 넘어 통영 달아항에 닿은 높은 학년 아이들은 파도가 세서 섬나들이호가 운항을 안 한다고 연락이 왔다. 다행히 연대도 잠집 주인인 서태욱 선장님과 연락이 되어 배를 구해 연대도 잠집에 닿았다고 해서 안심이다. 배에 짐을 싣고 내리고 다시 잠집까지 짐을 옮겼을 생각을 하니 모두 많이 피곤하겠다 싶다.

아이들이 모두 자고 선생들이 아이들과 하루를 되돌아보며 다음 날 계획을 세우는 마침회 시간에는 원서·현서 아버지와 어머니가 원서·현서 할머니가 담근 집 막걸리와 김치 지짐을 가져와서 맛있는 밤참을 먹는다. 집에서 정성 들여 빚은 막걸리라 그런지 술맛보다는 새콤달콤한 음료수처럼 맛이 독특해 여자분들이 좋아하겠다 싶다.

부모님을 떠나 먼 남쪽에서 한 주를 살며 자기 앞가림과 함께 살아가는 법을 배우고 자연 속에서 일놀이를, 삶을 가꾸다 올라가는 우리 아이들에게 선생들은 부모와 같다. 그래서 선생들은 몸과 마음을 다해 아이들의 건강과 안전, 버릇을 살피고 집중하게 된다. 그렇게 자연과 아이들 속에 푹 빠져 선생의 길을 다시 묻고 성찰하며 도시에서 살아갈 힘을 만드는지도 모르겠다.

2013. 12. 14. 흙날.
바람이 많이 불지만 아주 춥지는 않다.

진도 아리랑

진도에서 사는 동안 아침마다 원서·현서 할머니께 인사를 드리러 간다. 자연스레 마을을 둘러보고 마을 어른들께 인사를 할 수 있어 좋다. 집마다 진돗개가 있어 아이들이 좋아한다. 아침을 먹고 아침열기를 하는데 어젯밤 방이 너무 더웠다며 방 온도를 더 낮춰 달란다.

아침 공부는 마을을 천천히 둘러보고 마을 지도를 그리는 것이다. 낮 공부는 아리랑 공연과 체험을 하기로 했다. 아침열기 마치고 쉬는 때 아이들은 나무에 달린 그네를 타러 몰려간다. 선생도 달려가 여러 명이 올라탄 그물침대를 잡고 우주선 여행안내를 하며 밀어주니 한바탕 신이 났다. 마을을 천천히 둘러보며 푸르미 체험관에서 할머니 집까지 가는 지도를 그릴 때 넣을 것들을 잘 봐두고 적어 두면 좋겠다고 말했는데, 태인이가 수첩에 뭔가를 꼼꼼히 적는 모습이 참 예쁘다.

마을을 천천히 둘러보다 보니 메주가 걸린 집도 보이고 진돗개, 밭에서 자라는 배추와 파도 자세히 보게 된다. 따뜻한 남쪽이라 배추와 파를 아직도 뽑지 않았다. 길은리가 내려다보이는 언덕에 올라가서 마을을 보며 집을 세기도 하고, 고춧값이 안 나와 따지 않은 채 얼어 가는 빨간 고추를 따고, 한쪽에서 서너 녀석이 자라는 시금치를 뜯어 씻지도 않고 맛을 본다. 시금치가 맛있다며 자꾸 달라는 아이들이 귀엽다. 원서·현서 할아버지 무덤에 가서 절도 하고 갈대도 꺾어 언덕을 내려와 마을 경로당과 회관을 돌아 푸르미 체험관으로 걷는데 칠면조 소리에 모두 깜짝 놀랐다. 마을을 한 바퀴 돌고 잠집으로 돌아와 종합장에 지도를 그린다. 낮은 학년에게 실제 거리와 사물을 줄여 종이에 그림으로 표현하기는 어렵지만, 저마다 할 수 있는 만큼 한다.

원서·현서 할머니 집에 가는 길에 본 집과 전봇대, 거리들을 가늠하며 방향을 넣어야 한다. 자연스레 지도에 담기는 정보 이야기, 방위와 축척 이야기를 덧붙이게 된다. 아이들이 그린 지도는 모두 훌륭한 작품이다.

점심은 식당에 다른 푸르미 체험관 일정이 있어 방에서 먹는다. 그동안 장형근 선생과 낚싯대를 사러 읍내로 나갔다. 미리 지인에게 들은 정보를 바탕으로 읍내 낚시가게를 차로 둘러보고 읍내 들어서는 첫머리의 '이순신' 낚시가게에 들어가니 주인 인상이 좋다. 아이들과 바다낚시 할 수 있는 대낚싯대를 달라고 하니 만 원짜리부터 차례로 내놓는데 만져 보니 역시 3, 4만 원짜리가 알맞겠다. 낚시를 즐기는 낚시꾼은 아니지만 자연속학교를 다니며, 지인을 따라다니며 곁에서 본 낚시 경험이 조금 있어 낚싯대를 고르긴 했으나, 낚시채비는 늘 서툴다. 주인에게 채비 부탁을 하며 낚시 원줄 매는 법과 채비하는 법을 다시 배운다. 낚시채비는 아직도 새롭고 즐겁다. 낚시 초보 딱지를 떼지 못하는 까닭 가운데 가장 큰 게 채비하는 것과 수심과 물때를 맞추지 못한 것인데, 진도에서 날마다 낚시를 하며 익혀야겠다 싶다.

낮 공부는 길은리에서 10분쯤 걸리는 읍내 향토문화회관에서 주말마다 무료로 공연하는 아리랑 공연을 보고 아리랑 체험관에 가는 거라 아이들과 아리랑 노래를 부른다. 자연속학교 오기 앞서 줄곧 아리랑 노래를 부르고 아리랑 공부를 해 왔기에 민요 가수들이 들려주는 아리랑을 보는 즐거움이 더 크겠지 싶다. 한 시간 반쯤 하는 공연이라 아이들이 지루해할 수도 있긴 한데, 시작이 참 좋다.

아이들이 잘 아는 진도 아리랑을 미리 가르쳐 주는 게 아닌가. 아이들과 선생들이 크게 따라 부르니 가르쳐 주는 이가 좋아하고 칭찬한다. 열심히 따라 부른 덕에 나중에 큰 선물도 받고 마이크로 노래도 불러보게 되어 또 좋다. 무형문화재인 남도들노래, 진도씻김굿, 다시래기, 진도북춤, 남도 민요, 진도 아리랑의 진수를 보니 문득 옛날 진도북춤을 배우고 싶어 열망하던 젊은 날이 떠올라 절로 흥이 난다. 초상집 상주를 웃긴다는 다시래기도 재밌지만, 역시 북을 장구처럼 단단히 묶고 북춤을 추는 춤꾼들의 몸짓이 어찌나 부럽던지 아직도 배우고 싶은 욕구가 남아 있는 모양이다.

마지막에는 남도 민요를 부르는 공연자들과 함께 어우러져 춤을 추는 난장이 열리는데 아이들과 어른들이 덩실덩실 춤을 춘다. 갈 때쯤에는 공연 관람객들에게 추첨으로 선물을 주는데 117번을 쥐고 있던 내가 울금차 꾸러미를 받아 모두가 즐겁다. 사실 추첨을 이끄는 분이 내가 든 번호를 알아간 뒤 당첨 번호를 불렀기에 일부러 줬다 싶은데 맞는지는 모르겠다. 아리랑을 열심히 따라 부르고 아이들과 함께 온 것을 알고 선물을 준 그이의 따뜻한 배려가 고마울 뿐이다. 아무도 그 사실을 모르니 경품 추첨의 공정성을 해쳐 누구에게 피해를 준 모양새와 사뭇 다른 것이고, 다만 준 사람의 호의가 깊게 남을 뿐이다.

그렇게 즐겁고 고마운 아리랑 공연을 보고 장구 모양으로 지어진 진도아리랑체험관으로 간다. 팔도 아리랑의 유래와 이야기가 가득한 전시관과 사물놀이 체험을 하는데, 역시 낮은 학년이라 그런지 문제로 내겠다는 선생 말에도 그리 꼼꼼하게 적기보다 여기저기 뛰어다니며 보고 만지고 두드릴 뿐이다. 다시 잠집으로 이동할 때 갑자기 한주가 아리랑체험관에 장갑을 놓고 왔다고 한다. 잠집에 거의 다 와버려서 아이들을 내려 주고 다시 가려 하는데 뒤에 오던 최명희 선생이 한주 장갑을 챙겨와 두 번 걸음하지 않아 다행이다.

저녁 당번이라 성범이 모둠이랑 김치찌개, 버섯 지짐, 두부조림을 하는데 강산이와 한주가 어찌나 장난을 치는지 성범이가 애를 먹는다. 끝내 선생에게 주의를 듣고 한쪽에서 서 있기도 했는데 두 아이 얼굴에서 웃음이 떠나질 않는다. 뭐가 그리 재미나고 신 나는지, 즐거운 아이들이다. 사실 부모님들이 반찬을 거의 다 만들어 보내서 다시 따뜻하게 지지고 밥을 하는 일이 거의 다다. 설거지와 식탁 뒷정리 같은 마무리가 밥 모둠이 하는 일이라 밥을 할 때는 그다지 큰일이 없다. 할 일이 많이 없어서 장난을 많이 치는 셈이니 아이들 탓도 딱히 아니지만, 때에 맞게 행동하자는 걸 말해 주는 것일 뿐이다. 저녁도 다른 단체와 식당 쓰는 게 겹쳐서 조리가 간단한 거로 바꾼 탓에 일이 줄어든 것도 있다.

방에 들어오면 씻고 옷 갈아입고 이 닦고 일기 쓰고 바로 놀이를 한다. 369 놀이와 네 박자 놀이를 줄곧 하며 쉬지 않고 함께 노는 가운데 아이들이 보이고 서로 관계가 드러난다.

마침회 때는 하루 공부를 되돌아보는 시간을 가졌다. 마을 둘러보기와 지도 그릴 때 과천이란 도시와 진도 시골 마을이 다른 것을 살핀 것을 발표하는데 모두 봐 둔 게 많다.

"여기 진도는 할머니들이 많아요."

"밭과 논이 많아요."

"큰 건물이 없고 주택이 많아요."

"집마다 진돗개가 있어요."

"마당에 밭이 있어요."

"할머니집이 있어요."

"대문이 열려 있어요."

"길이 좁고 시멘트 같은 게 낡았어요."

"밭이랑 무덤이 많아요."

다음으로 향토문화회관 공연 볼 때 배운 남도 민요 특징을 세 가지를 발표할 사람을 찾으니 많은 아이들이 손을 번쩍 든다. 성범이가 발표를 하는데 잘 기억하고 있다.

"떨기, 평으로 밀기, 꺾기 소리요."

아리랑 노래로 불러 보라니 그것도 참 잘한다. 노래 부르는 걸 좋아하는 성범이가 진짜 민요꾼이다.

아이들과 오롯이 함께 자고 먹고 일하고 놀고 공부하다 보면 금세 아이들 기운이 한눈에 들어오곤 하는데, 역시 자연 속 기숙학교답게 학교에서보다 아이를 깊게 알 수 있어 좋다. 아이들 결을 자세히 살피고 들여다볼 때마다 아이들이 자라는 전 과정을 놓고 크게 보는 게 얼마나 중요한지 알겠다. 어느 때, 한순간 아이가 보이는 말과 행동은 길게 보면 아무것도 아닐 수도 있고, 또 아주 큰 단서가 될 수도 있는 법이니 선생들이 넘나들며 챙길 눈길과 여유가 있어야 한다. 아이들은 놀고 노느라 몸이 피곤한 줄도 모른다. 자연스레 푹 쉬도록 알맞게 이끄는 보이지 않는 테두리가 아이들을 더 크게 자라게 하리라. 선생이 아이들을 위해, 자신을 위해 뭘 애써야 할지 날마다 확인하면서도 늘 똑같은 주제가 또 다른 무게와 깊이로 다가오는 법이니. 오, 그대 제대로 선생 노릇 할 수 있겠는가. 그럴 용기를 낼 힘이 있는가.

먹고, 먹고, 놀고, 놀고

원서·현서 할머니께 아침마다 인사를 가니 할머니가 그러신다.

"아이고, 선상님 뭐 할라고 날마다 온다요. 고상스랍게. 안 그랴도 되어라. 아이고 고맙소 선상님. 오냐 우리 아그들 밥 잘 먹고 선상님 말 잘 들어 잉?"

할머니 말에 우리 아이들이 날마다 인사를 다녀야 하는 까닭이 가득하다. 우리 원서가 아침마다 할머니 집에 오니 힘이 나는지 줄곧 들떠 있고 좋아한다.

아침나절에는 접도 쪽에 가서 굴도 사고 바닷가에서 노는 흐름이다. 진도에서 작은 다리로 연결된 접도에 가니 밀물이라 큰 방파제에 들어가기가 어렵다. 자세히 보니 몇 해 전 지인과 한두 번 낚시를 온 적이 있는 곳이다. 그때는 접도라는 이름을 기억 못 하고 진도 어디쯤으로 생각했는데. 다시 접도를 나가 금갑해수욕장에 가서 한때를 보낸다. 최명희 선생이 매어 놓은 배 밧줄을 당기며 배를 끄는 놀이를 아이들과 하는데 옛날 청산도 자연속학교 때도 내가 그런 적이 있었다. 규태와 종민, 정우, 강산이가 바닷가 모래를 밟으며 해수욕장 끝 갯바위 쪽으로 가서 따라가 보니 낚시를 하자고 한다.

"선생님, 저기서 낚시해요. 네?"

"낚시하고 싶은 사람들은 낚시하기로 했는데 여기 갯바위는 수심이 얕아서 바늘이 다 걸릴 것 같아서 말이야."

"그래도 해 봐요. 네?"

"그럼 한번 해 보자."

"와!"

갯바위로 걸어가며 아직도 배를 끌어당기는 놀이를 하는 아이들을 불러 고둥을 따자고 하는데 너무 거리가 멀어 손짓 발짓을 하게 된다. 그제야 아이들이 한참을 걸어 갯바위 쪽으로 오기 시작한다. 고둥 잡고 물고기 찾고 둘레에 널린 것들을 관찰하고 만지는 아이들 손에 죽은 갈치와 물고기들이 보일 때면 선생을 부르는 소리가 크게 들리곤 한다.

"선생님, 여기요. 물고기가 죽어 있어요."

"어디? 아 그거. 갈치야. 그런데 왜 거기에 죽어 있지?"

갯바위를 한참 걸어 들어가니 낚시할 만한 곳이 있다. 바늘이 걸리지 않을 곳을 찾아 낚싯대 한 대만 펼쳐 던져 놓고 돌아가며 한다. 낚시를 좋아하는 규태가 가장 먼저 낚싯대를 잡았다.

"있잖아요. 저는 민물낚시를 주로 해서 바다낚시가 서툴러요. 밑밥이 없으니 미끼를 잘 달아야 할 것 같은데요."

웬만한 낚시꾼 못지않은 물고기 상식과 낚시 지식을 아는 아이라 낚시를 자연스레 이끈다. 그런데 바람이 차고 물도 차다. 수온이 맞지 않으면 물고기가 잡히지 않기에 던지고 빼고 미끼 다는 연습 정도로 하자고 하니 아이들도 동의한다. 그런데 자꾸 미끼가 빠진다. 잔챙이들이 새우를 따 먹는 것이다. 작은 고기라도 잡는 손맛이 있기에 잡아야지 하는데 자꾸 놓친다. 한참을 놀았고 시간이 다 되어 모두 갯바위에서 나가 차를 타러 가게 하고 선생이 낚싯대를 잡았다. 자꾸 입질을 하는 걸 보니 잡힐 것 같아 갯바위에서 나가는 아이들이 보일 때까지만 낚시를 하기로 했다. 앗, 드디어 한 놈이 걸렸다. 뒤쪽에서 걸어나가던 아이들을 부르니 정우가 달려온다. 정우가 낚싯대를 잡고 사진을 찍고 살려 주었다. 낚싯대를 처음 펼쳤는데 손맛은 본 셈이니 제대로 할 때가 기대된다.

아이들이 점심때 노는 동안 장형근 선생과 전복 양식장에 갔다. 장형근 선생이 잘 아는 형님으로, 전복 양식을 하고 자연산 물고기도 넘기곤 하는데 물고기 물이 좋다는 전화가 왔다고 한다. 아이들과 낚시로 물고기를 잡아 회를 먹기는 쉽지 않아 아이들에게 회로 먹일 물고기를 구하자 했는데 잘됐다. 본디 숭어 몇 마리면 되겠다 싶어 갔는데 자연산 감성돔 큰 놈과 숭어, 농어를 가득 안긴다. 장형근 선생이 아이들 먹이겠다고 값을 다 내고 아주 전복까지 사버리는 게 아닌가. 좋은 자연속학교 잠집을 소개하고 답사 때도 신세를 많이 졌는데, 자연속학교에 직접 와서 아이들에게 먹일 것까지 챙기는 분이다. 오후에 올라가야 해서 정작 본인은 먹지도 못하고 간다.

아이들 먹일 생선이고 회는 선생들이 뜰 거라고 하니 양식장 주인이 핏물을 모두 빼 줘서 일이 줄었다. 서둘러 잠집으로 돌아오니 아이들은 밥을 다 먹고 놀고 있다. 서둘러 밥을 먹고 올라가는 원서·현서 아버지와 어머니에게 회 한 접시라도 드시고 가게 하려고 감성돔을 꺼냈다. 바로 뜰까 하다가 귀한 자연산 감성돔이라 잘 뜨는 분이 뜨면 낫겠다 싶어 체험관 일을 하고 있는 아주머니께 회 뜨실 줄 아시느냐고 물으니 안다고 해서 부탁을 드렸다. 물로 한 번 씻고 마른행주로 깨끗이 물기를 뺀 다음 등 쪽에서부터 살을 발라내는 솜씨가 대단하시다. 급한 대로 원서·현서 부모님께 감성돔 회를 맛보게 할 수 있어 다행이다.

원서 아버지는 선생들 맛보라고 진도 홍주까지 따로 챙겨 왔다. 자연산 감성돔 회 정말 맛있다. 쫀득쫀득하다고 하던가. 장형근 선생과 김선애 선생이 과천으로 올라가고 조금 뒤에 유정 어머니 김성연 선생이 내려왔다. 자연속학교에 오는 부모는 모두 선생으로 오기에 아이들도 모두 선생님으로 부른다.

낮 공부는 아이들이 바닷가에서 주워 온 조개를 놓고 그림을 그린 뒤에 낚시와 빨래를 하는 거다. 조개 그림은 있는 그대로 관찰해서 그리고, 관찰하는 조개를 눈으로 보고 그림 공책에 놓인 손이 그리는, 그림을 보지 않고 그리기도 한 번 더 한다. 바닷가에서는 어디서든 그리고 글을 쓰는 활동을 하기에 아주 자연스럽다. 모두 모여 그린 그림을 놓고 느낌도 발표한 뒤 두 편으로 나눠 낚시를 먼저 할 무리와 빨래와 씻는 것을 먼저 할 무리로 나눴다. 손을 들고 선택하라 하니 남자아이들이 낚시를 가고 여자아이들이 빨래를 한다. 내일은 또 바꾸어 하기로 하고 옆 마을인 거제 마을 방파제 쪽으로 가는데 5분도 안 걸린다. 옛날엔 다 갯벌이었다는데 바다를 막아서 농토를 만든 곳으로, 지금은 마을 주민들도 모두 갯벌로 남아 있으면 더 좋겠다는 이야기를 한다는 말을 원서·현서 아버지에게 들었다. 그런데 바닷가 바람이 정말 세차다.

얼마나 추운지 손이 시리다. 날씨가 이러니 물고기가 입질도 하지 않는다. 수온이 차고 물이 빠지는 때라 더 그렇다. 추위 때문에 아이들은 차에 들어가 있다가 다시 나오고 한 시간쯤 바닷바람과 싸우다 끝내 한 마리도 잡지 못하고 바람만 실컷 맞고 내일을 기약하며 잠집으로 돌아왔다. 바다낚시 쉽지 않다는 걸 톡톡히 알고 가는 셈이다. 본디 낚시하는 날이 아닌데 온 것이고 내일부터 날마다 한다니 아이들도 크게 실망하지 않는다.

저녁은 원서·현서 아버지 장형근 선생 덕분에 회와 전복 잔치를 벌이게 됐다. 최명희 선생과 둘이서 칼을 잡고 한 상자 가득한 물고기 회를 모두 떴다. 일 년에 한두 번 하는 사람들이라 서서 한참이 걸리지만, 워낙 물고기들이 크고 그동안 자연속학교 다닌 경험이 있어 그럭저럭 회를 썰어낸다. 옛날 남해에서 아이들이 잡은 작은 망상어도 모두 회로 뜬 기억이 새롭다. 탁자마다 한 접시 가득 회를 내놓고 구운 전복에 매운탕도 나오니 아이들이 정말 좋아한다. 세상에 자연산 회 맛을 아는 아이들이라 그런지 그 많은 걸 다 먹는다. 어른들이 먹을 만한 많은 양인데 정말 싹 비웠다. 겨울 자연속학교 좋다는 이야기들이 여기저기서 술술 나온다. 부모들이 늘 그랬다. 아이들이 자연속학교에 가서 자연산 회를 먹고 다니니 어른들보다 회 맛을 더 잘 안다고 말이다. 어쨌든 아이들 먹으려고 생전 처음 하는 일들이 참 많다. 그래서 선생들도 참 많이 배우고 자라는 셈이다.

밤 탐험도 즐거운 밤참이 기다리고 있으니, 이것 또한 장형근 선생이 아이들 먹인다고 굴을 두 자루나 사 놓은 덕이다. 장형근 선생에게 한턱 단단히 내야겠다. 일찍 저녁 마침회를 마치고 보물찾기와 숨바꼭질을 하며 밤을 즐긴다. 밤에도 실컷 어울려 노는 재미를 아이들은 참 좋아한다. 그렇게 뛰고 달리고 한참을 노는 동안 최명희 선생과 같이 굴을 굽는다. 아이들을 불러 굴을 먹이는데 정말 제비새끼들처럼 입을 벌려 받아먹는다. 밤하늘 구름이 바람에 날아가고 찬 기운도 굴 굽는 뜨거운 숯에 따듯해지고 굴을 맛있게 먹는 아이들과 부지런히 굴을 굽는 선생들이 정겨운 밤이다.

밤 탐험까지 하는 날이면 하루가 길게 느껴진다. 선생들에게 체력이 많이 필요한 날은 일찍 자야 해서 교사 마침회를 일찍 끝냈다. 고마운 부모님 덕분에 아이들 입이 호강하고 즐거운 날이다.

2013. 12. 16. 달날.
바람이 잔잔하더니 오후부터 쌀쌀하다.

회전초밥집 같아요

밤 탐험 뒷날이라 아침을 한 시간 늦춘다. 원서·현서 할머니께 인사드리고 밥을 먹은 다음 서둘러 아침 공부를 나선다. 바람이 잔잔해서 바닷가 낚시하기 좋기에 공부 흐름을 조금 바꾼 것이다. 승민이와 승민 어머니 박선경 선생이 먼저 올라가야 해서 배웅하고 여자아이들과 낚시를 나선다. 이번에는 거제 마을 방파제가 아니라 방파제 끝 수문 쪽 너머에서 하는데 갯바위 낚시 맛이 난다. 짝을 지어 낚싯대 세 대를 펼쳤다.

"선생님! 잡았어요!"

펼치고 얼마 안 있어 물고기를 잡는다. 감성돔 새끼다. 유정이 얼굴에서 뿌듯함과 자랑스러움이 가득한 웃음이 떠나질 않는다.

"선생님! 잡았어요!"

이번엔 서민주가 낚았다. 바닷바람이 다시 세차서 아이들 얼굴이 빨간데 잡은 물고기 덕분에 신이 났다. 유정 어머니 김성연 선생이 현서에게 묻는다.

"너희들 힘들지 않아? 바닷바람이 많이 찬데."

"힘들지만 재밌어요."

최명희 선생도 한 마리 낚는다. 모두 감성돔 새끼다. 둘레 사는 아저씨가 준 작은 물고기를 미끼로 달고 낚시를 하는데 바람이 차고 더 이상 잡히지 않아 낚싯대를 거둔다. 그런데 현서가 들고 있던 낚싯대에 제법 큰 놈이 걸려 미끼를 먹다 들어 올리는 순간 떨어져서 모두를 아쉽게 하고 흥분시킨다. 추워서 최명희 선생이 아이들을 태우고 먼저 들어가고, 선생 혼자 잠깐 남아 그 큰 놈이 아쉬워 몇 번 미끼를 갈고 던져 보는데 끝내 소식이 없다.

잠집에 닿은 여자아이들이 물고기 세 마리 잡았다고 자랑을 하니 남자아이들이 낚시 가자며 조른다. 더욱이 어제 갔던 곳이 아닌 다른 곳에서 잡았다니 우리도 거기로 가자고 한다. 여자아이들이 낚시를 하는 동안 남자아이들은 씻고 빨래하고 가방 정리를 한 다음 송순옥 선생과 권진숙 선생이랑 냉이를 캐고 고추를 땄다. 사진을 보니 머리에 수건을 두르고 냉이 캐는 모습이 진짜 나물 캐는 아낙네들 같다.

낮 공부는 진돗개 공원에 가서 진돗개 공연을 봤다. 진돗개 공연 예약 시간까지 홍보관에서 공부를 하려고 했는데 달날이라 문을 열지 않았다. 예약 시간인 네 시까지는 한참이 남아 있어 난감하다. 다행히 우리 아이들만 보는 공연이라고 바로 공연을 해 주신다. 진돗개가 냉장고 문을 열고 물건을 꺼내고 사람이 하는 말대로 행동하니 모두 손뼉을 열심히 친다. 개 이름이 대한민국의 민국이라고 한다. 연습을 많이 했겠다 싶다. 동물을 좋아하는 아이들이라 모두 신이 났다. 진돗개 새끼와 진돗개가 아이들에게 뛰어와 아이들이 쓰다듬을 수 있어 더 신이 났다. 위쪽 진돗개 사육장에는 이름이 모두 붙어 있는데 진돗개 이름 가운데 상미가 있다. 연대도에 있는 상미 선생에게 사진을 찍어 보내는 재미도 있다.

진돗개 공원에서 일찍 돌아와 자유 놀이 시간이다. 그네 타고, 축구하고, 추자 줍고, 공기 하고 아이마다 노느라 바쁘다. 아이들이 노는 동안 한 자루 남은 굴을 이번에는 쪄서 새참을 준비했다. 아이들을 불러 차례로 먹여 주는데 줄을 서서 돌아가며 먹다 보니 아주 많이 먹을 수 있다. 규태가 그런다.

"있잖아요, 선생님. 회전초밥집 같아요. 이렇게 빙빙 돌아서 다시 먹고 다시 먹고 그러잖아요."

"정말 빙빙 돌며 차례를 기다리니까 회전초밥 맞네! 하하."

유정 어머니 김성연 선생이 저녁 당번을 맡아 줘서 다른 선생들이 쉴 수 있어 좋다.

오메, 이 새벽에 먼 아그들이다냐?

새벽시장에 가기로 한 날이라 아이들이 7시에 잠집을 나갈 채비를 한다. 아침 당번이라 6시 20분에 일어나 청국장찌개를 끓일 준비를 하고 밥을 씻어 놓고 나서니 읍내 장터에 다다를수록 날이 밝아 온다. 할머니 할아버지들이 좌판을 펴 놓고 시장 열 준비를 하느라 바쁘다. 바다로 둘러싸인 섬이라 수산물이 많다. 아이들이 떼를 지어 나타나니 여기저기서 묻는 소리가 들린다.

"오메, 이 새벽에 뭔 아그들이다냐? 어디서 온 아그들이당가?"

"네, 시장 공부 하러 왔어요. 과천에서 왔어요."

"참말로 뭔 일이다냐? 공부 많이 해라잉."

새벽시장 공부하러 체험 학습 왔다고 하니 고개를 끄덕인다. 아이들이 둘러싼 첫 생선 좌판에 낙지가 있어 얼마냐고 묻다가 첫 마수걸이라고 꼭 사야 한다는 아주머니 말에 낙지를 사고 만다.

아이들 먹이려고 살 생각이었는데 첫 좌판에서 바로 산 셈이다. 진도 낙지라 보기에도 아주 싱싱하다. 산지라 값도 아주 좋다. 시장을 한 바퀴 돌아보는데 여기저기서 아이들 함성이 터져 나온다.

"선생님! 장어 보세요!"

"선생님! 바닷가재예요!"

"여기 문어도 있어요!"

그러다 마침내 아이들이 찾아낸 생과자 가게. 가게 주인이 아이들 먹으라고 몇 개 집어준 맛에 모두 생과자 가게로 몰려가 생과자를 산다.

기다리며 진도 아리랑을 시장 어른들에게 불러 주자고 해서 한바탕 부르니 생과자 주인이 아이들 주라면서 선물로 머거본이라는 큰 과자 봉지를 안긴다. 그리고 또 찾은 호떡 파는 할머니. 그냥 지나칠 수 없어 호떡을 또 사니 할머니가 아이들 주라고 다섯 개를 더 얹어 주신다.

시골 시장에 가면 늘 이렇게 아이들은 먹을 것을 얻고 베풀고 나누는 어른들 삶을 본다. 약삭빠른 시장 상인의 상술은 볼 수가 없다. 생과자와 호떡을 맛있게 먹고 정우 생일에 먹을 미역도 사고, 장도 보고 돌아오는 길에 아이들이 아리랑 노래를 부른다. 진도에 와서 가장 많이 부르는 노래가 아리랑이다. 경기 아리랑, 강원도 아리랑, 밀양 아리랑을 늘 흥얼거리는 아이들이다.

유정이와 유정 어머니 김성연 선생이 일이 있어 먼저 서울로 올라간 뒤, 아침에 사 온 낙지를 썰고 기름장에 찍어 산 낙지를 먹는다. 한참을 쉰 뒤에 아침 활동으로 갯벌에 간다. 그런데 밀물 때라 갯벌이 모두 잠겨버렸다. 더욱이 찾아가는 길을 한참이나 돌아 아이들에게 아주 미안하다. 차에서 내려 쉬면서 얼음 땡과 세 발 뛰기를 하는 동안 몇몇 아이들은 낚싯대를 드리운다. 그렇게 한참을 놀다 바람이 많이 불지 않으니 낚시를 할 수 있겠다 싶어 거제 마을 바닷가로 다시 간다. 잠집에 돌아와 자유롭게 놀고, 점심 당번 아이들이 밥 준비를 하는 동안 규태, 종민, 동엽, 원서가 번개 낚시를 하러 간다. 틈날 때마다 낚시하는 재미가 좋다. 점심 자유 시간을 포기한 아이들이라 물고기 잡고 싶은 마음이 크다. 지난번 여자아이들과 같이 간 곳이다. 가자마자 운조리가 줄곧 올라와서 아이들이 흥분했다. 종민이가 잇달아 다섯 마리를 낚아 올려 난리가 났다. 원서도 제법 큰 운조리를 낚아 올린다.

종민이와 원서가 연신 웃으며 자랑을 한다. 이쯤 되자 짝이 되어 낚시하던 규태와 동엽이가 부러워서 부지런히 미끼를 갈고 던져 보지만 소식이 없다. 바다가 야속하단다. 그러다 규태가 그런다.

"있잖아요. 선생님 저는 괜찮아요. 저는 민물낚시가 전문이라 못 잡아도 괜찮아요."

규태의 말에 담긴 뜻을 선생은 잘 알기에 맞장구를 힘껏 쳐 준다. 잡고 싶은 마음이 얼굴에 그대로 쓰여 있는데 의젓하게 말을 하며 마음을 다스리는 모습에 부지런히 미끼를 갈아주는 선생 손이 바쁠 뿐이다. 한마리만 올라와 주지. 그래도 손맛을 본 아이들이 있어 좋은 기분에 비하면 채비 도와주는 바쁨은 아무것도 아니다.

잠집에 돌아오자마자 낚시 자랑으로 떠들썩하다. 송순옥 선생이 싸놓은 김밥을 먹고 오후 공부를 간다. 진도에서 가장 높은 485m에 봉화대와 기상대(447m)가 있는 첨찰산에 가서 진도 전체를 내려다보는데 날씨가 아주 맑지는 않다. 채원이와 채원 어머니 김영희 선생이 같이 와서 모두 반가워 어쩔 줄 모르는데, 채원이 얼굴이 환하다. 채원 어머니가 아이들에게 줄 과일을 잔뜩 사 오셨다. 차로 기상대까지 올라간 다음 전망대에서 망원경을 보며 한참을 놀다 잠깐이지만 옆에 있는 봉화대를 오른다. 지은이 걷는 힘이 많이 좋아져서 기분이 좋다. 봉화대 위에서 바다와 섬들을 바라보며 명상을 한 판하고 느낌도 발표하고 새참으로 가져간 초코파이와 사탕을 먹으니 즐거운 한때다.

어떤 곳이든지 산에 오르면 아이들이 좋아하는 달달한 사탕이나 불량 과자를 먹곤 한다. 생명을 살리는 먹을거리 교육과 아주 다른 특별함이기에 산에 오르면 우리는 가리지 않고 아이들이 좋아하는 맛있는 걸 먹는다. 힘든 산행에서 주는 어려움을 맛있는 사탕이 도와줄 때가 많다.

맛있는 저녁을 먹고 방에서 노는데 웃음이 장난 아니다. 아이들 말로 웃음 바이러스라는데 얼마나 웃는지 보는 사람이 절로 웃게 된다. 지안이와 서민주 얼굴을 보면 감염된다고 얼마나 웃어대는지 참. 아이들을 불러 부모님께 전화를 하게 하니 모두 맛있는 거 사 달라는 말을 가장 많이 한다. 여기서도 날마다 맛있는 거 먹으면서 그렇다. 부모는 아이들에게 맛있는 거 사 주는 사람이고 선생도 마찬가지다. 날마다 맛있는 거 먹이지만 부모가 얼마나 자신들을 사랑하는지 알기에 그립고 보고 싶고 그러다 막상 통화하면 맛있는 먹을 거를 찾는다. 먹을 것이 사랑의 증거임을 알기에.

아이들 기운에 푹 빠져 살다 보니 아이들과 늘 할 이야기가 많다. 마침회 때는 어젯밤 잠주머니 속에 넣어 준 목캔디를 산타클로스정일이 줬다고 칭찬한다. 문제를 맞히면 주겠다고 한 약속을 지킨 것인데 아이들은 잊지 않고 고마워한다. 잠자리를 펴는데 아이들이 몰려와 어깨를 주무르고 두드려 줘 호강을 한다.

2013. 12. 18. 물날.
구름이 끼어 흐리더니 해가 나오고 맑다가
오후 늦게 다시 흐리고 차갑다.

우리 집 이제 큰일 났어요

원서·현서 할머니께 아침마다 인사를 가는데 어제 새벽시장 가느라 못 갔다. 그래서 어제 점심때 궁금해서 잠집까지 오셨다 갔다 한다. 아침 일찍 인사를 가니 김치를 담갔다고 내주시는 할머니 마음에 코가 찡하다. 이렇게 아이들을 안아 주고 반겨 주는 어른과 마을이 있는 곳이 자연속학교를 열기 알맞다. 정우 생일이라 아침에 일어나자마자 모두 정우 생일을 축하한다.

아침 공부로 진도 해양 생태관과 신비의 바닷길로 가는 차 안 아이들은 날마다 바뀐다. 주로 2학년 아이들과 타고 다녔는데 카니발을 타고 싶어 하는 아이들이 있어 날마다 바꿔 타기 때문이다. 오늘은 1학년이 탔다.

"와, 애들아, 내일이면 그리운 집에 간다. 좋지?"

"우리 집 이제 큰일 났어요."

"왜?"

"지우 누나랑 나랑 자연속학교 서로 먼저 이야기하려고 해서요. 어머니 아버지가 다 들어야 하잖아요."

"우하하 정말 그렇겠다. 재미있게 지냈으니 할 말이 많겠어. 그래도 부모님이 좋아하실 거야."

"형들이랑 같이 못 와서 보고 싶고 그러지?"

"형들 없으니까 진짜 재밌어요."

"왜? 형들이랑 있으면 놀 것도 많고 너희들도 재미나게 놀던데."

"형들이 귀찮게 하잖아요."

"하하하"

차 안에서 그날 한 활동들을 정리하고 아이들과 두런두런 이야기를 나누는 재미가 좋다.

진도 해양 생태관에는 손님이 우리들밖에 없다. 세계에서 모은 희귀한 조가비가 모두 있다. 외항선 선장을 하던 허병운이란 분이 세계를 다니며 모은 12,000점의 조가비를 모두 기증했다고 한다. 표를 끊는 분에게 아이들에게 설명을 해 줄 해설사가 혹시 없느냐고 물으니 친절하게 아이들에게 생태관 해설을 해 준다. 대형 수족관에 있는 상어 표본도 설명해 주고, 속살이 있는 건 조개라고 하고 여기 있는 전시물은 모두 조개껍데기인데 조가비라고 부른다는 말을 아이들도 잘 기억한다.

희귀한 세계 조가비가 정말 아름답다. 미의 여신 비너스가 머리핀으로 쓰던 고동, 독이 정말 강해 모르핀으로 어려운 환자에게 투여한다는 개오지, 식인 조개로 잘못 알려진 대왕조개, 손톱만 한 개오지, 가장 비싸면서 살아 있는 화석으로 불리며 종교계에서 진화론을 부정하는 증거로 이용된다는 히라세이, 색이 곱고 광택이 나서 정말 장신구로 탐이 나는 많은 조가비와 개오지까지 2,800여 점이 눈길을 잡는다. 아이들도 개오지에 모두 반해서 갖고 싶다고 자꾸 그런다. 1층 수족관과 조가비 전시관을 돌아 2층으로 가니 체험 학습장이다. 바다의 물고기를 구별할 수 있도록 잘 꾸며 놓았다. 영상관에서는 진도의 보물을 소개하는 영상이 줄곧 나오고 있다.

아름다운 조가비를 실컷 보고 생태관 바로 앞에 있는 신비의 바닷길 쪽으로 가서 보기만 하던 조가비를 모래 바닷가에서 줍는다. 신비의 바닷길은 4월에 열리기에 볼 수는 없다. 한참을 그렇게 조가비를 찾고 소라껍데기를 찾는다. 그리고 모두 모여 저마다 주운 조가비 전시회를 열었다. 예쁜 게 참 많다. 골뱅이껍데기도 있고 크고 작은 조가비들이 아름다움을 뽐낸다. 내가 주운 조가비가 가장 인기가 많아 여자아이들이 서로 달라고 한다. 달라는 아이들이 많으니 줄 수 없는 처지가 이럴 때다. 한 사람에게 주면 다른 아이들이 실망하기에.

점심때 짬 나는 시간에 다시 낚시를 간다. 채원이와 현서가 낚시하고 싶다고 가고, 원서, 성범, 한주, 강산이가 같이 갔다. 어제 손맛을 제대로 본 아이들이 있어 모두 기대를 하고 간다. 그런데 잠집과 신비의 바닷길 앞에서는 바람이 그리 안 불었는데 낚시하러 나온 거제 마을 바닷가는 아주 다르다. 바람이 세차고 파도가 크게 친다. 낚싯대 세 대를 펼쳤는데 센 파도 때문에 자꾸 밑에 걸리고 만다. 끝내 낚싯대 하나가 바늘이 빠져버렸다. 그래서 낚싯대 채비를 챙기러 차에 갔다 오는데 아이들이 크게 선생을 부른다.

"선생님! 잡았어요! 강산이가 잡았어요. 빨리 와요."

달려가니, 에고, 물고기가 바위틈으로 빠져버렸다. 아이들 아쉬움이 크다.

"에고, 정말 아깝다. 얼마나 컸어?"

"좀 컸어요. 바늘을 빼려고 했는데 물고기가 떨어져버렸어요."

"괜찮아. 아깝지만 또 잡으면 돼. 한 번 걸렸으니 또 잡히겠지."

아쉬워하는 아이들 낚싯대를 다시 걷어 올려 미끼를 더 자주 갈아주느라 바쁘다. 높은샘 아이들은 미끼를 제법 끼는데 낮은샘은 쉽지는 않아 손길이 더 가서 그렇다. 새우 끼는 법을 보여 주고 끼워 보라고 하는데 자꾸 빠져서 선생이 도와주고 만다. 그대로 놔두는 것도 낚시 방법을 배우는 것이지만, 손맛을 보여 주고 싶은 마음에 자꾸 도와주게 된다. 한 번 걸린 뒤로는 바람과 파도가 도와주지 않아 아쉬움을 뒤로 하고 낚싯대를 걷는다.

낮 공부는 자연속학교를 되돌아보는 글을 쓰는 거다. 아이들이 글을 쓰는 동안 채원 어머니 김영희 선생이 쉬지 않고 쓸고 닦으며 청소를 해 주셔서 고맙다. 글쓰기를 마치고 정우 생일잔치를 한다. 맑은샘학교에서 처음 맞는 생일이고 더욱이 집을 떠나 부모님이 없는 곳에서 생일잔치를 하는 정우이기에 남다르다. 부모님이 미리 맞춰 준 떡도 있고 채원 어머니가 사 온 과일과 미리 준비해 놓은 과자까지 풍성한 생일상을 놓고 정우를 안아 주고 업어 주고 축하하는 잔치다. 웃음이 떠나지 않는 정우가 참 귀엽다.

이제 내일 과천으로 돌아갈 준비를 한다. 모두 목욕도 하고 내일 입을 옷과 신발만 남기고 가방 정리를 한다. 한 해 마지막 자연속학교라 그동안 짐 정리를 한 내공이 있어 모두 척척 잘한다.

저녁때는 그동안 잡은 운조리와 감성돔 새끼를 튀겨서 나눠 먹는데 모두가 다 먹는다. 조금 먹는 것이 더 맛있는 법이라 아이들이 자꾸 더 먹고 싶어 한다. 집에서는 안 먹거나 조금 먹는 아이들이 밖에서는 뭐든지 잘 먹는다. 내일 집에 가서일까? 아이들이 일찍 잠이 든다. 밤마다 아리랑 전설 이야기를 들려주곤 했는데, 날마다 밤에 이야기해 줄 거냐고 묻는데, 오늘은 선생이 먼저 잠이 들어 아이들이 그냥 잠을 잔다. 아이들은 참 이야기를 좋아한다. 잠자리에 누운 아이들에게 옛이야기를 들려주는 노릇은 자연속학교 때 선생들이 애쓰는 것 중 하나이다. 옛 이야기책을 읽어줄 때도 있고, 선생이 만들어낸 이야기를 들려줄 때도 있는데 엉성하고 말도 안 되는 이야기라도 아이들은 자꾸 이야기를 들려달라고 한다. 이번에도 팔도의 아리랑 전설 이야기를 날마다 들려줬다. 짜라짜짜와 아라리요는 물론 꾸며낸 거지만, 이번에는 짜라짜짜 주문이 만들어졌다.

내일 과천으로 올라가야 하니 일찍 자리에 눕는다. 그리운 사람들이 기다리는 품으로 마음이 먼저 달린다.

2013. 12. 19. 나무날.
아침에 눈발이 날려 서울 올라가는 길을 걱정케 하더니
중부로 올라갈수록 날이 맑다 저녁쯤에 다시 눈이 온다.

고마움을 가득 안고

아침에 일어나자마자 잠주머니 개서 가방에 넣고 차 앞으로 가방을 갖다 놓는다. 원서·현서 할머니께 가서 마지막 인사를 드리고 올라간다고 하니 어제 캤다며 냉이를 한 묶음 손에 쥐여주신다. 뭐라도 더 챙겨주려는 할머니 마음에 자꾸 어머니 생각이 난다. 할머니께 인사드리고 푸르미 체험관으로 돌아오는 길에 마을 할머니를 한 분 만나 인사하니 할머니가 자꾸 따라오라고 한다. 정우와 강산이랑 같이 따라가니 창고에서 검은콩을 담아서 준다. 그러시더니 아이들 뭐 사 줄 것 없느냐고, 사탕이라도 사 주겠다고 그러시는 걸 괜찮다고 말씀드리고 나왔는데, 어찌나 따뜻한 말씀을 해 주시는지 정말 고맙다. 끝내 잠집까지 오셔서 주머니를 다 털어 8천 얼마를 송순옥 선생 손에 쥐여줬다고 한다. 고마움을 가득 안고 진도를 떠나게 됐다.

아이들이 모둠마다 청소할 데를 정해 청소를 하는 동안 송순옥 선생과 권진숙 선생이 부엌살림 짐을 싸며 아침과 점심 도시락을 싸고, 최명희 선생과 나는 차에 아이들 가방과 짐을 싣는다. 권진숙 선생과 2학년 여자아이들이 고속버스를 타고 올라가고, 1학년과 2학년 남자아이들이 카니발에 타고, 3학년이 빌린 차에 나눠 타서 과천으로 떠나는데 진도대교를 넘는 순간 진도를 떠나는구나 싶다.

진도에서 먹고 놀고 보고 들은 것들이 자꾸 떠오른다. 채원 어머니 김영희 선생이 조수석에 앉아서 도움을 주셔서 이런저런 이야기도 나누게 됐다. 편입하고 겪은 학교생활과 공동체 이야기를 나누다 보니 어느새 과천이다. 연대도와 남해에서 지내다 온 높은 학년 아이들은 일찍 닿아 먼저 집에 가고 없다. 학교 이사 때문에 2층 짐들이 모두 1층에 내려와 있다. 부모님들이 땀을 많이 흘리셨을 것 같다. 진도에서나 과천에서나 늘 고마운 분들이다.

한 해 자연속학교가 모두 끝나니 뭔가 허전함이 밀려온다. 바다를 가득 담은 갯살림 자연속학교가 끝난 것이다.

초판 1쇄 인쇄일 2014년 06월 16일
초판 1쇄 발행일 2014년 06월 20일

지은이 전정일
펴낸이 김양수
편집디자인 곽세진

펴낸곳 도서출판 맑은샘
출판등록 제2012-000035
주소 경기도 고양시 일산서구 중앙로 1456 604호(주엽동 18-2)
대표전화 031.906.5006   팩스 031.906.5079
이메일 okbook1234@naver.com
홈페이지 www.booksam.co.kr

ISBN 978-89-98374-68-6 (03370)

「이 도서의 국립중앙도서관 출판시도서목록(CIP)은 서지정보유통지원
시스템 홈페이지(http://seoji.nl.go.kr)와 국가자료공동목록시스템
(http://www.nl.go.kr/kolisnet)에서 이용하실 수 있습니다.(CIP
제어번호: CIP2014018189)」